D1678699

रवीन्द्रनाथ टैगोर

उपन्यास, स्त्री और नवजागरण

रवीन्द्रनाथ टैगोर

उपन्यास, स्त्री और नवजागरण

वैभव सिंह

वाणी प्रकाशन

वाणी प्रकाशन

4695, 21-ए, दरियागंज, नयी दिल्ली 110 002

फ़ोन : +91 11 23273167 फ़ैक्स : +91 11 23275710

शाखाएँ

अशोक राजपथ, पटना 800 004, बिहार

कॉफ़ी हाउस कैम्पस, महात्मा गांधी मार्ग, इलाहाबाद 211 001, उत्तर प्रदेश

महात्मा गांधी अन्तरराष्ट्रीय हिन्दी विश्वविद्यालय, वर्धा 442 001, महाराष्ट्र

www.vaniprakashan.com
marketing@vaniprakashan.in
sales@vaniprakashan.in

Ravindranath Tagore : Upanyas, Stri Aur Navjagran
by Vaibhav Singh

ISBN : 978-93-5518-392-7
Criticism

© वैभव सिंह

प्रथम संस्करण 2022

मूल्य : ₹ 650

इस पुस्तक के किसी भी अंश को किसी भी माध्यम में प्रयोग करने के लिए प्रकाशक से लिखित अनुमति लेना अनिवार्य है।

आर. टेक ऑफ़सेट प्रिंटर्स, दिल्ली-110 032 में मुद्रित

वाणी प्रकाशन का लोगो मक़बूल फ़िदा हुसेन की कूची से

बेटी श्रव्या के लिए

भूमिका

रवीन्द्रनाथ टैगोर (ठाकुर) आधुनिक भारत की चेतना के सर्जक और सांस्कृतिक शिल्पकार माने जाते हैं। उन्होंने उदार–समावेशी भारतीयता के विचार को अपने साहित्य, शिक्षण, संगीत, कला तथा दर्शन से व्यापक जन तक पहुँचाने में जैसी सफलता प्राप्त की, वह कम लेखकों के भाग्य में होती है। सृजन को कभी सामाजिक बन्धनों में नहीं बाँधा और इसीलिए रोमाण्टिक, आध्यात्मिक, लोकसंस्कृतिधर्मी तथा आधुनिकतावादी सभी प्रवृत्तियाँ उनके लेखन में समानान्तर रूप से मौजूद हैं। सम्भवतः बंगाल के वैचारिक प्रयोगों, नवजागरणवादी चिन्तन तथा राजनीतिक चेतना से सम्पन्न उर्वर भूमि ने ही रवीन्द्रनाथ के रूप में सृजनात्मकता का अभूतपूर्व उन्मेष रचने का असाधारण कार्य किया था। उन्होंने अपनी प्रतिभा का उपयोग समाज व युग की वैचारिक सीमाओं के अतिक्रमण के लिए किया और वह भी रूखे–सूखे विचार प्रधान उपदेशों के बल पर नहीं बल्कि बहुत गहरी व आकुल सृजनात्मक चेतना के साथ किया।

यह पुस्तक रवीन्द्रनाथ टैगोर के जीवनदर्शन व दृष्टि को, जो उनके उपन्यासों में विशेष तौर पर व्यक्त हुई है, की व्याख्या व विश्लेषण के प्रयासों का प्रतिफल है। उपन्यास की विधा अपनी संरचना में विशद जीवनचित्रों को स्थान प्रदान करती है और टैगोर के उपन्यास भी अपने विज़न, कथानक व चरित्रों के गूढ़ मानसिक पटल के सन्दर्भ में इसी विशदता से हमें परिचित कराते हैं। वे उपन्यास के रूप में पश्चिमी रूपबन्ध और भारतीय यथार्थ के मध्य एक समन्वय स्थापित करते हैं। आधुनिक भारत में टैगोर के उपन्यासों का महत्त्व यह है कि उन्होंने धर्म, परम्परा, टोने–टोटकों के जंजाल में डूबे और ईश्वर व साधु–सन्तों की भीड़भाड़ में फँसकर रह गये आम भारतीयों को बाहर निकाला और उनके हृदय की भावनाओं को व्यक्त होने का अवसर दिया।

उनके उपन्यासों के किरदार सभी पृष्ठभूमि के हैं। वे घर–गृहस्थी की साधारण स्त्रियाँ, विधवाएँ, मामूली नौजवान व किशोर, बाबू–क्लर्क, नौकरीपेशा लोग, क्रान्तिकारी, साधारण बच्चे, देहाती जन, क्रूर ज़मींदार–सामन्त, डॉक्टर, किसान, सुधारवादी नेता आदि हैं और इन वर्गों को अपने उपन्यास में सम्मिलित कर विशाल फलक के उपन्यासों की रचना करते हैं। कई साहित्यिक विधाओं में अनुकरण को प्रधानता दी जाती है, जैसे पुरानी दन्तकथाओं या मध्यकालीन किस्सागोई का अनुकरण। पर बीसवीं सदी के आरम्भ में उपन्यास–विधा किस प्रकार से धीरे–धीरे ही सही पर अनुकरण की परम्परा को छोड़कर, या इतिहास–परम्परा के भूत को अपने सिर से उतारकर नयी बहसों में हिस्सा ले रही थी, टैगोर के उपन्यास इस वास्तविकता का आईना हैं। उनके उपन्यास बंगाल की सुधारवादी–क्रान्तिकारी चेतना के प्रतिनिधि हैं और उस चेतना के प्रतिनिधि होने के साथ–साथ उसके आलोचक भी हैं। उपन्यास विधा की स्वाभाविक प्रकृति के अनुसार जिस सामाजिक चेतना से जन्म लेते हैं, उसी से विभिन्न क़िस्म के प्रश्न भी पूछते हैं। उन्होंने ब्रह्मसमाज के धार्मिक सुधारवादी आन्दोलन, बंकिम के साहित्य–रचना सम्बन्धी साहित्यिक आन्दोलन तथा राष्ट्रीय मुक्ति आन्दोलन, इन तीन प्रेरणाओं को अपनी रचनाधर्मिता का आधार बनाया था और उनकी रचनाएँ इन तीनों आन्दोलनों के शिखर के रूप में आने के साथ–साथ इन तीनों के बारे में अपना आलोचनात्मक दृष्टिकोण भी सामने रखती हैं।

टैगोर ने किसी छिछले राजनेता या ढोंगी सन्त की तरह कभी यह दिखावा नहीं किया कि वे मानवमुक्ति के महान अवतार, ईश्वरीय दूत या पैगम्बर के रूप में जन्मे हैं। पर अपने लेखन से यह अवश्य प्रमाणित किया कि अपनी समस्त कमियों व दुर्बलताओं के बावजूद मनुष्य को स्वाधीन तथा भयमुक्त रहने का अधिकार है। उन्होंने 'व्यक्ति–स्वातंत्र्य बनाम मुक्ति' की बहस में हिस्सा लिया और यह माना कि भारतीय परम्परा में व्यक्ति–स्वातन्त्र्य के स्थान पर मुक्ति का दर्शन है और मुक्ति का अर्थ है आत्मा की मुक्ति। यूरोपीय स्वाधीनता, जिसके मूल्यों पर पश्चिमी उपन्यास आधारित थे, से कई प्रकार के प्रश्न पूछे। बहुत आत्मविश्वास से प्रश्न पूछा–'व्यक्ति–स्वातन्त्र्य वहाँ साधना का विषय हो सकता है, पर वहाँ व्यक्ति जितना परतन्त्र है, उतना और भी कहीं हैं?' दूसरी ओर उन्होंने बाह्य शास्त्रों–आचारों से पैदा अन्तःकरण की जड़ता पर कई स्थानों पर चिन्ता प्रकट की और कहा कि–'अन्तःकरण की जड़ता से जो क्षति होती है,

उसे पूरा करना सम्भव ही नहीं होता है।' इसका तात्पर्य है कि उन्होंने विदेशी प्रभाव या परम्परा की अन्धभक्ति, दोनों को नहीं स्वीकार किया। पश्चिम तथा परम्परा, दोनों की आवश्यक आलोचना करते हुए आधुनिकता व भारतीय अस्मिता दोनों को पूरे मन से स्वीकारा और प्रकट किया। उनके उपन्यास अपनी कथावस्तु में व्यक्ति स्वातन्त्र्य के पक्ष में हैं और आत्मा–परमात्मा के जटिल अमूर्त विवादों से बाहर निकलकर मानव समाज की ठोस सचाइयों से परिचित होने का मौक़ा प्रदान करते हैं। इसी प्रकार उपन्यास परम्परा–धर्म की अन्धभक्ति से मुक्त रहते हुए ही सच्चे अर्थों में भारतीय जीवनमूल्यों का आत्मीय चित्रण करते हैं और उनका विकास करते हैं।

टैगोर के उपन्यासों का विवेचन करते हुए यह बात भी सामने आती है कि उनकी पूरबी आध्यात्मिकता, सन्त–परम्परा या रहस्यवाद से सम्बद्ध छवि उनके उपन्यासों को समझने में सहायक नहीं है। फ़क़ीरों जैसे उनके लम्बे चोगे, श्वेत–धवल लम्बी दाढ़ी और योगियों जैसी शान्त मुद्रा से मन में जो छवि बनती है, उनका उपन्यासकार रूप उससे अलग है। वहाँ उन्हें हम एक अधिक सजग तर्कवादी, यथार्थवादी कलाकार तथा अनुशासित गद्यकार के रूप में पाते हैं जिसके लिए संसार का कोई विषय साहित्य में वर्ज्य या उपेक्षणीय नहीं है। वहाँ जीवन के अमूर्तनों में ले जाने वाला रहस्यवाद नहीं, कठोर ज़मीन से जुड़ा यथार्थवाद है। वहाँ जीवन प्रवाह से कटा तटस्थ सन्त भी नहीं बल्कि जीवन की छोटी–छोटी बातों में डूबकर उन्हें कुशल भाषिक कारीगरी से बताने–जताने वाला घोर आसक्त रचनाकार मौजूद है। वहाँ वे केवल बांग्ला प्रकृति, आराधना या ग्राम्य सौन्दर्य तक सीमित नहीं हैं बल्कि अधिक सार्वभौमिक प्रतीत होने लगते हैं। रवीन्द्रनाथ के इस लेखकीय स्वभाव को उनके प्रशंसकों ने अच्छी तरह से पहचाना भी। सुकुमार सेन की पुस्तक 'बंगला साहित्य का इतिहास' की प्रस्तावना जवाहरलाल नेहरू ने लिखी थी और उसमें उन्होंने लिखा था– *'अपनी महानता के बावजूद रवीन्द्रनाथ एकान्त में रहने वाले व्यक्ति न थे। उन्होंने जीवन को स्वीकार किया था और वे उसे पूरी तरह जीना चाहते थे और एक अर्थ में, उनके सभी क्रियाकलापों का सम्बन्ध किसी–न–किसी रूप में जीवन से था। उन्होंने एक मित्र को लिखा भी था– 'सत्य तभी शुभ और हितकर होता है जबकि वह मनुष्य के जीवन से किसी–न–किसी रूप में सम्बद्ध हो।'* बांगला जातीयता का गहरा प्रभाव निस्सन्देह उपन्यासों पर है पर उनमें वे हाड़–मांस के इन्सानों की रचना कर अधिक सहज–सामान्य मानव–प्रकृति

को व्यक्त करते हैं। एक ओर घर–परिवार की कथाएँ रस लेकर सुनाते हैं, तो दूसरी ओर देश–समाज के बड़े वैचारिक विमर्शों से भी सहजता से अपने पाठकों को जोड़ते हैं।

हिन्दी में प्रायः उच्च शिक्षा में तुलनात्मक साहित्य के पाठ्यक्रमों में टैगोर के उपन्यासों के विषय में पढ़ाया जाता है। पर उनके उपन्यास आम पाठकों के बीच भी बड़े स्तर पर लोकप्रिय हैं। उनके उपन्यासों पर सत्यजीत राय, ऋतुपर्णो घोष और कुमार साहनी जैसे बड़े फ़िल्म निर्देशकों ने फ़िल्मों का निर्माण किया। उनके सभी उपन्यासों के हिन्दी अनुवाद सरलता से उपलब्ध हैं और इनमें कुछ के अनुवाद अज्ञेय, इलाचन्द्र जोशी व हजारी प्रसाद द्विवेदी जैसे प्रख्यात लेखकों ने किये हैं। अन्त में यह कहने में संकोच नहीं कि वर्तमान में देश में उग्र साम्प्रदायिकता एवं कट्टरपन्थी विचारों की जो गर्म हवा बह रही है, उसके बीच टैगोर के उपन्यासों में निहित आधुनिकतावादी व मानवतावादी स्वरों को हिन्दी पाठकों तक पहुँचाने के लिए इस पुस्तक की रचना की गयी है। उनके उपन्यास केवल मनोरंजन या उपदेश के लिए नहीं हैं। न उनमें केवल भोंडे क़िस्म का सुधारवाद है जिससे न उपन्यास विधा का भला होता है, न उस सुधारवादी चेतना का। वे भारतीय स्वतन्त्रता आन्दोलन की मुखर–शान्त और व्यक्त–अव्यक्त विविध बहसों को व्यंजित करते हैं। जाति–धर्म–लिंग की समानता के विरोधी तथा बहिष्कार के आवेश पर आधारित राष्ट्रवाद को उन्होंने जिस प्रकार प्रश्नांकित किया, वह उनके उपन्यासों के ऐतिहासिक महत्त्व को कभी धूमिल न पड़ने देगा। एक परम्परागत समाज में स्त्री–चेतना के संकट व उसके विकास के अध्ययन के लिए वे हमेशा उपयोगी रहेंगे। इसलिए उनके उपन्यास स्त्रीवादी पाठ के साथ–साथ सेकुलर विचारधारात्मक पाठ की विशेष माँग करते हैं। उनके औपन्यासिक किरदार आधुनिक भारत के बदलावों, लैंगिक पूर्वग्रहों, द्वन्द्वों और उसकी वैचारिक उलझनों को सामाजिक–ऐतिहासिक ढंग से निरूपित करते हैं। टैगोर के उपन्यासों का पाठ व पुनःपाठ दिनों–दिन संकुचित होती जा रही हिन्दी आलोचना के विकास के लिए भी ज़रूरी है क्योंकि हिन्दी आलोचना केवल हिन्दी साहित्य नहीं बल्कि समूचे भारतीय साहित्य की महान धरोहर से जुड़ाव के बल पर भी अपनी सार्थकता को अर्जित करती है।

–वैभव सिंह

अनुक्रम

1

रवीन्द्रनाथ टैगोर : जीवन और सभ्यता-आलोचना

रवीन्द्रनाथ टैगोर भारतीय समाज के मानवतावादी तथा आलोचनात्मक विवेक के प्रतिनिधि रचनाकार हैं। वह आजीवन रचनारत ही नहीं रहे बल्कि भारत की शिक्षा व्यवस्था, संस्कृति, कला व सभ्यता सम्बन्धी प्रश्नों से काव्यात्मक प्रतिभा तथा बौद्धिक अन्तर्दृष्टियों के बल पर टकराते रहे। आधुनिक भारतीय मनीषा की विकासशील बौद्धिक चेतना के वह सर्वाधिक विश्वसनीय नायक हैं। सौभाग्य से वह इतिहास के उस कालखण्ड में जन्मे जब पश्चिम की ओर से भारतीय सभ्यता व संस्कृति को अप्रत्याशित आघात लग रहे थे और वह मानते थे कि किसी भी संस्कृति की सृजनशीलता को बनाये रखने के लिए ऐसे आघात लगने आवश्यक हैं। मानवीय चेतना के विकास व परिष्कार में भारतीय समाज में पैदा होते नये अन्तर्विरोधों की भूमिका को वह स्वीकार करते थे। उनकी वैचारिक यात्रा पश्चिम व अंग्रेज़ी सभ्यता के प्रति स्वाभाविक आकर्षण से आरम्भ होती है और आगे चलकर अन्त में उसके प्रति वैसी ही गहरी निराशा तक पहुँचती है। ज्ञान–सृजन के क्षेत्र में टैगोर ऐसा सूर्य थे जिनसे आज भी भारतीय मानस को बहुत सारा आलोक और ऊर्जा प्राप्त होती है। जनमानस में उनकी छवि किसी महान साधक, गुरुदेव, निर्भीक विचारक और पाखण्ड–भंजक की है जिसने निरन्तर चित्त को भयशून्य रखने तथा सिर को उन्नत रखने का ऐतिहासिक सन्देश प्रदान किया। जीवन की अन्धी आसक्ति और जीवन–मृत्यु के हानि–लाभ से ऊपर उठकर जीवन के उदात्त आदर्शों के बीच मुक्ति का आनन्द लेने के लिए प्रेरित किया। उनकी काव्य पंक्तियाँ– 'चित जेथा भयशून्य उच्च जेथा शिर...'–करोड़ों भारतीयों के हृदय को आज भी निर्भीकता के उल्लास–उत्साह से सिंचित कर देती हैं। वह भारतीय नवजागरण के प्रतिनिधि लेखक और आलोचनात्मक भारतीयता के प्रतीक हैं।

टैगोर का जन्म 7 मई, 1861 ई. को कलकत्ते में हुआ था। पिता का नाम देवेन्द्रनाथ ठाकुर तथा माँ का नाम शारदा देवी था। अपने चौदह भाई–बहनों में वे आयु में सबसे छोटे थे। उन दिनों टैगोर परिवार के अधिकांश सदस्य विभिन्न सामाजिक कार्यों से जुड़े हुए थे। अपने बारे में उन्होंने लिखा है कि उनका बचपन नौकरों के शासन के बीच बीता और विश्वप्रकृति को भी उन्हें लुकछिपकर देखना पड़ता था। पिता देवेन्द्रनाथ ठाकुर उन्हें बैरिस्टर बनाना चाहते थे, इसलिए उन्हें शिक्षा के लिए लन्दन भेजा गया। पर वह शिक्षा को अधूरा छोड़कर ही वापस कलकत्ता लौट आये। उन्होंने संसार के श्रेष्ठतम साहित्यग्रन्थों का परिचय स्वाध्याय से प्राप्त किया तथा कम उम्र में ही कविताएँ लिखना आरम्भ कर दिया था। उनका जीवन स्कूल–विश्वविद्यालय की नीरस, क़ैद करने वाली तथा मौलिक चिन्तन का विरोध करने वाली औपचारिक शिक्षा पद्धति के ख़िलाफ़ एक बेमिसाल साक्ष्य की तरह है। शिलाईदह (वर्तमान में बांग्लादेश में) में उनकी पुश्तैनी जायदाद थी और उसी की देखरेख करते हुए उन्होंने लोकजीवन, परम्परा, किसानों की दारुण स्थिति तथा भारतीयों के दुःखों से विचलित–विदग्ध रहते हुए सृजन कार्य किया। जब वे लगभग 19 वर्ष के हुए तो ज़ोरासांको के विशाल टैगोर परिवार की स्त्रियों ने उनके विवाह के लिए लड़की को ढूँढ़ना आरम्भ किया। यह तलाश किसी–न–किसी रूप में लगभग दो वर्ष तक जारी रही और 9 दिसम्बर, 1883 को उनका विवाह उनके पिता देवेन्द्रनाथ ठाकुर की मर्ज़ी से लगभग दस वर्ष की आयु वाली एक पिराली ब्राह्मण कन्या के साथ हो गया। विवाह ब्रह्मसमाज के विधि–विधानों के अनुसार हुआ। उनकी पत्नी का नाम भबतारिणी था जो तब के समय के बंगाली समाज में भी काफ़ी पुराने क़िस्म का नाम था। इसलिए उसका नाम रवीन्द्रनाथ के बड़े भाई द्विजेन्द्रनाथ की सलाह पर 'मृणालिनी' रख दिया गया। विवाह के कुछ ही महीने के बाद 19 अप्रैल, 1884 ई. को उनके एक भाई ज्योतिरेन्द्रनाथ टैगोर की पत्नी कादम्बरी देवी ने विष खाकर आत्महत्या कर ली। कादम्बरी देवी से रवीन्द्रनाथ टैगोर की काफ़ी निकटता थी और वह उनसे दो वर्ष बड़ी थीं। उनकी माँ शारदा देवी की 8 मार्च, 1875 ई. को मृत्यु के बाद कादम्बरी देवी ने उनका काफ़ी ध्यान रखा था। दोनों ने लगभग सत्रह वर्ष एक–दूसरे के साथ, निकट रहकर व्यतीत किये थे। उन्होंने कादम्बरी के जीवनकाल में ही अपनी दो पुस्तकें उन्हें समर्पित की थीं और उनकी मृत्यु के पश्चात भी दो पुस्तकें समर्पित की थीं जिनमें 'भानुसिंह पदावली' जैसी प्रसिद्ध पुस्तक भी थी।

इसके अलावा उन्होंने भगन हृदय, छबि–ओ–गान और शैशब संगीत नामक पुस्तक भी कादम्बरी देवी को ही समर्पित की थीं। ज़ोरासांको के विशाल परिवार में कादम्बरी के उस पत्र को ग़ायब कर दिया गया जिसमें उन्होंने अपनी मौत के कारणों का उल्लेख किया था। टैगोर परिवार के फैमिली बहीखाते में यह हिसाब दर्ज था कि लगभग 52 रुपये केवल इस बात के लिए ख़र्च किये गये कि कादम्बरी की मृत्यु का समाचार किसी अख़बार में प्रकाशित न हो।[1] कादम्बरी की आत्महत्या का एक कारण यह माना जाता है कि उनके पति ज्योतिरेन्द्रनाथ लापरवाह स्वभाव के थे और कादम्बरी देवी की भावनाओं को समझते नहीं थे। इसके अलावा वह नाटक कलाकार थे तथा कई अभिनेत्रियों से सम्पर्क में थे। उनकी जेब से कादम्बरी ने एक विवादास्पद पत्र को भी पकड़ा था जिसने उन्हें काफ़ी धक्का पहुँचाया था। एक कारण यह भी माना जाता है कि ज्योतिरेंद्रनाथ राष्ट्रवादी भावनाओं के व्यक्ति थे और उन्होंने पूर्वी बंगाल में शिलाईदह में 7 हज़ार रुपये ख़र्च कर स्टीमर सेवा आरम्भ की थी। उसमें उन्हें काफ़ी नुक़सान उठाना पड़ा था तथा उनका स्टीमर भी कलकत्ते में हुगली नदी के प्लाटून पुल से टकराकर डूब गया था। माना जाता है कि इन सभी घटनाओं ने कादम्बरी को, जो विवाह के कई वर्षों के बाद भी निःसन्तान थीं, मानसिक रूप से अस्थिर कर दिया होगा। ऐसा प्रतीत होता है कि इस मृत्यु के लगभग 17 साल बाद 1901 ई. में रवीन्द्रनाथ द्वारा रचित उपन्यास 'नष्टनीड़' में कादम्बरी ही चारु के रूप में प्रस्तुत हुई हैं। इस उपन्यास के आधार पर शान्तिनिकेतन में रवीन्द्रनाथ के शिष्य रहे सत्यजीत रे ने 'चारुलता' नामक क्लासिकल फ़िल्म का निर्माण किया था।

कादम्बरी की आत्महत्या का विवाद कुछ समय बाद शान्त हो गया। अपने पिता की इच्छा के मुताबिक़ रवीन्द्रनाथ विवाह के बाद शिलाईदह जाकर अपनी ज़मींदार सँभालना चाहते थे, पर उसमें भी विलम्ब हो गया। इसलिए लगभग 7–8 साल तक वह कलकत्ते, भारत के विभिन्न प्रान्तों और लन्दन की यात्राओं के बीच रहकर सृजनरत रहे। उनकी रचनाएँ प्रकाशित होती रहीं जिनमें 'मानसी' नामक काव्यसंग्रह को विशेष ख्याति प्राप्त हुई। रवीन्द्रनाथ ने ज़ोरासांको वाले घर में एक विद्यालय स्थापित करने का विफल प्रयास भी किया। इसी दौरान वे कलकत्ते में ब्रह्मसमाज की एक शाखा के सचिव के रूप में नियुक्त हुए और कलकत्ते के रूढ़िवादी समाज से उनका वैचारिक टकराव भी हुआ जिसमें बंकिमचन्द्र के साथ भी उनकी बहसें हुईं।

रवीन्द्रनाथ टैगोर के आदर्श तब राममोहन राय थे जिन्हें स्वयं बंगला समाज में काफ़ी विरोध का सामना करना पड़ा था। उन्होंने जब ब्रह्मसमाज में ग़ैर–ब्राह्मण को मन्त्री पद पर नियुक्त कराने की चेष्टा की, तो भी उन्हें ऐसा करने से हतोत्साहित किया गया। रूढ़िवादी बंगालियों तथा ब्रह्मसमाज के संकीर्ण विचार वालों को रवीन्द्रनाथ के द्वारा रति, प्रेम व यौनिक प्रवृत्तियों से भरी कविताएँ तथा गीत लिखना भी अच्छा नहीं लगता था। वे कविता की उपयोगिता केवल यही समझते थे कि उनके माध्यम से केवल प्रार्थनाएँ गायी जा सकती हैं। 1886 में उनका संग्रह 'कड़ी ओ कोमल' प्रकाशित हुआ जिसमें शेली, ब्राउनिंग, विक्टर ह्यूगो समेत कई कवियों की रचनाओं के अनुवाद थे। इस संग्रह ने बंगाली समाज में भारी प्रतिक्रिया पैदा की और विवेकानन्द ने भी इसे कामुक विष (erotic venom)[2] का नाम दिया था। जयदेव का गीतगोविन्द, जो राधा–कृष्ण के कामोत्तेजक प्रेम सम्बन्धों का आख्यान था, उसकी तुलना में रवीन्द्रनाथ टैगोर का संग्रह काफ़ी संयत व मर्यादित था। पर 19वीं सदी के तत्कालीन रूढ़िवादी बांग्ला समाज को यह भी नहीं स्वीकार्य था।

रवीन्द्रनाथ की पहली सन्तान माधुरीलता (बेला) 1886 में पैदा हुई और तब उनकी पत्नी की आयु मात्र 13 वर्ष थी। रवीन्द्रनाथ अपनी सुधारवादी चेतना के कारण बालविवाह के विरुद्ध भाषण देते रहे थे और स्वयं उनके जीवन में जो यह विरोधाभास पैदा हुआ, इसके प्रति वह लगातार चिन्तित रहते थे। रवीन्द्रनाथ लम्बे समय तक अपने शिलाईदह वाली ज़मींदार की देख–रेख में व्यस्त रहते थे, जबकि उनकी पत्नी तथा बच्चे कलकत्ते के ज़ोरासांको वाले पुश्तैनी घर में रहते थे। शिशिर कुमार घोष के अनुसार–'रवीन्द्रनाथ एक प्रभावशाली और कार्यदक्ष ज़मींदार थे। यह ज़मींदार कविता के स्वर्णजगत का भी उतना ही बड़ा अधिशासी निकला।'[3]

उनके पुत्र रथीन्द्रनाथ ने अपने संस्मरणों में रवीन्द्रनाथ का एक श्रेष्ठ तथा प्रेरक पिता के रूप में स्मरण किया है। घरेलू शिक्षा में रामायण–महाभारत को शामिल करने, बांग्ला भाषा सिखाने, पद्मा नदी में तैराकी आदि प्रसंगों को लेकर उनके बेटे ने अपने पिता की भव्य छवि को निर्मित किया है। किसी भी प्रकार के नवीन विचार, ज्ञानान्वेषण और तर्क को स्वीकार करने तथा उस पर बहस करने के मामले में रवीन्द्रनाथ टैगोर बहुत उदार माने जाते थे। इसके उदाहरण जीवन के विविध प्रसंगों में भी मिलते हैं। जगदीश चन्द्र बोस उन दिनों विश्वख्याति के वैज्ञानिक बनने की ओर अग्रसर थे। पर वह अपने ही देश

के लोगों से हताश थे जो उनकी वैज्ञानिक बुद्धि का सम्मान करना नहीं जानते थे। लन्दन से एक चिट्ठी लिखकर जब उन्होंने अपनी हताशा को रवीन्द्रनाथ के सामने प्रकट किया तो उन्होंने उत्तर में लिखा–'तुम एक संघर्ष छेड़ दो। किसो को मत बख्शो। जो समर्पण न करे उसके मतों को अपने तीखे तर्कों से तार–तार कर दो।' टैगोर ने 1901 में बोस के वैज्ञानिक शोध कार्यों के लिए त्रिपुरा के महाराज के पास जाकर धन एकत्र किया था ताकि वह लन्दन में अपना काम करते रह सकें। बाद में उनके शोध को पश्चिम ने मान्यता प्रदान की और उन्होंने रेडियो की खोज में मार्कोनी के प्रयासों में योगदान दिया। कलकत्ता वापस आकर उन्होंने विज्ञान की उन्नति के लिए बोस इंस्टिट्यूट की स्थापना भी की थी।

19वीं सदी के अन्त तक आते–आते रवीन्द्रनाथ टैगोर के मन में अपनी ज़मींदार से ऊब पैदा होने लगी थी। पश्चिम की वैचारिक चुनौतियों का भी भारतीय बुद्धिजीवियों को सामना करना पड़ रहा था और ऐसे में उनके मस्तिष्क में ज्ञान तथा दर्शन से सम्बन्धित एक भिन्न क़िस्म का संस्थान खोलने की इच्छा पैदा हो रही थी। 40 वर्ष की अपनी मध्यवय में वह शान्तिनिकेतन जाने का निर्णय ले चुके थे ताकि वहाँ 'तपोवन' की अवधारणा के अनुकरण में भारतीय परम्परा–संस्कृति के अनुरूप प्रकृति के मध्य शिक्षा प्रदान कर सकें। शिलाईदह से लौटकर ज़ोरासांको के घर में नहीं रहना चाहते थे। वहाँ का वातावरण तथा वृद्ध पिता की व्याधियाँ उन्हें परेशान करती थीं। वर्ष 1901 में उन्होंने लगभग पन्द्रह साल की आयु वाली बड़ी बेटी बेला और फिर कुछ समय बाद छोटी बेटी रेणुका, जिसकी आयु मात्र 10 वर्ष 6 माह थी, का विवाह कर दिया। तत्कालीन ब्रह्मसमाज में लड़कियों का विवाह अल्पायु में करने का कोई दबाव न था और रवीन्द्रनाथ की अपनी भतीजी इन्दिरादेवी, जिनसे टैगोर की गहरी आत्मीयता थी, ने 26 वर्ष की आयु में विवाह किया था। यह माना जाता है कि रवीन्द्रनाथ तब तक शान्तिनिकेतन जाने का निर्णय कर चुके थे और वहाँ पर नवीन संस्थान को आरम्भ करने से पहले बेटियों के विवाह की पारिवारिक जिम्मेदारियों को शीघ्रातिशीघ्र पूरा करना चाहते थे। उनके पुत्र रथीन्द्रनाथ के अनुसार–'मुझे लगता था कि मेरे पिता कई बार अपनी ही सबसे गहरी भावनाओं को अनसुना कर देते थे। इसलिए उनके सर्वाधिक निकट रहे लोगों को भी उनके निर्णयों का औचित्य समझ नहीं आता था।' 1901 के अन्त तक आते–आते रवीन्द्रनाथ अपनी पत्नी मृणालिनी तथा चार सन्तानों रथीन्द्रनाथ,

रेणुका, मीरा और शमीन्द्रनाथ को लेकर शान्तिनिकेतन चले आये। रवीन्द्रनाथ के मन में कलकत्ते की भीड़भाड़ वाली ज़िन्दगी के प्रति तीव्र विकर्षण की झलक पत्नी को लिखे उनके पत्रों में मिलती है। शिलाईदह में रहने के दौरान पत्नी मृणालिनी को जून 1901 में लिखे पत्र में उन्होंने लिखा था–'कलकत्ते की भीड़ में मेरा जीवन निष्फल बना रहता है–इसी कारण मेरा मिज़ाज ठीक नहीं रहता है और मामूली बातों से भी परेशान हो जाता हूँ। सबको मन से क्षमा कर, विरोध त्याग कर अन्तःकरण को शान्त नहीं रख पाता।'[4] एकान्त के प्रति गहरा अनुराग और एकान्त का गहरा अभ्यास कवि के मन में पहले से था। जनसाधारण के द्वारा त्याग दिये जाने की कवियोचित इच्छाएँ उनके ऊपर अक्सर हावी हो जाती थीं। अपनी भतीजी इन्दिरा देवी को लिखे एक पत्र में उन्होंने कहा था–'वैसे तो मैं स्वभाव से असभ्य हूँ। मनुष्य के साथ घनिष्ठता मेरे लिए नितान्त असह्य है। चारों ओर एक़दम ख़ाली और एकान्त जगह जब तक मुझे न मिले तब तक मैं अपने मन को पूरी तरह से खोलकर अपने हाथ–पैर अच्छी तरह से नहीं फैला पाता हूँ। आशीर्वाद देता रहता हूँ कि मनुष्य जाति का कल्याण हो, किन्तु वे मुझे एक कोने में ठेलते हुए मुझसे सटकर मुझे न पकड़ें। स्वभावतः मुझे पूरी तरह छोड़कर भी जनसाधारण अच्छे–अच्छे सद्बन्धु पा सकते हैं। उन्हें सांत्वना की कमी नहीं होगी।' (छिन्नपत्रावली, भाग–1, 14 जून 1892, कलकत्ता)।

'एक़दम ख़ाली और एकान्त जगह' की तलाश में टैगोर शान्तिनिकेतन पहुँच गये। शान्तिनिकेतन की कलकत्ते से दूरी लगभग 100 मील थी और वहाँ पर उनके पिता महर्षि देवेन्द्रनाथ ने 40 वर्ष पहले 7 एकड़ ज़मीन ख़रीदी थी। वह भी वहाँ एक ध्यान केन्द्र जैसा आश्रम स्थापित करना चाहते थे। उनके पिता को 'प्रिंस' की और उन्हें 'महर्षि' की उपाधि मिली हुई थी और इन दो शब्दों में अन्तर टैगोर परिवार के सामाजिक–धार्मिक दृष्टिकोण में आते अन्तर को प्रकट करता है। वहाँ पौधे, वृक्ष तथा मिट्टी को बाहर से आयातित किया गया था। एक तालाब खुदवाया गया पर जल संकट की समस्या गम्भीर थी। वर्ष 1888 ई. में देवेन्द्रनाथ ने एक ट्रस्ट की स्थापना कर दी थी और वहाँ शिलाईदह वाली भव्य इमारत से मिलती–जुलती इमारत का निर्माण करा दिया था। शान्तिनिकेतन में रवीन्द्रनाथ पहले भी रह चुके थे तथा 1898 में उनके पुत्र का यज्ञोपवीत संस्कार यहीं के मन्दिर में हुआ था। इस स्थान के प्रति ख़ासकर उसके खुले–स्वच्छ दमकते तारों वाले आकाश तथा कभी–कभार आने वाले काले–भयावह तूफ़ानों

के बारे में अपने आकर्षण का उल्लेख वह अपने परिजनों को लिखे पत्रों में कर चुके थे। शान्तिनिकेतन की भव्य प्रकृति के मध्य 1940–42 के बीच रहे सत्यजीत राय ने भी शान्तिनिकेतन के वातावरण में असीम का आभास दिलाते आकाश की प्रशंसा की है।

एक छोटे से विद्यालय के रूप में शान्तिनिकेतन का विधिवत उद्घाटन 21 दिसम्बर, 1901 को हुआ था और इसमें शुरू में केवल पाँच छात्र थे जो बंगाली थे। इन पाँच में रथीन्द्रनाथ भी शामिल थे। उन्हें उद्घाटन के अवसर पर लाल सिल्क की धोती व चादर प्रदान किये गये। रवीन्द्रनाथ टैगोर से उम्र में 19 वर्ष बड़े भाई सत्येन्द्रनाथ टैगोर ने जो इंडियन सिविल सर्विस में चयनित होने वाले पहले भारतीय थे तथा अब सेवानिवृत्त हो चुके थे, ने प्रार्थना का संचालन किया तथा रवीन्द्रनाथ ने 'मोरा शोत्येर पारे मोन, आजि कोरीबो शोमर्पन, जयो जयो शोत्येर जय...' (हम स्वयं को सत्य को समर्पित करते हैं) नामक गीत लिखा। शान्तिनिकेतन में कुल पाँच शिक्षक भी थे जिनमें तीन ईसाई थे। इन्हीं में से एक कैथोलिक शिक्षक लारेंस भी था जिसने पहली बार रवीन्द्रनाथ को 'गुरुदेव' की उपाधि प्रदान की थी। बाद में वह शिक्षक शान्तिनिकेतन छोड़कर चला गया और अंग्रेज़ विरोधी समाचारपत्र निकालने के कारण अंग्रेज़ सरकार द्वारा दण्डित हुआ और रहस्यमय स्थितियों में उसकी मृत्यु हो गयी।

शान्तिनिकेतन प्राचीन गुरुकुल की परम्परा को पुनर्जीवित करने का प्रयास था तथा आरम्भ के कुछ वर्षों में उसमें जातिभेद का भी पालन किया जाता था। ब्राह्मण छात्र अन्य लोगों से दूर रहकर भोजन करते थे तथा किसी ग़ैरब्राह्मण शिक्षक का पैर नहीं छूते थे। कुल मिलाकर शान्तिनिकेतन के शान्त प्रयोगधर्मी वातावरण में धर्म के स्थान पर सादगी पर बल दिया जाता था। शाकाहरी भोजन ही मिलता था। जूते, बालों का तेल, टूथपेस्ट जैसी चीज़ों पर भी प्रतिबन्ध था। मृणालिनी देवी को जब इस कड़े अनुशासन से ऊब होती थी तो वह कभी–कभी छात्रों व शिक्षकों को बुलाकर उन्हें स्वादिष्ट खाना परोसा करती थीं। उधर, बंगाली समाज में शान्तिनिकेतन के प्रति उपहास का भाव अधिक था। उसे सुधार संस्था, कवि की सनक या अव्यावहारिक प्रयोग की तरह देखा जाता था जिसका समाज के भद्र–उच्चवर्ग के लोगों के लिए कोई महत्त्व न था। झोंपड़ी में रहना, वृक्षों के नीचे अध्ययन, पानी की कमी और बुरे ढंग का भोजन ऐसी चीज़ें थीं जिन्हें बंगाल में भौतिक समृद्धि को महत्त्व देने वाले वर्ग के बीच तिरस्कार से देखा जाता था। लेकिन रवीन्द्रनाथ पर इन उपहासों व

आलोचनाओं का अधिक प्रभाव नहीं पड़ा। उन्होंने अपनी सम्पत्ति व पत्नी के बहुमूल्य गहने तक बेच दिये ताकि शान्तिनिकेतन में छात्रावास निर्माण तथा अन्य आवश्यक ख़र्च के लिए धन एकत्र कर सकें।

शान्तिनिकेतन के आरम्भिक कालखण्ड में रवीन्द्रनाथ का जीवन विभिन्न लोगों की मृत्यु के झंझावत से काँपता रहा। वहाँ सतीशचन्द्र राय को रवीन्द्रनाथ ने निमन्त्रित किया था जो अंग्रेज़ी कविता के बड़े विद्वान थे। मात्र 21 वर्ष की आयु में वह वर्जिल, दांते, शेक्सपियर, गोयथे या कालिदास से जुड़ी कविताओं को घण्टों तक सुना सकते थे। पर यही सतीशचन्द्र 1904 में चेचक के रोग से चल बसे। रवीन्द्रनाथ की अपनी पत्नी मृणालिनी 1902 में, उनकी बेटी रेणुका 1903 में तथा उनके पिता 1905 में काल कवलित हो गये। इसके बाद उनके सबसे छोटे पुत्र शमीन्द्रनाथ भी 1907 में मृत्यु की गोद में चले गये। उनकी पत्नी मृणालिनी तो मृत्यु के समय केवल 29 वर्ष की थीं। वे शान्तिनिकेतन में बीमार पड़ीं और उन्हें वापस ज़ोरासांको लाया गया जहाँ 23 नवम्बर, 1902 ई. को उनकी मृत्यु हो गयी। मृणालिनी देवी के पुत्र रथीन्द्रनाथ ने माँ को याद करते हुए लिखा है–'मृत्यु के पहले दिन पिताजी मुझे बुलाकर माँ के कमरे में ले गये और उनकी शय्या के पास बैठने को कहा। तब तक उनकी बोलने की शक्ति क्षीण हो चुकी थी। मुझे देखकर उनकी आँखों से अश्रुधारा प्रवाहित होने लगी। माँ के साथ मेरा यह अन्तिम साक्षात्कार था।'[5] मृणालिनी देवी की मृत्यु के कारणों पर उनके पुत्र ने अनुमान जताते हुए लिखा था–'मैं अब अनुमान करता हूँ कि उन्हें अपेंडिसाइटिस हुआ होगा। उन दिनों इस विषय में विशेष जानकारी नहीं थी, ऑपरेशन की प्रणाली का आविष्कार भी नहीं हुआ था।'[6] रवीन्द्रनाथ टैगोर के जीवनी लेखक कृष्ण दत्ता और एंड्रयू राबिंसन के अनुसार पत्नी की मृत्यु पर रवीन्द्रनाथ ने ख़ास भावुकता व दुःख का प्रदर्शन नहीं किया था। हालाँकि उन्होंने पत्नी के स्मरण में कविताएँ लिखी थीं जो 'स्मरण' शीर्षक से प्रकाशित हुई थीं पर यह तथ्य है कि उन्होंने पत्नी की कमी को अधिक महसूस नहीं किया।[7] टैगोर के जीवनीकारों के इस दावे की सत्यता पर सन्देह किया जा सकता है। रवीन्द्रनाथ ने कुल सत्ताईस कविताएँ मृणालिनी के स्मरण में लिखी थीं और उन कविताओं के भावों से भी प्रकट होता है कि रवीन्द्रनाथ बहुत आहत थे। 'स्मरण' नामक कविता संकलन की चौथे नम्बर की कविता में वह कहते हैं–

'तुम्हारे इस गृह–संसार में, हाय तुम्हारी अनुपस्थिति में
अब भी कितने सुदिन–दुर्दिन आयेंगे–
तब इस सूने घर में सर्वदा के अभ्यास के वशीभूत हो।
जब तुम्हें पुकारूँगा, तब तुम्हें कहाँ पाऊँगा, तब तुम्हें कहाँ पाऊँगा?'

टैगोर का भावविगलित मन कविताओं के रूप में व्यक्त हुआ था। उन्होंने अपनी वेदना को किसी विश्वदेवता की आराधना में रूपान्तरित करने का प्रयास किया है। उनका दार्शनिक कवि–मन सृष्टि तथा विधाता के हर अवदान को स्वीकारने से ही बड़ा बनता था। पीड़ा, आकुलता, व्यथा को स्वीकारने के लिए वसन्त का भी आह्वान करते हैं कि वह बुझे दीपक, सूने आसन, श्रीहीन मलिनता, दीनता की परवाह न कर अपना उत्सव करे। पर इस आन्तरिक उद्वेलन के बावजूद बाहरी जीवन में वह तटस्थ थे क्योंकि तत्कालीन सामाजिक दशाओं में मृत पत्नी के लिए व्याकुल दिखना कुलीन परिवार के पुरुषों के लिए लगभग अस्वीकार्य माना जाता था। बड़े संयुक्त परिवार में जिस पत्नी के जीते जी उसके लिए प्रेम प्रदर्शन की गुंजाइश कम थी, उसकी मृत्यु पर उसके प्रति भावुक दिखना एक अस्वाभाविक कर्म था। शायद इसीलिए टैगोर के जीवनीकारों को यह भ्रम हो गया कि पत्नी की मौत पर टैगोर ने बहुत अधिक भावुकता या वेदना नहीं प्रकट की थी, जैसी अपेक्षा थी। पर यह सही बात थी कि परिवार में स्त्रियों की मृत्यु और पुरुषों की मृत्यु पर सामाजिक व्यवहार भिन्न–भिन्न था। टैगोर परिवार के बहीखाते में 1902 ई. के कुछ रोचक आँकड़े दर्ज हैं। इसके अनुसार परिवार के मुखिया के रूप में महर्षि देवेन्द्रनाथ ठाकुर ने मई 1902 को अपना छियासीवाँ जन्मदिन मनाया और उसमें 3749 रु. ख़र्च किये, जबकि रवीन्द्रनाथ टैगोर की पत्नी मृणालिनी देवी के अन्तिम संस्कार पर 213 रु. से भी कम व्यय हुए थे। देवेन्द्रनाथ ठाकुर ने अपनी वसीयत में अपनी अन्त्येष्टि के लिए 10 हज़ार रु. अलग से निर्धारित किये थे। भिन्न–भिन्न सदस्यों के जन्म व मृत्यु पर भिन्न प्रकार के ख़र्चों की व्यवस्था दिखाती है कि परिवार में सभी सदस्यों की हैसियत एक सी नहीं मानी जाती थी और स्त्रियों के विषय में विशेष तौर पर असमानतापूर्ण व्यवहार किया जाता था।[8]

19 जनवरी, 1905 को उनके पिता की मृत्यु एक युग का अन्त था। कलकत्ता में वह ब्रह्मसमाज के सर्वाधिक प्रतिष्ठित नेता थे और कलकत्ते में उनकी अन्तिम विदाई के अवसर पर भारी भीड़ एकत्र हुई थी। पिता ने उनके नाम जो जायदाद छोड़ी थी, उससे उन्हें लगभग 1400 रुपये प्रतिमाह आमदनी

होती थी जो तत्कालीन परिस्थितियों में काफ़ी मानी जा सकती थी, पर इस आमदनी से शान्तिनिकेतन नहीं चलाया जा सकता था। शान्तिनिकेतन को चलाने के लिए उन्हें त्रिपुरा महाराज से दान लेना पड़ता था। 1904 के बाद देश के राजनीतिक जीवन में उनकी रुचि तथा हस्तक्षेप भी बढ़ता दिखता है, ख़ासतौर पर बंगभंग विभाजन के आन्दोलन में। 19 जुलाई, 1905 को गजट में शामिल करने के बाद 16 अक्टूबर, 1905 को बंगाल का पूर्वी तथा पश्चिमी बंगाल में विभाजन करने का निर्णय लार्ड कर्ज़न ने कर लिया था। इस निर्णय के विरुद्ध बंगाल में स्वदेशी आन्दोलन का तेज़ी से प्रसार होने लगा था। बंग–भंग के विरोध में चल रहे आन्दोलन के लिए टैगोर ने 23 गीत लिखे थे और वे बड़े पैमाने पर लोकप्रिय हुए। 'आमार शोनार बांग्ला' और 'एकला चलो रे' जैसे टैगोर के प्रसिद्ध गीत इसी आन्दोलन के लिए रचे गये थे और ये अमर हो गये। 'आमार शोनार बांग्ला' के बारे में तो स्वयं टैगोर ने नहीं सोचा होगा कि लगभग 66 साल बाद बांग्लादेश के अस्तित्व में आने के बाद यह उस देश का राष्ट्रगान बन जायेगा। टैगोर ने बंग–भंग विरोध आन्दोलन में राखी के पर्व को भी नया रूप दिया। बंग विभाजन वाले दिन घर से निक़लकर नदी में स्नान किया और फिर हिन्दू–मुस्लिम सभी के हाथों में राखी भी बाँधी। घोड़ों का रखरखाव करने वाले साईस, जो अधिकांशतः मुस्लिम थे, उन्होंने आगे बढ़कर उनके हाथों में राखी बाँधी जबकि उनके साथ के अन्य लोग सहमे हुए से पीछे खड़े रहते थे।

इस आन्दोलन में सम्मिलित होने के बावजूद रवीन्द्रनाथ का मानना यही था कि वह शिक्षादान व ग्रामीण सुधार आदि के कार्यों के बल पर स्वदेशी की भावना का अधिक प्रचार कर सकते हैं। इसलिए वह स्वदेशी के राजनीतिक आन्दोलन में 1905 ई. में जितनी तेज़ी से शामिल हुए थे, दो साल के बाद उससे अलग भी हो गये। वह भारत की राजनीतिक स्वतन्त्रता के बारे में विचार करने के स्थान पर भारत के आन्तरिक जीवन, आत्मबल तथा भारतीय विशेषताओं पर अपना ध्यान अधिक केन्द्रित कर रहे थे। उनका मत था, जैसा कि उन्होंने 1908 में दिये भाषण में कहा था, कि भारतीयों को लगता है कि उनके सिर में पीड़ा किसी आन्तरिक व्याधि के कारण नहीं बल्कि सिर पर रखे बोझ के कारण है, जिसे वे अगर उतार फेंकेंगे तो उनकी पीड़ा समाप्त हो जायेगी। टैगोर स्पष्ट रूप से यह बताना चाह रहे थे कि भारत को केवल बाहरी दासता से लड़ने के स्थान पर सभ्यता के आन्तरिक पक्षों पर विचार करना पड़ेगा। जिसे वह 'आन्तरिक व्याधि' कह कर पहले उसे ठीक करने की बात कह रहे थे,

वह वास्तव में 19वीं सदी के सुधारवादियों का ही दृष्टिकोण था। वह ब्रिटिश सरकार के ख़िलाफ़ किसी व्यापक शत्रुता–भाव को उत्पन्न करने को निरर्थक चेष्टा बता रहे थे जिससे भारत का भला नहीं हो सकता था। स्वदेशी आन्दोलन तथा बंगभंग विभाजन के ख़िलाफ़ आन्दोलन के दौर के बाद के कुछ वर्ष टैगोर के लिए विशेष तौर पर रचनात्मक रूप से समृद्धिकारी रहे। हालाँकि इसी दौर में परिवार में लगातार हुई मौतों नें उन्हें झकझोर भी दिया था। 23 नवम्बर, 1907 को उनके सबसे छोटे पुत्र शमीन्द्रनाथ की जब 11 साल की उम्र में कालरा की बीमारी से मृत्यु हुई तो वह बुरी तरह से निराश हुए, पर फिर से सृजन की ओर मुड़ गये। उन्होंने लगातार 'गोरा', 'गीतांजलि', 'डाकघर', जीबनस्मृति और "घरे–बाइरे' जैसी कई महत्त्वपूर्ण कृतियों की रचना की। उनकी जीवनी लिखने वाली उमादास गुप्त के अनुसार–'रवीन्द्रनाथ टैगोर के अन्दर मानवीय यातना तथा दुविधाओं को लेकर गहरे अनुभव तथा उतनी ही गहरी विकलता थी। उन्होंने अपने साहित्य में प्रेम, घृणा, पीड़ा, क्रूरता, आतंक आदि को विभिन्न चरित्रों के माध्यम से व्यक्त किया है। मानवीय जीवन को अपने उपन्यासों, कहानियों व नाटकों में व्यक्त करने की प्रक्रिया में वह अपने काल्पनिक चरित्रों से अधिक मानवीय होते चले गये।'[9] 27 जनवरी, 1910 को उनके बड़े पुत्र रथीन्द्रनाथ का विवाह भी ज़ोरासांको वाले घर में हुआ, हालाँकि यह विवाह बहुत सफल नहीं रहा। रथीन्द्रनाथ की पत्नी प्रतिमा विधवा थीं और टैगोर परिवार में विधवा विवाह का यह पहला उदाहरण था। रवीन्द्रनाथ टैगोर स्वयं हिन्दू समाज की रूढ़ियों का खण्डन करने लगे थे और इसीलिए प्रतिमा के रूप में उन्होंने ऐसी स्त्री को चुना जो विधवा थी और साथ ही ब्रह्मसमाज से सम्बन्धित नहीं थी। रथीन्द्रनाथ और प्रतिमा के कोई सन्तान न हुई तथा रवीन्द्रनाथ की मृत्यु के पश्चात दोनों एक–दूसरे से अलग भी हो गये थे।

घर–परिवार के इन निजी दुःखों व त्रासदियों के मध्य रवीन्द्रनाथ निरन्तर अन्तरराष्ट्रीय स्तर पर ख्याति अर्जित करते रहे। वर्ष 1911 में उनके द्वारा रचित गीत ही आगे चलकर भारत के राष्ट्रगान के रूप में स्वीकार किया गया। यह भारतीय राष्ट्रीय कांग्रेस के दिसम्बर 1911 को कलकत्ते में होने वाली बैठक के लिए रचा गया था और वहीं पहली बार गाया गया था। एक मत यह भी है कि वास्तव में यह उसी महीने में दिल्ली में जार्ज पंचम के सत्तासीन होने के अवसर पर आयोजित दिल्ली दरबार के लिए रचा गया था पर वहाँ इसे 'कम राजभक्ति' वाला मानकर अस्वीकार कर दिया गया था। शिशिर कुमार घोष के अनुसार–'रवीन्द्रनाथ इस सन्देह चर्चा मात्र से भड़क उठते थे।'[10]

13 नवम्बर, 1913 के दिन, जब वह शान्तिनिकेतन में थे, तब उन्हें साहित्य का नोबल सम्मान प्राप्त होने की सूचना मिली। शान्तिनिकेतन के छात्र विशेष रूप से उत्सव मनाने लगे तथा रवीन्द्रनाथ के लिखे गीतों का गायन करने लगे। पर रवीन्द्रनाथ थोड़ा उद्विग्न और अशान्त भी थे और अपने पत्रों में उन्होंने बार–बार भारी संख्या में टेलीग्राम आने, आगन्तुकों की भीड़ तथा पत्रकारों के प्रश्नों की शिकायत की है। खुद की तुलना ऐसे कुत्ते से की है जिसकी पूँछ में टीन का डिब्बा बाँध दिया गया है और वह जहाँ–जहाँ जाता है लोगों का ध्यान आकर्षित हो जाता है। उन्हें इस बात की भी बेचैनी थी कि लोगों को उनसे मतलब नहीं है बल्कि वे उस रवीन्द्रनाथ का सम्मान कर रहे हैं, जिसे सम्मानित किया गया है। टैगोर को लोगों की नकारात्मक टिप्पणियों का भी सामना करना पड़ रहा था। उन्हें वह नोबल सम्मान मिला था जिससे ताल्सताय, जार्ज बर्नाड शा, यीट्स, जोला जैसे विश्वख्याति के लेखकों को वंचित रखा गया था। उन्हें जिस वर्ष नोबल मिला, उस साल थामस हार्डी जैसे प्रसिद्ध उपन्यासकार के नाम को ख़ारिज कर उन्हें नोबल दिया गया था। इन विश्वप्रसिद्ध लेखकों की तुलना में टैगोर को नोबल सम्मान मिलने के पीछे यह कारण बताया गया है कि आरम्भ में नोबल सम्मान की चयन समिति मानती थी कि अल्फ्रेड नोबल आदर्शवादी थे तथा समाज का संरक्षण करने वाले साहित्य के समर्थक थे। इसलिए बहुत सारे लेखकों को, जो मूर्तिभंजक तथा अराजक थे, उन्हें सामिति ने सम्मान नहीं दिया। नैतिकतावादी तथा समाज से सहयोग करने वाले रचनाकारों को अधिक महत्त्व मिला। बाद में उसका दृष्टिकोण तब बदला जब अल्फ्रेड नोबल के ही एक मित्र का पत्र सामने आया जिसमें उन्होंने बताया कि आदर्शवादी होने से उनका अर्थ था धर्म, समाज व शासन के ख़िलाफ़ आलोचनात्मक दृष्टिकोण को अपनाना। कुछ अंग्रेज़ी अख़बारों में यह सन्देह भी ज़ाहिर किया गया कि 'गीतांजलि' का अधिकांश हिस्सा आयरिश कवि विलियम बटलर यीट्स ने लिखा है, न कि स्वयं रवीन्द्रनाथ ने। हालाँकि यीट्स ने, जिन्होंने गीतांजलि की भूमिका लिखी थी, केवल कविताओं के संकलन में न कि उनके पुनर्लेखन में, अहम भूमिका निभाने की बात ही स्वीकारी थी। नोबल सम्मान मिलने के पश्चात रवीन्द्रनाथ टैगोर के राजनीतिक विचारों को भी पश्चिम में ध्यान से सुना जाने लगा। उन्होंने कई देशों ख़ासतौर पर अमेरिका तथा जापान की यात्राएँ कीं और वहाँ उन्होंने राष्ट्रवाद पर जो भाषण दिये, वे आज भी 'सार्वभौमिक मानवतावाद बनाम संकीर्ण राष्ट्रवाद' के वैचारिक विवादों को उकसाते हैं। जो बात ध्यान देने की थी, वह यह थी कि रवीन्द्रनाथ ने अपनी लोकप्रियता के बोझ तले दबना

नहीं स्वीकार किया और भारत के साथ–साथ पश्चिम में अपने मानवतावादी विचारों के प्रति अडिग रहे। 1916 में उन्होंने जापान में राष्ट्रवाद पर भाषण देकर जापानियों को नाराज़ कर लिया क्योंकि जापान उन दिनों स्वयं शक्ति व धन संचय की दिशा में प्रगति करना चाह रहा था। पर रवीन्द्रनाथ जापान को जब उसके पुराने अतीत व मूल्यों का स्मरण कराने लगे तो जापानियों को अच्छा नहीं लगा। जिस राष्ट्रवाद को पश्चिम की बुराई बता रहे थे, उसी को अपनाकर जापान संसार में अपनी शक्ति का विस्तार करना चाह रहा था।[11] इसलिए रवीन्द्रनाथ का जापान पहुँचने पर भव्य स्वागत तो हुआ था पर बाद में लोगों ने उन्हें उपेक्षित करना आरम्भ कर दिया। बहुत धूमधाम से स्वागत के बीच वह जापान पहुँचे थे, पर विदाई के समय केवल एक व्यक्ति उन्हें जहाज़ तक छोड़ने आया था। इसी यात्रा की अगली कड़ी में जब वे अमेरिका पहुँचे तो वहाँ सिख क्रान्तिकारियों ने उनकी हत्या का असफल प्रयास किया। वे टैगोर की हत्या इसलिए करने की योजना बना रहे थे क्योंकि अज्ञानतावश उन्हें लगता था कि टैगोर अमेरिका आकर राष्ट्रवाद की अमानुषिकता का विरोध नहीं कर रहे हैं, बल्कि भारतीय राष्ट्रवाद के विरुद्ध प्रोपगंडा कर रहे हैं।

इन विदेश यात्राओं के मध्य भारत में तीव्र होते राष्ट्रवादी आन्दोलन के विषय में भी टैगोर के मन में गहरी चिन्ताएँ थीं, पर वर्ष 1917 तक वह मानते रहे कि भारत में अंग्रेज़ी राज लाभकारी है। ब्रिटिश रिकार्ड में वह क्रान्तिकारियों से सहानुभूति रखने वाले माने जाते थे, और कलकत्ते के जोशीले युवक टैगोर के अंग्रेज़ों के प्रति विरोध को सन्देह की निगाह से देखते थे। टैगोर इन आलोचनाओं से आहत होते थे लेकिन वह अडिग योद्धा की तरह थे। अप्रैल 1919 ई. को वह अपने मित्र सी.एफ. एंड्रूस के साथ कलकत्ते में थे, जब उन्हें पता चला कि 379 निहत्थे लोगों की अमृतसर में अंग्रेज़ पुलिस ने हत्या कर दी है। इस घटना ने उन्हें झकझोर कर रख दिया और इसके लगभग डेढ़ महीने के बाद उन्होंने भारत के गवर्नर जनरल लार्ड चेम्सफोर्ड के नाम पत्र लिखा जिसमें कहा–'कभी–कभी ऐसा भी समय आता है जब सम्मानप्रद उपाधियाँ हमारी शर्म को लोगों के सामने और बढ़ा देती हैं।' यह पत्र लिखकर उन्होंने चार साल पहले अंग्रेज़ सरकार द्वारा प्रदत्त 'नाइटहुड' की उपाधि को लौटाने की बात कही। इस पत्र को देश में बड़े पैमाने पर लोगों ने पढ़ा पर चेम्सफोर्ड ने उसे अनदेखा कर दिया। उनके पत्र पर ब्रिटेन के राजा किंग जार्ज पंचम तक से राय ली गयी और अन्त में निर्णय लिया गया कि जो सम्मान उन्हें साहित्य सेवा के लिए प्रदान किया गया है, वह राजनीतिक कारणों से वापस नहीं लिया जायेगा।

इसीलिए टैगोर को बाद में भी लोग 'सर रवीन्द्रनाथ' कहकर बुलाते रहे, हालाँकि उन्हें यह पसन्द नहीं था। बाद में जब चर्खे के महत्त्व को लेकर गाँधी से उनका विवाद हुआ तो गाँधी ने भी व्यंग्य में उन्हें 'सर रवीन्द्रनाथ टैगोर' कहकर सम्बोधित किया था जिससे टैगोर तिलमिला उठे थे। टैगोर को कलकत्ते के समाज में ईर्ष्या, विरोध तथा उपहास का भी सामना करना पड़ता था। उनकी प्रतिष्ठा ने उनके शत्रु भी कम नहीं पैदा किये थे। शिक्षा विभाग ने तो एक पत्र जारी कर यह चेतावनी दे डाली थी कि शान्तिनिकेतन किसी प्रकार से सरकारी सेवाओं में काम करने वालों की सन्तानों की शिक्षा के लिए उपयुक्त नहीं है। इन घटनाओं से विचलित हुए बग़ैर 1918 से 1921 ई. के मध्य टैगोर ने शान्तिनिकेतन को विश्वविद्यालय के रूप में स्थापित करने में अपना पूरा सामर्थ्य लगा दिया। कलकत्ता विश्वविद्यालय की शिक्षा से वह अत्यन्त असन्तुष्ट थे तथा बांग्ला भाषा में मौलिक ज्ञान तथा मौलिक साहित्य को उत्पन्न करने में उसे असमर्थ समझते थे। उन्होंने कलकत्ता विश्वविद्यालय को कच्ची समझ वाले विद्यार्थियों की 'बौद्धिक हत्या' करने वाले संस्थान के नाम से पुकारा था। विश्वविद्यालय स्थापित करने का विचार उस समय के राष्ट्रवादी वातावरण की उपज था जिसमें भारत की अपनी शिक्षा, मूल्य तथा अस्मिता के बारे में बहुत सारे विचारक अपनी चिन्ताएँ व्यक्त कर रहते थे। प्राचीन ज्ञान को आधुनिक विचार पद्धति से पुनर्जीवित करने का स्वप्न देखा जा रहा था। 22 दिसम्बर, 1921 ई. को अपने पहले चांसलर ब्रजेन्द्रनाथ सील, जो विश्वख्याति के विद्वान थे, के हाथों उद्‌घाटन के साथ विश्वविद्यालय अस्तित्वमान हो गया। इसके लिए उन्होंने देश–विदेश से धन एकत्र करने का काम किया। कई प्रकार के नये सम्पर्क भी बनाये। दक्षिण भारत में भी घूमे और लोगों से मिले, पर वहाँ उन्हें यह देखकर निराशा हुई कि एक ओर तो मन्दिरों में असीम धन था, पर शिक्षा के लिए कोई पैसे देने को तैयार नहीं था।[12] टैगोर चूँकि स्वयं किसी रूढ़िवादी हिन्दू विचारधारा का समर्थन करने के स्थान पर नये क़िस्म की अन्तर्राष्ट्रीयतावादी शिक्षा पद्धति को लेकर प्रयोग कर रहे थे और वह ब्रह्मसमाज से जुड़े थे, इसलिए उन्हें धन एकत्र करने में कई प्रकार की समस्याओं का सामना करना पड़ रहा था। अपने शिक्षा संस्थान शान्तिनिकेतन के आर्थिक पक्ष को लेकर उनकी चिन्ताएँ कभी समाप्त नहीं हुईं और वृद्धावस्था में भी उसे आर्थिक मदद दिलाने के लिए भटका करते थे। एक बार 1936 में, जब गुरुदेव 75 वर्ष के थे, तब वह दिल्ली आये थे, लोगों से आर्थिक सहायता की प्राप्ति की आशा में।

शान्तिनिकेतन में आरम्भ के वर्षों में ललित कला, संगीत तथा इंडोलाजी नामक तीन ही विभाग थे। शान्तिनिकेतन में रहकर इन्दिरा गाँधी ने भी एक वर्ष तक (1934–35) अध्ययन किया था। बाद में उन्हें अपनी बीमार माँ के इलाज के लिए उनके साथ विदेश जाना पड़ा था। इन्दिरा गाँधी के शान्तिनिकेतन में रहने की बात को हिन्दी के अनन्य कवि नागार्जुन ने उन्हीं पर लिखी कविता 'इन्दू जी क्या हुआ आपको' में व्यंग्यपूर्वक याद किया था और उनकी कठोर नीतियों की आलोचना करते हुए कविता में लिखा था–'बचपन में गाँधी के पास रहीं/ तरुणाई में टैगोर के पास रहीं/अब क्यों उलट दिया 'संगत' की छाप को?' एक हिन्दी कवि भी टैगोर की विरासत को लेकर चिन्ता प्रकट कर रहा था। ख़ैर, 1982 ई. में इन्दिरा गाँधी भी टैगोर के शान्तिनिकेतन के वातावरण के प्रभावों को याद कर रही थीं। उन्होंने कहा था कि शान्तिनिकेतन में गुरुदेव रवीन्द्रनाथ टैगोर के सान्निध्य में उन्होंने सबसे मूल्यवान बात यह सीखी कि शान्त मन से अपने भीतर की चेतना में एकाग्र रहा जा सकता है, भले ही बाहरी परिस्थितियाँ किसी भी प्रकार की हों और इस शिक्षा ने मेरे जीवन को हमेशा समृद्ध किया। अन्य रचनाकारों ने भी शान्तिनिकेतन की संस्कृति का स्मरण करते हुए यह बात स्वीकारी है कि विपत्ति के सम्मुख धैर्य बनाये रखना गुरुदेव की प्रमुख शिक्षाओं में एक महत्त्वपूर्ण शिक्षा थी। पद–पद पर विपत्तियों का सामना करते हुए वह जीवन की गतिमानता में विश्वास रखते थे तथा दुर्भाग्य का उपहास उड़ाने के लिए प्रेरित करते थे ताकि व्यक्ति का आत्मबल कमज़ोर न पड़े। आश्रमवासियों के लिए रचित गीत की पंक्तियाँ थीं–

'भालो मानुष नांई रे मोरा'
भालो मानुष नांई
गुनेर मध्ये एई आमादेर
गुनेर मध्य एई
देशे देश निन्दे रटे
पदे पदे विपद घटे
पूंथीर कथा कइने मोरा
उल्टी कथा कई
छूटी निलेन बृहस्पति
रईल शनीर दृष्टि
अयात्रा ते नौका भाषा

राखी नेमाई
फलेर आशा
आमादेर आर नाई ये गति
येसेई चलावई

(हम भलेमानुष नहीं हैं, एक ही गुण है हमारा। देश–देश में हमारी निन्दा होती है और पद–पद पर हम विपत्ति से जूझते हैं। किताबी ज्ञान हम नहीं बघारते, किताब में लिखे का ठीक उलटा काम करते हैं। हमारे जन्म के समय बृहस्पति छुट्टी पर थे, इसी से शनि की दृष्टि ही हम पर रही। हमारी नौका अयात्रा पर चली है भाई। फल की तो हम आशा ही नहीं रखते और गति तो हमारी है ही नहीं। सदा तैरते रहना–यही हमारी गति है।)[13]

स्वाधीनता आन्दोलन के बढ़ते तापमान में गाँधी के साथ उनकी वैचारिक असहमति, विवाद, प्रतिवाद आदि का ऐतिहासिक महत्त्व है। पर कुल मिलाकर गाँधी और टैगोर परस्पर सम्मान के सम्बन्ध को स्वीकार करते रहे। आशीष नन्दी के मुताबिक़ गाँधी व टैगोर दोनों ही भारत के सांस्कृतिक पुनरुत्थान के लिए 'राष्ट्रीय संस्कृति' के निर्माण के प्रति चिन्तित थे। दोनों का ही मानना था कि भारतीय सभ्यता को उत्तर मध्यकालीन राष्ट्र–राज्य की निरंकुशता से बचाना भी अनिवार्य है। टैगोर भारत के राष्ट्रीय जीवन के विकास में रिनेसां, अन्तर्राष्ट्रीयता, आधुनिकता तथा सांस्कृतिक परम्परा के लोक–शास्त्र सम्मत रूपों के महत्त्व को स्वीकार करते थे लेकिन गाँधी पूरी तरह से सभ्यता की अवधारणा को आधुनिकता के बाहर ले जा रहे थे। वह केवल लोकजीवन तथा गाँव की संस्कृति में, जिसे 'लिटिल ट्रेडिशन' कहा गया है, में पश्चिम का प्रतिरोध ढूँढ़ रहे थे।[14] इसी अन्तर्विरोध के कारण गाँधी व टैगोर में आपसी बहसें होती रहीं। गाँधी के चर्खा कातने के आन्दोलन के विरुद्ध उन्होंने सितम्बर 1925 को 'द कल्ट ऑफ़ द चरखा' लिखा था जिसमें उन्होंने देश में छायी मानसिक जड़ता, विपन्नता तथा पराधीनता की समस्या को हल करने के लिए चर्खा चलाने का उपाय आजमाने को बचकानापन बताया था। बाद के दिनों में नेहरू ने टैगोर–गाँधी विवाद में स्वयं को टैगोर के अधिक समीप महसूस करने की बात स्वीकारी थी। पर गाँधी उन दिनों स्वाधीनता आन्दोलन के सबसे सफल रणनीतिकार माने जाते थे और गाँधी ने इस लेख के उत्तर में टैगोर को कविजनोचित ढंग से सोचने वाला इन्सान बताया था जो 'आइवरी टावर' पर रहता है। यह भी कहा था कि अगर टैगोर स्वयं रोज़ आधे घण्टे भी चर्खा

कातने लगें तो उनकी कविता अधिक समृद्ध हो जायेगी। वह विपन्नों की इच्छा व पीड़ा को अधिक प्रभावशाली ढंग से व्यक्त करने लगेगी। टैगोर के सम्बन्ध में कही गयी गाँधी की बातों से लगता है कि वह टैगोर को केवल 'गीतांजलि' के माध्यम से समझते थे तथा उन्हें अन्य पश्चिमी मान्यताओं के अनुरूप केवल रहस्यवादी कवि मानते थे। चर्खे को लेकर चले विवाद में उन्होंने टैगोर को 'सर टैगोर' कहकर जिस प्रकार सम्बोधित किया था, वह दर्शाता है कि वह टैगोर पर पश्चिम के प्रभाव को ठीक नहीं समझते थे और गाँधी तब तक पूरी तरह से पश्चिम की सभ्यता को अस्वीकार कर चुके थे। 1921 ई. में उन्होंने 'यंग इंडिया' में प्रकाशित अपने व्याख्यान में कहा था कि राममोहन राय व तिलक को अगर अंग्रेज़ी शिक्षा न प्राप्त हुई होती तो वे चैतन्य, कबीर तथा नानक की भाँति लोगों को अधिक प्रभावित कर सकते थे। गाँधी द्वारा राममोहन राय, जिन्हें आधुनिक भारत का पिता माना जाता है, को पिग्मी (बौना) कहे जाने के कारण भी टैगोर का गाँधी से विवाद हुआ था और बाद में गाँधी ने 1925 में यह कहकर अपना पक्ष स्पष्ट किया था कि अगर किसी से तुलना करते समय ऐसे शब्द का अगर प्रयोग किया जाये तो इसका यह अर्थ नहीं है कि मैं राममोहन राय के महत्त्व को कमतर या उपेक्षणीय समझ रहा हूँ। यह केवल तुलना के लक्ष्य को स्पष्ट करने के लिए प्रयुक्त शब्द था।[15]

इस प्रकार गाँधी व टैगोर एक–दूसरे के कामों के प्रति अपार सम्मानभाव रखते हुए भी असहमतिपूर्ण सम्बन्ध का निर्माण अधिक करते थे। टैगोर ने गाँधी के असहयोग आन्दोलन का भी विरोध किया था तथा उसके हिंसक हो जाने की सम्भावना प्रकट की थी। पर जब गाँधी को छह साल के लिए कारावास में डाला गया तो उन्होंने कलकत्ते में अपने नाटक के मंचन को विरोधस्वरूप रद्द कर दिया था। उन्होंने गाँधी को 'महात्मा' तथा गाँधी ने उन्हें 'गुरुदेव' कहा था। शान्तिनिकेतन के आश्रम में गाँधी जन्मोत्सव भी मनाया जाता था जिसके बारे में हिन्दी लेखिका शिवानी ने अपने संस्मरण 'आमादेर शान्तिनिकेतन' में लिखा है–'गाँधीजी का जन्मोत्सव समारोह शान्तिनिकेतन में बड़ी धूम से मनाया जाता था। प्रार्थना सभा प्रायः आम्र कुंज में होती थी।'[16] पर टैगोर विभिन्न विषयों पर गाँधी से वैचारिक बहस भी करते रहते थे। टैगोर का गाँधी से तीखा विवाद जनवरी 1934 में बिहार में आये भयानक भूकम्प के बाद हुआ था जिसे गाँधी ने हिन्दुओं में व्यापक अस्पृश्यता के ख़िलाफ़ 'दैवीदण्ड' बताया था। 16 फ़रवरी, 1934 ई. के गाँधी के सम्पादन में प्रकाशित होने वाले पत्र 'हरिजन' में टैगोर

व गाँधी दोनों के पक्ष प्रकाशित हुए थे। टैगोर इसे अन्धविश्वास बता रहे थे तो गाँधी का मत था कि पदार्थ व भावना में गहरा सम्बन्ध होता है तथा हमारे पाप किसी भी बड़े से बड़े ढाँचे को गिरा सकते हैं। इस विवाद में नेहरू ने टैगोर को अधिक सही माना था। नेहरू के लिए अगर गाँधी राजनीतिक गुरु थे, तो टैगोर उनके बौद्धिक गुरु की तरह थे।

टैगोर आजीवन एक यात्री की तरह थे, अनथक और यायावरी प्रवृत्ति वाला यात्री। प्रायः उनकी यात्राएँ अराजनीतिक थीं, पर वे कई बार राजनीतिक स्वरूप ग्रहण कर लेती थीं। 1926 में टैगोर ने इटली की तत्कालीन फ़ासिस्ट सरकार के मुखिया बेनितो मुसोलिनी के निमन्त्रण पर इटली की यात्रा की थी और मुसोलिनी की प्रशंसा की। उनकी इस प्रशंसा से चिन्तित होकर इटली के कई नामी–गिरामी बुद्धिजीवियों तथा फ़ासिस्ट विरोधी लेखकों ने टैगोर से मिलकर उन्हें इटली की सच्चाई से अवगत कराने का प्रयत्न किया था। इनमें बेनेदितो क्रोचे जैसे विश्वविख्यात बौद्धिक भी थे जिन्हें मुसोलिनी ने नज़रबन्द कर दिया था। बाद में प्रसिद्ध लेखक रोमाँ रोलाँ ने भी टैगोर को फ़ासीवादी सरकार के उद्देश्यों के प्रति सावधान करने की चेष्टा की थी। माना जाता है कि टैगोर भले ही फ़ासीवाद का समर्थन न करते रहे हों, पर वह मुसोलिनी की भी दो टूक शब्दों में आलोचना नहीं कर सके थे। वह इटली में मुसोलिनी के आतिथ्य के ऋण को अपने ऊपर से उतार नहीं पा रहे थे और इटली के निष्प्राण जीवन में मुसोलिनी जैसे ऊर्जावान व्यक्तित्व के सकारात्मक प्रभाव को ही देखते रहे। लेकिन इसके कुछ वर्षों बाद सितम्बर 1930 में रूस जाकर उन्होंने रूसी क्रान्ति के प्रभावों का जो मूल्यांकन किया, वह स्पष्ट करता है कि उनकी रुचि उस समय समानता तथा बंधुत्व के मूल्यों के आधार पर नवनिर्माण की दिशा में अधिक थी। उनके विवेक की वास्तविक दिशा आधुनिक समानतावादी मूल्यों की तरफ़ थी। वहाँ क्रान्ति की उपलब्धियाँ देखकर वह चकित थे और उन्होंने लिखा था– 'फिलहाल रूस आया हूँ– न आता तो इस जन्म की तीर्थयात्रा बिल्कुल अधूरी रह जाती।'[17] उन्होंने रूसी समाज में शिक्षा, कृषि विकास तथा सहकारिता के मूल्यों के विकास पर अपना आश्चर्य प्रकट किया और भारत को उससे प्रेरणा लेने का आह्वान किया था। भारत में सनातन धर्म के नाम पर फैले पिछड़ेपन की निन्दा करते हुए लिखा था कि रूस ने सनातन की गद्दी झाड़ फेंकी है और नये के लिए एकदम नया आसन बिछा दिया है।[18]

रूस यात्रा की स्मृतियाँ उन्हें आजीवन प्रभावित करती रहीं। मृत्यु से चार महीने पहले लिखे भाषण 'सभ्यतार संकट' में भी उन्होंने रूस यात्रा का स्मरण करते हुए कहा था–'मैंने यह देखा है कि रूस के मास्को नगर में जनता के बीच शिक्षा–विस्तार और आरोग्य–साधन के क्षेत्रों में कैसा असाधारण अध्यवसाय है। इस अध्यवसाय के प्रभाव से उस विशाल साम्राज्य की सीमाओं से मूढ़ता, दैन्य और अवमानना निर्वासित हो चुके हैं।' जर्मन नाज़ीवाद के प्रति उनका क्रोध तब विशेष तौर पर व्यक्त हुआ था जब उनके ही मित्र तथा महान वैज्ञानिक आइंस्टीन दिसम्बर 1932 में जर्मनी छोड़कर भाग गये और कुछ ही समय के पश्चात उनके घर पर हिटलर के ब्राउनशर्ट दस्ते वाले लोगों ने हमला कर दिया था। उन्होंने शंघाई के एक पत्र में सार्वजनिक बयान जारी कर कहा था–'मेरे मित्र आइंस्टीन का जिस प्रकार से अपमान हुआ है, उसने आधुनिक सभ्यता सम्बन्धी मेरे विचारों को बुरी तरह से झकझोर कर रख दिया है।'[19]

1930 के बाद टैगोर अपनी बढ़ती हुई आयु में बंगाल में फैलते साम्प्रदायिक विचार, हिंसा तथा नेतृत्वशून्यता के प्रति विशेष तौर पर चिन्तित दिखते थे। कुछ समय के लिए उन्होंने सुभाषचन्द्र बोस में भारत ख़ासतौर पर बंगाल की सम्पूर्ण शक्ति व संकल्पना को मूर्त होते देखा तथा बोस उनसे मिलने दो बार शान्तिनिकेतन गये थे। वर्ष 1939 में जब कांग्रेस से सुभाषचन्द्र बोस को त्यागपत्र देना पड़ा तो टैगोर ने कांग्रेस में सुलह कराने का प्रयत्न किया लेकिन नेहरू तथा गाँधी, दोनों ही उनके प्रयासों से सहमत नहीं थे। इटली के शासक मुसोलिनी के शक्तिशाली व्यक्तित्व की टैगोर प्रशंसा कर चुके थे और सम्भवतः सुभाषचन्द्र बोस में वह मुसोलिनी की ही छवि को खोज रहे थे। बाद में जब द्वितीय विश्वयुद्ध की भयावहता पूरी तरह से प्रकट होना आरम्भ हुई तब उन्हें अपनी ग़लती का अनुभव हुआ था। अपने एक यहूदी मित्र से उन्होंने कहा था कि अगर इतिहास केवल 'क्रोधपूर्ण प्रतिक्रिया तथा हिंसा' से संचालित होगा तो मानवता के विनाश को कोई नहीं रोक सकता। अपने जीवनकाल के अन्तिम खण्ड में टैगोर निराश प्रतीत होते हैं, बहुत सारे राजनीतिक विषयों पर वह चेतावनीपूर्ण तरीक़े से अपनी बात कहते नज़र आते हैं, पर कुल मिलाकर उनकी सृजनात्मकता ने अन्त तक उनकी विलक्षण प्रतिभा को लोगों के समक्ष प्रकट करने में उनकी भरपूर मदद की। यात्राएँ कम होती चली गयीं पर विश्व के विभिन्न महत्त्वपूर्ण विषयों के प्रति उनकी जागरूकता कभी कम नहीं पड़ी। देह कमज़ोर हो चुकी थी और कई बार अकस्मात बेहोश हो जाते थे।

लगभग साठ वर्ष की आयु में उन्होंने चित्रकला में अपनी रुचि विकसित की थी, और बीमारी में भी चित्र बनाते थे। चित्रकला में प्राच्यवाद या राष्ट्रवाद के वह विरोधी दिखते हैं और भारतीय वैयक्तिकता से जुड़ी अन्तरराष्ट्रीयता के समर्थक हैं। चित्रकला सम्बन्धी अपनी रुचि के विकास के बारे में उन्होंने जैमिनी राय को अपनी मृत्यु से कुछ समय पूर्व लिखा था कि एक सम्पूर्ण जीवन वही है जिसमें मनुष्य अपने समस्त ऐन्द्रिक बोध, जो उसे कुदरत से मिले हैं, उनका प्रयोग कर सके। चित्रों को उन्होंने रंग व रेखाओं का आनन्दपूर्ण सामंजस्य बताया। कलाएँ उनके लिए मानव–आवेग की प्रतीक थीं और ये आवेग पशुओं की तुलना में मनुष्यों को अतिरिक्त मात्रा में प्राप्त होता है। आवेग की यही अतिरिक्त मात्रा (सरप्लस) कलाओं के साथ सभ्यता का भी निर्माण करती है। समीक्षकों का उनकी चित्रकला के विषय में मत था कि उनकी कोमल, आध्यात्मिक कविताओं की तुलना में उनके चित्र अधिक कठोर व विचित्र लगते थे। ऐसा प्रतीत होता था कि टैगोर अपने ही भीतर के किसी असभ्य व्यक्ति की विभिन्न मनःस्थितियों को चित्रित करना चाह रहे हैं। टैगोर के द्वारा अपने ही चेहरे के 1934 में बनाये गये बारह 'सेल्फ पोर्ट्रेट' इस बात का प्रमाण प्रस्तुत करते हैं। उनके चित्रों में भी आध्यात्मिक अभिव्यंजनाओं को ढूँढ़ने की चेष्टा की गयी है, पर वे किसी लक्ष्य तक नहीं पहुँची हैं। भारतीय कलाओं के विख्यात समीक्षक आनन्द कूमारास्वामी ने 1930 में उनकी चित्रकला के बारे में कहा था–'उनके चित्रों में किसी प्रकार का आध्यात्मिक प्रतीकवाद ढूँढ़ना सबसे बड़ी ग़लती होगी। वे किसी पहेली या जटिल गुत्थी की तरह भी नहीं हैं जिन्हें सुलझाने के लिए बहुत बड़े विद्वान या कला समीक्षक की आवश्यकता पड़े।'[20]

रवीन्द्रनाथ लगातार जैसे चित्रों तथा स्वयं के बहाने किसी परिवेश, समय, स्थान को खोज रहे थे जो सभ्यता के विराट वृत्त को आलोकित कर दे। देहान्त से कुछ माह पूर्व उन्होंने 'सभ्यता के संकट' नामक निबन्ध लिखा था, जिसे शान्तिनिकेतन में उनकी ही उपस्थिति में 14 अप्रैल, 1941 को बंगला नववर्ष के अवसर पर पढ़ा गया था। तब तक वह इतने दुर्बल हो चुके थे कि इसे स्वयं नहीं पढ़ सकते थे। वह निबन्ध उनके वैचारिक विकास व विचारधारा का सर्वश्रेष्ठ प्रतिनिधि कहा जा सकता है जिसमें जितने साहसपूर्ण शब्द हैं, उतना ही विश्व के बारे में गहरा चिन्तन। भारत में ब्रिटिश राज के प्रति उनकी कटुता व मोहभंग चरम पर नज़र आता है और वह पश्चिम के स्थान पर पूरब की सभ्यता में नवीन सूर्योदय में अपनी आस्था प्रकट करते दिखते हैं।

अधिक अस्वस्थता के कारण रवीन्द्रनाथ को 25 जुलाई, 1941 ई. को शान्तिनिकेतन से जाना पड़ा। यह उनकी अन्तिम विदाई थी और जब वह आश्रम छोड़कर जा रहे थे तब शान्तिनिकेतन के सभी छात्र–छात्राएँ, अध्यापक व अन्य कर्मचारी समवेत स्वर में शान्तिनिकेतन के सुप्रसिद्ध गीत 'आमादेर शान्तिनिकेतन' को गाने लगे। जब गीत के स्वर गुरुदेव के कानों में पड़े तो उनकी आँखों से अश्रु प्रवाहित होने लगे। शान्तिनिकेतन में लोगों को गुरुदेव के स्वास्थ्य का हाल बताने के लिए पुस्तकालय के बाहर लगे नोटिस बोर्ड पर दिन में चार बार उनके स्वास्थ्य का नवीनतम बुलेटिन लिखा रहता था– 'अभी भी दशा चिन्ताजनक है।'[21] दो सप्ताह के पश्चात ही 7 अगस्त, 1941 को ज़ोरासांको के ही पुश्तैनी घर के ऊपर वाले कमरे में उनका निधन हो गया। गुरुदेव की अन्तिम इच्छा शान्तिनिकेतन में घने पेड़ों के निकट मृत्यु का आलिंगन करने की थी, पर उनकी मृत्यु उसी भीड़ व कोलाहल वाले नगर के पुश्तैनी घर में हुई जिसके प्रति उनके मन में गहरी विरक्ति थी।[22] मृत्युपरान्त 1942 ई. में उनकी पन्द्रह शीर्षकहीन कविताओं का संकलन 'शेष लेखा' के नाम से प्रकाशित हुआ था। इन कविताओं में अस्तित्व, मृत्यु तथा प्रकृति को लेकर बड़े बुनियादी प्रश्न और भाव व्यक्त किये गये थे। इन्हीं में एक भावपूर्ण कविता थी–

> प्रथम दिनेर सूर्य
> प्रश्न करेछिल
> सत्तार नूतन आविर्भावे
> के तुमि।
> मेलेनि उत्तर।
> वत्सर वत्सर चले गेल
> दिवसेर शेष सूर्य
> शेष प्रश्न उच्चारिल पश्चिम सागर–तीरे
> निस्तब्धसन्ध्याय
> के तुमि
> पेल ना उत्तर।

(प्रथम दिन के सूर्य ने / प्रश्न किया था / अस्तित्व के नये आविर्भाव से / कौन हो तुम? / मिला नहीं उत्तर। / वर्ष पर वर्ष बीत गये / दिवस के अन्तिम सूर्य ने / शेष प्रश्न पूछा पश्चिमी सागर के तट पर / निस्तब्ध साँझ के समय / कौन हो तुम? / पाया नहीं उत्तर।)

टैगोर के निधन पर उनकी अन्तिम यात्रा में कलकत्ते की सड़कों पर भारी भीड़ उमड़ पड़ी थी और आगे चलकर सड़क पर इतना विशाल जनसमूह केवल गाँधी की शवयात्रा के अवसर पर ही दिखा था। तब नेहरू जेल में थे और उन्हें जब निधन का समाचार मिला तो अपनी जेल डायरी में उन्होंने लिखा– 'तो गुरुदेव इस संसार से चले गये। एक युग का अन्त हुआ। सम्भवतः अच्छा ही हुआ कि उनकी मृत्यु हो गयी और उन्हें भारत व विश्व में घटित होने वाली ख़ौफ़नाक घटनाओं को नहीं देखना पड़ा। उन्होंने बहुत कुछ देखा था और वह गहरे दुःख में थे, अप्रसन्न थे। ऐसे लगता है कि लोगों में उनका विश्वास, ख़ासतौर पर बंगाल के लोगों के प्रति उनका विश्वास बहुत कम हो चुका था। मैं महसूस करता हूँ कि गाँधी व टैगोर संसार की महानतम हस्तियाँ थीं और यह मेरा सौभाग्य है कि मैं उनके सम्पर्क में आ सका।'[23]

सन्दर्भ

1. कृष्णा कृपलानी–रवीन्द्रनाथ टैगोरः ए बायोग्राफी, ऑक्सफोर्ड यूनिवर्सिटी प्रेस, नई दिल्ली, 1962, पृ. 117
2. कृष्ण दत्ता और एंड्रयू राबिंसन–रवीन्द्रनाथ टैगोर– द मिरियड माइंडेड मैन, टौरिस पार्के पेपरबैक, लंदन, 2008, पृ. 9
3. शिशिर कुमार घोष–रवीन्द्रनाथ टैगोर, साहित्य अकादमी प्रकाशन, नयी दिल्ली, पृ. 12
4. मृणालिनी देवी–रवीन्द्रनाथ ठाकुर की सहधर्मिणी–सम्पा–रामेश्वर मिश्र, विश्वभारती ग्रन्थन विभाग, कोलकाता, 2010, पृ. 29
5. वही, पृ. 128
6. वही, पृ. 127
7. कृष्ण दत्ता और एंड्रयू राबिंसन–रवीन्द्रनाथ टैगोर : द मिरियड माइंडेड मैन, टौरिस पार्के पेपरबैक, लन्दन, 2008, पृ. 137
8. प्रशांत कुमार पाल–रबी–जीबनी, आनन्द पब्लिशर, कलकत्ता, दूसरा संस्करण, 1993, वाल्यूम–5, पृ. 217
9. उमा दासगुप्ता–रवीन्द्रनाथ टैगोर–ए बायोग्राफी, ऑक्सफोर्ड प्रकाशन, दिल्ली, 2004, पृ. 76
10. शिशिर कुमार घोष, वही, पृ. 16
11. कृष्ण दत्ता और एंड्रयू राबिंसन–वही, पृ. 203
12. वही, पृ. 221
13. शिवानी–आमादेर शान्तिनिकेतन, सरस्वती विहार, दिल्ली, 1983, पृ. 76

14. आशीष नन्दी–इललेजिटिमेसी ऑफ़ नेशनलिज़्म, ऑक्सफोर्ड यूनिवर्सिटी प्रेस, दिल्ली, 1994, पृ. 12
15. कृष्णदत्त और एंड्रयू राबिंसन–वही, पृ. 264
16. शिवानी–वही, पृ. 66
17. रवीन्द्रनाथ टैगोर–रूस के पत्र, पृ. 7, पाम लीफ प्रकाशन, किंडल संस्करण
18. वही, पृ. 7
19. कृष्ण दत्ता और एंड्रयू राबिंसन–वही, पृ. 344
20. वही, पृ. 356
21. शिवानी–वही, पृ. 89
22. कृष्ण दत्ता और एंड्रयू राबिंसन–वही, पृ. 368
23. शिशिर कुमार दास और सुकान्त चौधरी–सेलेक्टेड राइटिंग्स आन लिटरेचर एंड लैंग्वेज–रवीन्द्रनाथ टैगोर, ऑक्सफोर्ड यूनिवर्सिटी प्रेस दिल्ली, पृ. 1

2

राष्ट्र की परिकल्पना और धार्मिक दावेदारी

रवीन्द्रनाथ टैगोर के उपन्यास युगबोधक, प्रातिनिधिक और विशिष्ट यथार्थवाद के गुणों के वाहक हैं। आधुनिक कालखण्ड में उपन्यासों की महानता की पहचान इससे होती है कि वे अपने कथाफलक में भिन्न दृष्टिकोणों तथा सामाजिक दृष्टियों के टकराव (Conflicting world views) को किस संश्लिष्टता के साथ व्यंजित कर पाते हैं। उपन्यास लिखने का काम स्कूल–मास्टरी से भी भिन्न है जिसमें अच्छा–बुरा, उचित–अनुचित, नैतिक–अनैतिक की शिक्षा दी जाती है, हालाँकि उपन्यासकार कई बार इस लोभ में पड़कर उपन्यास के साथ अन्याय कर बैठते हैं। उपन्यास लेखन एक वृहत् सभ्यतागत कर्म है जिसमें सामाजिक दृष्टियों व विचारधाराओं के परस्पर टकराव उसकी कथावस्तु को साकार करते हैं। इस कसौटी पर भी टैगोर के उपन्यास पाठकों व उपन्यास समीक्षकों का ध्यान अपनी ओर आकृष्ट करते रहे हैं। वे सपाट ढंग से किसी विचारधारा तक सीमित रह जाने के स्थान पर मानवीय स्थितियों तथा राष्ट्रीय–सामाजिक आन्दोलनों में मौजूद विभिन्न वैचारिक तनावों–टकरावों को पेश करते हैं। जिस प्रकार वह कविता में मानते हैं–'आमि एइ पृथिवीर कवि' (मैं इस पृथिवी का कवि हूँ), उसी प्रकार वह उपन्यास में भी पृथ्वी की, अर्थात सामाजिक हलचलों व उधेड़बुनों को आख्यान का आधार बनाते हैं। नयी सामाजिक स्थितियाँ समाज में व्यक्तिगत सम्बन्धों पर जो असहनीय दबाव डालती हैं, वे भी उनके उपन्यासों की प्रमुख विषयवस्तु हैं। समाज की गति व वास्तविकता को केवल ठण्डी–बेजान सूचनाओं से नहीं बल्कि आवेगमय विवेक से लैस व्यक्तिगत अनुभूतियों के माध्यम से प्रकट करते हैं।

विश्व भर में उपन्यास–आलोचकों ने पश्चिमी पुनर्जागरण का उपन्यासों पर प्रभाव का अध्ययन किया है। उन्होंने पाया है कि पुनर्जागरण ने सामूहिक परम्पराओं के स्थान पर 'व्यक्तिगत अनुभूतियों' को अधिक महत्त्व दिया था।

इस कारण उपन्यासों में भी यथार्थवाद की वास्तविक कसौटी व्यक्तिगत अनुभूतियाँ बनीं।[1] भारत में नवजागरणकालीन चेतना ने भी उपन्यासों में व्यक्तिगत अनुभूति के महत्त्व को स्थापित किया क्योंकि नवजागरण ने लोगों को नयी सामाजिक दृष्टि प्रदान की। उस सामाजिक दृष्टि के अनुरूप अपने अनुभवों तथा अनुभूतियों को साहित्य में व्यक्त करने का बौद्धिक आत्मविश्वास उत्पन्न किया। भारत में चूँकि उपन्यास औपनिवेशिकता के दौर की उपज हैं, इसलिए व्यक्ति तथा समाज के जीवन पर औपनिवेशिकता के प्रभावों का चित्रण भी उपन्यासों की प्रधान विषयवस्तु है। आत्मकेन्द्रित मानसिक जीवन या व्यक्तिवाद पश्चिम में उपन्यासों के उत्थान में सहायक रहे हैं। पर भारत में औपनिवेशिकता के कारण पैदा सामाजिक परिस्थितियों तथा सांस्कृतिक प्रभावों से उपन्यासों के जन्म का अभिन्न रिश्ता रहा है। टैगोर के उपन्यास औपनिवेशिकता के अंकुश में जीते उच्चजाति वाले भद्रलोक की आशा–आशंकाओं के प्रवक्ता हैं। शहरी परिवेश उनके केन्द्र में है। लेकिन वे नये वैचारिक प्रयोगों–प्रवाहों से गुज़रते भारत और भारतीयता के नये बोध को व्यक्त करते हैं। जनमानस में धँसी भद्रलोक की इकहरी छवि को भंग करते हैं और बांग्ला भद्रलोक में जन्म लेती नवीन वैचारिक प्रवृत्तियों से पाठकों को अवगत कराते हैं। व्यक्तिगत अनुभवों तथा व्यक्तिगत सम्बन्धों पर नये राष्ट्रीय–सामाजिक दबावों को कुशलता से प्रकट करते हैं।

टैगोर के कृतित्व को 'हिन्दू–ब्रिटिश सिमबायसिस'[2] की तरह देखा गया है पर टैगोर के कृतित्व का मुख्य पक्ष भारत ख़ासतौर पर बंगाल जैसी पूरबी सभ्यताओं का विशद चित्रण है। भारतीय समाज–सभ्यता के प्रति गहरी दृष्टि और उनका आकर्षक व्यक्तित्व, रामचन्द्र गुहा के शब्दों में, उन्हें 'ओरियंटल गुरु'[3] की तरह याद किये जाने को मजबूर करता है। टैगोर के उपन्यासों में चित्रित राष्ट्र व राष्ट्रवाद की आलोचनात्मक पड़ताल हमेशा जारी रहने वाली प्रक्रिया की तरह है। औपनिवेशिकता से संघर्ष के साथ–साथ औपनिवेशिकता के अनुकरण का जैसा तीखा प्रतिवाद उनकी औपन्यासिकता में निहित है, वह उनके उपन्यासों की प्रासंगिकता का ग़ैरविवादास्पद आधार है। टैगोर पूरे राष्ट्रीय आन्दोलन में एक 'असहमत देशभक्त' और धर्म–परम्परा में एक 'असहमत धार्मिक' थे। उनकी असहमत देशभक्ति और उनकी असहमत धार्मिकता उनके गद्य में, ख़ासतौर पर उनके उपन्यासों के कथानक में प्रखरता से व्यक्त हुई है।

टैगोर ने पूरे रचनाकाल में छोटे–बड़े सभी उपन्यासों को मिलाकर पन्द्रह उपन्यासों की रचना की थी। उनका प्रथम उपन्यास 'करुणा' किशोरावस्था में प्रकाशित होने लगा था। तब वह मात्र 17 साल के थे। यह 1878–79 ई. में 'भारती' नामक पत्रिका में एक साल तक प्रकाशित होता रहा था। इस उपन्यास का नाम इसकी नायिका के नाम पर 'करुणा' था। बंगाल में नवजागरण के प्रभाव से स्त्रियों की सामाजिक दशा तथा सामाजिक दुर्दशा को आधार बनाकर उपन्यास भी लिखे जाते थे और टैगोर के इस उपन्यास पर नवजागरण कालीन सुधारवादी चेतना का हल्का लेकिन ठोस प्रभाव मौजूद था। इसमें 'करुणा' नामक स्त्री की कहानी है जिसका जीवन नरेन्द्र नामक एक ग़ैर–ज़िम्मेदार, स्वार्थी और मक्कार पति के कारण तबाह हो जाता है। इस उपन्यास को अव्यवस्थित और अपरिपक्व रचना बताया गया लेकिन आगे भी टैगोर ने अपने कुछ उपन्यासों में बेमेल विवाहों से स्त्री जीवन के विनाश पर केन्द्रित कथानकों व किरदारों की रचना की थी। उनकी सृजन यात्रा देख यह भी लगता है कि उन दिनों बंगाल में बंकिमचन्द्र चट्टोपाध्याय के ऐतिहासिक रोमांस से भरपूर उपन्यासों का जो प्रभाव था, उससे प्रेरित होकर टैगोर ने ऐतिहासिक उपन्यासों का लेखन आरम्भ किया था। हालाँकि उन्होंने उपन्यास लेखन का वह रास्ता जल्द ही त्याग दिया। पर उन्होंने बंगाल के जनजीवन व आम परिवारों पर भावुक लेकिन यथार्थवादी उपन्यास लिखने से पहले 'बऊ–ठाकुरानीर हाट' (1883) तथा 'राजर्षि' (1885–86) नामक ऐतिहासिक उपन्यास लिखे थे जो राजवंशों की इतिहास मिश्रित काल्पनिक कथाएँ थीं।

उन्नीसवीं सदी के उत्तरार्ध में बांग्ला भाषा के उपन्यासों में जीवन–संयोग, इतिहास और रोमान का प्रभाव था और चरित्रों की वैयक्तिकता बहुत नहीं उभर पाती थी। बाहरी घटनाओं, उथलपुथल तथा विचित्र संयोगों के बल पर कथानक की रचना तो कर दी जाती थी पर उपन्यास के चरित्र की आन्तरिक मनोदशा का गहन चित्रण न हो पाने के कारण वे केवल रोचक कथानक के निर्जीव माध्यम मात्र प्रतीत होते थे। बंकिमचन्द्र चट्टोपाध्याय के उपन्यासों में तेज़ घटनाक्रम तथा कौतूहलवर्धक स्थितियाँ ख़ूब होती थीं पर पात्रों का अपना कोई समग्र चरित्र नहीं उभरता था। चरित्र केवल तीव्र घटनाक्रमों का अंग भर होते थे। उनकी भूमिका केवल घटनाक्रमों से तय होती थी। उनकी मनोदशा का चित्रण करने में लेखक अधिक ध्यान नहीं देता था। एक साधारण मनुष्य अभी भी उपन्यास की परिधि से बाहर था।

ऐतिहासिक रोमांस पर केन्द्रित उपन्यासों में भारतीय राष्ट्र की ठोस यथार्थपरक समकालीन स्थितियों के प्रति ख़ास क़िस्म की उदासीनता ही प्रकट होती थी।

भारत में बीसवीं शताब्दी के साहित्य को आधार बनाकर भले ही उपन्यास के 'मध्यवर्ग का महाकाव्य' होने की धारणा की पुष्टि की जाती हो, पर उन्नीसवीं शती में उपन्यास 'सामन्त वर्ग के महाकाव्य' की तरह ही थे। अधिकांश उपन्यासों ख़ासकर बंकिम के उपन्यासों में सामन्तों–ज़मींदारों तथा छोटे–बड़े राजाओं के जीवनप्रसंगों को आधार बनाकर ही उपन्यास रचे गये हैं। ज़मींदारों के जीवन से अधिकांश उपन्यासों की कथावस्तु का चयन किया गया है। टैगोर ने अपनी उपन्यास कला को आगे चलकर बंकिम से मिले उपन्यास–दर्शन से मुक्त रखा और सेकुलर–इहलोकवादी नज़रिये से समकालीन और जीवन के नितान्त साधारण विषयों पर उपन्यास लिखने का जोखिम उठाया। उनके उपन्यासों में उपनिवेशवाद की जकड़न के शिकार भारत की विविध छवियाँ हैं। भारत की औपनिवेशिक दुर्दशा को निर्भीकता से प्रकट करते हुए वह उपनिवेशवाद विरोधी विचारधाराओं के अन्तर्विरोधों को उजागर करने का साहस भी दिखाते हैं। उनके उपन्यास बंकिम की पीढ़ी के बाद बंगाल में फैली नयी राजनीतिक चेतना तथा उसके प्रभावों से उपन्यासों के राजनीतिकरण के ऐतिहासिक सत्य को प्रकट करते हैं।

बंगाल में राजनीतिक चेतना का विकास एक ओर तो शिक्षित अभिजनों में हो रहा था, तो दूसरी ओर आन्दोलनों की लहर से आम जनता में भी राजनीतिक चेतना फैल रही थी। अंग्रेज़ों के सामने हीनता तथा अधीनस्थता को स्वीकारने के बावजूद उसके प्रति सन्देह निरन्तर मज़बूत होने लगा था। उन्नीसवीं सदी के अन्त तक प्रायः अंग्रेज़ी शिक्षित बंगाली पुरुष अधिक से अधिक लेफ्टिनेंट गवर्नर और वायसराय की एक्जिक्यूटिव काउंसिल के सदस्य होते थे। अधीनस्थ देशों को राजनीति से वंचित रखना किसी भी साम्राज्य का मुख्य उद्देश्य होता है और साम्राज्यवादी अंग्रेज़ों के सुर में सुर मिलाकर कुछ लाभार्थी गुलाम भी कहते थे कि अधीनस्थ देश के लोगों को राजनीति नहीं करनी चाहिए। ऐसी ही एक काउंसिल के सदस्य आशुतोष चौधरी ने 1904 में बर्दमान में हुए बंगाल प्राविंशियल कॉन्फ्रेंस के एक सत्र में कहा था–'एक सब्जेक्ट रेस हैज नो पॉलिटिक्स।'[4] आशुतोष चौधरी का यह वाक्य बंगाली बुद्धिजीवियों को लगातार आक्रोशित करता रहा और कई साल बाद शरतचन्द्र बोस ने 1927 ई. में इसका यह कहकर जवाब दिया था कि राजनीति किसी

भी अधीनस्थ देश व जाति के लिए धर्म के समान होती है। गुलाम देश के पास राजनीति के अतिरिक्त कोई वस्तु नहीं होती है।[5] पूरे बंगाल में उन दिनों राजनीतिक चेतना के प्रति संवेदनशीलता का नया युग था जो 1905 ई. में लार्ड कर्ज़न के बंगाल विभाजन सम्बन्धी निरंकुश निर्णय के बाद तेज़ी से विकसित हुआ था। इसके पहले भी स्थानीय स्तर पर आदिवासियों–किसानों व सामन्तों के ख़िलाफ़ आम जनता के विद्रोह होते थे पर उनका चरित्र अत्यन्त स्थानीय होता था। बंगाल विभाजन की घटना ने पूरे बंगाल और भारत के कई हिस्सों को व्यापक तौर पर प्रभावित किया था।[6]

टैगोर के उपन्यासों में राजनीतिक विषयों व राजनीतिक चेतना का प्रवेश बंगाल विभाजन से जुड़े विरोध आन्दोलन से प्रभावित है। बीसवीं सदी के पहले दशक में भारत के राजनीतिक जीवन में इस घटना का अद्वितीय महत्त्व था। उनका उपन्यास ''घरे–बाइरे' (1916) सर्वाधिक प्रामाणिक ढंग से इस बात की तस्दीक करता है। 1905 के बाद स्वदेशी, स्वाधीनता और अंग्रेज़ों के विरोध के नवयुग के संकेत उपन्यास में हर जगह मौजूद हैं। उत्तम पुरुष की आत्मकथात्मक शैली में रचित उपन्यास में आत्मसंवाद (मोनोलाग) और प्रायश्चित्त के बहुत सारे प्रसंग हैं। इसमें बहुत सारी हिंसक घटनाएँ भी हैं, जो टैगोर के अन्य उपन्यासों में कम ही दिखाई देती थीं। उपन्यास में तीनों ही महत्त्वपूर्ण चरित्र निखिलेश, विमला और संदीप राजनीतिक चेतना को आत्मसात कर रहे हैं और एक–दूसरे से अपने गुप्त रहस्यों को छिपाने की चेष्टा कर रहे हैं। आरम्भ में ही सम्पन्न ज़मींदार घराने में ब्याही विमला बताती है– 'बंगाल में एक दिन स्वदेशी युग आया था, पर वह कैसे आया यह साफ़ समझा नहीं जा सका। उसके पहले के युग के साथ इस युग का जैसे कोई क्रम ही नहीं था। उस दिन हमारी भी दृष्टियाँ और मन, आशाएँ और इच्छाएँ उन्मत्त नवयुग के अबीर से लाल हो उठीं।'[7] उल्लेखनीय है कि ''घरे–बाइरे' के कथानक के केन्द्र में स्वदेशी आन्दोलन, उग्र विरोध की राजनीति का विवादास्पद चित्रण ही है। 'उन्मत्त युग के अबीर से लाल' हो जाने का बिम्ब इस नयी बांग्ला चेतना का प्रभावशाली चित्रण है। बौद्धिकों की नयी भूमिका भी साल 1905 के आन्दोलन से नये ढंग से परिभाषित हुई। टैगोर के कवि स्वभाव ने देश की दशा को हरहराकर आये बाढ़ के मटमैले पानी की तरह देखा जिसने सूखी नदी को ढँक दिया। बौद्धिकों का चित्त किसी दबी ऊर्जा वाली खान की तरह देखा गया। उस ऊर्जा को बाहर लाकर उसका प्रयोग देशहित में करने की नयी चेतना विकसित हो रही है। इस उपन्यास में नायिका विमला अपने पति निखिलेश की

इस बात का स्मरण करती है–'देश की खानों में जो खनिज दबा पड़ा है, उसे बाहर न निकालने से जैसे देश की ग़रीबी नहीं मिटती है, उसी प्रकार देश के बौद्धिकों के चित्त में ऊर्जा की जो हीरे की खान है उसे अगर ढूँढ़ न निकाला जाये तो यह ग़रीबी और बढ़ेगी।'[8] उन्नीसवीं सदी में भी बांग्ला कृतियों में राजनीतिक चेतना व्यक्त होती थी। रंगलाल बन्दोपाध्याय (पद्मिनी उपाख्यान, 1958), दीनबन्धु मित्रा (नील दर्पण, 1866) और बंकिमचन्द्र (आनन्दमठ, 1882) जैसे रचनाकारों तथा उनकी कृतियों में ख़ास क़िस्म की राष्ट्रवादी चेतना झलकती है पर ये कृतियाँ किसी राष्ट्रीय आन्दोलन की उपस्थिति को प्रमाणित नहीं करती हैं। लेकिन वर्ष 1905 के बाद रचित टैगोर के उपन्यास राष्ट्रीय आन्दोलनों को स्पष्ट तौर पर स्वीकारते हैं और उन्हें व्यक्त करते हैं। स्वदेशी आन्दोलन और बंगभंग विरोध ने बंगाली समाज के बड़े बुद्धिजीवियों व शिक्षितों के राजनीतिकरण को सम्भव बना दिया था। एक शिथिल राष्ट्र में उत्साह का संचार करने के लिए उन्हें अपनी भूमिका का अहसास हुआ।

धार्मिक संकीर्णता व मुस्लिम विद्वेष की राजनीति का खण्डन

बंगभंग विरोध आन्दोलन के कुछ ही वर्षों के बाद टैगोर का उपन्यास 'गोरा' (1910) प्रकाशित हुआ था जो किसी समेकित–समावेशी राष्ट्र को रोमानी–यथार्थवादी कथानक के माध्यम से तर्कसंगत–न्यायसंगत आवश्यकता के रूप में स्थापित करता है। गोरा अंग्रेज़ नस्ल के आयरिश दम्पती की सन्तान था जिसके माँ–बाप 1857 ई. के गदर के समय इटावा में मारे गये। उसका पालन पोषण कृष्णदयाल और उनकी पत्नी आनन्दमयी ने किया था। पूरा उपन्यास कलकत्ते के शिक्षित बंगाली अभिजनों के मध्य ब्रह्मसमाज के सुधारवाद बनाम हिन्दू आस्था–विश्वास सम्बन्धी बहस को कलात्मक रूप से संयोजित करता है। गोरा कट्टर, आत्माभिमानी हिन्दूपन को अपना लक्ष्य बनाता है और वह कट्टर इसलिए हो जाता है क्योंकि अंग्रेज़ मिशनरियों के हिन्दू धर्म पर हो रहे आक्रमण को वह सहन नहीं कर पाता है। अतीत में वह खुद भी ब्रह्मसमाज का सदस्य था और हिन्दू शास्त्रों व लोकाचारों की निन्दा करता था। पर अंग्रेज़ मिशनरियों के हिन्दू धर्म पर हमले की प्रतिक्रिया में सनातनी, छुआछूत मानने वाला हिन्दू बन गया। जब उसे पता चलता है कि वह जन्मना हिन्दू है ही नहीं तो वह अपने भीतर के धार्मिक–साम्प्रदायिक द्वेष के विष को बाहर निकाल फेंकता है। वह ब्रह्मसमाज के उदार अनुयायी परेश बाबू से हिन्दू–मुसलमान, ख्रिस्तान–ब्राह्म सभी को स्वीकारने वाले भारतवर्ष का मन्त्र

प्रदान करने का अनुरोध करता है। सुचरिता जैसी शिक्षित स्त्री भी उसके साथ खड़ी है। माना जाता है कि विवेकानन्द की आयरिश भक्त सिस्टर निवेदिता (1867–1911) के कहने पर उन्होंने उपन्यास का अन्त बदला था जिसमें सुचरिता गोरा के जन्म की मूल परिस्थिति को जानने के बाद भी उसे स्वीकार कर लेती है। उपन्यास के इस बुनियादी कथानक के अतिरिक्त जो चीज़ ध्यान देने योग्य है, वह यह कि इसमें अंग्रेज़ों के लिए तीखा विरोध, समाज के निम्नवर्ग के प्रति प्रेम तथा मुस्लिम समाज के प्रति उदारता का भाव एक साथ मौजूद है। उपन्यास में ऐसे दो प्रसंग हैं जिनमें गोरा किसी अंग्रेज़ या अंग्रेज़ बन चुके बंगाली बाबुओं के प्रति नफ़रत प्रकट करता है। एक बार स्टीमर पर वह भारी भीड़भाड़ में आम इन्सानों ख़ासतौर पर स्त्रियों की सहायता करते हुए एक अंग्रेज़ से भिड़ जाता है जो चुरुट लगाये तमाशा देख रहा होता है। एक अन्य प्रसंग में एक अंग्रेज़ मजिस्ट्रेट की ब्रिटिश राज के प्रति वफ़ादारी का चित्रण है जो कुसूर न होते हुए भी गोरा को जेल भेज देता है। 'गोरा' उपन्यास में गोरा के अंग्रेज़–विद्वेष से उसकी माँ आनन्दमयी उद्विग्न रहती हैं क्योंकि गोरा राह चलते किसी अंग्रेज़ से मारपीट करने में अपने को धन्य समझता है। टैगोर के अन्य उपन्यासों में भी अंग्रेज़ों को बदमाश, संवेदनहीन क़ौम की तरह चित्रित किया गया है। उनके उपन्यास 'चोखेर बाली' में एक प्रसंग में अंग्रेज़ों को ज़बर्दस्ती भारतीयों की घोड़ागाड़ी को छीनकर ले जाने वाले बदमाशों की तरह दिखाया गया है और उसका एक चरित्र गोरों के साथ आये दिन मारपीट करने के लिए कुख्यात है। 'दुई बोन' (1933) में एक दफ़्तर में एक नौजवान अंग्रेज़ अधिकारी के कारण उपन्यास नायक शशांक, जो इंजीनियर है, उसे नौकरी से इस्तीफ़ा देने के लिए मजबूर होना पड़ता है। हालाँकि अंग्रेज़ स्त्री–पुरुष उनके उपन्यासों में बतौर किरदार अधिक महत्त्व नहीं प्राप्त करते हैं पर अंग्रेज़ शिक्षकों को छोड़कर बाक़ी अंग्रेज़ों को किसी–न–किसी इशारे या हल्के–फुल्के वर्णन से टैगोर उन्हें धूर्त व निर्दयी क़ौम की तरह ही चित्रित करते हैं।

मुस्लिमों के मुद्दे पर भी टैगोर के उपन्यास सामासिक संस्कृति व समावेशी उदारता के पक्ष में खड़े हैं। टैगोर के सामाजिक संस्कारों में बाउल संगीत और लालन शाह फ़क़ीर जैसे बाउल सन्तों का प्रभाव था। आम मुस्लिम रियाया की ग़रीबी का भी उन्हें गहरा अनुभव था। उन्होंने अपना नाम भी 'रवीन्द्र बाउल' रख लिया था। बाउल साधक लालन शाह फ़क़ीर का अखाड़ा कुश्तिया में था जो कि रवीन्द्रनाथ टैगोर की ज़मींदार थी। उन्होंने अपने उपन्यास 'गोरा' के आरम्भ में ही लालन शाह फ़क़ीर के प्रसिद्ध गीत 'खांचार भीतर अचिन पाखी

कमने आसे याय/धरती पारले मनोबेड़ि दितेम पाखिर पाय।' (पिंजड़े के भीतर अनचीन्हा पंछी, कैसे आये जाये मैं पकड़ पाता तो मन–बेड़ी डाल देता पंछी के पाँव।) का उपयोग कर उसे लाखों पाठकों के बीच लोकप्रिय बना दिया था।[9] कहा जाता है कि पहले बाउल गीत केवल दीक्षा प्राप्त बाउल और उस सम्प्रदाय के अन्य सक्रिय समूहों के बीच सीमित था। शिक्षित बंगालियों को इसमें कोई महत्त्व नहीं दिखाई पड़ता था। शिक्षित वर्गों में इनके प्रति रुचि जाग्रत करने में सबसे बड़ी भूमिका रवीन्द्रनाथ टैगोर की थी।[10] उन्हीं के प्रयास से बंगाल में बाउल गीत को व्यापक मान्यता प्राप्त हुई। इन बाउलपन्थियों व लालन शाह फ़क़ीर ने संस्थागत धर्म को महत्त्व न दिया था और वे सूफ़ीवाद व वैष्णव मत को साधना में एक साथ प्रयोग कर सकते थे। रवीन्द्रनाथ ने भी मानवीय अन्तःकरण की महानता को अधिक महत्त्व प्रदान किया था एवं संस्थागत धर्म की कट्टरता से मुक्त थे। ब्रह्मसमाज और बाउलपन्थ की परम्परा, दोनों के प्रभाव से। गाँधी को सम्बोधित अपने लेख 'सत्य का आह्वान' में उन्होंने कहा था कि–'अभी तक हमने मन के सर्वोच्च अधिकार अर्थात विचार करने के अधिकार को शास्त्रों के अन्धविश्वासों तथा सामाजिक रूढ़ियों को सौंप रखा है, हम समुद्र पार नहीं जायेंगे क्योंकि मनु ने इसका निषेध कर रखा है, हम मुसलमानों के पास बैठकर भोजन नहीं करेंगे क्योंकि यह शास्त्र के विरुद्ध है।'[11]

उनके कुछ उपन्यासों में भारत में मुस्लिम आबादी को सर्वदा के लिए आक्रान्ता–आक्रमणकारी तथा हिंसक समूह के रूप में पेश करने का पुरज़ोर विरोध है, हालाँकि वे मुस्लिमों के एक हिस्से की मज़हबी कट्टरता को भी वैसे ही चिन्ताजनक पाते हैं जैसे वे हिन्दुओं में राष्ट्रवाद के नाम पर पैदा हो रहे धार्मिक उन्माद से सावधान करते हैं। 'गोरा' उपन्यास में गोरा नीलहे साहबों के अत्याचार का सामना कर रहे मुस्लिमों के पक्ष में संघर्ष करते हुए ही जेल जाता है। एक प्रसंग में वह सिर पर फल–तरकारी और अंडा–रोटी–मक्खन लेकर जा रहे बूढ़े मुसलमान को कोड़ा मारकर घोड़ागाड़ी में भाग रहे, घड़ी–चेन पहने बाबू के पीछे गुस्से से दौड़ता है। अस्पृश्यता का पालन करने वाले अपने ब्राह्मण दोस्तों के विरोध के बावजूद एक मुसलमान अनाथ बच्चे का पालन–पोषण करने वाले बूढ़े नाई के घर में रुकता है, वहीं खाता–पीता है। उसे भीतर ही भीतर आत्मग्लानि होती है तो वह आत्मग्लानि से दुर्बल होने के स्थान पर अपने मन के संस्कारों से जूझता दिखाया जाता है। वह संस्कारों का गुलाम नहीं उनका आत्मनियन्ता है। प्रजा पर जुल्म करने वाले ब्राह्मण के घर का

आतिथ्य स्वीकारने से मना करता है। वह देश की जटिल वास्तविकता को समझने के लिए बेचैन है। वह पढ़े–लिखे भद्र समाज और कलकत्ता के समाज के बाहर के देश को समझना चाहता है। गाँवों में अस्त–व्यस्त, संकीर्ण और दुर्बल भारत के साक्षात्कार से उसकी चेतना को धक्का लगता है। लेकिन इसी ग़रीब–दुर्बल भारत में उसे ऐसे उदार चित्त ग़रीब मिलते हैं जो उसे बताते हैं कि –'ठाकुर, हम लोग कहते हैं हरि, वे लोग कहते हैं अल्लाह, दोनों में कोई अन्तर नहीं हैं।' इस प्रकार यह उपन्यास अन्य धर्मानुयायियों के प्रति अपने पाठकों की सामाजिक–राजनीतिक दृष्टि को परिवर्तित करने में बड़ी भूमिका अदा करता है।

''घरे–बाइरे' में निखिलेश उग्र राष्ट्रवाद के भीतर पनप रही मुस्लिम विद्वेष की राजनीति का निरन्तर विरोध करता है। वह जानता है कि देशभक्तों का समूह भारतमाता के रूप में जिस 'पॉलिटिकल देवी' का निर्माण कर रहा है, उसमें अनिवार्य तौर पर मुस्लिम विद्वेष तथा आम जनों के प्रति विद्वेष एक साथ समाया हुआ है। देश का केवल आदर्शवादी क्रान्तिकारी वर्ग ही नहीं बल्कि ज़मींदार वर्ग उस 'पॉलिटिकल देवी' यानी सिंहवाहिनी दुर्गा, वन्देमातरम, दिव्य स्त्री प्रतिमा आदि के विचारों को सख़्ती से लागू कराने में रुचि ले रहा है। जनता को लूटने वाले सामन्त देश के बारे में आधुनिक विचार को पैदा होने से रोकने के लिए देश को देवी–देवता के साँचे में ढालने पर तुले हैं। इस राष्ट्रीय मनोविज्ञान के बल पर वे आगे चलकर स्वयं जनता के भगवान बने रह सकते हैं। निखिलेश देश को देवी–देवता के रूप में देखने के विचारों का इसलिए विरोधी है क्योंकि वह ज़मीनी वास्तविकताओं से जुड़ा है। वह जानता है कि देश को देवी–देवता के रूप में कल्पित करने और फिर उसके हाथ में गँड़ासा–कुल्हाड़ी थमाकर उसकी पूजा करने से केवल भैंस–बकरियों का मुंडापात होता है, किसी शत्रु पर जीत नहीं हासिल की जा सकती है। वह धर्म तथा राजसत्ता, दोनों के जुल्म–ज़्यादती का विरोधी है। वह कहता है–'मेरा देश देवता से लेकर सिपाही तक से डरते–डरते अधमरा हो गया है।' निखिलेश अपनी पत्नी विमला को शिक्षित और तर्कवादी स्त्री के रूप में देखना चाहता है जो बंगाल में आये नवजागरण के विचारों का प्रभाव है। पर उग्र देशभक्ति के नाम पर संदीप उसे शक्तिरूपा, रसरूपा देवी बन जाने के भावनात्मक उन्माद में बहा ले जाता है जहाँ वह स्त्रीत्व को किसी छद्म आदर्श के हवाले कर देती है। इस उपन्यास को बंकिम के आनन्दमठ के प्रतिवाद में रचा गया उपन्यास भी

माना जाता है जिसमें राष्ट्र का दैवीकरण करने, उसका प्रयोग हिंसा के लिए करने तथा राष्ट्रवाद का दुरुपयोग मुस्लिमों पर जुल्म करने को लेकर विरोध दर्ज किया गया। टैगोर न्याय, मानवतावाद व उदारता के मूल्यों को सार्वभौमिक सत्य मानते हैं और किसी राष्ट्रवाद के लिए इन मूल्यों को गँवा देने के लिए तैयार नहीं थे।

निखिलेश एक सहृदय उदार ज़मींदार के रूप में बंगाल में फैले चक्रवर्तियों, कुंडुओं तथा गुमाश्तों की कुटिल ज़मींदारियों से संघर्ष का आह्वान करता है। इन्हीं ज़मींदारियों के द्वारा एक ओर देशभक्ति का दिखावा होता है, दूसरी ओर रियाया की सम्पत्ति लूटने तथा स्त्रियों के ऊपर घिनौने अत्याचार करने जैसे काम खुलेआम होते हैं। उपन्यास में संदीप नामक उग्रपन्थी किरदार अपना दलबदल लेकर निखिलेश की ज़मींदार वाले इलाके से विलायती अभिशाप भगाना चाहता है। उसकी प्रेरणा से लोग देश को जगाने के लिए महिषामर्दिनी पूजा का आयोजन करते हैं और ग़रीब किसानों से उसका ख़र्च जबरन वसूलते हैं। इन्हीं प्रसंगों में गोहत्या के प्रसंग भी उठते हैं और निखिलेश देशभक्ति के विचारों में मुस्लिम विद्वेष को शामिल करने के बारे में चेतावनी देता है। वह मुस्लिमों के बारे में दुष्प्रचार का जवाब देते हुए बताता है कि कलकत्ते के आसपास बसे मुस्लिम गोहत्या के ख़िलाफ़ हैं। वे हिन्दुओं के आस्था–विश्वास का सम्मान करते हैं। केवल ढाका से आये मुस्लिम धर्मप्रचारक इलाक़े का माहौल ख़राब करते हैं। वह भारतीयता की अवधारणा का उदार व्याख्याकार भी है जो कहता है कि अगर असली भारत को जानना है तो उसमें मुस्लिमों को भी रखकर देखना होगा। वह हिन्दू आसामियों को बुलाकर समझाता है कि हिन्दू शाक्त भी भैंस की बलि देते हैं। उनसे कहता है कि कड़ाई करने से गोहत्या तो बन्द नहीं होती, नरहत्या अलबत्ता शुरू हो जायेगी। वह तर्क देता है–'इस देश में तो भैंस भी दूध देती है। भैंस भी खेती के काम आती है। पर उसका कटा हुआ मुंड सिर पर उठाये, सारे शरीर में ख़ून पीते जब हम आँगन में चारों ओर नाचते फिरते हैं और धर्म की दोहाई देकर मुसलमान के साथ झगड़ा करते फिरते हैं तो धर्म–देवता मन ही मन हमारे ऊपर हँसते हैं। तब हमारे लिए केवल धर्म नहीं, झगड़ा प्रमुख हो जाता है। सिर्फ़ गाय अवध्य हो, भैंस नहीं हो यह धर्म नहीं अन्धा संस्कार है।' यह उपन्यास पूर्वी बंगाल के उस सामाजिक यथार्थ को उभारता है जिसमें अधिकांश ग़रीब किसान मुस्लिम हैं तथा अधिकांश ज़मींदार हिन्दू धर्म से सम्बन्धित हैं। यह ज़मींदार वर्ग जब राष्ट्रवाद के प्रदर्शन,

स्वदेशी के विचार को थोपने और जबरन धार्मिक वसूली का काम करता है तो स्वाभाविक तौर पर मुस्लिम जनसंख्या भड़क उठती है। उपन्यास का अन्त उस बिन्दु पर होता है, जहाँ मुस्लिमों ने धार्मिक मिथकों पर आधारित हिंसक राष्ट्रवाद से आत्मरक्षा के लिए स्वयं भी हिंसा आरम्भ कर दी है।

इस प्रकार गोरा और निखिलेश दोनों ही टैगोर के राष्ट्रवाद सम्बन्धी विचारों के प्रवर्तक के रूप में ऐतिहासिक दृष्टि से रूपायित होते हैं। 'गोरा' में गोरा का उग्र हिन्दुत्व से उसका मोहभंग और ''घरे–बाइरे' में निखिलेश का राष्ट्र व स्वदेशी आन्दोलन को असामान्य साम्प्रदायिक भावोन्माद का शिकार बनाने से विरोध अन्ततः न्यायपूर्ण देशभक्ति बनाम संकीर्ण राष्ट्रवाद के विचारों के ध्रुवीकरण को सम्भव बनाता है। जिस साल ''घरे–बाइरे' प्रकाशित हुआ, उसी वर्ष टैगोर का एक अन्य उपन्यास 'चतुरंग' (1916) भी प्रकाशित हुआ था। पुस्तक के रूप में प्रकाशित होने से पहले यह उपन्यास 'सबुज पत्र' में दिसम्बर 1914 से फ़रवरी–मार्च 1915 के मध्य धारावाहिक प्रकाशित हुआ था। इसमें जगमोहन नामक नास्तिक–क्रान्तिकारी विचारों वाला चरित्र है जो तार्किक मानवतावादी विचारों का है। वह नास्तिकता का खुले आम प्रदर्शन करता है तथा नास्तिकता के विचारों को अधिक परोपकारपूर्ण व ज़िम्मेदारी से भरा विचार मानता है। वह मानता है कि ईश्वर ने बुद्धि इसीलिए प्रदान की है ताकि ईश्वर की धारणा का खण्डन किया जा सके। वह अपने घर में मुस्लिम व निम्नजातियों को बुलाकर भोजन कराता है। घर की दावतों में मुसलमानों को बुलाकर उनसे खाना बनवाता है। जब उसका अपना भाई हरिमोहन उसके विरुद्ध अदालत में नालिश करता है तो वह जगमोहन जज के सामने भी यही कहता है कि वह देवी–देवता नहीं मानता, खाद्य–अखाद्य के विचारों को नहीं मानता तथा मुसलमानों के साथ भोजन करने में उसे कोई रुकावट नहीं महसूस होती। घर के बाहर निक़लकर छोटी जाति के लोगों के बीच जाकर उनसे संवाद करने का काम गोरा उपन्यास में गोरा करता है और चतुरंग में जगमोहन। जगमोहन धार्मिक भेदभाव, अन्धविश्वास और छुआछूत का मज़ाक़ उड़ाता है। वह कलकत्ते में प्लेग की महामारी फैलने पर अपनी जान बचाने के लिए किसी दूसरी जगह नहीं भागता है। अपने घर में प्राइवेट अस्पताल बनाता है और वहाँ मुस्लिम रोगी की सेवा करते हुए प्राण त्याग देता है।

टैगोर के ये उपन्यास 'आनन्दमठ' के वन्देमातरमवादी राष्ट्रवाद का प्रत्याख्यान हैं जिसमें अंग्रेज़ी सत्ता के प्रकोप से बचने के लिए राष्ट्रवाद को

मुस्लिमों के विरोध की दिशा में मोड़ा गया था। इसी प्रकार टैगोर ने उपन्यास विधा का प्रयोग मध्यकालीन आदर्शों व सामन्तों की सत्ता सम्बन्धी जद्दोजहद का चित्रण करने के बजाय तत्कालीन सामाजिक जीवन को व्यक्त करने के लिए किया था। वह राष्ट्रीय आन्दोलन में हिन्दू–मुस्लिम द्वेष के विस्तार को रोकने के पक्षकार के तौर पर पाठकों की अदालत में आते हैं। उनकी कई कहानियों में भी जैसे 'काबुलीवाला' या 'मुसलमानी औरत' में मुस्लिमों को हिन्दुओं के साथ घुलमिलकर रहने वाले, उनकी मदद करने वाले, उनकी स्त्रियों के सम्मान की रक्षा करने वाले समुदाय के रूप में दिखाया गया है। गाँधी को सम्बोधित अपने लेखों में उन्होंने भारत में हिन्दू–मुस्लिमों के बीच जड़ें जमाये पूर्वग्रहों के बारे में कई स्थानों पर चिन्ता प्रकट की है। सितम्बर 1925 में 'मॉडर्न रिव्यू' नामक पत्र में लिखे लेख 'स्वराज के लिए संघर्ष' में उन्होंने हिन्दुओं द्वारा मुसलमानों को अपवित्र तथा मुसलमानों द्वारा हिन्दुओं को काफिर मानने की सनक पर चिन्ता जताई। इस लेख का उद्देश्य हालाँकि गाँधी के चरखा दर्शन का विरोध करना था, पर उन्होंने यह प्रश्न भी किया कि क्या केवल बाहरी फ़रमानों से भारत में मौजूद उस साम्प्रदायिक समस्या हल मिल सकता है जिसका गहरा सम्बन्ध मानसिकता से है। उन्होंने उदाहरण देकर बताया कि कोई हिन्दू किसी होटल में जाकर सब कुछ खाता है पर वह मुसलमान के हाथ से चावल पकाये जाने की आशंका के कारण वहाँ का चावल नहीं खाता है। उन्होंने लिखा– 'धर्म–नियम के आदेश को लेकर हमारे मन में जो आदत अन्तर्निहित है उन्हीं आदतों के बीच हिन्दू–मुसलमान विरोध ने अपना दुर्ग बनाया है, ख़िलाफ़त का समर्थन अथवा भौतिक त्याग उस दुर्ग के अन्दर नहीं पहुँचा है।'[12]

'गोरा' तथा ''घरे–बाइरे' की रचना के कालखण्ड के बीच में ही टैगोर ने वह 'जन–गण–मन' गीत लिखा था, जो भारत का राष्ट्रगान बना। अपने इस गीत में उन्होंने एक भिन्न क़िस्म की देशभक्ति को पिरोया जिसमें देश को किसी ईश्वर की कल्पना से मुक्त रखा गया। उन्होंने ऐसा गीत लिखा जिसमें देश की महानता को याद करने के लिए ईश्वरोपासना की शैली का अनुकरण न करना पड़े, जैसा कि बंकिम के 'वन्दे मातरम्' गीत में होता था। इतिहासकार तनिका सरकार लिखती हैं–'राष्ट्रवाद से अपनी बढ़ती दूरी के बीच टैगोर ने 1911 ई. में एक गीत लिखा जिसमें एक अलग प्रकार के देशप्रेम की कल्पना की गयी। इसमें गॉड या ईश्वर अब स्वयं देश के जीते–जागते नमूने या मूर्त रूप में नहीं हैं। ईश्वर अब देश का 'एमबाडीमेंट' अथवा उसका एकाकार प्रतिनिधि रूपक

नहीं है बल्कि उससे ऊपर तथा उससे पूरी तरह भिन्न है। देश की अवधारणा को ईश्वर से अलग कर दिया गया। ईश्वर न्याय, अच्छाई तथा नैतिकता का प्रतीक है और देश को इन गुणों को प्राप्त करने के लिए प्रयास करना चाहिए। लेकिन स्वयं राष्ट्र अब किसी प्रकार की आध्यात्मिक–धार्मिक सत्ता का दावा नहीं कर सकता। इस प्रकार वन्दे मातरम् के मूल विचार को टैगोर ने अपने इस गीत के माध्यम से उन्मूलित कर दिया। अब देश ऐसी अस्मिता है जो विभिन्न संस्कृतियों, कई प्रकार के इतिहासों, विविधतापूर्ण भूगोल तथा नये पश्चिमी मूल्यों से बनी है। यह पवित्र वस्तु नहीं है जो इतिहास से परे हो और उसका कोई एक ही अन्तिम रूप हो। राष्ट्र अब इतिहास की परिधि के भीतर आ गया है और इतिहास से उपजी वास्तविकता है। वह इतिहास के लचीले व कठोर धक्कों से प्रभावित होने के लिए अभिशप्त है। वह अब विविधता को अपने भीतर विलीन कर उसे समाप्त नहीं करता। यह विभिन्न पहचानों को विस्तार देने वाला और भिन्नताओं को प्रकट करने वाला एक नया 'स्पेस' तैयार करता है।'[13] इस प्रकार यह गीत और उनके उपन्यास, दोनों ही ऐसे विविधवर्णी राष्ट्र की छवि गढ़ते हैं जिसमें मुस्लिम विदेशी नहीं साबित हो जाते थे। राष्ट्र को किसी हिन्दू देवी के रूप–रंग में ढालने से बचा गया और वह मानवीय नैतिकता के दायरे में ही परिभाषित हो सकता है। वह मानवीय मूल्यों से निरपेक्ष या मानव समाज को आसमान से देखने वाली कोई अलौकिक शक्ति नहीं है।

बंकिम की राष्ट्रवादी धारणा का प्रतिकार टैगोर के लेखन में अन्यत्र भी मौजूद है। बंकिम ने अपने उपन्यास 'आनन्दमठ' में एक सशस्त्र–सैन्यवादी हिन्दू धर्म की कल्पना की थी जो उदारता, प्रेम, कलात्मकता व संगीतमयता से मुक्त हो तथा आत्मरक्षा के लिए अनिवार्य हिंसा करने में सक्षम हो। इसके लिए बंगाल में सक्रिय चैतन्य महाप्रभु के भक्ति के प्रेममय रूप तथा अहिंसावादी बौद्ध धर्म की भी आलोचना की गयी और चैतन्य महाप्रभु के मत को अधूरा वैष्णव धर्म बताया गया। 'आनन्दमठ' में सन्तान विद्रोहियों के दल के मुखिया सत्यानन्द एक स्थान पर अपने दल के सदस्य महेन्द्र के द्वारा वैष्णव धर्म को अहिंसा से जोड़ने का प्रतिवाद करते हुए कहता है–'चैतन्य महाप्रभु के वैष्णव ऐसा मानते हैं। नास्तिक बौद्ध धर्म के अनुकरण में जो अ–यथार्थ वैष्णवता का उदय हुआ है, यह उसी का लक्षण है। वास्तविक वैष्णव धर्म का लक्षण है–दुष्टों का दमन करना, धरती का उद्धार करना। केशी, हिरण्याकश्यप, मधुकैटभ, मूर, नरक आदि दैत्यों को, रावण आदि राक्षसों को, शिशुपाल प्रभृति

राजाओं का उन्होंने ही युद्ध में संहार किया है। वे ही जीतने वाले, जिताने वाले, धरती का उद्धार करने वाले तथा सन्तानों के इष्ट–देवता हैं।'[14] हिन्दू धर्म की आन्तरिक विविधता को पहचानते हुए अब परिस्थितियों के अनुसार उसके किसी एक रूप का चयन करने की बात कही जा रही है। युद्धोनुकूल वैष्णव धर्म और अयथार्थ वैष्णव धर्म के बीच अन्तर स्थापित किया जा रहा है। हिन्दू धर्म को एकरूप बनाने या उसकी समग्रता को अपनाने के स्थान पर उसके किसी एकपक्षीय रूप को ग्रहण करने का उपदेश प्रदान किया जा रहा है। हिन्दुओं की वैष्णवता को नयी राजनीतिक आवश्यकताओं के अनुरूप ढाला जाना है, भले ही इस चयनधर्मिता में हिन्दू धर्म और उसकी वैष्णवता का आधा–अधूरा और कटा–फटा हिस्सा ही हाथ आये। अधूरेपन तथा अपूर्णता को स्वीकार करना अब लक्ष्य की प्राप्ति के लिए अनिवार्य है और इसीलिए वैष्णवता का आधा–अधूरा हिस्सा भी उपयोगी है। इस बात को समझाने के लिए तथा वास्तविक वैष्णव धर्म को हिंसा व दुष्टदलन के कर्म से जोड़ने के बाद सत्यानन्द आगे बंगाल में लोकप्रिय चैतन्य महाप्रभु के मत की तीखी आलोचना करते हैं और उनकी वैष्णवता को अधूरा वैष्णव धर्म तक बता देते हैं। वह कहते है–'चैतन्य देव का वैष्णव धर्म वास्तविक वैष्णव धर्म नहीं है– वह आधा धर्म मात्र है। चैतन्य देव विष्णु को प्रेममय मानते हैं, किन्तु ईश्वर केवल प्रेममय नहीं है, वे अनन्त शक्तिशाली भी हैं। चैतन्य देव के विष्णु केवल प्रेममय हैं, सन्तानों के विष्णु केवल शक्तिमय हैं। हम दोनों ही यानी चैतन्यपन्थी तथा सन्तान सम्प्रदाय वाले वैष्णव हैं– किन्तु आधे वैष्णव ही।'[15] अर्थात अब वैष्णव धर्म का दुष्ट दलन करने वाला अधूरा हिस्सा अधिक आवश्यक है। ईश्वर के शक्तिरूप की उपासना करने के लिए वैष्णव धर्म के समूल विश्वासों के प्रति 'सेलेक्टिव' होने में कोई बुराई नहीं है। यह पूर्णता की चाह छोड़कर अधूरे–अपूर्ण पक्षों को गौरवान्वित करने का राजनीतिक उत्साह है। राजनीति के नये युग के आगमन का संकेत है जिसमें दार्शनिक–धार्मिक समग्रता एक वाहियात वस्तु है और धर्म–संस्कृति को लक्ष्यवादी व उपयोगितावादी नज़रियों के अधीन रहने के लिए बाध्य किया जा सकता है। बंकिमचन्द्र ने 'आनन्दमठ' के दो वर्ष के बाद प्रकाशित उपन्यास 'देवी चौधरानी' में भी बंगालियों के शौर्य–पराक्रम को लेकर उपन्यास में टिप्पणियाँ दर्ज की थीं। यह उपन्यास प्रफुल्लकुमारी नामक स्त्री, जो लालची ससुर व कमज़ोर पति के द्वारा परित्यक्त है, के शक्तिशाली डाकू बनने की कथा कहता है। ऐसी डाकू जो व्यक्तिगत स्वार्थ के लिए डकैती नहीं

डालती बल्कि 'राबिनहुड' की तरह अमीरों से लूटे धन को ग़रीबों को दान करती है। उसके पास निजी सेना है जो उसके इशारे पर कटने–मरने को तैयार है। इसमें बंकिम ने लाठियों से सुसज्जित बंगाली दस्यु गिरोह की वीरता का चित्रण किया है और उनकी लाठी की ताक़त के बारे में लिखा है–'आज इसी हथियार के न रहने से बंगाली निकम्मा तथा मुर्दे के समान हो गया है। वह इतना मज़बूत नहीं रहा।' जंगलों में छिपे तथा अंग्रेज़ों व मुस्लिम शासकों का सामना करने वाले सशस्त्र छापामार गुटों में बंकिम ने बंगालियों की उभरती शक्ति प्रकट की है। इसमें बंकिम ने अंग्रेज़ अधिकारी की पराजय को दर्शाया है पर उपन्यास के अन्त में उपनिवेशवाद के साथ समझौता करने की मजबूरी के चलते अंग्रेज़ों के द्वारा देश में स्थापित अनुशासन व उनकी दण्डनीति का समर्थन भी किया है। बंकिम के उपन्यास सम्पूर्ण भारत से अधिक बंगाल के जातीय पराक्रम को प्रदर्शित करते हैं और संन्यास अपनाने वालों को धार्मिक निष्क्रियता के दर्शन से उबारकर सशस्त्र प्रतिरोध करते दिखाते हैं जो उपन्यास के माध्यम से वैष्णव धर्म की पुनर्व्याख्या का बौद्धिक प्रयास है। बंकिम जिस सैन्यवादी हिन्दू धर्म की कल्पना 'आनन्दमठ' में पेश कर गये थे, टैगोर ने अपने दोनों उपन्यासों 'गोरा' और 'घरेबाइरे' में उसका निषेध तथा विखण्डन कर दिया है। इन उपन्यासों का पाठ यह स्पष्ट करता है कि किसी अत्याचारी या विदेशी शक्ति से देश को आज़ादी इसलिए नहीं चाहिए क्योंकि राष्ट्र कोई महान पूजनीय सत्ता है। टैगोर के अनुसार, वह आज़ादी इसलिए चाहिए क्योंकि स्वतन्त्रता हर मनुष्य का अधिकार है। स्वतन्त्रता के माध्यम से वह मानवीय गरिमा को प्राप्त कर सकेगा। इसलिए उनका राष्ट्र–दर्शन भी लिबरल उदारतावाद पर आधारित है, न कि हिन्दू धर्म के सैन्यीकरण पर जिसमें सैन्यबल व बाहुबल से लैस तथा कोई कथित हिन्दू नायक राष्ट्र की कल्पना किसी मातृछवि के रूप में करता हुआ राष्ट्र का सम्बन्ध मनुष्यता से समाप्त कर देता है। टैगोर ने ''घरे–बाइरे' में ख़ासतौर पर संदीप नामक गरमदलीय राष्ट्रवादी को राष्ट्र की छवि को मातृछवि में ढालते दिखाया है, पर यह भी दिखाया है कि वही संदीप उपन्यास में एक विवाहित स्त्री विमला के प्रति आकृष्ट है और उसकी स्त्री–छवि का प्रयोग लोगों में राष्ट्र का बोध पैदा करने के लिए करना चाहता है। पर विमला के प्रति संदीप के मन में बैठे यौनाकर्षण के कारण राष्ट्र की मातृछवि सामने आने के बजाय राष्ट्र एक कामोत्तेजक स्त्री के तौर पर व्यक्त होने लगता है। यहाँ उपन्यास किसी अमूर्त आदर्श के

ऊपर स्त्री–पुरुष रोमांस को हावी होते दिखाकर आधुनिकतावादी उपन्यासों की झलक प्रस्तुत करता है। गुप्त यौनकामनाओं का यथार्थ ही स्त्री–पुरुष के रिश्तों में निर्णायक हो जाता है। यह राष्ट्र के विषय में बंकिम की उस कल्पना से अलग है जहाँ राष्ट्र एक अभाव तथा संकट की शिकार माँ की तरह है जिसकी रक्षा की जानी है। टैगोर के यहाँ राष्ट्र की छवि किसी त्यागपूर्ण या आत्मोत्सर्ग करने वाली स्त्री तक सीमित नहीं है बल्कि वह अब यौनोन्मादी व दैहिक इच्छाओं वाली स्त्री की छवि से एकाकार हो गयी है। इस रूप में टैगोर राष्ट्र के दैवीकरण की चेष्टा के पीछे निहित पुरुष लिबिडो, साइको–सेक्सुअल हारमोन, कामोत्सुक अवचेतन, प्रभुत्व आकांक्षी अहं की पूरी वास्तविकता को आलोकित कर देते हैं।

औपनिवेशिक अर्थव्यवस्था ने जो नयी परिस्थितियाँ पैदा की थीं, उसमें देशी–स्वदेशी का राष्ट्रीय द्वन्द्व भी अहम हो गया था। विदेशी वस्तुओं का भारतीय बाज़ारों पर क़ब्ज़ा ही नहीं था बल्कि वे भारत के व्यापार को पूरी तरह क्षत–विक्षत करने की नीति पर भी चल रहे थे। उस समय स्वदेशी वस्तुओं का आन्दोलन भारतीय व्यापार–उद्योग आदि के लिए अनिवार्य ऐतिहासिक आवश्यकता थी। पर विडम्बना यह थी कि विदेशी वस्तुओं के स्थानीय कारोबार में ग़रीब भारतीयों का भी बड़ा वर्ग शामिल था। ख़ासतौर पर विदेशी कपड़ों के कारोबार से जुड़े कारोबारी और मज़दूर। यह सही है कि टैगोर के उपन्यास औपनिवेशिक अर्थव्यवस्था की सुव्यवस्थित आलोचना विकसित करने में हमारी ख़ास मदद नहीं करते हैं और उपन्यास की विधा से यह माँग करना उसकी प्रकृति से घोर नाइंसाफ़ी है। पर वे स्वदेशी आन्दोलन में शक्तिशाली व संगठित भारतीयों के द्वारा सामान्य वर्ग के ख़िलाफ़ किये गये बलप्रयोगों, हिंसा और अत्याचार की प्रामाणिक जानकारियाँ उपलब्ध कराते हैं। ख़ासतौर पर ''घरे–बाइरे'। ऐसा प्रतीत होता है कि टैगोर उस स्वदेशी आन्दोलन के समर्थक हैं जो देश में उद्योग, स्वदेशी चिन्तन तथा कृषि में ठेठ ज़मीनी प्रयोगों का हिमायती है। स्वदेशी के उद्यमों को वह भारतीय अर्थव्यवस्था और भारतीय प्रतिरोध के विकास से जुड़ा प्रश्न मानते थे। वह भारत में राजनीति या अध्यात्म की तुलना में अर्थशास्त्र को महत्त्व प्रदान करने की अपीलें करते भी नज़र आते हैं। गाँधी के साथ वर्ष 1925 में चरखे के महत्त्व को लेकर हुई बहस में वह यही कह रहे थे कि धर्म के क्षेत्र में हर आदमी को संगठित करना सम्भव नहीं है और राजनैतिक मंच पर लोगों को संगठित करने के प्रयासों में समय लगेगा।

इसलिए आर्थिक प्रश्नों को केन्द्र में रखकर सभी को एकजुट करने का प्रयत्न सबसे पहले करना होगा। पर वह उस स्वदेशी आन्दोलन के प्रति सशंकित हैं जो लोगों को डरा–धमकाकर, उनकी वस्तुएँ छीनकर, जुर्माना लगाकर उन्हें विदेशी कपड़े जलाने के लिए मजबूर कर रहा था। आन्दोलन में बमबाज़ी और डकैती जैसी घटनाओं से टैगोर चिन्तित लगते हैं। उसमें डकैती, बाहुबल, गोलीबारी जैसी चीज़ों के समाजविरोधी पहलुओं को लेकर गम्भीर थे। इस स्वदेशी आन्दोलन में आत्मबलिदान का महत्त्व था पर यह किसी भी प्रकार से व्यापक जनसमुदाय को शामिल कर जनक्रान्ति को पैदा नहीं कर सकता था। इस क़िस्म के राष्ट्रवाद में तेजतर्रार 'आइडिया' ही सर्वोच्च था। जो अपने आइडिया को पूरे दमखम से मनवा ले जाता था, वही जीत जाता था। मनुष्य को ताक़तवर आन्दोलनकारियों के निर्देशों का पालन करने के लिए मजबूर कर दिया जाता था। ''घरे–बाइरे' में संदीप को 'आइडिया का जादूगर' बताया गया है जो देशभक्ति के बारे में मनोनुकूल धारणाएँ पैदा कर दूसरों को प्रभावित करता है। स्वदेशी के विचार को व्यापक आर्थिक नीति की तरह लेने के स्थान पर प्रतिशोध या सबक सिखाने वाली चीज़ की तरह उपयोग करना चाहता है। वह उस जटिल ग्रामीण अर्थव्यवस्था की सचाई को भाँप नहीं पाता जिसमें गाँव की स्थानीय हाट में विलायती सूत है और देशी सूत भी। संदीप के विचारों के विपरीत निखिलेश मानता है कि विलायती सूत को जलाने के स्थान पर देशी सूत की खपत बढ़ाने की व्यवस्था करनी होगी। वह किसी प्रकार के विनाश से पहले विकल्प की तलाश पहले करता है। भभकते क्रोध में किसी की रोटी छीनने के बदले दूरगामी आर्थिक नीतियों की बात उठाता है। वह मानता है कि विलायती कपड़ों–नमक–चीनी आदि को नष्ट करने से पहले देशी वस्तुओं का उपहास उड़ाना बन्द करना होगा। उन्हें जीवन में शामिल करना होगा। लोग देशी साबुन को चिकनी मिट्टी का ढेला ही मानते हैं और विदेशी साबुन का इस्तेमाल करते हैं। अगर किसी की रुचि हो तो वह वर्तमान में चीनी सामानों के बहिष्कार आन्दोलन में निहित पाखण्ड को तत्कालीन स्वदेशी आन्दोलन के माध्यम से समझने का प्रयास कर सकता है। वर्तमान में भी देसी कम्पनियों का बाज़ार खड़ा करने के स्थान पर विज्ञापनबाज सियासत द्वारा विदेशी कम्पनी का अन्धविरोध कुछ समय के लिए पैदा किया जाता है ताकि ठोस आर्थिक विकल्प देने की मेहनत करने के बदले फटाफट राजनीतिक मुनाफ़ा कमाया जा सके।

कुछ समीक्षकों व इतिहासकारों का मानना है कि ''घरे–बाइरे' में टैगोर ने अपने पूर्व के क्रान्तिकारी विचारों ख़ासतौर पर 1905–1908 ई. के बीच के दौर के विचारों से पीछा छुड़ाने की कोशिश की है। टैगोर के जीवन पर पुस्तक लिखने वाले नित्यप्रति घोष ने सुमित सरकार की पुस्तक 'द स्वदेशी मूवमेंट इन बंगाल–1903–1908' में उद्धृत उस आधिकारिक रिपोर्ट का हवाला दिया है जिसमें कहा गया था– 'अरविन्द घोष के मित्र के रूप में बाबू रवीन्द्रनाथ टैगोर पार्टी (युगान्तर) के उच्चवर्गीय समर्थक थे। लेकिन वह अविवेकी दलबदलू हैं और अपने पहले के क्रान्तिकारी विचारों और सिद्धान्तों को उलटकर अपनी चमड़ी बचाने में सफल रहे हैं।'[16]

अपनी चमड़ी बचाने की कोशिश के रूप में ''घरे–बाइरे' का पाठ उपन्यास की निहायत सीमित, इकहरी व्याख्या को उपलब्ध करा सकता है। टैगोर पर लगाया गया चमड़ी बचाने का आरोप इस रूप में निराधार है कि ''घरे–बाइरे' में भी निखिलेश एक राष्ट्रवादी के रूप में सामने आता है जो संदीप का केवल विरोधी ही नहीं है बल्कि उसके प्रति प्रशंसा का भाव भी रखता है। वह उसका 'आल्टर इगो' जैसा है। संदीप के उग्र विचारों तथा अनावश्यक तोड़फोड़ की उत्तेजना की भले आलोचना हो लेकिन इसमें बहुत स्पष्ट ढंग से बंगाल के स्वदेशी युग का स्वागत किया गया है। निखिलेश को विलायती कम्पनियों से टक्कर लेने वाले तथा स्वदेशी वस्तुओं के समर्थक के रूप में ही प्रस्तुत किया गया है। निखिलेश और संदीप के विचारों में भारतीय राष्ट्रीय आन्दोलन की नरमपन्थी व गरमपन्थी धाराओं की स्पष्ट गूँज व टकराहट मौजूद है। ये दोनों धाराएँ मानती हैं कि ब्रिटिश सरकार की सांस्कृतिक–आर्थिक तौर पर प्रगतिशील भूमिका ख़त्म हो चुकी है और राजनीतिक पराधीनता के विरुद्ध देश की जनता को जगाना आवश्यक है। इस मुद्दे पर निखिलेश और संदीप राष्ट्रवाद के उदार–मानवतावादी और उग्र–उपयोगितावादी मॉडल के अलग–अलग तरीक़े से हिमायती हैं। दोनों में साम्राज्य के विरोध का विचार सक्रिय है। संदीप के उग्र राष्ट्रप्रेम से निखिलेश का उदार राष्ट्र–बोध संवाद करता है। वह उससे किसी प्रकार की घृणा नहीं करता है। उपन्यास में उग्र स्वदेशी आन्दोलन समर्थक संदीप की तुलना में उसके शिष्य अमूल्य को उपन्यासकार ने अधिक सहानुभूति प्रदान की है क्योंकि वह आन्दोलन की धूर्तता को आत्मसात करने के स्थान पर उसका मासूम अनुयायी है। वह जेब में गीता की प्रति और पिस्तौल साथ में रखता है और उसमें आत्मबलिदान

की भावना अधिक सच्ची है। उसके किरदार में स्वदेशी आन्दोलन का अधिक विश्वसनीय चेहरा निर्मित होता है पर वह अन्त में मारा जाता है। उसकी मृत्यु निश्छल आदर्शवाद की दुःखद परिणति है जबकि संदीप बचकर निकल जाता है। 'गोरा' में यदि गोरा के सांस्कृतिक–धार्मिक राष्ट्रवाद पर उदार मानवीय राष्ट्रवाद की विजय होती है तो ''घरे–बाइरे' में भी अन्त में संदीप की वैचारिक उग्रता से उत्पन्न हिंसक अराजकता को प्रकट कर टैगोर ने जता दिया है कि समाज में देशप्रेम की कसौटी किसी हिंसक–अनुदार विचारधारा को नहीं बनाया जा सकता है। मनुष्य अपने अन्तर्मन की कमियों–कटुताओं को महान विचारों का लिबास पहनाकर उन्हें देश के ऊपर नहीं थोप सकता। इस प्रकार टैगोर अपने उपन्यासों के सामाजिक यथार्थवाद में लिबरल मानवतावाद का ऐतिहासिक सम्मिश्रण तैयार करने में सफल होते हैं।[17]

टैगोर ने अपने दोनों उपन्यासों 'गोरा' व ''घरे–बाइरे' में जिस प्रकार ग़रीबों पर सामन्तों तथा अंग्रेज़ों के दोहरे अत्याचार को दिखाया है, वह बंगला उपन्यासों में यथार्थवाद के विकास का अप्रतिम उदाहरण है। भारत में उपन्यास यहाँ की विशिष्ट परिस्थिति के अनुसार सामन्तवाद और उपनिवेशवाद से जुड़ी विषयवस्तु से कतराकर निकल नहीं सकते थे, उन्हें उसका सामना करना ही था और टैगोर के उपन्यास भी इनका सामना करते हैं। सामन्त अपनी सत्ता सम्बन्धी चिन्ता के कारण देशभक्त हैं पर वे सामान्य ग़रीबजनों के ख़िलाफ़ हैं। उपन्यास व्यापक सामाजिक दशा का चित्रण प्रातिनिधिक चरित्रों के माध्यम से करने का प्रयत्न करता है। उपन्यासकार के पूर्वग्रह, आशंकाएँ व विचार भी उसकी निजी अवधारणाएँ नहीं बल्कि सार्वजनिक बहसों का आईना हैं। वह स्वदेशी आन्दोलन, राष्ट्रप्रेम, राष्ट्रवाद के विचारों को केवल बंगाली भद्रलोक की दृष्टि से नहीं समझता बल्कि सामान्य जनजीवन की संवेदनाओं तथा सामाजिक ज़रूरतों के बिन्दु से भी इन विचारों की गम्भीर पड़ताल करता हैं। उसमें शिक्षित भद्रजन और समाज के साधारण निम्न जनों के दृष्टिकोणों को समझने व व्यक्त करने वाली प्रतिभा का सहज–स्वाभाविक उन्मेष है।

बहिष्कृत, अनाथ नायकों का संसार

टैगोर के अधिकांश उपन्यासों के नायक–नायिकाओं की सामाजिक पृष्ठभूमि विवश आश्रयहीनता तथा गृहत्याग की कठोर वास्तविकता से जुड़ी है। उनके बहुत सारे नायक–नायिकाएँ अनाथ, विधवा, बहिष्कृत और संघर्षरत लोग हैं और

टैगोर ने अपने राजनीतिक–सामाजिक विचारों की अभिव्यक्ति के लिए उन्हें ही माध्यम बनाया है। करुणा (करुणा), रमेश और कमला (नौकाडूबी), विनय, गोरा और सुचरिता (गोरा), अमूल्य ("घरे–बाइरे"), दामिनी (चतुरंग), बिनोदिनी, आशालता और अन्नपूर्णा (चोखेर बाली), श्यामासुन्दरी (योगायोग), सरला (मलंच), एला (चार अध्याय), जयसिंह (राजर्षि) इन सभी के भीतर अनाथपन, वैधव्य व बहिष्कृत होने की नियति छिपी है। संकीर्ण मूल्यों से संचालित दुनिया में उन्हें या तो कष्ट उठाने पड़ते हैं या राजनीतिक आन्दोलनों में शामिल होने के बावजूद उस आन्दोलन की व्यावहारिक कुटिलताओं से समझौता न कर पाने के कारण विफलता के शिकार होते हैं। ये अनाथ–बहिष्कृत नायक व विधवा नायिकाएँ अपने औपन्यासिक कथानक में हाशिए के सामाजिक जीवन से परिचय प्रदान करते हैं। टैगोर ने भले ही निम्नवर्गों, किसानों या मज़दूरों के जीवन पर केन्द्रित उपन्यास न लिखा हो लेकिन उन्होंने उच्चजाति के शहरी समाज में मौजूद इन हाशिए के चरित्रों को अपने औपन्यासिक कथानकों का केन्द्र बनाकर अपनी मानवीय प्रतिबद्धता को स्पष्ट कर दिया है। उन्होंने अपने उपन्यासों की वर्गीय सीमाओं के भीतर भी हाशिए, ऊँच–नीच, विषमता, अभाव और दमन आदि के यथार्थ को व्यक्त किया है। बंगाली भद्रलोक के उपेक्षित हाशियों और हाशिये के अन्धकारों में जीवन जीने वालों को जीवन्त कर दिया है। भारतीय परिवारों की ऊपर से दिखने वाली सुगठित सांस्कृतिक संरचना के भीतर विभिन्न क़िस्म की पितृसत्ताएँ, धर्मसत्ताएँ, अर्थसत्ताएँ काम करती हैं। उपेक्षा–दमन के शिकार लोग पारिवारिक रिश्तों को जबरन निभाते रहे हैं। रूढ़िवादी बंगाली परिवार धर्म–कर्मकाण्ड से बँधे होते थे। धर्म–कर्मकाण्ड की कठोर व्यवस्था अपनी मूल प्रकृति में बहिष्कारपरक व भेदभावमूलक थी जो घृणा के पात्र समझे जाने वाले उपेक्षणीय चरित्रों के बड़े समूह को जन्म देती थी। इन उपेक्षित व्यक्तियों का परिवार के बाहर अस्तित्व लगभग शून्य होता है और परिवार की परिधि में उनके अस्तित्व को नकारा जाता है। उनका जीवन बुझा–बुझा रहता है। वे किसी प्रकार के स्वाभिमानी जीवन या व्यक्तिवादी फ़ैसलों के योग्य नहीं माने जाते। पर टैगोर के उपन्यासों में ऐसे ही लोगों का चरित्र सबसे अधिक चमकने लगता है। वे मुखर विचारक, अधिकार–चेतना सम्पन्न पात्र तथा प्रयोगधर्मी मस्तिष्क के रूप में सामने आते हैं। वे लोग सबसे अधिक प्रदत्त सामाजिक सीमाओं का अतिक्रमण करते हुए दिखते हैं

और नये विचारों से जुड़ते हैं। इनमें वे अनाथ तथा तिरस्कृत स्त्रियाँ भी बड़ी संख्या में शामिल थीं जिनका जीवन असमाप्य वेदनाओं के मध्य अनदेखा ही बीत जाता था। 'चतुरंग' उपन्यास में दामिनी नामक विधवा स्वामी लीलानन्द के नेतृत्व में भजन–कीर्तन में लीन संन्यासियों के दल के साथ घूमती है। आवारा–घुमन्तू संन्यासियों के बीच वह भी लगभग आवारा जीवन जीती है। पर वह आधुनिक साहित्य पढ़ने की भी ज़िद करती है जिसे संन्यासी लोग ठीक नहीं समझते हैं। आधुनिक साहित्य पढ़ने का अर्थ है कि आन्तरिक वासनाओं व दमित आकांक्षाओं को पहचानने लग जाना। स्वामी लीलानन्द को लगता है कि ऐसी पुस्तकों में सात्विकता की गन्ध नहीं है। वह सत्य की गन्ध से अधिक सात्वकिता की गन्ध को महत्त्व देते हैं। किताबें छिपाकर वह दामिनी से कहते हैं–'मैं संन्यासी हूँ। यह तुम अच्छी तरह जानती हो।' उनकी बात सुनकर बग़ैर विचलित हुए दामिनी हुक्म देने के अन्दाज़ में कहती है–'और मैं संन्यासिनी नहीं हूँ, यह आप भी अच्छी तरह जानते हैं। मुझे वे पुस्तकें पढ़ते हुए भली लगती हैं। बस। वापस दीजिए उन्हें।' वह समाज के महान साधु तथा सम्मानित पुरुष के आगे समर्पण नहीं करती है। उनके चरित्रों द्वारा सारे कष्टों के बीच अन्ततः समर्पण न करने का गुण पाठकों की स्मृति में उन चरित्रों को अंकित कर देता है।

टैगोर ने अपने चरित्रों में निहित सहज आत्मविश्लेषण की शक्ति को अधिक महत्त्व दिया है और वे केवल बाहरी घटनाओं में जीवन के सारे दोषों–विकृतियों का कारण नहीं ढूँढ़ते। वे निरन्तर आत्मचिन्तन करते हैं। अपने को टटोलते और खँगालते रहते हैं। वे 'आत्म (सेल्फ)' के बारे में खोजपरक रवैया रखते हैं। यह एक नवीन राष्ट्र के सामने भी चुनौती थी कि वह आत्मविश्लेषणकारी राष्ट्र बन सके। समाज के विभिन्न वर्गों के अनाथ तथा संघर्षशील लोग अब बाहरी दुनिया का तार्किक विश्लेषण के साथ आत्मविश्लेषण भी कर रहे हैं। औपन्यासिक चरित्रों के आत्मविश्लेषण का गुण वास्तव में राष्ट्र के गुण का मानवीय रूपक है। अब राष्ट्र के ऊपर भी यह दायित्व था कि वह अपने आन्तरिक दोषों का 'तर्कसंगतिकरण' करने या उसे विरासत की देन समझने के स्थान पर उन्हें खुले नेत्रों से देख उनकी आलोचना कर सके। टैगोर मानते थे कि आत्मशक्ति सम्पन्न आन्तरिक प्रकृति से ही मनुष्य अपने वास्तविक रूप को प्राप्त करता है। साथ ही यह भी कि आत्मविश्लेषण केवल अन्तःकरण का विश्लेषण नहीं होता, बल्कि सम्पर्क में आने वाले जीवनयथार्थ को नित नये

ढंग से विश्लेषित करने का प्रयास होता है। स्वयं पर विचार करना समाज पर विचार करने की चेतना का ही अंग है और टैगोर ने कई उपन्यासों में इस सत्य को उजागर किया है। चारों ओर घटित परिवर्तनों के मध्य अब रोज़ नयी दृष्टि से सच को ढूँढ़ने की ललक तीव्र है। 'गोरा' उपन्यास में विनय एक प्रसंग में गोरा से कहता है–'देखो गोरा, तुममें और अपने में एक भेद मुझे दिखता है कि हमारे देश में प्रतिदिन राह चलते जो कुछ होता रहता है, और बहुत दिन से जो होता चला आ रहा है, उसे तुम मानों रोज़ नयी आँखों से देख पाते हो। हम अपना या अपने देश का अनुभव ही नहीं करते हैं।'

टैगोर के उपन्यासों में ये हाशिये के नकारा समझे जाने वाले लोग आमजनों की सामाजिक तकलीफ़ों के भी आत्मविश्वासी प्रवक्ता होते हैं। कई प्रकार के क्रान्तिकारी विचार उन्हीं के चरित्रों से फलीभूत होते हैं। स्वतन्त्रता आन्दोलन तथा विश्व में समाजवादी आन्दोलन के विकास के साथ सुधारवादी टैगोर के मन में उपस्थित उपेक्षितों–अनाथों के प्रति करुणा और अधिक गहरी तथा रचनात्मक होती चली गयी। लेखन की विकासयात्रा में टैगोर का विश्वास समाज के सताये हुए, दुःखीजनों पर अधिक बढ़ता गया। जब वह 1930 ई. में रूसी भाषा के लेखक अनातोले लूनाचरस्की के निजी निमन्त्रण पर रूस की यात्रा पर गये थे, तो वहाँ से भेजे विचारपूर्ण पत्रों में एक में उन्होंने रूसी क्रान्ति की प्रशंसा में लिखा था–'दुःखी आज समस्त मानव जाति की रंगभूमि पर अपने को विराट रूप में देख रहा है, यह सबसे बड़ी बात है। पहले अपने को अलग देख रहा था, इसी से किसी प्रकार अपने शक्तिरूप को नहीं देख सका था–भाग्य के भरोसे सब कुछ सहता था।' टैगोर ने अपने उपन्यासों में सामाजिक वंचना के शिकार लोगों को केन्द्र में स्थापित कर उपनिवेशवाद विरोध तथा सामाजिक नवजागरण को परस्पर निकट लाने का काम किया है। यह याद रखना चाहिए कि उपन्यास किसी औपनिवेशिक यथार्थ से टकराने के लिए केवल उपनिवेशवाद की प्रत्यक्ष आलोचना नहीं करते हैं। वे औपनिवेशिकता की शिकार जनता के सामान्य जनजीवन, मुसीबतों तथा संकटों आदि को व्यक्त कर अपनी ऐतिहासिक भूमिका का निर्वाह कर सकते हैं। उपन्यासों में उपनिवेशवादी शासकों की प्रत्यक्ष आलोचना अगर अनुपस्थित है, तो भी उपनिवेशवाद के दौर में लिखे उपन्यास भारतीय जनजीवन की अन्तर्निहित प्रेरणाओं, उसके आत्मबल व उपेक्षितों के संघर्ष को प्रकट कर उपनिवेशवाद का ही 'प्रत्याख्यान' (counter-narrative) रचते हैं।

सन्दर्भ

1. आयन वाट्स–उपन्यास का उदय (अनुवाद–धर्मपाल सरीन, हरियाणा साहित्य अकादमी, 1974, पृ. 8
2. स्टीफन एन हे–एशियन स्टडीज़ ऑफ़ ईस्ट एंड वेस्ट–टैगोर एंड हिज क्रिटीक इन जापान, चाइना एंड इंडिया (कैम्ब्रिज, हावर्ड यूनिवर्सिटी प्रेस, 1970), पृ. 263
3. रामचन्द्र गुहा–मेकर्स ऑफ़ मॉडर्न इंडिया, पेंगुइन बुक्स, गुड़गाँव, 2012, पृ. 186
4. रामकृष्ण भट्टाचार्य–रवीन्द्रनाथ टैगोर एंड द पॉलिटिसाइजेशन ऑफ़ द बंग्ला नॉवेल (आलेख), टैगोर एंड मॉडर्निटी (सम्पा–कृष्ण सेना एंड ताप्ती गुप्ता), दासगुप्ता एंड कम्पनी प्राइवेट लिमिटेड, कॉलेज स्ट्रीट, कलकत्ता, 2006, पृ. 136
5. वही, पृ. 137
6. वही, पृ. 137
7. घर और बाहर–पीएन प्रकाशन, दिल्ली, 1999, पृ. 15
8. वही, पृ. 17
9. मुचकुन्द दुबे–लालन शाह फ़कीर के गीत (चयन व बांग्ला से अनुवाद–मुचकुन्द दुबे), साहित्य अकादेमी, नयी दिल्ली, पृ. 27
10. वही, पृ. 27
11. रवीन्द्रनाथ टैगोर–महात्मा और कवि (संकलनकर्ता सम्पादक सव्यसाची भट्टाचार्य) नेशनल बुक ट्रस्ट, दिल्ली, 2005, पृ. 76
12. रवीन्द्रनाथ टैगोर–महात्मा और कवि, वही, पृ. 115
13. तनिका सरकार–रिबेल्स, वाइव्स, सेंट्स, पृ. 266
14. बंकिमचन्द्र चट्टोपाध्याय–आनन्दमठ, पृ. 109
15. वही, पृ. 110
16. नित्यप्रति घोष : रवीन्द्रनाथ टैगोर : चित्रों और शब्दों में जीवनगाथा (अनुवाद–श्रीकान्त अस्थाना), नियोगी बुक्स, दिल्ली, 2019, पृ. 90
17. जीवी राज–टैगोर : द नॉवेलिस्ट, स्टर्लिंग पब्लिशर्स प्राइवेट लिमिटेड, दिल्ली, 1983, पृ. 17

3

उपन्यास और स्त्री

टैगोर ने पुरुष चरित्रों की तुलना में अपने उपन्यासों में स्त्री चरित्रों को गढ़ने में अधिक मेहनत की है और स्त्री चरित्रों की वैयक्तिकता, निजी भावुकता और बुद्धिमत्ता के साथ–साथ उनकी विविध कमज़ोरियों, ईर्ष्याओं और चारित्रिक सीमाओं को भी प्रकट किया है। उनके उपन्यास भारतीय उपमहाद्वीप में पितृसत्ता के जटिल नियम–क़ायदों, परम्पराओं और घरेलू संकीर्णताओं के बीच जीवनयापन करती स्त्रियों को मानवतावादी दृष्टि से देखने के अप्रतिम उदाहरण हैं। ग़ौरतलब है कि स्त्रियों के रूप–रंग, गुण और कामों को लेकर उनकी चापलूसी करने वाले साहित्य की लम्बी परम्परा रही है। पर यौन आचार संहिताओं के प्रति जवाबदेही का जो बोझ उस पर रहा है, उसका वास्तविक वर्णन दुर्लभ रहा है। आवश्यक भावनाओं के दमन ने उसके हृदय को नीरस या फिर नितान्त अन्तर्मुखी बना दिया। अलग–अलग भूगोल व देशकाल में अलग पुरुष रवैयों का भी उसे सामना करना होता है, जबकि स्त्री लगभग एक जैसी जेंडरीकृत भूमिका व स्वभाव के रूप में ही परिभाषित होती है। सार्वभौमिक रूप से स्त्रियों को समान नागरिक समझने की समझदारी और लैंगिकता से जुड़े महाद्वीपीय इतिहास में अन्तर्विरोध रहा है। अठारहवीं सदी में अमेरिकी क्रान्ति के बाद स्त्रियों को उत्तरी अमेरिका में मिले सामाजिक अधिकारों ने यूरोप में स्त्रियों की सामाजिक दशा से भिन्नता पैदा कर दी थी। फ्रांस के उदार अभिजात चिन्तक एलेक्सिस डी टाकवेली ने अपनी किताब 'डेमोक्रेसी इन अमेरिका' (1835) में अमेरिका तथा यूरोप में औरतों के बारे में मर्दों के नज़रिये में फ़र्क़ के बारे में लिखा था– 'यूरोप के मर्द अपनी औरतों की चापलूसी करते हैं और उनके प्रति अपनी घृणा को छिपाते हैं। पर अमेरिकी मर्द शायद ही कभी स्त्रियों की प्रशंसा करें पर वे रोज़ाना के बर्ताव में यह प्रकट करते हैं कि वे उनकी कितनी इज़्ज़त करते हैं।'[1]

भारतीय उपमहाद्वीप में टैगोर के उपन्यास स्त्रियों को लेकर पितृसत्ता के विकारों व दृष्टिकोणों के उत्साही परिचायक हैं। वे बंगाली औरतों के बहुस्तरीय विविध संसार को प्रकट करते हैं। अब स्त्रियाँ बतौर किरदार बहुप्रशंसित, असाधारण रूप–रंग की मल्लिकाएँ अथवा निन्दित चरित्र भर नहीं हैं बल्कि वे पुरुषों से सम्मान व स्वीकृति पाने की आकांक्षा रखने वाली किरदार हैं। वे प्रेमी, क्रान्तिकारी, विदुषी, सुधारक, विद्यार्थी, चिकित्सक आदि विविध भूमिकाओं में सामने आती हैं। टैगोर अब औरतों को वह व्यक्तित्व प्रदान करते हैं जो उन्हें बंकिम के उपन्यासों में भी हासिल नहीं हुआ था। बंकिम के उपन्यासों की स्त्रियाँ अधिक जोखिम उठाने वाली स्त्रियाँ हैं। वे डकैत, जासूस, संन्यासी, तलवारबाज़ आदि विविध भूमिकाओं में सामने आती हैं लेकिन कुल मिलाकर उनकी सब्जेक्टिविटी कम ही उभर पाती है। उनकी बाहरी रूपराशि, साजसज्जा व आभूषण–हावभाव का वर्णन अधिक होता है और उनकी वास्तविक चेतना व मन की आन्तरिक दशा का स्वाभाविक वर्णन लगभग नहीं के बराबर हो पाता है। यह सच है कि टैगोर के उपन्यास भी जीवन यथार्थ को नाटकीय ढंग से पेश करने के चक्कर में कई बार स्त्रियों का रंगमंचीकरण करते हैं और उन्हें बहुत अभिनयप्रवण तथा भावुक बना देते हैं। पर उनके उपन्यास बीसवीं सदी के पूर्वार्ध में बंगाली स्त्रियों के जीवन के विविध पक्षों को सहज धैर्य और प्रामाणिक ढंग से व्यक्त करते हैं। उनके उपन्यास की स्त्रियाँ परिवार के दायरे में जीते हुए अपनी वासनाओं और प्रेम सम्बन्धों की चाहत को छिपाती नहीं हैं। कई बार तो सामाजिक रूप से प्रतिबन्धित रिश्तों का भी आनन्द लेने की इच्छा खुलकर जताती हैं। वे अब कविता और साहित्य की स्वतन्त्र पाठक हैं और उनका आत्मबोध परम्परागत मूल्यों से कम, आधुनिक शिक्षा से अधिक तैयार हुआ है। शिक्षित स्त्री के लिए अब शिक्षा ही शिक्षित–आधुनिक पुरुष को अर्जित करने का माध्यम है जैसा कि 'नष्टनीड़' में चारुलता व अमल के परस्पर आकर्षण में चित्रित होता है। स्त्री–पुरुष सम्बन्ध अब ईश्वर–अध्यात्म या घरेलू काव्यालंकारों की भाषा तक सीमित नहीं हैं। स्त्रियों के हाथ में अगर यौन विषयों पर साफ़गोई से लिखी कोई पुस्तक पड़ जाये तो वे छिपकर उसे मनोयोग से पढ़ती हैं जैसा कि '''घरे–बाइरे' में एक प्रसंग में विमला को ऐसी ही एक पुस्तक को पढ़ते दिखाया जाता है। 'चतुरंग' में दामिनी संन्यासियों के समूह के बीच धार्मिक पुस्तकें पढ़ने के स्थान पर आधुनिक साहित्य पढ़ती है। 'चोखेर बाली' में बिनोदिनी को बंकिमचन्द्र का 'विषवृक्ष' पढ़ते दिखाया गया है

जिसका कथानक एक तैंतीस साल के शादीशुदा मर्द का एक सत्रह साल की विधवा के साथ विवाहेतर प्रेम पर आधारित है। 'विषवृक्ष' में कुन्दनन्दिनी नामक अनाथ विधवा के मन में नगेन्द्र दत्त नामक विवाहित पुरुष के प्रति जैसा उन्मादी और तीव्र आकर्षण है, जिसे वह खुलकर प्रकट करती है, वह भारतीय उपन्यास में विकसित होती स्त्री वैयक्तिकता का मज़बूत चेहरा है। घर–परिवार अब नये 'स्पेस' हैं जहाँ स्त्री वैयक्तिकता व यौनिकता के उन्मुक्त आयाम विकसित हो रहे हैं और घर का अन्तःपुर नये ढंग से 'इवाल्व' हो रहा है। घर वह जीवन केन्द्र है जिसका बाहरी ढाँचा भले स्थिर हो पर अन्दरूनी जगत को बाहरी संसार के आघातों से बदलने के लिए हमेशा तैयार रहना पड़ता है। बाहरी दुनिया में स्त्री अभी पहुँची नहीं है। लेकिन नैतिक–सामाजिक विचलनों वाला जीवन जीने की उसकी गुप्त कामनाओं को समझने के लिए उपन्यासकार घर–परिवार की चौहद्दियों के भीतर झाँकने का काम बहुत सावधानी से कर रहा है और उपन्यासों में स्त्रियों के अवचेतन जगत को प्रवेश दिला रहा है। बंकिम के उपन्यासों में परिवार के आन्तरिक संसार की तुलना में बाहरी घटनाओं का अधिक प्रयोग होता था और इस कारण परिवार के स्पेस में स्त्रियों के बदलते अन्तर्मन का चित्रण कम हो पाता था। इसके विपरीत टैगोर के उपन्यासों की कथाओं में परिवार प्रमुख केन्द्र है जिसमें स्त्री–चेतना का उन्मेष दिखता है।

टैगोर के उपन्यासों में स्त्री–दृष्टि की यह विशेषता है कि वे कामासक्तियाँ प्रकट करने वाली स्त्रियों के बारे में कोई नैतिकतावादी पूर्वग्रह जताने से बचते हैं। बंकिम के उपन्यासों में भी विधवाएँ व उपेक्षित स्त्रियाँ पुरुषों को रिझाती हैं पर वे स्त्रियाँ पतित और 'मेलोड्रैमेटिक' चरित्र की तरह प्रतीत होती हैं। पर टैगोर अपने उपन्यासों में स्त्रियों की कामवासनाओं को लेकर किसी गुस्सैल उपदेशक, धर्मरक्षक पुरोहित या सनातनी की भूमिका में नहीं हैं। न ही उनके कृत्य को घोर अपराध समझ आँखें चुराते हैं। उदाहरण के लिए ''घरे–बाइरे' की विमला वह स्त्री चरित्र है जो अपने पति के मित्र संदीप के प्रति तीव्र यौनाकर्षण को महसूस कर रही है। बीसवीं सदी के अपने इस उपन्यास में टैगोर ने विमला के चरित्र को किसी नैतिकता से बाँधने की न तो कोशिश की है और न पति से अलग किसी अन्य पुरुष के प्रति उसके मन में जाग्रत उद्दाम आकर्षण को लेकर 'जजमेंटल' रवैया अपनाया है। विवाहित होने के बावजूद पराये पुरुष के प्रति खिंचाव अनुभव करने वाली वह बंगला साहित्य की पहली स्त्री किरदार है। बिमन बिहारी मजूमदार के अनुसार–'बंगला समाज के इतिहास में पहली

बार और साहित्य में भी पहली बार किसी कुलीन परिवार की स्त्री ने सामने आकर अपने आदर्शवादी पति तथा उसके शोख–स्मार्ट मित्र, दोनों के प्रति लगाव के कारण पैदा मनोवैज्ञानिक उलझनों को तफ़सील से दर्ज कराया है।[2] इस उपन्यास में स्त्री का स्वयं का एक पक्ष है, वह अपने दृष्टिकोण को स्वयं व्यक्त करती है। वह भी उन दो पुरुषों के बीच में जो उस स्त्री के व्यक्तित्व तथा उससे जुड़ी अपेक्षाओं के बारे में अपनी राय प्रकट कर रहे हैं। विमला का पति निखिलेश अपनी सुधारवादी सोच के अनुसार विमला को नयी स्त्री के रूप में निर्मित करना चाहता है। उसे शिक्षा प्राप्त करने, यूरोपीय ढंग के कपड़े पहनने तथा सामाजिक बहसों में हिस्सा लेने के लिए प्रेरित करता है। पर किसी उदार तथा प्रबुद्ध पति के ये कार्य भी स्त्री की वैयक्तिकता (सब्जेक्टिविटी) के साथ पूरी तरह न्याय नहीं कर पाते हैं। अपनी पत्नी को नियन्त्रित करने के लिए पति का अति प्रेमपूर्ण व्यवहार (uxorious behavior) तथा उसे स्वतन्त्र रखने की कुछ शाब्दिक चेष्टाएँ भी एक नरम क़िस्म के अंकुश का रूप धारण कर लेती हैं।[3]

टैगोर के चार प्रमुख उपन्यासों 'नष्टनीड़', 'दुई बेन', 'मालंच' और 'योगायोग' में देवर–भाभी, जीजा–साली तथा दूर के रिश्तों के भाई–बहन के सम्बन्धों पर आधारित कथाएँ हैं। 'नष्टनीड़' में चारुलता के अपने पति के चचेरे भाई अमोल, 'दो बहनें' उपन्यास में शशांक के अपनी साली उर्मिमाला, 'योगायोग' में मधुसूदन के अपनी विधवा भाभी श्यामासुन्दरी तथा 'मालंच' में आदित्य के अपनी दूर के रिश्ते की बहन सरला के साथ अन्तरंग सम्बन्ध सामने आते हैं। बड़े और संयुक्त परिवार के साथ–साथ अब एकाकी परिवार भी स्त्री–पुरुष रिश्तों की कथित नैतिक–मर्यादित दुनिया के नियमों से हमेशा ही नहीं संचालित हो रहे हैं। शान्त–मर्यादित घरेलू जीवन तथा पवित्र रिश्तों का मिथक टैगोर के उपन्यासों में टूटकर अक्सर बिखर जाता है। वहाँ स्त्रियाँ पारम्परिक बन्धनों के बीच सीता–सावित्री बने रहने के स्थान पर स्वयं रिश्तों की मर्यादा को तार–तार कर डालना चाहती हैं। वे पतिपरायण और पतिव्रता होना तो चाहती हैं पर उनकी जैविक–भावनात्मक दुनिया गतिशील हो चुकी है। संयुक्त परिवारों की कठोर संरचना के भीतर स्त्री–पुरुष के प्रतिबन्धित रिश्तों का उल्लंघन करना आम बात रही है लेकिन टैगोर ने संयुक्त परिवार के स्थान पर न्यूक्लियर परिवारों के भीतर इस नवीन यथार्थ को प्रकट किया है। गहन प्रेम में डूबना, मनचाहे पुरुष का सान्निध्य पाने की उनकी तड़प और अपने या अपने प्रेमी के दाम्पत्य जीवन की परवाह न करना उनकी ख़ासियत है

और उनके जीवन का यही आन्तरिक पक्ष उपन्यास को विशिष्ट बना देता है। हंगरी के आलोचक जार्ज लुकाच ने रोमांटिक शैली के उपन्यासों की आलोचना करते हुए लिखा है कि उपन्यासों में किरदार के मूड, मनोवृत्ति तथा व्यवहार को दिखाना तभी उपयोगी होता है जब इन चीज़ों के माध्यम से किसी बड़े सामाजिक सत्य की अभिव्यक्ति हो। अन्यथा मूड और मनोवृत्ति के प्रदर्शन के आधार पर केवल उपन्यास सफल नहीं हो पाता है। लुकाच के शब्दों में– 'भावनाएँ तथा मनोदशा उपन्यास विधा की संरचना तैयार करने वाले मुख्य तत्त्व हैं। लेकिन उनका औपचारिक महत्त्व इससे तय होता है कि जिस वैचारिक ढाँचे पर समूचा यथार्थ टिका होता है, वह ढाँचा उसमें व्यक्त हो और उस मूड व चिन्तन के माध्यम से सामने आये। अन्य शब्दों में उस भाव या मनोदशा का बाहरी संसार से अन्तर्विरोधपूर्ण या समस्यामूलक सम्बन्ध बना रहना चाहिए। यदि वे स्वयं में परिपूर्ण हो गये तो उनका अकाव्यात्मक (अनपोयटिक) तथा शिल्प नाशक चरित्र बहुत स्पष्ट हो जाता है।'[4] टैगोर के उपन्यास एक ओर चरित्रों के मूड्स और मनःस्थिति को स्वतन्त्र रूप से दिखाते हैं, दूसरी ओर इन चीज़ों को किसी बड़े सामाजिक सत्य व सामाजिक बहसों के भीतर स्थापित भी करते हैं। इसीलिए वे न केवल अपने समय में पठनीय थे, बल्कि आज भी बांग्ला जीवन संस्कृति के अहम दस्तावेज़ हैं।

टैगोर के उपन्यासों में स्त्रियों की स्वतन्त्र मनोदशाओं तथा विचलनकारी कामनाओं का चित्रण है पर वह चित्रण समग्र सामाजिकता से पृथक् नहीं है। उनके उपन्यासों में स्त्रियों के विद्रोह, पलायन, पतन, पीड़ा आदि की कथाएँ हैं पर परिवार की सर्वोच्चता फिर भी कायम रहती है। पति–पत्नी के आपसी सम्बन्धों के बीच आने वाली कोई स्त्री या पुरुष अन्ततः वापस अपने दायरों में लौट जाते हैं जैसा कि 'नष्टनीड़' और 'दो बहनें' में चित्रित किया गया है। 'नष्टनीड़' में अमोल घर छोड़कर आगे की पढ़ाई के लिए इंग्लैंड चला जाता है और बाद में उसका पति भूपति भी मैसूर जाने की तैयारी करता है। पीछे चारुलता अकेली रह जाती है। 'दो बहनें' में नीरजा की बहन उर्मि का प्रेमभाव अपने ही जीजा शशांक के प्रति विकसित होता है और वह भी बहन की गृहस्थी उजड़ने के भय से लम्बे समय के लिए पढ़ाई करने इंग्लैंड चली जाती है। यह ध्यान देने की बात है कि टैगोर ने अपने उपन्यासों में घरेलू असन्तोषों का हल निकालने के लिए चरित्रों को या तो इंग्लैंड भेजा है या काशी। एक अत्यन्त पारम्परिक दूसरा अत्यन्त आधुनिक विकल्प।

दो परस्पर विरोधी छोर पर खड़े विकल्प ही तत्कालीन समाज में उपलब्ध हो सकते थे। न तो कोई सामान्य विकल्प उपलब्ध है और न वह सामान्य विकल्प निर्वासित जीवन जीने के लिए सुरक्षित माना जाता है। कई बार अपवित्र–निषिद्ध रिश्ते की वकालत के कलंक से उपन्यास को बचाने के लिए किसी एक की मृत्यु हो जाती है। जैसा कि 'मालंच' का कथानक है जिसमें बीमार पत्नी की मृत्यु हो जाती है। उपन्यास नायक आदित्य को अपनी दूर की रिश्ते की बहन के साथ नये जीवन की तैयारी करने का संकेत दिया जाता है। इसी प्रकार घरवापसी का भी चित्रण कर दिया जाता है जो अस्वाभाविक प्रतीत होता है। 'योगायोग' में मधुसूदन अपनी विधवा भाभी से शारीरिक भूख को शान्त करता है और उपन्यास के अन्त में उसकी पत्नी कुमुदनी, जो घर छोड़कर चली जाती है, वह वापस लौट आती है। इस प्रकार उपन्यास के कथा–रथ पर वैवाहिक सम्बन्धों की विजयपताका लहराने लगती है पर प्रतिबंधित–निषिद्ध रिश्तों के आधार पर कथाएँ रचने का जोखिम भी भरपूर उठाया जाता है। उनके उपन्यासों के अंग्रेज़ी अनुवादों की पुस्तक में भारती रे ने अपनी भूमिका में लिखा है–'बांग्ला उपन्यासों ने कभी विवाहेतर रिश्तों को अनुमोदित नहीं किया और 1930 के दशक तक यही हाल था। 'कल्लोल' नामक एक पत्र जो खुलेआम सेक्स तथा स्त्रियों की यौनेच्छाओं पर आधारित साहित्य प्रकाशित करता था, वह पाँच साल के भीतर ही बन्द हो गया। मध्यवर्गीय बंगाली समाज अभी सेक्स को लेकर बहुत बोल्ड अभिव्यक्तियों के लिए तैयार न था और अटूट विवाह सम्बन्धों के विचार के लिए प्रतिबद्ध था।'[5]

भारतीय उपन्यास प्रायः यह दिखाते रहे हैं कि भावनात्मक तनावों का समाधान निकालने का भारतीय समाज के पास कोई उचित, वैध तरीक़ा नहीं है। भारतीय समाज विभिन्न क़िस्म के भावनात्मक कष्टों व उलझनों को लेकर अनावश्यक मौन धारणा कर लेता है। इस रूप में उपन्यास केवल भारतीय समाज के बाह्य सत्य के नहीं बल्कि उसकी मनोवैज्ञानिक वास्तविकताओं के भी आलोचक रहे हैं। उपन्यास ही दिखाते हैं कि हमारे रिश्तों–नातों, जीवनशैली, वार्तालाप तथा कल्पनाओं आदि में भावनात्मक तनावों के प्रति एक आत्मघाती अस्वीकार का भाव छिपा है। एक भारतीय पुरुष तथा भारतीय स्त्री को प्रेम–रोमांस, रोज़गार, सुरक्षा, आन्तरिक भावों आदि के कारण जिन बेचैनियों से गुज़रना पड़ता है, भारत के परिवार व समाज उन बेचैनियों को सही तरीक़े से व्यक्त करने (आउटलेट) का तरीक़ा नहीं विकसित करते हैं।

उलटे उन आन्तरिक उथल पुथल तथा बेचैनियों के दमन की शिक्षा देते हैं। आत्मदमन वास्तव में सामाजिक दमन की संस्कृति की अभिव्यक्ति है। इस कारण स्त्री–पुरुष के जीवन में जो घुटन, वेदना व क्रोध पैदा होते हैं, वे या तो अध्यात्म की ओर मुड़ते हैं तथा निरर्थकता–बोध को ही जीवन समझने के लिए बाध्य हो जाते हैं, या वह आत्महन्तापन की प्रवृत्ति को बढ़ावा देते हैं। यह स्थिति समाज में विधवाओं तथा कमज़ोर वर्गों के प्रति और अधिक तीखेपन से व्यक्त होती है। पारम्परिक हिन्दू समाज चूँकि विधवाओं के भावनात्मक विषादों के प्रति उपेक्षापूर्ण रवैये अपनाता था, इसलिए विधवाओं की जीवनदशा को चित्रित करने वाले अधिकांश उपन्यास विधवाओं की मृत्यु के चित्रण को स्वाभाविक मानते हैं। या फिर उन्हें आश्रम अथवा तीर्थस्थल की ओर धकेल दिया जाता है। उनकी मृत्यु अथवा आश्रम या तीर्थस्थल की ओर निर्वासन उनकी यौनिकता के सामाजिक नकार का प्रतीक है। सती प्रथा के रूप में धार्मिक खुदकुशी स्त्री की सेक्सुअलिटी को नष्ट कर देने का क़ानूनन अमान्य तरीक़ा बन चुका था। इसलिए अब उन्हें मर्ज़ी से आत्महत्या करते दिखाया जा सकता था क्योंकि उनका अपना जीवन किसी मौत से कम न था जिसमें न कोई आनन्द था और न आशाएँ। इसलिए टैगोर के उपन्यासों के साथ–साथ अन्य उपन्यासकारों के द्वारा भी यही फॉर्मूला प्रयोग किया जाता था। बंकिमचन्द्र के उपन्यासों में रोहिणी (कृष्णकान्त की वसीयत), लालना (शुभदा) और लक्ष्मी (काली बहू) पानी में डूबकर जान देना चाहती हैं तो कुन्दनन्दिनी (विषवृक्ष), सती (अन्नपूर्णार मन्दिर), ननीबाला (चतुरंग) तथा नीलिमा (पिया) अपने व्यथापूर्ण जीवन की समाप्ति विषपान करके करती हैं।[6] ऐसा लगता है कि उपन्यासकार की सबसे बड़ी समस्या ही यही है कि वह किस दिलचस्प ढंग से अपनी नायिकाओं को कथा के किसी मोड़ पर ले जाकर मौत की नींद सुला दे। कुछ उपन्यासों जैसे बंकिमचन्द्र के उपन्यास 'कृष्णकान्त की वसीयत' में विधवा स्त्री से प्रेम करने वाला पुरुष चरित्र बाद में उसी स्त्री के चरित्र के प्रति संशयालु होकर उसे गोली मार देता है। वह स्वयं अपने चरित्र पर सन्देह नहीं करता है, जिसने घर में पत्नी को त्यागकर विधवा से सम्बन्ध बनाया। वह उस विधवा स्त्री के चरित्र के विचलन को सहन नहीं कर पाता है जो उसके अतिरिक्त किसी अन्य पुरुष के मोहपाश का शिकार हो जाती है। आधुनिक स्त्रीवाद ने इस बहस को आरम्भ किया है कि स्त्रियाँ किसी विशिष्ट जाति, नस्ल या आदिवासी समुदाय की तरह

कोई 'प्राकृतिक समूह' (Natural Group) हैं अथवा वे सामान्य सार्वभौमिक पुरुष की तरह सामान्य जैविक अस्मिता हैं। यह माना जाता है कि उन्हें 'प्राकृतिक समूह' की तरह परिभाषित कर देने से उनके साथ होने वाले उत्पीड़न व हिंसक आचरण को भी प्राकृतिक जीवन के यथार्थ के आधार पर तर्कसंगत साबित कर दिया जाता है। टैगोर के उपन्यास बहुत सूक्ष्मता से यही प्रकट करते हैं कि स्त्रियों को घर–परिवार व समाज में किसी नस्ल या आदिवासी की तरह 'प्राकृतिक समूह' का अंग माना जाता है और सभ्यता–संस्कृति की भारी–भरकम परम्पराओं के बावजूद उन पर प्राकृतिक जीवन में मौजूद हिंसा व अनाचार के बल का उपयोग किया जाता है। उनका आत्मपीड़न व उनकी आत्महत्याएँ सभ्य कहलाने वाले समाजों का सत्य हैं और सभ्य समाज इस सत्य को गौरवान्वित अधिक करता है।

विवाहेतर रिश्तों तथा निषिद्ध यौन सम्बन्धों के चित्रण के अतिरिक्त टैगोर ने परिवार की सीमा के भीतर पत्नियों के साथ दुर्व्यवहार तथा उनकी इच्छाओं के अहंकारपूर्ण दमन के सच को व्यक्त करने में ख़ासी रुचि प्रकट की है। उनका उपन्यास 'योगायोग' इसकी मिसाल है जिसमें कुमुदनी नामक स्त्री अपने बेमेल विवाह के कारण अपनी उम्र से काफ़ी बड़े मधुसूदन नामक एक अहंकारी व्यवसायी के घर आती है और पति के व्यवहार से विद्रोह कर देती है। वह जबरन शारीरिक सम्बन्ध बनाये जाने के प्रति अरुचि व्यक्त करती है तथा वैवाहिक सम्बन्धों में बलात्कार की शिकार होने पर क्षुब्ध होती है। पति की विषयासक्ति तथा चिपचिपे स्पर्श से उसका मन अरुचि से भर उठता है। पति के साथ प्रथम सहवास के क्षण में नवविवाहित पत्नी के मन में उठने वाले भावों के प्रति उपन्यासकार लिखता है–'एक काला कठोर भूखा बुढ़ापा बाहर से कुमुदनी को ग्रस रहा था।' उपन्यास का 'नैरेटर' कुमुदनी के पक्ष में मधुसूदन के भूखे बुढ़ापे पर व्यंग्य कसता रहता है। आधुनिक उपन्यासों में मानव मन में उठते तीव्र निषिद्ध भावों, अस्वीकार्य आवेगों व गहन उन्मादों की अभिव्यक्ति का महत्त्व होता है। उपन्यासकार की इच्छा यही होती है कि उसका पाठक इतना विवेकवान हो कि वह किरदार के अन्तर्मन में घटित हो रही इन भावनाओं को देख व समझ सके और उससे उत्पन्न रस व आनन्द का उपभोग करे। वह किसी देशकाल (स्पेस एंड टाइम) में अपेक्षाकृत स्थिर घटनाचक्र के बीच चरित्र के आन्तरिक जीवन को खोलता है और श्रेष्ठ उपन्यास–कला बाहरी घटनाओं को अन्तर्जगत की दशाओं का विस्तार बताने वाले मनोविज्ञान की ही मदद लेती रही है।

टैगोर के उपन्यास भी मनोविज्ञान के बारीक सूत्रों की सहायता लेकर अधिक समृद्ध हो जाते हैं। बांग्ला उपन्यासों में बंकिमचन्द्र ने चरित्रों के मनोविज्ञान की प्रस्तुति की परम्परा उपन्यास में डाली थी, पर वह अधिक सफल नहीं हो सके थे, बहुत दूर तक न जा सके। बंकिम के उपन्यासों में कथानक की गति का आधार बाह्य घटनाएँ अधिक थीं, न कि चरित्रों की आन्तरिक मनोदशा। कथावस्तु पर गहराई से अधिक गति का प्रभाव था। लेकिन अपने सीमित मनोवैज्ञानिक चित्रण में प्रायः उनके उपन्यासों में 'नैरेटर' इस बात की ज़िम्मेदारी का अलग से निर्वाह करता दिखता है कि कैसे प्रस्तुत चरित्र के मन में घटित हो रही बातों से पाठकों को अवगत कराये। चरित्र के मनोभाव को दिखाने के लिए वह अलग से अपनी उपस्थिति दर्ज कराता था और मनोभाव को व्यक्त करने की अपनी गम्भीरता को प्रमाणित करने के लिए वह चरित्र की आन्तरिक दशा को समझ न पाने के प्रति खीज भी ज़ाहिर करता था। अपनी असमर्थता का प्रदर्शन भी चरित्र के मनोविज्ञान के प्रति निष्ठा का ही प्रमाण बन जाता है।

टैगोर की कृतियाँ यह भी दिखाती हैं कि पारम्परिक परिवारों में स्त्रियों ने अपने शरीर व आत्मसम्मान के बचाव के विभिन्न रास्तों की खोज की है। कभी अतिशय भक्ति में, कभी कामकाज की मशीनी व्यस्तता में और कभी घर के एकान्त कोनों में अपने को समेटने में। टैगोर के उपन्यासों में चोट खाये स्वाभिमान और निराशा के कारण स्त्रियाँ सहज ही बचाव के मनोविज्ञान को अपने आचरण का अंग बनाती हैं। पारिवारिक सम्बन्धों के मध्य रहते हुए वे सम्बन्धों को लेकर संवेदना को कमज़ोर कर लेती हैं। अपनी उबलती भावनाओं को बलपूर्वक शान्त कर लेती हैं। वे अपनी पतियों की निष्ठुरता से कम, उनकी क्षुद्रताओं से अधिक व्यथित हैं। इस कारण अपने चारों ओर एकान्त व पलायन का रक्षाकवच तैयार करती हैं। पति के व्यवहार से हताशा के बाद 'योगायोग' की कुमुदनी की दशा है–'संसार अपने रूढ़ अधिकार से उसे जितना ही अपमानित करता जाता था उतने ही ज़ोर से वह अपने चारों ओर एक आवरण तैयार करती जा रही थी। एक ऐसा आवरण जो उसके व्यक्तिगत रूप से अच्छा लगने या बुरा लगने की भावना को लुप्त कर सके, अर्थात अपने सम्बन्ध की चेतना को क्षीण कर सके।' यह उपन्यास एक पुराने सामन्ती युग का स्मरण कराता है जिसमें राजाओं को अपनी कन्याएँ अपने शत्रुओं के साथ ब्याहनी पड़ती थीं।

इसमें भी विप्रदास को मधुसूदन से लिए भारी क़र्ज़ के दबाव में अपनी बहन का विवाह उसके साथ करना पड़ता है।

चार अध्याय और क्रान्तिकारी देश भक्ति

टैगोर ने अपने अन्तिम उपन्यास 'चार अध्याय' में क्रान्तिकारियों के गुप्त संगठन में स्त्रियों की भूमिका पर विचार किया है, हालाँकि उसमें आश्चर्यजनक कच्चापन है। लगता ही नहीं कि जो महान लेखक 'नष्टनीड़', 'गोरा', 'गीतांजलि', ''घरे–बाइरे' जैसी श्रेष्ठ कृतियों की रचना कर चुका है, उसी ने यह उपन्यास लिखा है। क्रान्तिकारियों के आत्मोत्सर्ग व आत्मबलिदान की भावना के प्रति सर्वथा नकारात्मक दृष्टिकोण झलकता है। उनके निजी भावावेगों को महत्त्व देने के नाम पर उनके राष्ट्रीय–सामाजिक कर्तव्यों को कमतर प्रदर्शित किया गया है। कथानक ऐसा है कि पाठक को लगे कि वह एला व अतीन की ट्रैजिक प्रेमकथा पढ़ रहा है, पर उपन्यास पढ़कर वह भूमिगत क्रान्तिकारियों के बारे में भ्रामक विचारों को विकसित अधिक करता है। वह ब्रिटिश साम्राज्य की हिंसा के प्रति जागरूक होने के स्थान पर उस हिंसा के शिकार तथा उससे संघर्ष कर रहे लोगों की हिंसा व कथित आत्मपूजा को लेकर चिन्तित हो जाता है। 'चार अध्याय' उपन्यास 1934 ई. में सीधे पुस्तक के रूप में प्रकाशित हुआ था और बंगाल में सक्रिय नौजवान, ख़ासतौर पर जेलों में सज़ायाफ़्ता देशभक्तों की कटु आलोचना का शिकार हुआ था। उपन्यास के पहले संस्करण में उन्होंने अपनी भूमिका लिखी थी जिसमें ब्रह्मबांधव उपाध्याय का उल्लेख किया था, हालाँकि बाद में उन्होंने उसे हटा लिया था। ब्रह्मबाँधव उपाध्याय एक बंगाली बुद्धिजीवी व क्रान्तिकारी थे जिनका जन्म हुगली जिले में हुआ था। उन्होंने आरम्भ में संन्यासी योद्धा बनने का प्रयास किया, ब्रह्मसमाजी भी रहे पर अन्त तक आते–आते उन्होंने ईसाई धर्म अपना लिया था। वह 'सन्ध्या' नामक क्रान्तिकारी पत्र निकाला करते थे। माना जाता है कि 'चार अध्याय' में वर्णित इन्द्रनाथ का चरित्र, जिन्होंने यूरोप में रहकर विज्ञान की उच्च शिक्षा प्राप्त की है, से मिलता जुलता है। राष्ट्रवादियों की तीव्र आलोचनाओं के बाद टैगोर ने यह कहना आरम्भ कर दिया था कि उपन्यास का सम्बन्ध न तो ब्रह्मबांधव उपाध्याय के जीवन से है और न यह क्रान्तिकारी राजनीति की आलोचना है। यह केवल एला और अतीन की प्रेमकथा है। लेकिन टैगोर की सफाई के बावजूद उपन्यास अपने कथानक में स्पष्ट रूप से भूमिगत क्रान्तिकारी गतिविधियों में

स्त्रियों व पुरुषों के कठोर निर्मम उपयोग पर केन्द्रित है जिसमें स्त्री का काम अपने रणनीतिक स्त्रीत्व के बल पर क्रान्तिकारी पुरुषों की काम–भावना का औदात्तीकरण कर उन्हें संगठन से जोड़े रखना है। सभी के ऊपर दबाव है कि वे अपने लक्ष्यों तथा मानवीय सम्बन्धों के प्रति निर्मम कार्यसाधक दृष्टिकोण अपना लें। भूमिगत संगठन में स्त्री–पुरुष के बीच विवाह या प्रेम सर्वथा निषिद्ध है तथा आदर्श भगिनी वृत्ति का निर्वाह स्त्री को करना पड़ता है। उपन्यास में एला संगठन के मुख्य नेता इन्द्रनाथ के निर्देश पर चलती है। वह विद्रोहिणी बनी क्योंकि उसने बचपन से माँ के उग्र आचरण के कारण घर में बहुत दुर्व्यवहार सहा होता है। वह बड़ी होने पर घर छोड़ देती है और दुर्लभ साहस वाले आदर्शवादी तरुणों को इन्द्रनाथ के भूमिगत संगठन से जोड़ती है। पर अतीन के सम्पर्क में आकर उसकी दबी हुई सेक्सुअल–दैहिक भावनाएँ भड़कने लगती हैं। उसकी राजनीतिक–राष्ट्रवादी जागरूकता पर उसके सेक्सुअल आवेग अधिक हावी हो जाते हैं। टैगोर इसके पहले "घरे–बाइरे" में भी उग्र राष्ट्रवादी भावनाओं के भीतर निहित कामोत्तेजना व दैहिक सुखाकांक्षा की स्थितियों के बारे में लिख चुके थे। वैचारिक स्फूर्ति के लिए ऐन्द्रिक सन्तुष्टि की आवश्यकता को व्यक्त कर चुके थे। इस उपन्यास में एला एक वीरान खण्डहर में अतीन के साथ सम्भोग की इच्छा जताती है और उसकी इस इच्छा को टैगोर ने किसी रूपक–उपमा से लदे–फँदे भाषा–आवरण के पीछे छिपाया नहीं हैं। अतीन भी इस अनुभव से गुज़रता है। पर अतीन बाद में संगठन के दिशानिर्देशों के लिए अधिक प्रतिबद्ध हो जाता है। वह एला से प्रेम करते हुए भी कहीं भागकर जीवन बिताने से इनकार कर देता है। उपन्यास के अन्त में वह अपने हाथों से एला को गोली मार देता है क्योंकि इन्द्रनाथ ने उसे ऐसा आदेश दिया होता है। संगठन के ही एक भ्रष्ट–कामुक व्यक्ति की गोली से अतीन खुद भी मारा जाता है। इन्द्रनाथ अवसन्न हालत में अकेले रह जाते हैं और उनके इस हताश–अवसन्न अकेलेपन के माध्यम से जैसे लेखक ने सन्देश देना चाहा है कि स्त्री–पुरुष की कामवृत्ति व प्रेमाकांक्षाओं को किसी संगठन में बाधित कर संगठन के लक्ष्य प्राप्त नहीं किये जा सकते। इस उपन्यास को राष्ट्रवाद के पितृसत्तात्मक और मर्दवादी संस्करण की आलोचना के रूप में पढ़ा जा सकता है, जैसा कि आशिस नन्दी कहते हैं, जिसमें एला व अतीन दोनों ही अपने स्त्रीत्व तथा स्वाभाविक पुरुषत्व से वंचित कर दिये जाते हैं। या फिर इस उपन्यास को अतीन व इन्द्रनाथ के चतुर आदर्शवाद की आलोचना

के तौर पर पढ़ा जा सकता है जैसा कि मालिनी भट्टाचार्य ने किया है, जिसमें दोनों ही अपने–अपने ढंग से एला के स्त्रीत्व (womanhood) का उपयोग करना चाहते हैं।[7] आशिस नन्दी ने इन्द्रनाथ की क्रान्तिकारी हिंसा की वैचारिकी को औपनिवेशिक विचारधारा से प्रेरित बताया है जिसमें मनुष्य का पूरी तरह से निर्वैयक्तीकरण कर दिया जाता है। उसके ऊपर तकनीकी कौशल के साथ हिंसा की जा सकती है और तकनीकी–मशीनी संवेदनहीनता से उससे हिंसा करवाई भी जा सकती है। आशिस नन्दी के अनुसार–'इन्द्रनाथ ख़ुद को निष्ठुर, निर्वैयक्तिक और विज्ञानसम्मत बनाना चाहता है, इसलिए अपने और अपने अनुयायियों के बीच किसी भी क़िस्म के भावनात्मक सूत्रों को भंग कर देना उसके लिए ज़रूरी है। ऐसा करते ही उसके अनुयायी उसके हाथों में खेलने वाली कठपुतली में बदल जाते हैं। वह अपने अनुयायियों के मानस से खेलता है और उन्हें उनकी नैतिक स्वायत्तता से वंचित कर देता है।'[8]

इन वैचारिक ख़ूबियों का सन्धान करने के बावज़ूद यह उपन्यास टैगोर की क्रान्तिकारी आन्दोलनों के बारे में किंचित सतही समझ को प्रकट करता है। उस आन्दोलन, जिसके स्पष्ट राजनीतिक उद्देश्य हैं, को केवल अतीन–एला की प्रेमकथा व निजी भावातिरेकों के दृष्टिकोण से परखते हैं। बंगाल में तीस के दशक में कई लड़कियाँ इन आन्दोलनों में सम्मिलित हो रही थीं और वे इन आन्दोलनों में निष्ठावान कार्यकर्ता की तरह थीं। उनकी वैयक्तिकता की अभिव्यक्ति किसी सामूहिक क्रान्तिकारी लक्ष्य की तुलना में अधिक अहम न थी। वे देश की स्वाधीनता जैसे किसी बृहत्तर लक्ष्य के प्रति समर्पित हैं। इसलिए यह उपन्यास न तो एला के चरित्र के साथ न्याय करता है, न भूमिगत क्रान्तिकारी संगठनों द्वारा उठाये कष्टों व बलिदानों के साथ। एला का प्रेम एक साधारण भावुकता जैसा है और उसके स्त्री–मानस की ज़मीन पर राष्ट्रवाद व क्रान्ति के अन्तर्विरोधों को उजागर करने की महत्त्वाकांक्षी कोशिश में गुरुदेव विफल प्रतीत होते हैं। अतीन का बचकानापन किसी को भी हैरत में डाल सकता है जिसके दुधमुँहे शिशु जैसे चरित्र पर टैगोर की क़लम का कुछ ज़्यादा ही सख़्त नियन्त्रण है। यह भी कहा जा सकता है कि टैगोर के पास घर–परिवार की संस्कृति से जुड़ी बंगाली स्त्रियों को लेकर जितने गहरे अनुभव थे, उसके मुक़ाबले उनके पास क्रान्तिकारी संगठनों में काम करने वाली स्त्रियों को लेकर व्यापक अनुभव नहीं थे। इसी का परिणाम है कि उन्होंने अस्थिर–नाटकीय भावुकता से पाठकों का मनोरंजन करने वाला एला जैसा स्त्री चरित्र तो

तैयार कर दिया और अन्त में उसकी हत्या भी करा दी। टैगोर ने यह तरीक़ा विधवाओं के चरित्र चित्रण में भी प्रयोग किया है। विधवाओं को भी वह पहले तो आत्मविश्वासी स्त्री की तरह प्रस्तुत करते हैं और फिर उन्हें किसी दुःखान्त की ओर खींचकर ले जाते हैं। 'चार अध्याय' में उन्होंने आत्मबलिदान के लिए तैयार क्रान्तिकारी युवकों को हत्यारा, कामुक, भ्रमित भी बना दिया। आज़ादी के लिए संघर्षशील बहादुर लोग अपराधी गैंग चलाने वाले लोगों की तरह प्रतीत होते हैं। इस उपन्यास का 'प्लाट' इतना उलझता है कि गाँधीवाद और टेररिस्ट गतिविधियाँ भी घुलमिल जाती हैं। एला खादी की प्रचारक है और खादी वस्त्र पहने है और वही युवकों को भूमिगत संगठन में लाती है। खादी और बन्दूक़ का यह घालमेल पाठकों को उलझन में डालता है। टैगोर ''घरे–बाइरे' में जिस प्रकार क्रान्तिकारी आन्दोलनों के सार्वजनिक चेहरे को व्यक्त करने में अपने पूर्वग्रहों को छिपा नहीं सके, उसी प्रकार 'चार अध्याय' में क्रान्तिकारी हिंसक संगठनों में शामिल नायकों के निजी चेहरे को व्यक्त करते समय भी अपने निजी वैचारिक पूर्वग्रहों को छिपा नहीं सके। कथानक पर लेखक के विचारों का ऐसा स्पष्ट आरोपण उपन्यास के चरित्रों की आन्तरिक भावनाओं को बाँध देता है और उपन्यास की पूरी संरचना को कमज़ोर करता है।

बंगाल में रोमांटिक प्रेमकथा, कुलीन विवाह प्रथा व बेमेल विवाहों की समस्या के अलावा टैगोर के उपन्यासों में विधवाओं की स्थिति के मार्मिक चित्र मौजूद हैं। प्रायः किसी महामारी, बीमारी या अधिक शराब सेवन से उनके पतियों की असमय मृत्यु होती है। जिस प्रकार उनके उपन्यासों में विवाहेतर सम्बन्धों को फलीभूत होते नहीं चित्रित किया गया, ठीक उसी प्रकार उनके 'शेषेर कविता' तथा 'चतुरंग' उपन्यास के अतिरिक्त विधवाओं को पुनर्विवाह करते नहीं दिखाया गया है जबकि बंगाल में ही सबसे पहले विधवा पुनर्विवाह अधिनियम (1856) पारित हुआ था। 'चतुरंग' में भी दो बार विधवा विवाह प्रसंग आते हैं। पहली बार तब, जब अपने ही भाई के हाथों बलात्कार की शिकार हुई एक अनाथ विधवा ननीबाला के साथ उपन्यास में युवक पात्र शचीश दया कर विवाह करने को तत्पर हो जाता है पर लड़की अपने विवाह से ठीक पहले एक 'सुसाइड नोट' छोड़कर आत्महत्या कर लेती है। दूसरी बार दामिनी नामक स्त्री चरित्र है। वह शचीश नामक पुरुष, जो एक वैष्णव गुरु के सम्प्रदाय का अंग है, से प्रेम करने लगती है। टैगोर ने अपने इस उपन्यास में मनोवैज्ञानिक शैली का प्रयोग किया है जिससे वह गोपन अवचेतन को उभारते हैं।

वह दामिनी के रूप में एक विधवा की अनजान मर्द से यौन–सम्बन्ध बनाने की शारीरिक ऊर्जा का वर्णन करते हैं। विधवाओं को एक यौनरहित व्यक्ति (desexualized widow) के रूप में जिस प्रकार से ढाला जाता था, उपन्यास में उसका प्रतिपक्ष स्थापित करते हैं। दामिनी भी दैहिक पवित्रता की सामाजिक मान्यता को अस्वीकार कर देती है। उसका विवाह श्रीविलास नामकपात्र से हो जाता है और विवाह के माध्यम से वह अबला विधवा तथा आदर्श हिन्दू गृहस्थन, दोनों से जुड़ी रूढ़ियों के दायरे के बाहर निकल जाती है।

इस उपन्यास में वैष्णव धर्म और हिन्दू पौरुष के विचारों का समागम किया गया है। दामिनी यद्यपि धार्मिक रूढ़ियों को तोड़ती है पर वह वैष्णव परम्परा के हिन्दू पौरुष को ख़ास प्रकार की गरिमा प्रदान करती है। उपन्यास की इस विशेषता को तत्कालीन उपनिवेशवादी परिस्थितियों से जोड़कर देखा गया है जिसमें बंगाली पौरुष का दमन अंग्रेज़ी ने कर दिया था और वह बंगाली पुरुषत्व संन्यास, वैष्णव आस्था, घुमन्तू धर्मप्रचारकों के रूप में अपनी एक वैकल्पिक मर्दानगी की तलाश कर रहा था। हिन्दू धर्म की पुनर्व्याख्या के केन्द्र में एक नयी राष्ट्रीय मर्दानगी के विकास की चिन्ता है। मनोगत–यौनिक भय (psycho-sexual fear) तथा हिन्दुओं का आहत पौरुष एक ओर आदर्शवादी विचारों से अनुशासित अध्यात्मवाद में अपनी चिन्ताओं का समाधान ढूँढ़ता था, तो दूसरी ओर स्त्रियों को भी इच्छाओं से भरे मनुष्य के रूप में देखने के स्थान पर उन्हें ईश्वर की किसी सार्वभौमिक सृष्टि का हिस्सा समझता था और उनके दायित्त्वों का निर्देशन करना चाहता था। उपन्यास में विधवा दामिनी का चरित्र विद्रोही, साहसपूर्ण है पर उसका भी अन्त दुःख व मृत्यु के रूप में ही सामने आता है। विवाह के कुछ ही दिन बाद रहस्यमय बीमारी से मर जाती है। उसकी मृत्यु विधवाओं के विवाह की नयी आधुनिक चेष्टाओं को धूमिल कर देती है। दोनों ही बार विधवा स्त्रियों ननीबाला व दामिनी की मत्यु का चित्रण कर टैगोर ने यही प्रकट किया है कि वर्तमान सामाजिक व्यवस्था में विधवाओं के द्वारा सामान्य खुशहाल जीवन बिताने की सम्भावना नाममात्र है और उनके परम्पराविरोधी फ़ैसले उनके जीवन की हिन्दूवादी नियति को पराजित नहीं कर सकते हैं। विधवाओं के प्रति क्रूर सामाजिक रवैया इतना सर्वव्यापी है कि उपन्यासों तक में खुशहाल तथा नया जीवन जीने वाली विधवाओं का चित्रण असम्भव है। पर मनोजगत के स्तर पर उपन्यास यह प्रकट करते हैं कि विधवाएँ अन्य पुरुषों की ओर आकृष्ट होती हैं, उनके भीतर असीम वासनाएँ उमड़ती हैं।

वे सम्पत्ति व ऐश्वर्य का उपभोग करना चाहती हैं। टैगोर ने दामिनी के मन में उमड़ती तीव्र यौनेच्छा को बहुत आलंकारिक भाषा में प्रकट किया है जिसमें तपे हुए आसमान और उसकी ओर बढ़ती लपलपाती जीभ जैसे कामोत्तेजक बिम्ब हैं। पर अन्ततः उपन्यास के किरदार के तौर पर वे सामाजिक व्यवस्था के समक्ष समर्पण करती हैं। वैधव्य की नियति, आत्महत्या या असामयिक मृत्यु उनके जीवन के अनिवार्य, अनुल्लंघनीय सत्य बने रहते हैं। उनके 'शेषेर कविता' जैसे आलंकारिक–काव्यात्मक उद्धरणों से भरे उपन्यास में एक विधवा से सैंतालिस वर्षीय विद्वान अवनीश दत्त का विवाह किसी सूचना की तरह मामूली ढंग से दर्ज है, पर इसके बाद न तो पुरुष और न विधवा स्त्री पात्र के विषय में कोई स्पष्ट बोध पाठक को प्राप्त होता है। विधवा विवाह का यह संकेत उपन्यास की अन्य घटनाओं में कोई अहमियत तक प्राप्त नहीं कर पाता है। टैगोर से पहले बंकिमचन्द्र ने उपन्यास लेखन करते समय विधवाओं के बारे में एक दोहरा रवैया अपनाया था। बंकिम भी विधवाओं का प्रयोग कथानक में रोमांस और उत्तेजना पैदा करने के लिए करते थे, पर उन्हें किसी–न–किसी बिन्दु पर ले जाकर मृत बना देते थे। रियायत केवल उन्हें प्राप्त थी जिन्हें पतियों ने त्याग दिया है और ऐसी स्त्रियों को वापस पति के पास लौटने का अवसर मिल जाता था जैसा कि बंकिमचन्द्र ने अपने उपन्यास 'देवी चौधरानी' के कथानक में व्यक्त किया है। विधवाओं के प्रति एक ख़ास तिरस्कार से भरे रवैये की सबसे बड़ी मिसाल उनके उपन्यास 'विषवृक्ष' (1873) में दिखती है। इस उपन्यास में कुन्दनन्दिनी नामक एक नवयौवना का चित्रण है जिसके पिता मर जाते हैं। नगेन्द्र दत्त नामक ज़मींदार उसे अपने घर ले आता है और उसका विवाह करा देता है। पर दुर्योग से विवाह के तीन वर्ष के बाद ही वह विधवा हो जाती है। नगेन्द्र दत्त घर में पत्नी होने के बावजूद अब कुन्दनन्दिनी से प्रेम करने लगता है। कुन्दनन्दिनी भी नगेन्द्र दत्त नामक उस ज़मींदार से प्रेम करने लगती है। ज़मींदार की पत्नी को जब इस प्रेम सम्बन्ध का पता चलता है तो वह पति को प्रसन्न रखने के लिए पति का विवाह कुन्दनन्दिनी नामक उस नवयौवना से करा देती है और खुद घर छोड़कर चली जाती है। ज़मींदार साहब को बहुविवाह करने की अपनी ग़लती का अहसास होता है और वह भी घर छोड़कर अपनी पत्नी को ढूँढते हैं। जब दोनों पति–पत्नी मार्ग में कई क़िस्म के धक्के खाने के बाद घर लौटते हैं तो वह विधवा स्त्री एक दासी से ज़हर लेकर उसे खा लेती है तथा प्राण त्याग देती है। सम्भव है कि टैगोर ने अपने 'चतुरंग' नामक उपन्यास में विधवाओं

को विषपान कर मरते दिखाने की प्रेरणा बंकिम के 'विषवृक्ष' नामक उपन्यास से ही ली हो। 'विषवृक्ष' में विधवा विवाह होता है और उपन्यासकार समाज के नवशिक्षित वर्गों में विधवा विवाह सम्बन्धी प्रथाओं को लेकर असहमति को भी दिखाता है। विधवा विवाह का प्रसंग उपन्यास में शामिल करने के बावजूद उपन्यासकार उसे किसी अमांगलिक व कामवासना से प्रेरित अनैतिक कर्म की तरह प्रस्तुत करता है। उपन्यास का अन्त इस प्रकार से कल्पित किया गया है कि प्रत्येक विधवा विवाह को दुष्परिणाम पैदा करने वाली दुर्घटना बनाकर प्रस्तुत कर दिया गया है और इसका दण्ड सभी को मिलते दिखाया जाता है। इस प्रकार बंकिमचन्द्र विधवा विवाह की सामाजिक आवश्यकता तथा उसके सामाजिक–व्यक्तिगत दुष्परिणाम, दोनों दृष्टियों से उसे प्रश्नांकित कर देते हैं। बंकिम के उपन्यासों से यह भी पता चलता है कि किसी विधवा से विवाह की धमकी को पारिवारिक जीवन में ब्लैकमेलिंग की तरह इस्तेमाल किया जा सकता था। अपने पिता, घर के दूसरे बुजुर्गों तथा पत्नी को भयभीत करने के लिए विधवा विवाह करने की चेतावनी दी जा सकती है। 'कृष्णकान्त की वसीयत' (1878) नामक उपन्यास, जोकि विधवा से प्रेम–प्रसंग पर केन्द्रित है, में हरलाल नामक पात्र अपने पिता की वसीयत से नाराज़ होकर उन्हें यही धमकी देता है कि अगर वसीयत में उसे कम हिस्सा मिला तो वह किसी विधवा से विवाह कर लेगा। इस उपन्यास में उन्होंने रोहिणी नामक विधवा को प्रेमिका या साधारण स्त्री कम और खलनायिका, कामोत्तेजक और गृह–भंजक अधिक दिखाया है और अन्त में उसकी हत्या करा दी है। किसी विधवा स्त्री से किसी पुरुष के भावनात्मक सम्बन्ध को भयावह आत्मघात की तरह दिखाया गया है जो सभी के लिए अनिष्टकारी साबित होता है। इस प्रकार विधवाओं के बारे में प्रचलित छवि कि वे कोई हानि या अमंगल करने वाली स्त्रियाँ हैं, वह छवि ही अधिक ठोस हो जाती है।

टैगोर के समकालीन शरतचन्द्र चट्टोपाध्याय के उपन्यासों में भी विधवाओं के विवाह के प्रसंग नदारद हैं और उनके बीस उपन्यासों में आधे से अधिक उपन्यासों में विधवाओं का सहानुभूतिपूर्ण चरित्र–चित्रण किया गया है, उनके साहस तथा विद्रोह को भी दर्शाया गया है लेकिन किसी उपन्यास में उन्होंने विधवा विवाह नहीं होते दिखाया है।[9] शरतचन्द्र पर अपने उपन्यासों में अतिभावुकता का प्रदर्शन करने का आरोप लगाया जाता है पर वह अतिभावुकता के बावजूद विधवा किरदारों को पुनर्विवाह करते नहीं दिखा सकते थे,

भले ही 1920 के दशक तक आते–आते विधवा विवाह समाज में कुछ सीमा तक स्वीकार्य हो चुका था। शरतचन्द्र का रचनाकारों पर गहरा प्रभाव भी था और इसलिए बाद के उपन्यासकार भी (उदाहरण के लिए भैरप्पा का कन्नड़ उपन्यास वंशवृक्ष, 1965) विधवाओं का विवाह होने पर उनके कष्टपूर्ण त्रासदीय जीवन को ही चित्रित करते रहे।[10] बीसवीं सदी तक आते–आते विधवाओं के पुनर्विवाह के प्रश्न पर अधिक गम्भीरता से समाज में व्यापक विचार आरम्भ हो गया था लेकिन आम सहमति का अभी भी पूर्णतः अभाव था। राजुल सोगानी के अनुसार–'उपन्यासों में लगातार यही दोहराया गया कि विधवाओं को अपनी दैहिक इच्छाओं को दबाकर उनका औदात्तीकरण कर लेना चाहिए और अपने हितों से ऊपर अन्य के हित को रखना चाहिए।... उपन्यासकारों ने विधवाओं की सामाजिक दुर्दशा को अभिव्यक्त किया, पुनर्विवाह पर प्रतिबन्ध का भी ज़ोरदार विरोध किया। इसी प्रकार विभिन्न त्रासद–रोमानी प्रेम प्रसंगों का उपयोग किया लेकिन उस समय भारतीय समाज की उच्च जातियों में विधवा पुनर्विवाह के जिस विचार को अभी स्वीकारा नहीं गया था, उसकी सामाजिक परम्पराओं को एक सीमा से अधिक चुनौती नहीं दी।'[11] स्पष्ट है कि उपन्यास अपनी सामाजिकता का निर्वाह केवल इस रूप में नहीं करते हैं कि वे विभिन्न वर्गों–समुदायों की जीवन–दशाओं को प्रकट करते हैं, बल्कि विभिन्न वर्गों–समुदायों की पिछड़ी हुई चेतना व रूढ़ियों के साथ कुछ सीमा तक सामंजस्य स्थापित कर ही अपनी नवीन भूमिका व सामाजिकता की खोज करते हैं।

'चोखेर बाली' में मुख्य स्त्री पात्र बिनोदिनी समेत तीन विधवा स्त्रियाँ हैं– बिनोदिनी, राजलक्ष्मी और अन्नपूर्णा। ''घरे–बाइरे' में बड़ी जेठानी और मँझली जेठानी के रूप में दो विधवाएँ हैं जो निःसन्तान हैं और जिनके पति शराब पीकर कम आयु में अपनी इहलीला समाप्त कर चुके हैं। इनमें मँझली जेठानी में 'रसिकता का विकार' है और उसने जवान दासियाँ रखी हुई हैं जिनका रंग–ढंग अच्छा नहीं है। गोरा में हरिमोहिनी और 'योगायोग' में श्यामासुन्दरी नामक विधवा स्त्रियाँ हैं जो आत्मरक्षा के उपायों के बारे में सोचते–सोचते बहुत सारी चारित्रिक कुटिलताओं की अभ्यस्त हो चुकी हैं। टैगोर ने विधवाओं के करुणासम्पन्न वर्णन के साथ–साथ उनकी आकर्षक देहयष्टि व दबी कामनाओं के अन्तर्जगत को शब्दों में पिरोया है। श्यामासुन्दरी को एक कसे व परिपुष्ट बदन वाली, उम्र में सयानी लगने वाली सुन्दर विधवा के रूप में

कल्पित किया गया है जिसकी पूरी देह पर केवल सफ़ेद साड़ी रहती थी। पहनावा साफ़–सुथरा रहता था। उसकी आयु प्रायः यौवन के अन्तिम छोर पर पहुँच चुकी थी जेठ के अपराह्न की तरह। उसके भीतर वासना की लहरें उठती थीं। टैगोर के शब्दों में–'संसार ने उसे अधिक रस नहीं दिया था, फिर भी वह जैसे भीतर से भरी हुई थी।'[12] वह अपने यौवन के जादू के बल पर परिवार में चोटी का स्थान पाना चाहती थी, पर विफल हो गयी। उसे घर के मालिक और कठोर हृदय व्यवसायी मधुसूदन के साथ शारीरिक सम्बन्धों में लिप्त दिखाया गया है। 'चोखेर बाली' में बिनोदिनी विधवा है जो दूसरों की प्रेमकथाओं का रसपान कर अपने हृदय की प्यास बुझाती है तथा उसका शरीर यौन सम्बन्धों की कल्पना कर उत्तेजित हो उठता है। आमतौर पर विधवाओं को आमोद–मनोरंजन, वासना–प्रेम, प्रदर्शन–उत्सव से दूर रखा जाता था। टैगोर के उपन्यास में ऐसी विधवाएँ हैं जो सामाजिक नीति–नियमों का पालन करती हैं। पर ऐसे विधवा चरित्र भी हैं जो स्त्रियोचित इच्छाओं की पूर्ति और मान–सम्मान पाने का प्रयास करती हैं।

हिन्दू परिवारों में बहुत कम उम्र में विधवा हो गयी स्त्रियाँ अक्सर अपने ससुराल के कम उम्र हमवयस्क लड़कों के साथ दोस्ताना आत्मीय रिश्ता विकसित कर लेती थीं और इस नाते वे कुछ अधिकारों पर दावा जताने लगती थीं। वे रिश्ते स्वयं परिवार व समाज की निगाहों में सन्दिग्ध समझे जाते थे। शैशवावस्था व बचपन के सम्बन्ध अन्य लोगों के मन में ईर्ष्या के कारण बन जाते थे और इस वास्तविकता को टैगोर ने अपने ''घरे–बाइरे' उपन्यास में मँझली भाभी व निखिलेश के सम्बन्धों के माध्यम से दिखाया है। निखिलेश की पत्नी विमला विधवा भाभी के प्रति पति के आकर्षण से चिन्तित रहती है। विभिन्न प्रकार के सामाजिक आचरण विभिन्न प्रकार की सामाजिक संस्थाओं–परम्पराओं की उपज होते हैं और विधवाओं के आचरण को अन्तर्विरोधग्रस्त तथा आत्मपीड़क बनाये रखने में सामाजिक परम्पराओं की कितनी नकारात्मक भूमिका है, इसे टैगोर बख़ूबी सामने लाते हैं। उलझे हुए स्त्री–पुरुष सम्बन्धों की समस्याओं का अन्तिम समाधान न निकल पाना तथा चरित्रों के मन में अपने जीवन सम्बन्धी निर्णयों को लेकर सन्देह पालना इस उपन्यास की शक्ति में वृद्धि करता है और इसी के माध्यम से स्त्री–पुरुष सम्बन्धों को लेकर विचारोत्तेजक प्रसंगों की रचना हो पाती है।

बीसवीं सदी के आरम्भ में ही उपन्यास की ऐतिहासिक भूमिका यह भी रही है कि उन्होंने सामाजिक संस्थाओं–परम्परा से उत्पन्न सामाजिक आचरण तथा स्वाभाविक मानवीय वृत्ति–प्रकृति के बीच के द्वन्द्व को चित्रित किया है। उभरते हुए व्यक्तिवाद का सामूहिक परम्पराओं से टकाव होता है और मुक्त स्त्री–पुरुष का रोमांटिक प्रेम अब दाम्पत्य के खोखले आदर्शों तथा दरबारी प्रेम चित्रण (Courtly Love) से कहीं आगे निक़ल जाता है। एक विशेष ऐतिहासिक चरण में रोमांस लिखने का तरीक़ा भी परिवर्तित हो रहा था। उपन्यासों को लोकप्रियता के लिए यथार्थ और गुदगुदाने वाली वर्जित कल्पनाओं को एक साथ प्रकट करना था। वे प्रेम, यौनकामना और दासता तोड़ने वाले प्रसंगों की प्रस्तुति करते थे जिनसे भारतीय पुरुष को सन्तुष्टि मिलती थी। एक ओर नस्लवादी औपनिवेशिकता और दूसरी ओर अपने ही समाज की धर्म–जाति की परम्पराओं में जकड़ी उसकी चेतना को उपन्यास की कथाएँ राहतप्रद मनोरंजन दे सकती थीं जिसमें यौन–स्खलन जैसा सुख भी छिपा होता था। बंगाल में बंकिम, टैगोर व शरतचन्द्र के उपन्यासों के माध्यम से अपनी ही आन्तरिक भावनाओं को व्यक्त होते देखता था। आन्तरिक निजी भावसंसार, जिसे वह दूसरों से छिपाता था, उसे उपन्यासों में प्रतिबिम्बित पाकर वह आह्लादित हो सकता था। चित्रित वेदनाओं के दर्शन में भी आनन्द ढूँढ़ सकता था। विभिन्न क़िस्म की अपमानजनक परिस्थितियों से घिरे किरदारों से लगाव महसूस करता था, क्योंकि वे परिस्थितियाँ उसके जीवन का भी अंग थीं। कहना न होगा कि उपन्यासों द्वारा सामाजिक निषेधों को तोड़ने की कला का सम्बन्ध पाठक की मनोवैज्ञानिक आवश्यकताओं के 'बाज़ार' से भी रहा है जिसका विस्तार बंगाल में अधिक तेज़ी से हो रहा था। अब शिक्षा व नवजागरण के असर से पाठक का अपना सामाजिक नज़रिया अगर प्रश्नांकित होता था, तो पाठक उसका भी आनन्द लेने में सक्षम हो गया था। उपन्यासों को शिक्षाप्रद नीरस विधा के तौर पर न देखने के कारण ही वह उपन्यास की विभिन्न असामाजिक या निषिद्ध समझी जाने वाली बातों को स्वीकार कर पाता था। उपन्यास की स्वतन्त्र दार्शनिक भूमिका के बारे में पाठक की समझ 19वीं सदी के पाठक की तुलना में अधिक परिपक्व हो चुकी थी। वह अब अपने पूर्वग्रहों से मुक्त होकर विधवा जीवन जी रही किसी पराजित–सन्त्रस्त स्त्री के संघर्ष से भी नया परिचय प्राप्त करता था और उसके मन में स्त्रियों के बारे में जब अपना ही नज़रिया टूटकर

बिखरता था, तो उसे सन्तुष्टि मिलती थी। इस पाठक के सन्तोष का आधार अब वह वातावरण था जिसमें उसकी (पाठक की) अपनी ही सामाजिक दृष्टि के बारे में खुली बहस सम्भव थी और इस वातावरण के निर्माण में उपन्यासों की भूमिका का गहरा महत्त्व था।

टैगोर के उपन्यासों में धर्म–परम्परा के प्रति समर्पित विधवाओं के साथ–साथ धर्म–परम्परा के यान्त्रिक अनुपालन का विरोध करने वाली विधवाओं के जीवन्त चरित्र हैं। 'चोखेर बाली' में बिनोदिनी नामक स्त्री का विवाह महेन्द्र से तय होता है पर वह ऐन मौक़े पर विवाह से इनकार कर देता है। मिशनरी मेम के साथ रहकर पढ़ी–लिखी बिनोदिनी का विवाह गाँव के एक सामान्य लड़के से होता है पर वह जल्द विधवा हो जाती है। यही बिनोदिनी फिर से महेन्द्र और उसके दोस्त बिहारी के जीवन में आती है। महेन्द्र की माँ की सेवा करते हुए वह महेन्द्र के घर में ही रहने लगती है और महेन्द्र अपनी पत्नी को भूल बिनोदिनी की ओर आकृष्ट हो जाता है। उधर बिनोदिनी भी अपने वैधव्य को भूल महेन्द्र पर नये–नये फन्दे फेंकने लगती है, उसे तरह–तरह के तीरों से भेदा करती है। उसे लगता है कि वह महेन्द्र से प्रेम करती है, पर बाद में उसे अपनी भूल का अहसास होता है और वह महेन्द्र के दोस्त बिहारी के प्रति समर्पित होती चली जाती है। वह बिहारी के घर अचानक पहुँचकर शारीरिक समर्पण करना चाहती है। उपन्यासकार के शब्दों में–'मेरे सर्वस्व, जानती हूँ तुम मेरे सदा के लिए नहीं लेकिन आज एक पल के लिए तुम मुझे प्यार करो। फिर मैं अपने उसी जंगल में चली जाऊँगी–किसी से कुछ भी नहीं चाहूँगी। मरते दम तक याद रखने लायक कोई एक चीज़ दे दो।' इसके बाद वह अपने होंठ और बाँहें बिहारी की ओर बढ़ा देती है। उसमें कामासक्ति और प्रेम पाने की इच्छा प्रबल है और वह जीवन के किसी एक क्षण में इसे प्राप्त कर पूरा जीवन उस सन्तुष्टि की स्मृति के सहारे बिताने को तैयार है। उपन्यास में वर्णित दृश्य के अनुसार–घर में सन्नाटा है पर कुछ ही पलों में बिहारी उसकी बाँहें हटाकर दूसरी कुर्सी पर जा बैठता है। लेकिन वही बिनोदिनी वैधव्य के आदर्श को निभाने के लिए भी प्रतिबद्ध है, वह सामाजिक परम्पराओं के बाहर जाने के लिए अभी तैयार नहीं है। उपन्यास के अन्त में जब बिहारी उससे विवाह करने के प्रस्ताव रखता है तो वह उससे सच्चा प्रेम करने के बावजूद कहती है–'मैं विधवा हूँ बदनाम हूँ।..छीः यह बात ज़बान पर मत लाओ।'[13] वह उसके पैर छूकर उसे अगले जन्म में पाने के लिए तपस्या करने की बात कहती है। इच्छाओं को पाप बताने

वाले समाज में अन्तिम रूप से कुंठित–परास्त होने से बचने के लिए रोज़ नये उपाय अपनाती है। दोनों पुरुषों के विवाह प्रस्तावों को अस्वीकार कर परिवार में रहने वाली एक अन्य विधवा स्त्री के साथ वह काशी की यात्रा पर निक़ल जाती है। एक निस्सन्तान विधवा के रूप में वह अपनी यौनेच्छाओं का धार्मिक परिवेश में औदात्तीकरण करके ही जीवन जीना चाहती है और टैगोर ने कुछ सीमा तक तत्कालीन परिवेश के यथार्थ को यथार्थवादी दृष्टि से व्यक्त करने के लिए उपन्यास को इस प्रकार का अन्त प्रदान किया है। विधवा स्त्री का मन विखण्डित व्यक्तित्व (Split personality) के कारण कैसे निजी सुखकामना तथा परम्परा के बीच बुरी तरह विभाजित होता है, टैगोर इसका चित्रण करने में सफल रहे हैं। टैगोर का यह उपन्यास बंगदर्शन पत्र में 1902 से 1903 ई. के मध्य प्रकाशित हुआ था और फिर पुस्तक के रूप में भी 1903 ई. में प्रकाशित हुआ था। एक अन्य महत्त्वपूर्ण बंगाली लेखक शरतचन्द्र चटर्जी ने 1931 ईसवी में टैगोर के जन्मदिन के अवसर पर आयोजित समारोह में कहा था–'इस उपन्यास की भाषा और अभिव्यक्ति की शैली ने अपने प्रकाश से हम सभी की आँखों को चमत्कृत कर दिया था।'[14] इस उपन्यास के रचे जाने के कई साल के बाद इसे 'मनोविश्लेषणात्मक उपन्यास' की श्रेणी में रखा जाने लगा क्योंकि इसके सभी चरित्र बाहरी घटनाओं से संचालित होने के स्थान पर अपनी–अपनी मनःस्थितियों से संचालित हैं और लेखक उनके मनोभावों के आधार पर कथानक को विकसित करने की चेष्टा करता दिखता है। स्वयं टैगोर भी इसे मनोविज्ञान से प्रभावित उपन्यास के तौर पर देखने लगे थे।

'चोखेर बाली' किसी बेसहारा विधवा द्वारा दो पुरुषों से किये प्रेम को आधार बनाकर उपन्यास रचना एक साहसिक प्रयास था। कुछ विश्लेषकों ने यह भी बताया है कि बिनोदिनी का दुस्साहसी चरित्र तथा बिहारी व महेन्द्र से उसके सम्बन्धों का आधार किसी पश्चिमी मूल्यों वाले मुक्त समाज पर आधारित नहीं है। यह विवाहेतर सम्बन्धों की वैष्णववादी आध्यात्मिक कल्पना पर आधारित है। इसमें राधा–कृष्ण की प्रेम–कथाएँ परम्परा में मौजूद रही हैं। इसमें विवाह सम्बन्धों की जड़ता व नीरसता (महेन्द्र व उसकी पत्नी आशा के सम्बन्ध) को किसी अन्य स्त्री के प्रति आकर्षण से तोड़ा जाता है। टैगोर दाम्पत्य सम्बन्धों की सीमा उजागर करने के लिए सांस्कृतिक मिथकों की प्रेरणा ले रहे थे।[15] उपन्यास में महेन्द्र मन ही मन सोचता हुआ दिखाया जाता है–'बिनोदिनी और आशा, दोनों को जगह देने की योग्यता महेन्द्र के विशाल हृदय में है।

बिनोदिनी से उसका सम्बन्ध जिस पवित्र प्रेम का है, उससे दाम्पत्य में किसी तरह की आँच नहीं आयेगी।' इस प्रकार की पंक्तियाँ इस स्थापना को पुष्ट करती हैं कि टैगोर ने इस उपन्यास में राधा–कृष्ण की वैष्णव परम्परा का प्रयोग कर त्रिकोणीय सम्बन्धों की जटिलता को प्रकट किया है। लेकिन यह भी सत्य है कि उपन्यास में बिनोदिनी केवल राधा की परम्परा की प्रेमदीवानी नायिका नहीं है। वह सामाजिक सुधारों के गर्भ से निकली स्त्री है जिसे कलकत्ता में अब परम्पराओं तथा स्त्री विषयक धारणाओं की सीमाओं से टकराने का अवसर पिछले कुछ दशकों में मिला है। वह पवित्रता, अच्छाई और नैतिकता के बन्धनों से स्वतन्त्रता चाहती है। वह पवित्रताओं से ऊब चुकी है और जिन्हें बुरे काम माना जाता है, उनमें सुख तलाशना चाहती है। 'चोखेर बाली' की नायिका अपने प्रेमी बिहारी से कहती भी है कि–'बिल्कुल पत्थर के देवता जैसे पवित्र मत बनो। बुरे को प्यार करके ज़रा बुरा तो बनो।'

यह एक विधवा स्त्री की पवित्रता–अपवित्रता की स्त्री–विरोधी मान्यताओं के विरुद्ध विकसित होती चेतना है और रोमांस के सिद्धान्तों का उपन्यासों में विकास है जिसमें प्रेम दो व्यक्तियों का निजी मामला है। उनके जीवन की एक चमकदार आन्तरिक लय के आगे संसार के सारे आदर्श और बाहरी सच्चाइयाँ धूमिल पड़ जाती हैं। मानवीय अन्तर्जगत का नया महत्त्व उपन्यासों को मिलता है। इसमें वे प्रेम करने की बुराई को खुले हृदय से स्वीकारना चाहते हैं। उनमें प्रेम करने के बदले बुरा इन्सान होने के आरोप का सामना करने में ख़ास हिचक नहीं है। बिनोदिनी के इन मनोभावों की कुशल अभिव्यक्ति के कारण ही उपन्यास के अन्त में बिनोदिनी का कामनाओं–वासनाओं से भरापूरा चरित्र ही पाठक की स्मृति में रह जाता है और उसके चरित्र का वह हिस्सा जहाँ वह परम्परा के दबावों में अपने अस्तित्व को नकारती है, वह पाठक की स्मृति पर विशेष प्रभाव नहीं डाल पाता है। टैगोर ने इस उपन्यास में महेन्द्र तथा आशा के पति–पत्नी के सन्बन्धों में पैदा होते अलगाव का भी चित्रण किया है जो आधुनिक उपन्यास की विशेषताओं के निकट है। सम्बन्धों में अलगाव व टूटन को दिखाना विवाह जैसी सामाजिक संस्था के संकट को दिखाने के साथ–साथ स्त्री व पुरुष की वैयक्तिकता को प्रकट करना भी है। बिनोदिनी के जीवन में प्रवेश से पहले ही महेन्द्र का अपनी पत्नी आशा से मोहभंग होता है। पर टैगोर ने महेन्द्र–आशा से सम्बन्धों की पुनर्स्थापना भी की है और पति–पत्नी के रिश्तों में पुनर्वापसी की थीम का प्रयोग टैगोर के अन्य उपन्यासों में भी नज़र आता है।

यह बीसवीं सदी के आरम्भ में परिवार नामक संस्था की अपरिहार्यता तथा छोटे परिवारों के उदय की नयी ऐतिहासिक वास्तविकता की अभिव्यक्ति है। इसमें परिवार के भीतर ही प्रेम और रसिकता की कामनाओं की पूर्ति हो सकती है। इतिहासकार तनिका सरकार के अनुसार–'ब्रह्म मैरिज ऐक्ट, एज ऑफ़ कनसेंट ऐक्ट तथा 1880 के दशक में तलाक़ सम्बन्धी प्रावधानों की चर्चा बंगाली बाबुओं के मन में 'अरेंज्ड' मैरिज में प्रेम भावना के विकास सम्बन्धी इच्छा को प्रकट करती हैं। यह वे बंगाली बाबू हैं जो सार्वजनिक जीवन में ब्रिटिश राज के कारण अपमान का सामना करते थे और परिवार के निजी संसार में वे सन्तुष्टि, प्रेम व सम्मान को प्राप्त कर सकते थे।'

टैगोर ने यह उपन्यास केवल नयी वास्तविकताओं के बीच विकसित होते स्त्री–अन्तर्मन को प्रकट करने के लिए नहीं बल्कि नये क़िस्म के परिवर्धित पौरुष के उदय को भी ध्यान में रखकर लिखा है। समाज में पौरुष को सामान्य तौर पर स्त्री पर विजय प्राप्त करने के रूप में परिभाषित किया जाता रहा है। बंगाल में जब स्त्री अधिकारों की चर्चा आरम्भ हुई तो पौरुष की यह धारणा टूटी कि स्त्री को कमज़ोर बनाकर रखने से पुरुष की गरिमा तथा शक्ति प्रमाणित होती है। इसी के साथ यह भ्रान्ति भी टूटने लगी कि रोमांस और प्रेम में केवल पुरुष ही व्यक्ति (सबजेक्ट) है और स्त्री केवल एक वस्तु है जो पौरुषपूर्ण भावनाओं की उच्चता तथा उच्छृंखलता दोनों को सार्थक बनाती है। उपन्यासों की एक बड़ी आलोचनात्मक तथा सामाजिक भूमिका स्त्रियों के बारे में पुरुष के मन में व्याप्त इन भ्रान्तियों व मिथ्या धारणाओं के दरकने के यथार्थ को व्यक्त करना रही है। टैगोर के उपन्यास भी इस दिशा में योगदान देते हैं। विधवा बिनोदिनी जब महेन्द्र के द्वारा लगभग अपहरण किये जाने, रखैल के रूप में कलकत्ते के एक घर में रखे जाने तथा जबरन यौन सम्बन्ध बनाने का विरोध करती है तो महेन्द्र को अपने ही रुग्ण पौरुष पर दया आने लगती है। स्त्री का स्वाभिमानी रूप यहाँ उसके पुरुषपन की सीमाओं को आईना दिखाता है। वह स्वयं को धिक्कारने लगता है। उपन्यास के पुरुष चरित्र का अपने पौरुष के भटकाव तथा उस पौरुष के स्त्री विरोधी हो जाने को लेकर आत्मधिक्कार से ग्रस्त हो जाना एक नयी स्थिति है, जो महाकाव्यों, पुराण कथाओं या तिलिस्म कथाओं में नहीं बल्कि आधुनिक उपन्यास में प्रकट हो सकती थी। उसके आत्मधिक्कार में जटिलता भी है। वह स्त्री के द्वारा ठुकराये जाने पर आहत है और साथ ही वह स्त्री की स्वतन्त्रता को स्वीकाने के लिए प्रेरित भी हो गया है।

वह अब भी आहत अहंकार वाला कठोर तथा निष्ठुर पुरुष है, लेकिन स्त्री की स्वतन्त्र अस्मिता का सामना होने पर उसे रियायत देकर वह स्वयं का हित करना चाहता है। महेन्द्र को मन ही मन बिनोदिनी के बारे में सोचते हुए दिखाया गया है और उसकी स्थिति को इस प्रकार व्यक्त किया गया है–'उसने रास्ते की ओर झाँका–सारी दुनिया परेशान–सी काम के पीछे भाग रही है और आत्मगौरव को कीचड़ में डुबोकर एक बेरहम औरत के पैरों से लिपटे रहने की जो नादानी है वह महेन्द्र की निगाहों में स्पष्ट हो उठी। आवेग के किसी बड़े झोंके के बाद हृदय में अवसाद आता है, ऐसे वक़्त थका–हारा हृदय अनुभूति के विषय को कुछ समय के लिए दूर हटाना चाहता है।' 'चोखेर बाली' बिनोदिनी के रूप में विधवा स्त्री के कामनापूर्ण अन्तर्मन को गहरी मनोवैज्ञानिक दृष्टि से रूपायित करता है, साथ ही यह महेन्द्र व बिहारी जैसे पुरुष पात्रों के रूप में उन बदलती पौरुष–ग्रन्थियों का भी खुलासा करता है जिन्हें समाज के बदलते मिज़ाज के अनुसार स्वयं के भीतर नये सुधार करने हैं।

टैगोर के उपन्यासों समेत बांग्ला भाषा के अन्य उपन्यासों में भी पत्नी तथा विधवा को एक ही पितृसत्ता का शिकार दिखाया गया है पर उनके स्त्रीत्व को दो विरोधी बिन्दुओं पर स्थापित किया गया है। पत्नी अपने परिवार में अधिकार सम्पन्न स्त्री है और विधवा एक भटकती, निराश्रित स्त्री। पत्नी अपने पति से झगड़ सकती है, उसका त्याग करती है तथा रूठने–मनाने का हक रखती है। जबकि विधवा अगर स्वयं की स्त्री–कामनाओं को व्यक्त करती है तो उसका जीवन और असुरक्षित हो जाता है। पत्नी जो भी त्याग करे, उसके बदले उसे परिवार की सुरक्षा मिलती है, पर विधवा को कष्टपूर्ण तथा त्यागमय जीवन के बावजूद कोई विशेष सुविधा व सुरक्षा नहीं मिल पाती है। यानी पत्नी तथा विधवा दो परस्परविरोधी स्थितियाँ हैं लेकिन पुरुष किरदार प्रायः विधवाओं के साथ रोमांस में स्वयं को अधिक जीवन्त तथा सन्तुष्ट पाते हैं। कथानकों में विधवाओं की ओर आकृष्ट मर्दों की कथाएँ विधवाओं को अभागिन अथवा अपशकुन स्त्री की छवि से मुक्त करती हैं तथा हाड़–मांस की व्यक्ति–सत्ता भी प्रकट होती है। मीनाक्षी मुखर्जी ने अपनी पुस्तक 'रियलिज़्म एंड रियल्टी' में यह तर्क रखा है कि अत्यन्त कठोर लैंगिक बन्धनों से संचालित समाज में केवल विधवाएँ और वेश्याएँ ही ऐसी स्त्रियाँ थीं जिनके पास जाकर पुरुष अपनी प्रेम और काम सम्बन्धी इच्छाओं की पूर्ति कर सकता था। विधवाएँ–वेश्याएँ किसी 'स्ट्रक्चर्ड सोसायटी' में एक मानवीय विकल्प थीं जो प्रेम कामनाओं को कल्पनाओं के

जगत में उड़ने का मौक़ा दे सकती थीं। उनसे जुड़ी स्वच्छन्दता का अहसास करा सकती थीं। इसलिए उपन्यासकार अपने पाठकों के मनोरंजन को ध्यान में रखकर विधवाओं व वेश्याओं के प्रति पुरुष चरित्रों के रोमानी आकर्षण को विशेष महत्त्व प्रदान करते थे। तत्कालीन बंगाल में एक वर्ग विशेष के द्वारा विधवाओं के साथ शारीरिक सम्बन्ध बनाने का यह कहकर पक्ष लिया जाता था कि अगर मर्द अपने घर की विधवाओं से अपनी प्यास नहीं बुझाएँगे तो वे वेश्याओं के संसर्ग में चले जायेंगे। जवान विधवा स्त्रियाँ किसी 'बेलगाम सेक्सुअल ऊर्जा' के मानवीय प्रतीक के तौर पर देखी जाती थीं। इतिहासकार तनिका सरकार के अनुसार–'हिन्दू समाज की मर्यादाओं ने विधवाओं की यौनाकांक्षाओं को निषिद्ध घोषित कर दिया और दूसरी ओर मर्दों की यौनाकांक्षाओं की पूर्ति के माध्यम में भी उन्हें देखा गया। वे यौनाकांक्षाएँ अधिक घातक हो सकती थीं जो आसपास किसी जवान विधवा के अभाव में वेश्याओ की तरफ़ मुड़ सकती थीं।'[17]

यह एक रोचक तथ्य है कि बंगला उपन्यासों में विधवाओं के कामनापूर्ण संसार को व्यक्त करने में अधिक रुचि ली गयी है और इसके अपने आर्थिक–सामाजिक कारण हैं। इसका सम्बन्ध भी पति की मृत्यु के बाद सम्पत्ति में विधवाओं की हिस्सेदारी से रहा है। हिन्दू उत्तराधिकार परम्परा के अनुसार दो क़िस्म की प्रणालियाँ प्रचलित थीं– पहली दायभाग और दूसरी मिताक्षरा प्रणाली। दायभाग प्रणाली बंगाल–असम में प्रचलित थी जबकि मिताक्षरा प्रणाली उत्तर भारत, महाराष्ट्र तथा गुज़रात में थी। दायभाग प्रणाली के अन्तर्गत विधवाएँ अपने पति की सम्पत्ति की दावेदार थीं, हालाँकि व्यावहारिकता में उनकी विवशताओं के कारण उन्हें सम्पत्ति से वंचित रखा जाता था। जबकि उत्तर भारत में उनका सम्पत्ति पर कोई अधिकार न था और संयुक्त परिवार की व्यवस्था में उन्हें पूरी तरह से अन्य लोगों पर निर्भर रहना पड़ता था। इसलिए बंगाल में विधवाओं को अपेक्षाकृत अधिक स्वाधीनता थी और इसी कारण बंगला उपन्यासों में विधवाओं को लेकर रोमांस कथाएँ किसी भी अन्य भाषा की तुलना में अधिक रची गयीं क्योंकि वहाँ विधवाएँ बदनामी के भय से अधिक ग्रस्त थीं और रोमांस का ख़तरा उठाना उनके लिए सम्भव न था।[18]

आधुनिक उपन्यासों ने पलायन के दर्द तथा विवशता को व्यापक सहानुभूति प्रदान कर एक साहित्यिक विधा के रूप में अपनी सार्थकता को साबित किया है। उपन्यास के कथानक में चरित्रों का पलायन एक ओर सामाजिक यथार्थ को प्रकट करता है, तो दूसरी ओर उपन्यासकार के पूर्वग्रहों तथा उसकी बाध्यताओं

को प्रकट करता है। जितना बड़ा सच यह होता है कि मनुष्य परिस्थितियों के सामने डटकर संघर्ष करता है, उतना ही बड़ा सत्य यह होता है कि वह मन ही मन कठोर परिस्थतियों से पलायन की इच्छा रखता है। पलायन का सत्य प्रकट करना किसी देशकाल में सामाजिक जीवन की विडम्बनाओं को प्रकट करने में सहायक होता है। महाकाव्यों की तरह उपन्यासकार भी इसलिए अपने किरदारों को विषम सामाजिक संकट में पलायन करते दिखाते हैं। तब पलायन एक ऐसे माध्यम के रूप में काम करता है जिससे किसी समाज की बहुत सारी निर्दयताएँ तथा अन्दरूनी उथल–पुथल सतह पर आ जाते हैं। इस अर्थ में टैगोर के उपन्यासों में वृन्दावन और काशी की ओर भागती मजबूर स्त्रियों की पीड़ाएँ मार्मिक हो उठी हैं। घरेलू अपमान व उपेक्षाएँ उन्हें काशी भेजती हैं और सांसारिक रिश्तों के मोह में वे फिर परिवार में लौटती हैं। जायदाद पर दावेदारी को लेकर उन्हें घर से निकाला जाता रहता है या वे स्वयं घर छोड़कर चल देती हैं।

उल्लेखनीय है कि अपने औपन्यासिक कथानकों में टैगोर ने विधवाओं के अन्तर्मन को व्यक्त कर दिलचस्प औपन्यासिक कथानक तो तैयार कर दिये, पर उन्होंने विधवाओं को वापस वैधव्य के सीमित संसार के हवाले कर दिया जो उस युग में आमतौर पर होता था। उनके उपन्यासों में विधवा विवाह के प्रसंगों की अनुपस्थिति बेहद शोर मचाती अनुपस्थिति जैसी लगती है। लगता है कि उपन्यास की पुस्तकीय संरचना में वे विधवाओं के अन्तर्मन को तो व्यक्त करने को तैयार हैं, पर उनके सामाजिक आचरण को रूढ़िवादी बंगाली समाज की क़ैद से आज़ाद नहीं करना चाहते हैं। इस स्तर पर पलायन का सत्य रचनाकार टैगोर की अपनी दृष्टिगत सीमा को भी व्यक्त करता है। उन्होंने राष्ट्रवाद, स्वदेशी, राजनीतिक क्रान्तिकारिता, सामासिकता आदि के पक्ष में अधिक बेचैन व विद्रोही पात्रों का सृजन किया है। राजनीतिक विषयों पर उनके उपन्यास अद्‌भुत जीवटता का प्रदर्शन करते हैं। राजनीतिक मूल्यों से स्तर पर बन रही आम–सहमति को भंग करने का दुस्साहस व्यक्त कर उपन्यास–चरित्रों को नहीं बल्कि पूरी उपन्यास विधा को 'हीरोइक' लक्षणों से आलोकित कर देते हैं। उसकी दीप्त मौलिकता बहुत ही प्रभावशाली प्रतीत होती है। पर सांस्कृतिक विषयों जैसे विधवा विवाह या विधवाओं के प्रेम–प्रसंगों की सुखद परिणति जैसे विषयों पर उनके उपन्यास अधिक समझौतापरक हो जाते हैं। जो भुजा राजनीतिक विवादों पर बहुत सशक्त ढंग से उठती है,

वही कई बार सामाजिक विषयों पर कमज़ोर होकर गिर जाती है। राजनीतिक विषयों पर विद्रोही कथापात्रों का खेमा मज़बूत करते हैं और उनका यथार्थवाद समाज के अधिक साहसी व मज़बूत इरादों वाले चरित्रों को खोज लाता है। पर सांस्कृतिक विषयों पर वह बहुत अधिक दीवारें गिराने का काम नहीं करते हैं और वहाँ उनका यथार्थवादी दृष्टिकोण पुनर्विवाह से संकोच बरतने वाली, काशी–वृन्दावन को अपनी नियति समझने वाली, घरेलू दायरों में छिपकर अपनी कामपिपासा बुझाने के लिए तड़पने वाली स्त्री चरित्रों का ही सृजन कर पाता है। विधवाएँ तेजस्वी हैं और विरोध करना जानती हैं। लेकिन वे सामाजिक परम्पराओं के समक्ष असहाय होकर नतमस्तक हैं। टैगोर ने बंगाल के संकीर्ण समाज की भावनाओं को सन्तुष्ट रखने में उनका कुशल इस्तेमाल किया है। उपन्यास के 'टेक्स्ट' में वे अपनी यौनशुचिता व वैधव्य की ही रक्षा नहीं करती हैं बल्कि रूढ़िग्रस्त समाज की अभिरुचियों को सन्तुष्ट रखती हैं। भारतीय उपन्यासों की इस विडम्बना की ओर आलोचकों का ध्यान कम ही गया है कि भारत के अति परम्परागत परिवेश के कारण अधिकांश उपन्यासकारों को तुच्छ–घटिया व मध्यकालीन विचारों वाले बहुसंख्यक पाठकों की रुचियों के साथ समझौते अधिक करने पड़े हैं।

इन सीमाओं के बावजूद टैगोर ने विधवाओं के चरित्र को अपार सहानुभूति प्रदान की है। पति की मृत्यु के बाद ससुराल में दारुण दशाओं में रहने के उनके दुःख को व्यक्त किया है। ''घरे–बाइरे' में विधवा मँझली भाभी उपन्यास नायक से कहती है–'नहीं भाई, औरत जात का जन्म अब और लेना नहीं चाहती। एक जन्म में जो सहना पड़ा वही बहुत है। दोबारा उसको भोगना नहीं चाहती।'[19] टैगोर का मानवतावाद केवल नीरस क़िस्म का दार्शनिक तथा अमूर्त मानवतावाद नहीं है। वह लोगों के सुख–दुःख, उनके संघर्षों व निराशाओं से गहराई से जुड़ा मानवतावाद है। उपन्यासों में वह उस मानवतावाद से पाठकों को भी प्रभावित करने में समर्थ हो जाते हैं।

टैगोर के केवल एक ही उपन्यास 'चार अध्याय' में इला नामक क्रान्तिकारी स्त्री का चरित्र रचा गया है, उनके शेष उपन्यासों में स्त्रियों को क्रान्तिकारी आन्दोलनों से अपरिचित घर–परिवार में रिश्तों की उठापठक वाली दुनिया का हिस्सा दिखाया गया है। एक बड़ी बात यह है कि उनके ज़्यादातर उपन्यास आगामी भविष्य के लक्षणों के संचयन के रूप में पढ़े जा सकते हैं।

अन्तःपुर से बाहर आने का उनका ऐतिहासिक क्षण निकट है और शिक्षित जागरूक पुरुष उन्हें बाहर निकालना भी चाहता है। पुरुष और स्त्रियाँ, दोनों नवीन शहरी सामाजिक परिवेश के दबावों से अपने–अपने ढंग से परिवर्तित हो रहे हैं। 'गोरा' उपन्यास में परेश बाबू के घर की लड़कियाँ शिक्षित और ब्रह्मसमाज के प्रभाव से आधुनिक विचारों वाली हैं और उनसे मिलकर गोरा के समक्ष एक 'नया और अचरज भरा जगत' प्रकाशित हो उठता है। गोरा और विनय दोनों यह अनुभव करते हैं कि वे जिस देश की उपासना कर रहे हैं, वह तो नारीविहीन देश था। स्वदेश के बारे में सोचते समय स्त्रियों के अंश को भी चिन्तन में उचित स्थान प्राप्त होना चाहिए। 'घरे–बाइरे' में निखिलेश भी अपनी पत्नी विमला को बाहर की दुनिया से अवगत कराना चाहता है। वह ग़ैरभावुक, चिन्तनशील मर्द है जो मर्दानगी के सामन्ती संस्कारों से मुक्त है। वह विमला से कहता है–'मैं चाहता हूँ कि बाहर की दुनिया में भी तुम्हें उपलब्ध कर सकूँ और तुम मुझें। वहाँ हमारा मिलन अभी बाक़ी है।...घर की इस आरामतलबी में सिर्फ़ गृहस्थी चलाने के लिए न तुम पैदा हुई हो, न मैं।'[20] अन्तःपुर में अपनी ही पत्नी से नवशिक्षित पुरुष का अधूरा–संवादहीन परिचय नये युग में उसके लिए असहनीय हो उठा था। घर के अन्तःपुर में विविध रस्मों–रिवाज़, पर्वों, व्रत–उपासना में व्यस्त स्त्री से वह केवल जूड़े, सिन्दूर और चटख साड़ी की साजसज्जा के बीच कुछ देर के लिए मिल पाता था और उसका शिक्षित, आधुनिक मन इस स्थिति से कुण्ठित हो जाता था। उसकी इस कुण्ठा को बीसवीं सदी के पहले दशक में स्त्री पहचानने लगी है और वह पुरुष–मन में बैठी नये क़िस्म के साहचर्यपूर्ण प्रेम की लालसा का आदर करने लगी है। इसलिए वह भी प्रखर रूप से वैयक्तीकृत (individualized) है और कथा संरचना में विभिन्न पुरुषों के साथ संवादपूर्ण सम्बन्ध बनाती है।

नौकाडूबी (1906)

उनके उपन्यास 'नौकाडूबी' (1906) के कथानक को कई समीक्षक संयोग, नाटकीयता तथा अत्यधिक भावुकता के कारण कमज़ोर बताते हैं पर 'नौकाडूबी' उपन्यास कई सामाजिक सचाइयों को भी व्यक्त करता है। ख़ासतौर पर ब्रह्मसमाज आन्दोलन, जो बंगाल का प्रमुख सुधारवादी आन्दोलन था, उसकी नवजागरणवादी चेतना इस उपन्यास और टैगोर को अन्य उपन्यासों में भी दिखती है। इस उपन्यास का संक्षिप्त कथानक निम्नलिखित है–

अन्नदा बाबू नामक एक ब्रह्मसमाजी कलकत्ते में अपनी लड़की हेमनलिनी तथा पुत्र योगेन के साथ रहते हैं। उनके पड़ोस में ही रमेश नामक युवक है जो क़ानून की पढ़ाई पूरी कर चुका है तथा उनके घर आता–जाता है। वह हेमनलिनी के प्रति मन ही मन आकृष्ट हो जाता है। पर रमेश के पिता ब्रजमोहन अचानक से उसे गाँव ले जाते हैं और अपने एक परिचित की लड़की का विवाह उससे कराना चाहते हैं। रमेश को दबाव में आकर सुदूर स्थित गाँव की उस लड़की से विवाह करने जाना पड़ता है। पर विवाह के बाद लौटते समय नदी में तेज़ वर्षा के कारण सभी नावें पलट जाती हैं और रमेश किसी प्रकार से बच जाता है। उसे जब होश आता तो देखता है कि एक स्त्री भी नदी की लहरों के बीच बालुका तट पर पड़ी है और वह जीवित है। वह मान लेता है कि वही उसकी पत्नी है जो इस दुर्घटना में जीवित बच गयी है। वह उसे स्वीकार कर लेता है पर उसे पता चल जाता है वह लड़की उसकी परिणीता नहीं है। वह उसे कलकत्ते लाकर एक बोर्डिंग स्कूल में भर्ती करा देता है और हेमनलिनी से विवाह को लेकर भी लगातार उलझन में घिरा रहता है। वह अविवाहित है पर वह लड़की जिसका नाम कमला है, उसे पति मानने लगी है। कलकत्ते, ख़ासतौर पर अन्नदा बाबू व हेमनलिनी से बचकर भागने के लिए वह कमला के साथ गाजीपुर की तरफ़ चला जाता है, स्टीमर से। स्टीमर पर ही कमला व रमेश में परस्पर आकर्षण जन्म लेने लगता है और रमेश मन ही मन निर्णय करता है कि वह अब कमला के साथ ही शेष जीवन व्यतीत करेगा। स्टीमर पर यात्रा के दौरान उसकी मुलाक़ात एक त्रैलोक्य चक्रवर्ती नामक बुजुर्ग से होती है जो उसे गाजीपुर में अपने घर में शरण देते हैं। रमेश वहीं पर कमला को छोड़कर कलकत्ते भी आता है पर वहाँ हेमनलिनी उसे नहीं मिलती है। वह हेमनलिनी की निगाह में, जिससे उसका विवाह निर्धारित हो चुका था, स्वयं को निर्दोष साबित करने के लिए उसे एक पत्र लिखकर पूरी वास्तविकता को स्पष्ट कर देता है। पर वह पत्र उसी के पास रह जाता है और गाजीपुर लौटने पर वह कमला के हाथ लग जाता है। उसे भी पता चल जाता है कि रमेश उसका पति नहीं है। वह घर छोड़कर काशी की तरफ़ चलने लगती है पर रास्ते में एक परिवार उसे शरण देने के नाम पर उसे नौकरानी की तरह रख लेता है। उसी परिवार में उसे पता चलता है कि नलिनाक्ष नामक सुशिक्षित डॉक्टर हैं जिनकी पत्नी का विवाह के तुरन्त बाद देहान्त हो गया था। नलिनाक्ष और रमेश दोनों के साथ ही विवाह के तुरन्त बाद एक साथ, एक ही स्थान

पर दुर्घटना हुई थी। वह समझ जाती है कि नलिनाक्ष ही उसके पति हैं। वह किसी तरह अपने को उस परिवार के चंगुल से छुड़ाती है और काशी में ही आ गये त्रैलोक्य चक्रवर्ती के पास शरण लेती है। चक्रवर्ती बाबू उसे नलिनाक्ष की वृद्ध माँ की सेवा–टहल के काम में लगा देते हैं और अन्त में नलिनाक्ष, जिनका विवाह हेमनलिनी से तय हो चुका है, उन्हें पता चल जाता है कि कमला ही उनकी असल पत्नी है। रमेश व हेमनलिनी काशी से विदा लेकर कलकत्ता वापस चले जाते हैं। पूरा उपन्यास संयोगप्रधान शैली पर आधारित है जिसमें कहानी कई बार अधिक उलझती है पर टैगोर ने अपनी उपन्यास कला के बल पर कहानी को बिखरने से बचा लिया है। विचित्र संयोगों पर आधारित कथावस्तु पर ब्रह्मसमाज आन्दोलन और बंगला नवजागरण की चेतना का भी जो प्रभाव है, उसे पाठक अनदेखा नहीं कर सकता है। ब्रह्मसमाज आन्दोलन में स्त्री शिक्षा तथा धर्म–सुधार का मुद्दा प्रमुख था और इस उपन्यास में दो चरित्र ऐसे हैं जो ब्रह्मसमाजी हैं। पहले हैं कलकत्ते में रहने वाले अन्नदा बाबू और दूसरे हैं नलिनाक्ष। इन दोनों चरित्रों व इनके परिवारों के माध्यम से टैगोर ने ब्रह्मसमाज आन्दोलन के स्त्रियों के जीवन पर पड़ने वाले प्रभावों का चित्रण किया है। ये दोनों ही चरित्र शिक्षित स्त्री की गरिमा के प्रति उदार हैं और वे स्वयं भी उदार व सुशिक्षित हैं। टैगोर ने अपने अन्य उपन्यासों में भी उदार ब्रह्मसमाजियों का चरित्र निर्मित किया है जैसे कि 'गोरा' में परेश बाबू का और 'योगायोग' में विप्रोदास का। ये सभी चरित्र ब्रह्मसमाजी विचारों के प्रभाव में हैं और स्त्री शिक्षा व स्त्री की गरिमा के पक्ष में हैं। 'नौकाडूबी' में अन्नदा नामक ब्रह्मसमाजी बुजुर्ग का घर विभिन्न प्रकार की बहसों व विमर्शों के लिए खुला रहता है। उपन्यास के आरम्भ में कुछ चरित्रों की चाय की मेज़ पर इस पर आपसी बहस होती है कि स्त्रियों के पास बुद्धि अधिक होती है, या पुरुषों के पास। इस बहस में रमेश नामक मुख्य किरदार स्त्रियों का पक्ष लेता है, उनकी प्रशंसा करता है। अन्नदा बाबू का उपन्यासकार ने इस शब्दों में परिचय दिया है–'अन्नदा बाबू ब्रह्मसमाजी हैं। उनकी लड़की हेमनलिनी इस बार एफए की परीक्षा दे चुकी है।' हेमनलिनी का चरित्र गोरा उपन्यास की मुख्य नायिका सुचरिता से काफ़ी मिलता–जुलता है। दोनों ही स्त्रियाँ विवाह योग्य हैं, शिक्षित हैं और पुरुषों के सामने पर्दा नहीं करती हैं। उनकी बातों और बहसों में हिस्सा लेने का प्रयास करती हैं। उन्हें पुस्तकें पढ़ते तथा समझदारी के साथ मूर्खतापूर्ण बातों की उपेक्षा करते दिखाया जाता है। उसे मासिक पत्रों में छपने

वाले निबन्धों को पढ़ते दिखाया गया है और वह नलिनाक्ष नामक विद्वान डॉक्टरों के लेक्चर सुनकर उन पर मुग्ध होती है तथा शिक्षित पुरुषों का सम्मान करती है। स्त्री अब सुन्दर काव्य की सामग्री नहीं है बल्कि वह अपनी बौद्धिकता को विकसित कर रही है। एक सभा में नलिनाक्ष की बातों को सुनकर हेमनलिनी के मन पर पड़े प्रभावों का चित्र इस प्रकार से टैगोर ने खींचा है– 'सारी बातें रह–रहकर अब भी हेमनलिनी के अन्तर में गूँज पैदा कर रही हैं। वह आज भी नक्षत्र से दीपित आकाश के नीचे स्तब्ध मनोभाव से बैठी थी। उसका अन्तर आज समग्र भाव से पूर्ण था। यह सुविस्तृत आकाश और सारा अग जग उसे परिपूर्ण सा लग रहा था।' अर्थात एक बीसवीं सदी के बंगला समाज की ब्रह्मसमाजी चेतना से लैस ऐसी स्त्री जो सभी नये, आधुनिक विचारों को ग्रहण करने के लिए तत्पर है। टैगोर ने हेमनलिनी के माध्यम से स्त्री–शिक्षा के महत्त्व व पुरुषों के सामने उनकी पर्दादारी की कुप्रथा पर सवालिया निशान खड़े कर दिये हैं। उपन्यास में कमला नामक अनाथ स्त्री का भी चरित्र–चित्रण है जो पर्दाप्रथा का पालन करती है पर उसकी तुलना में हेमनलिनी का चरित्र पाठक के मन को अधिक प्रभावित करता है। उपन्यास में एक अन्य ब्रह्मसमाजी चरित्र का उल्लेख है। वह नलिनाक्ष के पिता राजवल्लभ हैं जो छोटे–मोटे ज़मींदार थे। लगभग तीस साल की उम्र में वह ब्राह्म धर्म में दीक्षित हुए थे। वृद्धावस्था में राजवल्लभ ने हठपूर्वक एक विधवा से विवाह कर लिया था। इससे नाराज़ होकर उनकी पत्नी क्षेमंकरी काशी प्रवास पर चली गयीं और उनका पुत्र, जो स्वयं ब्राह्म धर्म में दीक्षित था, वह भी अपनी माँ के साथ काशी में ही आकर अपनी डॉक्टरी की प्रैक्टिस करने लगा। ब्रह्मसमाजियों तथा सनातन हिन्दू परिवारों में विवाह सम्बन्धों को प्रायः नकारा जाता था और 'नौकाडूबी' में एक पात्र अक्षय उपन्यास के मुख्य नायक रमेश से कहता है–'आप हिन्दू परिवार के हैं। आपके पिता हिन्दू थे और किसी ब्रह्मसमाजी के यहाँ विवाह न कर लें, इसलिए आपको पकड़कर आपका विवाह कराने गाँव ले गये थे।' यह उपन्यास तत्कालीन बंगाल में ब्रह्मसमाज के प्रभावों को चित्रित करता है, साथ ही यह परिवार में पुरुषों व स्त्रियों के बीच वैचारिक मतों के अन्तर को भी दिखाता है। प्रायः कई परिवारों में पुरुष तो ब्रह्मसमाज के सुधार आन्दोलन में सम्मिलित हो जाते थे लेकिन घर की स्त्रियाँ पुरानी हिन्दू मान्यताओं के अनुसार जीवन बिताना पसन्द करती थीं। जैसे कि राजवल्लभ नामक ज़मींदार साहब तो ब्राह्म धर्म में दीक्षित हो जाते हैं पर उनकी पत्नी क्षेमंकरी पहले की तरह

हिन्दू मतों–आस्थाओं से चिपकी रहती है और काशी भी चली जाती है। इस प्रकार यह उपन्यास एक ओर नलिनाक्ष तथा हेमनलिनी के रूप में ब्रह्मसमाज से जुड़े चरित्रों तथा दूसरी ओर कमला तथा रमेश के रूप में हिन्दू धर्म से जुड़े चरित्रों को कथा में उभारता है। बंगाल में चूँकि सुधार आन्दोलन का गहरा प्रभाव था, इसलिए उसका प्रभाव उपन्यासों की अन्तर्वस्तु पर विशेष रूप से पड़ा। उपन्यास के शिल्प के भीतर बंगला समाज के सामाजिक सरोकारों की अभिव्यक्ति है। उपन्यासों में सुधार–चेतना को भले ही केन्द्रीय विषयवस्तु न बनाया गया हो लेकिन सुधारवादी आन्दोलन से पैदा हुए सामाजिक वातावरण को चरित्रों के माध्यम से व्यक्त किया गया।

करुणा (1878-79)

टैगोर का सबसे पहला उपन्यास 'करुणा' भी समाज में सुधारवादी चेतना के विकास को अभिव्यक्त करता है, पर उनके इस पहले उपन्यास में बंगाली सुधारवादियों का उपहास भी उड़ाया गया है। उपन्यास में उन्होंने जिस प्रकार से एक स्त्री के दाम्पत्य जीवन के संकट, उसके साथ हिंसा व उसके चरित्र–लांछन के विषय को उठाया था, वह यह प्रकट करता है कि भारतीय उपन्यास स्त्री उत्पीड़न को आधार बनाकर विकसित हो रहे थे। स्त्री किरदारों के नाम पर अधिकांश उपन्यासों का नामकरण भी दर्शाता है कि उपन्यास विधा के जन्म एवं विकास और स्त्री–मुक्ति की चेतना में कितना गहरा सम्बन्ध था। 'करुणा' उपन्यास का कथानक यह है कि करुणा एक गाँव के धनवान व्यक्ति अनूप कुमार की इकलौती रूपवती कन्या है जिसका जीवन पिता के घर में आनन्द से कटता है। अनूप कुमार एक अनाथ लड़के नरेन्द्र के पालन–पोषण का दायित्व भी लेते हैं। उसे शिक्षित करते हैं और उनकी मृत्यु के पश्चात नरेन्द्र से ही करुणा का विवाह हो जाता है। नरेन्द्र कलकत्ते में रहकर आवारा, शराबी और दुश्चरित्र होता जाता है और करुणा का जीवन नरक बना देता है। वह अपने विलास व ऐयाशियों के कारण क़र्ज़ में डूब जाता है। प्रेमचन्द ने हिन्दी उपन्यासों में किसानों के द्वारा लिए क़र्ज़ की समस्या का चित्रण किया था। इसके पूर्व टैगोर ने 19वीं सदी में ही लिखे अपने उपन्यास 'करुणा' में एक सामान्य व्यक्ति नरेन्द्र के माध्यम से बुरी आदतों के परिणामस्वरूप लिए क़र्ज़ के कारण जीवन में विनाश के यथार्थ को व्यक्त किया था। उपन्यास में रजनी और मोहिनी नामक दो प्रधान स्त्री पात्र भी हैं। रजनी एक बदसूरत स्त्री है और

इस कारण उसका पति महेन्द्र उससे दूर भागता है, जबकि मोहिनी विधवा है। इस मोहिनी का उद्धार करने के लिए उपन्यास में तीन सुधारवादी चरित्र महेन्द्र, गदाधर और स्वरूप चन्द्र बहुत व्यग्र दिखाये गये हैं पर वास्तव में उन्हें मोहिनी पर आसक्त अधिक चित्रित किया गया है। इससे महेन्द्र व रजनी के पारिवारिक जीवन में बिखराव आ जाता है। उपन्यासकार ने विधवा का उद्धार करने वालों के बारे में लिखा है–'महेन्द्र के साथ गदाधर की बड़ी छनती थी। दोनों कमरे में घुसे बैठे रहते और देशाचार या रूढ़ियों के विरुद्ध ज़ोरदार लड़ाई की उड़ान भरा करते। मुक्त या प्रेम विवाह, विधवा विवाह आदि का प्रसंग छिड़ने पर महेन्द्र उद्धारक महाशय के साथ बड़े उत्साह के साथ सम्मिलित हो जाया करते लेकिन बहुविवाह जैसी रूढ़ियों को हटाने पर उसका सारा जोश ठण्डा हो जाया करता।' इन्हीं लोगों के द्वारा परेशान किये जाने तथा बदनामी के डर से करुणा काशी चली जाती है। टैगोर ने इस उपन्यास में संकेत दिया है कि विधवा विवाह को लेकर बंगाल के सुधार आन्दोलन संवेदनशील थे, लेकिन बहुविवाह की समस्या को लेकर नहीं थे। इसका प्रमुख कारण यह था कि लगभग हर वर्ग के पुरुषों के लिए बहुविवाह करना या बहुविवाह की इच्छा पालना एक सामान्य सी बात थी। इसलिए बहुविवाह के लिए क़ानून बनाने को लेकर वैसे बड़े सुधार आन्दोलन नहीं हुए जैसे सती प्रथा, विधवा पुनर्विवाह या स्त्री–शिक्षा को लेकर होते रहे। ईश्वरचन्द विद्यासागर ने इसके लिए प्रयत्न किये थे पर विफल हो गये। टैगोर ने सुधार आन्दोलनों के इसी अन्तर्विरोध पर इस उपन्यास पर निशाना साधा है जिसमें कई अयोग्य तथा आयु में अधिक पुरुषों को सामान्य रूप से बहुविवाह के लिए उत्सुक दिखाया गया है। उपन्यास में ऐसे कवि–सुधारकों का भी उपहास उड़ाया गया है जो भले ही मानते हों कि संसार ने उन्हें बहुत सताया है पर वे जिसके सम्पर्क में आते हैं, उसी की नाक में दम कर देते हैं। जिसके साथ उनका परिचय होता है, उसी को परेशानी में डालते हैं। ऐसे ही एक स्वरूप बाबू का चित्रण किया है जो भुलक्कड़ कवि हैं। उन्हें मन ही मन शिकायत है कि वह आख़िर 'निष्ठुर उन्नीसवीं सदी की कोख' से जन्में ही क्यों! इस निष्ठुर उन्नीसवीं सदी को वह सहन नहीं कर पाते हैं और पलक झपकते ही किसी स्त्री के प्रेम में पड़ जाना उनके ही बूते का कार्य है। इन्हीं स्वरूप बाबू को नरेन्द्र की पत्नी करुणा के लिए व्यथित दिखाया गया है और अपनी पात्रता को किसी उपन्यास या नाटक के रूप में ढालकर मन ही मन तृप्त होते रहते हैं। इस क़िस्म के सुधारवादी समाज को परिवर्तित करने

के स्थान पर केवल अपनी आसक्ति व वासना की पूर्ति करते हैं। टैगोर न केवल सुधारवाद के पक्ष में थे बल्कि वह सुधारवाद के लेकर जन्म ले रहे पाखण्ड के विरोध में भी थे। उधर स्त्रियों को दुस्साहसिक विवाहेतर सम्बन्धों से बचते दिखाया गया है क्योंकि वे पूरी तरह परम्पराओं की दास हैं। हिन्दी के आरम्भिक उपन्यासों की भाँति ही बंगला की शुरुआती औपन्यासिक कथाएँ यह प्रकट करती हैं कि स्त्रियों में परम्परा–प्रथा की सीमा के बाहर निकलकर जीवन जीने की क्षमता विकसित नहीं हो सकी है। उनकी चेतना प्रदत्त सामाजिक परिवेश के अनुकूल इस प्रकार ढाल दी गयी है कि कई प्रलोभनों, रसिक संकेतों तथा प्रेम–निवेदनों के बावजूद अन्य पुरुषों से प्रेम करने का साहस उनके भीतर नहीं पैदा हो पाता। पुरुषों के प्रति आकृष्ट होने तथा उससे प्रेम करने लग जाना सामान्य स्त्री के लिए असम्भव कर्म जैसा है और इसलिए स्त्रियों की भाँति पुरुषों का जीवन भी बहुत नीरस हो गया है। 'करुणा' उपन्यास में नायिका करुणा के प्रति एक कवि महाशय जिनका नाम स्वरूप चन्द है, बहुत आकृष्ट होते हैं पर वह पाते हैं कि करुणा उन्हें देखते ही भय से सहम जाती है। इसी प्रकार महेन्द्र की लफंगों जैसी हरकतों से छुटकारा पाने के लिए मोहिनी नामक विधवा काशी जाने का निर्णय कर लेती है। स्त्रियों की चेतना में पुरुषों का भय इतना अधिक है कि वे सामान्य ढंग से अच्छी प्रेमिका, रसग्राहक, सहवासिनी या यौनकर्म की उत्कृष्ट भागीदार नहीं बन सकती हैं।

आधुनिक उपन्यास अपनी संश्लिष्ट कथा–संरचना में पुरुषों के स्त्रियों से सम्बन्धित विचारों व अनुभवों का महत्त्वपूर्ण दस्तावेज़ हैं। उपन्यासकार समाज के व्यापक जीवनचित्र को खींचने के लिए स्त्री–चरित्रों को माध्यम बनाता है और स्त्री–चरित्रों का वर्णन उसका लक्ष्य भी होता है। टैगोर की उपन्यास–कला इसलिए भी स्थिर व दोहरावमूलक न होकर लगातार विकसित होती प्रतीत होती है क्योंकि स्त्रियों से जुड़े उनके जीवनानुभव बहुत व्यापक तथा मार्मिक थे। इन अनुभवों को विस्तार से उपन्यासों में प्रकट करने का रचनाकौशल भी उनके पास था। ख़ासतौर पर विधवा, अनाथ तथा प्रताड़ित स्त्रियों की संघर्षशीलता व पीड़ा सहन करने की उनकी क्षमता को व्यक्त करने में उन्होंने अपनी सम्पूर्ण प्रतिभा लगा दी। उनके दोहरे दासत्व की झलक प्रस्तुत की है जिनमें वे एक ओर परम्पराओं की दास हैं तो दूसरी ओर वे प्रतिकूल पुरुष आचरण के कारण स्वयं को सम्पूर्ण मनुष्य की तरह न देख सकने की आत्महीनता की शिकार हैं।

टैगोर के उपन्यास इस अर्थ में सामाजिक–पारिवारिक संस्कृति में स्त्रियों के अमानवीयकरण (Dehumanization) के दस्तावेज़ी प्रमाण हैं। स्त्री–पुरुष के अन्तर्वैयक्तिक सम्बन्धों में स्त्री निरन्तर अपमानजनक भाषा व अपमानजनक बर्ताव का शिकार होती है और इस कारण वह स्वयं के अस्तित्व को नकारने लगती है। सामन्ती समाज में उनका घर, परिवार या वस्तुएँ उनकी नहीं होती हैं पर उन पर स्वामित्व का दावा आसानी से पेश किया जा सकता है। टैगोर ने अपने उपन्यासों में छोटे दिल वाली, षड्यन्त्रकारी तथा स्वार्थी स्त्रियों का चरित्र भी गढ़ा है जैसा कि 'करुणा' में ही कात्यायनी नामक स्त्री चरित्र है जो पति की सम्पत्ति लेकर एक बड़े साहब से भागकर विवाह कर लेती है। लेकिन अधिकांश कथाओं तथा प्रसंगों में उन्होंने ऐसे स्त्री–चरित्रों को कल्पित किया है जो पुरुषों की हिंसा–उपेक्षा या पुरुषों के कामलोलुप प्रेम निवेदनों की शिकार होती रहती हैं।

उपन्यास की विधा समाज में आलोचना और ज्ञान के विकास में सहायक होती है और टैगोर अपने पहले उपन्यास 'करुणा' से ही उपन्यास की इन शक्तियों का कुशल प्रयोग करते हुए सामने आते हैं। इस उपन्यास के अन्त में उपन्यास नायिका करुणा की रोग, पति–उपेक्षा तथा असहायता के कारण दारुण मृत्यु हो जाती है। उपन्यासकार स्पष्ट संकेत देता है कि वर्तमान व्यवस्था में स्त्रियों की असामान्य मृत्यु उनकी सामान्य नियति है। कथानक में कुछ विसंगतियों को अगर अनदेखा कर दें तो करुणा की मौत का घटनाक्रम रचकर टैगोर ने भारतीय समाज की उन करोड़ों स्त्रियों की विडम्बना उजागर की है जिन्हें प्रकृति ने जीवनोल्लास का भोग करने की शक्ति दी है, पर उनका जीवन पुरुषों पर निर्भर रहने के कारण नारकीय हो जाता है। करुणा को ख़ूब खिलखिलाने वाला, बुलबुल से बातें करने वाला और जीवन से भरा हुआ दिखाया गया और दूसरी ओर नरेन्द्र से विवाह के बाद उसकी दुर्दशा होती है। उसकी पिटाई, अनादर, घर से निर्वासन, सड़क पर भटकना, पराये पुरुषों से सहायता माँगना जैसे प्रसंगों का चित्रण टैगोर ने बहुत मार्मिक ढंग से किया है। स्त्री के ऊपर होने वाली हिंसा को उन्होंने अपने पहले ही उपन्यास में प्रभावशाली तरीक़े से उठाया था। अपने बाद के उपन्यासों में उन्होंने प्रत्यक्ष घरेलू हिंसा व पितृसत्तात्मक दमन जैसे विषय को केवल 'योगायोग' नामक उपन्यास में ही गम्भीरता से उठाया था। स्त्री चरित्र के बारे में उनका दृष्टिकोण भी विकासमान प्रतीत होता है। 1878–79 के प्रथम उपन्यास 'करुणा' में उन्होंने स्त्रियों को बहुत अबला तथा परनिर्भर चित्रित किया लेकिन अपने 1934 ई. के

अन्तिम उपन्यास 'चार अध्याय' तक आते–आते उन्होंने एला जैसे क्रान्तिकारी चरित्र भी रचे हैं जो पिस्तौल लेकर भारतीय स्वाधीनता आन्दोलन में हिस्सा ले रहे हैं। उनके आरम्भिक उपन्यासों में स्त्रियाँ घर की चारदीवारी में क़ैद हैं पर परवर्ती उपन्यासों ख़ासतौर पर 'गोरा', 'दो बहनें', 'मालंच' और 'चार अध्याय' जैसे उपन्यासों में धीरे–धीरे उन्हें पुरुषों की तरह सार्वजनिक जीवन में प्रवेश करते, अपना पक्ष रखते तथा विद्रोही के रूप में दिखाया गया। समाज के विकास के साथ टैगोर की उपन्यासकार के रूप में रचना दृष्टि भी बदलती रही। वह केवल स्त्री की हीनता व उसके दमन को ही चित्रित नहीं करते हैं बल्कि शिक्षा व वैचारिक जागरण के परिणामस्वरूप स्त्रियों के विकास को अपनी विषयवस्तु बनाकर समाज की गतिशीलता को व्यक्त करते हैं। उपन्यास का जन्म ही चूँकि एक गतिशील भविष्योन्मुखी सामाजिक दशाओं के बीच हुआ है, इसलिए वे गतिशील व भविष्योन्मुखी सामाजिक यथार्थ को प्रकट करने के लिए बाध्य रहे हैं। वे सामाजिक गतिशीलता की परिस्थिति को शिक्षित स्त्री–पुरुष चरित्रों के नवीन विचारों के माध्यम से व्यक्त करते हैं और घरेलू पारिवारिक कथाओं के माध्यम से घरेलू पारिवारिक जीवन में आ रहे बदलावों को चित्रित कर पाठकों की चेतना को झकझोरने का काम करते हैं। इस प्रकार उपन्यास घरेलू पारिवारिक जीवनकथाओं के माध्यम से बदलती सामाजिक चेतना तथा बृहद स्तर की सामाजिक कथाओं के चित्रण के माध्यम से बदलते घरेलू–पारिवारिक यथार्थ को भी सफलतापूर्वक व्यक्त करते हैं।

सन्दर्भ

1. जैक हालैंड–ए ब्रीफ हिस्ट्री ऑफ़ मिसोजनी, द वर्ल्ड ओलडेस्ट प्रेजुडिस, राबिन्सन–लंदन, 2006, पृ. 200
2. बिमनबिहारी मजूमदार–हीरोइन्स ऑफ़ टैगोर, ए स्टडी इन द ट्रांसफारमेशन ऑफ़ इंडियन सोसायटी, 1845–1941, पृ. 247–248
3. राधा चक्रवर्ती–नावेलिस्ट टैगोर, पृ. 97
4. जार्ज लुकाच–द थ्योरी ऑफ़ नॉवेल, पृ. 114
5. रवीन्द्रनाथ टैगोर–थ्री नॉवेलाज–नष्टनीड़ दुइ बोन मालंच (अनुवाद–सुखेंदु रे), ऑक्सफोर्ड यूनिवर्सिटी प्रेस, दिल्ली 2010, पृ. XXV
6. राजुल सोगानी–द हिन्दू विडो इन इंडियन लिटरेचर, पृ. 77
7. राधारानी चक्रवर्ती–नॉवेलिस्ट टैगोर–जेंडर एंड मॉडर्निटी इन सेलेक्टेड टेक्स्ट, राउतलेज नयी दिल्ली, 2008, पृ. 137
8. आशिस नन्दी–राष्ट्रवाद बनाम देशभक्ति (अनुवाद–अभय कुमार दुबे), वाणी प्रकाशन, नयी दिल्ली, 2005, पृ. 57

9. मीनाक्षी मुखर्जी–रियलिज़्म एंड रियल्टी, पृ. 104
10. राजुल सोगानी, द हिन्दू विडो इन इंडियन लिटरेचर, पृ. 57
11. वही, पृ. 58
12. रवीन्द्रनाथ टैगोर–योगायोग (अनुवाद–इलाचन्द्र जोशी), साहित्य अकादेमी, नयी दिल्ली, 1961, पृ. 83
13. रवीन्द्रनाथ टैगोर–चोखेर बाली (अनुवाद–नीलाभ), राजपाल, नयी दिल्ली, पृ. 180
14. राधा चक्रवर्ती–नावेलिस्ट टैगोर, पृ. 49
15. राजुल सोगानी–द हिन्दू विडो इन इंडियन लिटरेचर, ऑक्सफोर्ड यूनिवर्सिटी प्रेस नयी दिल्ली, 2002 पृ. 67
16. तनिका सरकार–हिन्दू वाइफ, हिन्दू नेशन, कम्युनिटी रिलिजन एंड कल्चरल नेशनलिज़्म, परमानेंट ब्लैक, दिल्ली, 2001, पृ. 1–52
17. तनिका सरकार–हिन्दू वाइफ, हिन्दू नेशन, कम्युनिटी रिलिजन एंड कल्चरल नेशनलिज़्म, परमानेंट ब्लैक, दिल्ली, 2001, पृ. 141
18. राजुल सोगानी–द हिन्दू विडो इन इंडियन लिटरेचर, पृ. 62
19. रवीन्द्रनाथ टैगोर–घर और बाहर, पीएन प्रकाशन, दिल्ली, 1999, पृ. 179
20. वही, पृ. 12

4

कलकत्ता और उपन्यास

टैगोर के अधिकांश पुरुष चरित्र मध्यवर्ग के उद्यमी चरित्र हैं जो उच्च शिक्षित हैं और किसी–न–किसी नये कारोबार, सामाजिक प्रयोगों, कम्पनियों, शिक्षा संस्थानों से सम्बन्धित होते हैं। वे सम्पन्न या बाहुबली न होकर प्रशिक्षित दिमाग़ के लोग हैं और कलकत्ते का शहरी परिवेश उनकी कर्मभूमि है। मुल्कराज आनन्द के शब्दों में–'वे नयी जीवनशैली के बहुस्तरीय संघर्षों में उतरे लोग हैं।'[1] यह जानी–पहचानी बात है कि भारतीय उपन्यास औपनिवेशिक यथार्थ को व्यक्त करने के लिए उपनिवेशवाद के दौरान विकसित सरकारी दफ़्तरों, फर्म, सिविल इंजीनियरिंग की कम्पनियों, कॉलेजों, मेडिकल शिक्षा आदि का भी कथानकों के गठन में इस्तेमाल करते हैं और प्रायः वे नवशिक्षितों की इन संस्थाओं व संगठनों पर निर्भरता के यथार्थ को अभिव्यक्त करते हैं। पर औपनिवेशिकता के भीतर विकसित हो रहे उपन्यास इन औपनिवेशिक संस्थाओं–संगठनों के प्रति नवशिक्षित राष्ट्रवादी मन के विभिन्न क़िस्म की खीज–असन्तोष, विरक्ति आदि को भी सामने लाने का काम करते हैं। इस कारण उपन्यास चरित्रों को सरकारी दफ़्तरों और उसके अंग्रेज़ अफसरों से द्वन्द्वात्मक सम्बन्ध में उलझा हुआ दिखाया जाता है। अगर डॉक्टर जैसा कोई चरित्र है तो वह अंग्रेज़ी आधुनिक चिकित्सा के स्थान पर पारम्परिक भारतीय चिकित्सा के महत्त्व को वर्णित करता हुआ नज़र आता है जैसा कि उनके उपन्यास 'दो बहनें' में शशांक व नीरोद करते हैं। उपन्यास के चरित्र अंग्रेज़ी राज से मिली आधुनिक वस्तुओं व उन्हीं के संस्थानों का अंग होते हुए भी किसी–न–किसी स्तर पर उससे संघर्ष करते, उसका बहिष्कार करते, वहाँ से पदमुक्त होने की छटपटाहट से घिरे हुए नज़र आते हैं। वे औपनिवेशिक आर्थिक संस्कृति के भीतर विकल्प की तलाश में हैं। बैंक खोलने, खेतीबाड़ी में नयी फ़सले उगाने, अख़बार निकालने, सूती माल का व्यवसाय करने, निर्माण कम्पनियाँ स्थापित करने,

अंग्रेज़ी साहित्य पढ़ाने, बगीचा चलाने जैसे कई क़िस्म के काम करते हैं। वे अंग्रेज़ी साहित्य, बंगला पत्र–पत्रिकाएँ, बंकिम के उपन्यास, मार्शमैन आदि की इतिहास पुस्तकें, संस्कृत साहित्य आदि के जिज्ञासु पाठक हैं। भारत में उद्यमी नायकों की आवश्यकता को वे प्रखरता से रेखांकित करते हैं और उनकी नये व्यवसाय व नये प्रयोगों के प्रति रुचि ही उनमें अपनी स्त्रियों को भी नयी सामाजिकता से जोड़ने के रूप में प्रकट होती है।

उल्लेखनीय है कि 1875 ई. से 1941 ई. के कालखण्ड के दौरान बंगाल और भारत के आर्थिक जीवन में बड़े परिवर्तन हुए थे। वकीलों, डॉक्टरों, इंजीनियरों और शिक्षकों आदि का नया मध्यवर्ग विकसित हो रहा था। 1941 ई. तक हुगली नदी के दोनों ओर 50–50 मील तक एक औद्योगिक क्षेत्र तैयार हो चुका था। हालाँकि ईस्ट इंडिया कम्पनी ने जिस ज़मींदार व्यवस्था को जन्म दिया था, वह समाप्त नहीं हुई थी न कमज़ोर पड़ी थी। सामाजिक जीवन में ज़मींदारों को अभी भी 'उच्च प्रस्थिति' प्राप्त थी और एक 'जेंटलमैन' के रूप में पहचाने जाने के लिए ज़मीन के मालिक के रूप में ज़मींदार होना अनिवार्य था। नवीन मध्यवर्ग का एक बड़ा हिस्सा इन ज़मींदारों से ही निकला था और ज़मींदारों में जो अधिक दूरदृष्टा तथा सयाने थे, वे अपनी सन्तानों को उद्योग, चिकित्सा, वकालत व व्यापार में भी प्रवेश दिलाने लगे थे। एक आँकड़े के अनुसार 1864–73 ई. के मध्य कलकत्ता विश्वविद्यालय से 496 मेडिकल ग्रैजुएट और 1889–1894 ई. के मध्य कलकत्ता विश्वविद्यालय से 560 लोगों ने मेडिकल साइंस में डिग्री प्राप्त की थी।[2] टैगोर के उपन्यास 'चोखेर बाली' में मेडिकल की पढ़ाई कर रहे छात्रों को ही मुख्य पात्र बनाया गया है। इसी प्रकार दूसरे व्यवसायों जैसे इंजीनियरिंग व वकालत में भी नवशिक्षितों की संख्या बढ़ती जा रही थी। कलकत्ता हाईकोर्ट में 1871–80 ई. के मध्य एडवोकेट व वकीलों की संख्या 64 व 30 थी लेकिन 1891 ई. में बढ़कर 126 तथा 86 हो गयी।[3] इसी प्रकार इंजीनियरिंग के व्यवसाय में भी विस्तार हो रहा था। 1864–73 ई. के मध्य कलकत्ता विश्वविद्यालय से 36 छात्रों ने इंजीनियरिंग की डिग्री प्राप्त की, जबकि 1889–94 ई. के मध्य 74 लोगों ने इंजीनियरिंग की शिक्षा पूरी की।[4] पर इंजीनियरों को अंग्रेज़ों के अधीन काम करना पड़ता था तथा उच्चपद नहीं प्राप्त होते थे। 'दो बहनें' नामक उपन्यास में शशांक नामक किरदार, जो इंजीनियर है बहुत परिश्रमी तथा कर्तव्यनिष्ठ है। पर उसे अपने विभाग में एक अंग्रेज़ी अधिकारी से अनबन के कारण तरक़्क़ी नहीं मिलती है। टैगोर के उपन्यासों में गाँवों से शहरों में स्थानान्तरण करने वाले लोगों

तथा बेरोज़गार शिक्षितों की तकलीफ़ों का चित्रण मिलता है। टैगोर उस शिक्षा व्यवस्था की सीमाओं को समझ रहे थे जो बेरोज़गार शिक्षितों की संख्या में ही केवल वृद्धि करती है। इसलिए उन्होंने शान्तिनिकेतन में अपने शिक्षा सम्बन्धी प्रयोगों में शिक्षा को केवल रोज़गारोन्मुखी बनाने के स्थान पर सृजनात्मक कर्म से जोड़ा ताकि वह लोगों को आर्थिक रूप से भी सक्षम बना सके।[5]

टैगोर ने अपने उपन्यासों में एक ओर ज़मींदार वर्गों के सामाजिक पिछड़ेपन तथा झूठी विलासिता व प्रदर्शनप्रियता की आलोचना की है, तो उन्होंने नवधनिकों के वर्ग की भी तीखी आलोचनाएँ की हैं। 'घरे–बाइरे' में उन्होंने निखिलेश के दोनों बड़े भाइयों को परस्त्रीगमन में लिप्त दिखाया है तथा अधिक मदिरापान से उनकी मृत्यु हो जाती है। 'योगायोग' में ज़मींदारों की पहले की पीढ़ी को रखैलों व नर्तकियों के बीच विलास करते हुए दिखाया। उन्होंने यह भी दिखाने का प्रयास किया है कि नवशिक्षित मध्यवर्ग के जन्म के साथ नये सामाजिक मूल्यों का निर्माण हो रहा है। पर इस वर्ग के पुरुष चरित्रों को टैगोर ने अन्तर्विरोधमुक्त या सपाट ढंग से आधुनिकता का समर्थक नहीं दिखाया है जो उनकी सामाजिक दृष्टि की गहराई का सूचक है। स्त्रियों के बारे में समाज में फैली स्टीरियोटाइप सोच से वे पूर्णतः मुक्त नहीं है। टैगोर ने इन उद्यमी नायकों में घर कर गयी नवधनिकों की बुराइयों को भी प्रकट किया है जैसा कि वह 'योगायोग' में मधुसूदन के चरित्र के माध्यम से करते हैं जो अत्यन्त घमण्डी, संवेदनाहीन तथा दिखावेबाज़ है। टैगोर के शब्दों में– 'मधुसूदन केवल एक बात में बाज़ी मार सकता था–अपने धन के प्रदर्शन में।' पर ये उद्यमी नायक अपनी नयी सामाजिक भूमिकाओं तथा कामकाज की जटिलताओं के बीच अब स्त्रियों से अधिक भावनात्मक मदद की उम्मीद करने लगे हैं और इस कारण स्वयं भी उनसे मित्रवत व्यवहार करने के लिए मजबूर हैं। वे उन्हें इस विश्वास से बाहर लाना चाहते हैं कि वे अभागिनी या पतिता हैं। वे परम्पराओं के अन्धानुकरण से बाहर लाने की केवल बातें नहीं करते हैं बल्कि उन्हें प्रेरित भी करते हैं। लेकिन तत्कालीन बंगाली समाज की स्त्री सम्बन्धी रूढ़िवादी सोच फिर भी टैगोर के उपन्यासों में व्यक्त होती है। स्त्री किरदार स्वयं अन्तःपुर की सीमित परम्पराग्रस्त दुनिया से बाहर निक़लने की चुनौतियों के आगे हार मानते हुए दिखाये जाते हैं। वे शिक्षाप्रधान वातावरण के बीच एक क़दम आगे और दो क़दम पीछे चलते हैं जैसा कि ''घरे–बाइरे' में विमला या 'दो बहनें' में नीरजा करती हैं।

गौरवपूर्ण उद्यमिता के इस राष्ट्रीय गुण के बीच टैगोर के उपन्यासों की कथाओं पर विचार करते हुए किसी के भी मन में यह प्रश्न उठ सकता है कि आख़िर टैगोर ने बंगाल में ध्वस्त होती ज़मींदार प्रथा पर केन्द्रित कोई उपन्यास क्यों नहीं लिखा! वे स्वयं ज़मींदार थे जिनकी शिलाईदह में जागीरें थीं। ''घरे–बाइरे' में निखिलेश एक ज़मींदार नायक है पर वह उपन्यास स्वदेशी आन्दोलन के अन्तर्विरोध तथा स्त्रियों के राष्ट्रवादी दैवीकरण के प्रयासों की व्यर्थता पर अधिक केन्द्रित हो गया। केवल 'योगायोग' उपन्यास में ज़मींदार प्रथा के आन्तरिक संकट व ज़मींदारों की परस्पर शत्रुता की कथाएँ लिखी गयी हैं। 'योगायोग' में अहंकार के कारण घोषाल वंश और चटर्जी वंश के बीच दुश्मनी होती है जिसमें घोषाल वंश को ज़मीन–जायदाद छोड़कर भागना पड़ता है। दोनों ब्राह्मण ज़मींदार हैं पर एक–दूसरे को निम्नकोटि का ब्राह्मण साबित करने के लिए अपकीर्ति फैलाने का सहारा लेते हैं। चटर्जी और घोषाल वंश, दोनों ही श्रीहीन हो जाते हैं पर चटर्जी वंश के वंशज अभी भी ढाका की धोती, मलमली कुरते और इस्तांबूल के इत्र के साथ जीते हैं और पुराने ज़मींदार ठाठ बनाये रखने के चक्कर में नये युग में प्रवेश करने के मामले में बहुत देर कर देते हैं। साधारण विषयों पर आत्मघाती अहंकार पालने के कारण स्त्री व पुरुष, दोनों अपने बेशकीमती जीवन को नष्ट कर लेते हैं। यह उपन्यास बंगाल में पतनशील ज़मींदार व्यवस्था, जो अक्सर क़र्ज़, दिखावे और उपद्रवों के बीच चलती थी, का मार्मिक चित्र प्रस्तुत करते हैं और इसके आरम्भिक हिस्से ज़मींदार व्यवस्था के ध्वंस के शोककाव्य की तरह पढ़े जा सकते हैं। लेकिन टैगोर के ज़मींदार व्यवस्था के विभिन्न पक्षों के बारे में विशद अनुभव रहे होंगे और उन्होंने उपन्यास में उन्हे व्यक्त करने के स्थान पर शिक्षा, देशभक्ति, नवीन व्यवसाय सम्बन्धी चुनौती, स्त्री व्यथा आदि विषयों में अधिक दिलचस्पी ली है और उसके लिए कलकत्ता की नवोन्मेषी शहरी संस्कृति को चुना।

उनके उपन्यासों का केन्द्रबिन्दु कलकत्ते का जीवन ही है, हालाँकि कलकत्ता उनके उपन्यासों में बहुत बुरी तरह से लताड़ा और तिरस्कृत किया गया है। कुछ उपन्यासों में कलकत्ते की शिक्षा तथा नये विचारों को लेकर प्रशंसा भी की गयी है। 'गोरा' में उसे वणिक संस्कृति का प्रतीक बताया गया है जहाँ नदी को भी बेड़ियाँ पहना दी गयी हैं और जहाँ जाड़े में आकाश में कालिमा छा जाती है। कलकत्ते के बाहर के दुर्बल संकीर्ण ग्रामीण जीवन का उल्लेख भी कलकत्ते की आर्थिक–सामाजिक संस्कृति के महत्त्व को दर्शाने के लिए इस्तेमाल किया जाता है। इसी के समानान्तर उपनिवेशवाद के शहरी

स्थापत्य के प्रति एक असीम भावनात्मक रोष है। कलकत्ते के क्लर्कों–बाबुओं के परिवेश के प्रति सबसे अधिक विरक्ति गोरा में दिखती है। वह सच्चे भारत–वर्ष की खोज के लिए आकुल है और कलकत्ता के बारे में कहता है– 'यह चारों ओर फैला हुआ झूठ–यह तुम्हारा कलकत्ता शहर, ये दफ़्तर, ये अदालत, ये कुछ एक ईंट–पत्थर के बुलबुले? छीः।' अंग्रेज़ों द्वारा विकसित क्लर्क संस्कृति के प्रति टैगोर के मन की चिढ़ उनके निबन्धों में भी यत्रतत्र मौजूद है। अपने ऐतिहासिक महत्त्व के निबन्ध 'चरखा यज्ञ' में उन्होंने लिखा था–'क्लर्कों से भरे इस देश में, हम सभी जानते हैं कि क्लर्की का काम मानसिक स्फूर्तिदायक नहीं है। दिन–प्रतिदिन एक ही काम को करने से कुछ निपुणता भले आ जाये पर मस्तिष्क को कोल्हू के बैल की तरह संकीर्ण दायरे में घूमने की आदत पड़ जाती है।'

क्लर्क संस्कृति को लेकर उनकी नकारात्मक टिप्पणियाँ मौलिक उद्यम और उद्यमी दृष्टिकोण की वकालत का ही परिणाम हैं। उनके उपन्यासों के विभिन्न निजी व्यवसायों–उद्यमों में सक्रिय नायक–नायिकाएँ सरकारी नौकरियों के माध्यम से पैदा की जा रही औपनिवेशिक दासता को अपने स्तर पर ठेंगा दिखाने में अपनी भूमिका निभाते हैं।[6] उनके उपन्यास 'चतुरंग' में कलकत्ते को शिक्षा, नास्तिकता, देशसेवा और नवजागरण के केन्द्र के रूप में प्रतिष्ठित किया गया है। ऐसा शहर जहाँ नवजागरणकालीन विचार तथा राजनीतिक सक्रियता का एक साथ उपयोग किया जा सकता है। जीवन के व्यापक सरोकार निर्मित किये जा सकते हैं। वह ऐसा परिवेश देता है जहाँ 'पालवाली नाव उल्टी आ रही लहरों की परवाह किये बिना छाती फुलाकर बहती रह सकती है।' उपन्यास चरित्र श्रीबिलास, जो एक समय विद्रोही व नास्तिक विचारों का था, वही जब एक कीर्तन मण्डली करने वाले वैष्णवों की संगत कर लेता है, तब उसे कलकत्ता याद आता है। वह मन ही मन सोचता है–'किसी दिन इसी कलकत्ता की बोर्डिंग में रहकर दिन रात पढ़ाई की साधना की थी, गोल तालाब के तीर बैठकर मित्रों के साथ देश की चिन्ता की थी, राजनीतिक सम्मेलनों में वालंटियरी की थी। यहीं बड़े चाचा के आह्वान पर संकल्प लिया था कि समाज की डकैती का जी जान से मुक़ाबला करूँगा, सब तरह की गुलामी का जाल तोड़कर देश के लोगों को मन से आज़ाद करूँगा।'

दूसरी ओर कलकत्ते को रूखे–सूखे, संवेदनहीन शहर की तरह दिखाया गया है। ख़ासतौर पर ग्रामीण स्त्रियों, कोमलहृदय कवियों और एकान्त से भयभीत लोगों के मन में कलकत्ता एक आशंका या डर पैदा करता है।

'योगायोग' उपन्यास में नायिका कुमुदनी जब अपने घराने में जायदाद संकट पैदा होने पर भाई विप्रदास के साथ मजबूरन कलकत्ता रहने आती है तो उसे लगता है कि यह शहर एक विशाल समुद्र तो है पर यहाँ प्यास बुझाने के लिए एक बूँद जल भी देने वाला कोई नहीं है। कलकत्ता के माहौल में परायेपन और अपरिचय का भाव था जिसे वह नापसन्द करती है। कलकत्ता इसलिए तो प्रिय है कि वह लोगों को ग्रामीण विवादों–तनावों से बाहर निक़लने का विकल्प देता है पर वह इसलिए अप्रिय भी है कि वह स्वाभाविक प्रकृति–संस्कृति से लोगों को वंचित कर देता है। उपन्यास पात्र प्रायः उसके 'अविराम जनप्रवाह' के मध्य स्वयं को अकेला पाते हैं। टैगोर स्वयं कलकत्ते में अपने विरुद्ध फैली ईर्ष्या और निन्दा के वातावरण के प्रति व्यथित रहते थे। उनके मन में कलकत्ते की भीड़भाड़ वाली ज़िन्दगी के प्रति तीव्र विकर्षण मौजूद था और शिलाईदह, जहाँ उनकी ज़मींदार थी, वहाँ से पत्नी मृणालिनी को पत्र में लिख कर कहते थे कैसे कलकत्ता में उनका अन्तःकरण अशान्त रहता है। उनकी इस निजी मनःस्थिति का प्रभाव उपन्यासों में कलकत्ते के चित्रण पर भी यदाकदा झलक उठता है।

उपन्यास को महानगर व शहरी संस्कृति की विधा के तौर पर देखा जाता रहा है, हालाँकि यूरोप–अमेरिका की तुलना में रूस व भारत के उपन्यासों में ग्रामीण जीवन अधिक विस्तार से उजागर हुआ है। बड़े शहरों के उचाट अकेलेपन, अत्यधिक व्यस्तता की संस्कृति, सम्बन्धों में नये क़िस्म की श्रेणीबद्धता, यौन सम्बन्धों पर नयी पहरेदारी, पितृसत्तात्मक नियन्त्रण के नये रूप भारतीय उपन्यासों में ख़ासतौर पर टैगोर के उपन्यासों में उभरे हैं। बीसवीं सदी के आरम्भ में कलकत्ता शिक्षा व अंग्रेज़ियत के रंग में रंगी भारत की विकासशील शहरी संस्कृति का प्रतीक बना, जो काशी–वृन्दावन के धर्मनगरी की संस्कृति से भिन्न था। उपन्यास के विकास के तीन प्रमुख स्तम्भ–आधुनिक शिक्षा, स्त्री जगरण, सामाजिक आन्दोलन–यहाँ उपलब्ध थे और टैगोर के उपन्यास कलकत्ते में घटित हुए इन्हीं ऐतिहासिक संयोगों से लाभान्वित हो रहे थे। 'घरे–बाइरे' में उपन्यास का नायक निखिलेश अपनी पत्नी के संग कलकत्ता जाकर रहना चाहता है ताकि वह अपनी पत्नी को किसी नये, व्यापक संसार से परिचित करा सके। वह घर की चारदीवारियों से भरे संसार के स्थान पर अपनी पत्नी को बड़े कर्मक्षेत्र का दर्शन कराकर उसके मानसिक विकास में योगदान देना चाहता है। वह अपने विचार, ज्ञान तथा सामाजिक चेतना को समृद्ध करने तथा उसका प्रसार करने के लिए देहातों के एकरस जीवन से भागना चाहता है। कलकत्ता एक स्वप्न और लक्ष्य है जिसे गाँवों में बसा आधुनिक विचार वाला

हर ज़मींदार प्राप्त करना चाहता है। वह कलकत्ता में बस जाने में अपने जटिल होते जा रहे ग्रामीण परिवेश तथा उसकी अराजकता का समाधान देखता है। स्वदेशी तथा आधुनिकता से जुड़ा निखिलेश नामक सज्जन स्वभाव का ज़मींदार मन ही मन सोचता है कि–'सुख और दुःख दोनों का संचय ही भारी बोझ बन जाता है। बैठकर एकत्र करते रहना बिल्कुल ग़लत है। मैं घर का मालिक हूँ, ऐसा सभी सोचते व कहते हैं, जबकि वास्तविकता में मैं जीवनपथ का यात्री मात्र हूँ।' उसकी विधवा भाभी भी कलकत्ता जाना चाहती है पर उसकी स्थानान्तरण की इच्छा के पीछे भिन्न कारण हैं। वह कहती है–'मरना ही है तो क्यों न गंगा के किनारे जाकर मरूँ। यदि यहीं रामनाम सत्य हो गया तो वरतला के श्मशान में जलना होगा, तभी तो मरना नहीं चाहती। तुम लोगों की छाती पर मूँग दल रही हूँ।' अब मरने के लिहाज से भी गाँव के श्मशान के बजाय कलकत्ता जैसे आधुनिकीकरण की प्रक्रिया से गुज़रते नगर की गंगा का भी आकर्षण बढ़ रहा था। यह ऐतिहासिक सचाई है कि बीसवीं सदी में भारत में शहरों की तरफ़ पलायन ने लोगों में अपने निकट सम्बन्धियों को खो देने का एक भय पैदा किया है। उन्हें अकेलेपन और संगीहीन जीवन की कल्पनाओं से डराया है। गाँव में मिलने वाली एकान्तभरी मृत्यु और बागों–तालाबों में उपेक्षापूर्ण अन्तिम संस्कार की स्थिति के बारे में सोचना भी असहनीय लगता है। ऐसे में शहर के श्मशानों में अपने अन्तिम संस्कार की इच्छा अपनी मृत देह के लिए केवल श्रेष्ठ अन्त्येष्टि व कर्मकाण्ड प्राप्त करने की इच्छा भर नहीं है। यह किसी 'मोनोफोबिया', या प्रेम व देखरेख से वंचित कर दिये जाने के भय के कारण शहर की तरफ़ पलायन करते मानव समुदायों के साथ एकसूत्र में बँधे रहने की इच्छा की अभिव्यक्ति भी है।

पर इसी दौरान कलकत्ता अपनी आधुनिकता तथा ज्ञानविज्ञान के बावजूद निजी सम्बन्धों तथा निजी जीवन–प्रसंगों में अत्यधिक हस्तक्षेप करने वाले शहरी परिवेश के रूप में चित्रित होता है। ख़ासतौर पर स्त्री–पुरुष के प्रेमप्रसंगों, भिन्न जीवनशैली, विधवा पुनर्विवाह तथा यौन–उन्मुक्ताओं के मामले में कलकत्ते की पत्रकारिता को अत्यधिक अनुदार तथा चरित्रहननकारी विधा दिखाया गया है। अपने उपन्यास 'गोरा' में उन्होंने ब्राह्म अख़बार के बारे में लिखा था कि वह किस प्रकार ब्राह्म युवती तथा हिन्दू युवक के मध्य विवाह के विषय में अजीबोग़रीब तथा दखलन्दाज़ी से भरे समाचार प्रकाशित करते हैं। ब्राह्म अख़बार के अलावा भी कलकत्ता का प्रेस प्रतिक्रियावादी तथा पुरातनपन्थियों के प्रमुख हथियार हैं। उनके उपन्यास 'चतुरंग' में श्रीविलास और दामिनी जब

अपने धार्मिक संघ को छोड़ कलकत्ता लौटते हैं और वहाँ साथ रहने का निश्चय करते हैं तो कलकत्ते के साप्ताहिक पत्र उनके विषय में चटखारेदार समाचार छापने लगते हैं जिससे दोनों का जीवन मुश्किल हो जाता है। उपन्यास की मुख्य नायिका दामिनी के लिए अपने सगे–सम्बन्धियों के पास शरण प्राप्त करना असम्भव हो जाता है। कलकत्ते के पत्र सस्ती, घटिया तथा क्षुद्र सामग्री का प्रकाशन करते हैं और स्त्री–पुरुष के निजी प्रेम–प्रसंगों को इसके लिए मसालेदार सामग्री के रूप में प्रयोग करते हैं। 'चतुरंग' में लेखक मुख्य पात्र श्रीविलास के आत्मकथन के रूप में लिखता है–'सुना हम लोगों की बदनामी का ढिंढोरा सारे शहर में पिट गया है। हमारे अपने दल को छोड़ने के थोड़े ही दिनों के बाद साप्ताहिक पत्रों के 'विजयांक' निकले थे। सो हमारे लिए हमारा यूपकाष्ठ तैयार ही था, अतएव रक्तपान में भी कोई कसर नहीं की गयी। शास्त्र में स्त्री–पुरुष की बलि निषिद्ध है, किन्तु जहाँ तक मनुष्य का सवाल है, उसे सबसे अधिक उल्लास इसी से होता है। सो यद्यपि अख़बारों में दामिनी का नाम साफ़–साफ़ नहीं था, फिर भी इस चतुराई में कोई कमी नहीं की गयी थी कि जिससे बदनामी तनिक भी अस्पष्ट न रह जाये।' टैगोर ने अपने उपन्यासों में कलकत्ते के प्रेस और पत्रिकाओं के रवैये की तीखी आलोचना की है। उसे एक दकियानूस तथा ओछी सामग्री परोसने वाले प्रेस की तरह प्रस्तुत किया गया है जो व्यक्तिगत स्वतन्त्रता के मूल्यों के रक्षक कम हैं, बल्कि उसके विध्वंसक अधिक हैं। वे मुक्त तथा स्वाधीन विचार वाली स्त्री के लिए अपयश पैदा करते हैं और यदि कोई दामिनी जैसी विधवा स्त्री, जो पुनर्विवाह का निर्णय कर चुकी है, उसके विरुद्ध सस्ती चटखारेदार पत्रकारिता के हथियार का प्रयोग करते हैं। इस प्रकार की पत्रकारिता पर ही व्यंग्यात्मक प्रहार करते हुए टैगोर 'चतुरंग' में लिखते हैं कि शास्त्रों में स्त्री की बलि निषेध है, पर आधुनिक प्रेस स्त्री की बलि लेने में कोई संकोच नहीं करता है।

टैगोर के उपन्यास आज के ज़माने में बंगाल के सामाजिक इतिहास के तौर पर पढ़े जा सकते हैं। साथ ही वे एक संग्रहालय की तरह भी हैं जहाँ केवल इसलिए प्रवेश किया जा सकता है ताकि मानव मन, परिवार तथा संस्कृति में निहित विविधताओं को समझने लायक अधिक व्यापक एवं उदार चेतना को विकसित कर सकें। इनमें मानव हृदय के विशाल आकाश के दर्शन हो सकते हैं। टैगोर को अपने जीवनकाल में रईस, ज़मींदार, अविवेकी दलबदलू और बुर्जुआ होने के आरोपों को झेलना पड़ा था पर उनका गद्यसाहित्य सबसे अधिक साधारण जनों के निकट है। उनके उपन्यास शिल्प तथा कला के स्तर

पर कोई महान आमूलचूल प्रयोग नहीं करते हैं लेकिन साधारण जनों, आम घरेलू स्त्रियों, घर–परिवारों की हलचल से भरी दुनिया, लोगों के मस्तिष्क में जन्म लेते नये विचारों की विविध आन्तरिक छवियों को पहचानने में ऐतिहासिक भूमिका अदा करते हैं।

सन्दर्भ

1. जीवी रे–टैगोर : द नावेलिस्ट, पृ. 4
2. इन्दिरा चटर्जी–द थीमेटिक स्टडी ऑफ़ टैगोर्स नॉवेल, शुभी पब्लिकेशंस, गुड़गाँव, पृ. 38
3. वही, पृ. 35
4. वही, पृ. 38
5. वही, पृ. 40

5

उपन्यासों में इतिहास-बोध : बंकिमचन्द्र और टैगोर

टैगोर ने अपने दो उपन्यास ऐतिहासिक पृष्ठभूमि पर लिखे थे। इनमें प्रथम उपन्यास था 'बहूरानी का हाट' (बांग्ला में बउ ठाकुरनीर हाट, 1883) और दूसरा था 'राजर्षि' (1885–86)। ये दोनों ही उपन्यास टैगोर ने अपनी युवावस्था में लिखे थे। ऐतिहासिक कथानकों पर रचित इन दोनों उपन्यासों में उनकी समावेशी, सन्तुलित और सेकुलर इतिहास–दृष्टि की झलक मिलती है जो हिन्दू गौरवशाली नायकों पर आधारित साम्प्रदायिक दृष्टि वाली कथाओं के विपरीत है। औपनिवेशिक दौर के उपन्यासों में इतिहास का प्रयोग उस ऐतिहासिक चेतना को जन्म देने में सहायक होता है जो राष्ट्रीय चेतना के विकास में सहायक होती है। पर इतिहास–चेतना प्रत्यक्ष रूप से राष्ट्रवादी और प्रच्छन्न रूप से सम्प्रदायवादी हो तो वह राष्ट्रीय चेतना में गतिरोध उत्पन्न करने लगती है। इतिहास–चेतना और राष्ट्रीयता के इस जटिल सम्बन्ध को समझने के कारण टैगोर के ये दोनों उपन्यास इतिहास का कोई विशिष्ट सम्प्रदायवादी आख्यान तैयार करने के स्थान पर उसका अधिक मानवतावादी व सुधारवादी आख्यान निर्मित करने के पक्ष में झुके हुए हैं। ये उपन्यास किसी राजनीतिक दृष्टि की स्थापना न कर आदर्श मूल्यों की सामाजिक आवश्यकता तथा उन पर छाये संकट को कथानक में व्यक्त करते हैं। दोनों ही उपन्यास बंगाल तथा त्रिपुरा के मध्यकालीन राजाओं के जीवन पर आधारित हैं।

टैगोर से पूर्व बंकिमचन्द्र ने इतिहास पर आधारित कई उपन्यास लिखे थे और स्काटलैंड के लेखक वाल्टर स्काट (1771–1832) से तुलना करते हुए उन्हें 'स्काट ऑफ़ बंगाल' भी कहा जाता था। हालाँकि वाल्टर स्काट तथा बंकिम के द्वारा ऐतिहासिक उपन्यासों के लक्ष्य में अन्तर है। अंग्रेज़ी की आलोचक जसबीर जैन के मुताबिक वाल्टर स्काट का मक़सद ऐसा अतीत पुनर्निर्मित करना था जो वर्तमान में जीवित प्रतीत हो और अतीत व वर्तमान

में निरन्तरता का बोध हो सके। जबकि बंकिम जब इतिहास व रोमांस पर आधारित उपन्यास लिख रहे थे तब वह यह चाहते थे कि अतीत व वर्तमान में उत्पन्न अन्तर को प्रकट किया जा सके और इतिहास तथा अतीत के माध्यम से भविष्य के लिए दिशा प्राप्त की जा सके।[1]

बंगाल में इतिहास–केन्द्रित उपन्यास लिखने की प्रेरणा के सूत्र उन्नीसवीं सदी में घटित ऐतिहासिक बदलावों में निहित थे। इतिहास को राजनीतिक आवश्यकता के लिए प्रयोग करना तथा नयी 'ऐतिहासिक चेतना' का विकास अब सम्भव हो गया था। वर्ष 1857 के प्रथम स्वाधीनता आन्दोलन से भी ऐतिहासिक चेतना के विकास के सूत्र जुड़े हुए थे, हालाँकि यह सर्वविदित तथ्य है कि बंगाल के बुद्धिजीवी प्रायः इस संग्राम के प्रति उदासीन अधिक थे। लेकिन बांग्ला साहित्य पर इस महान घटना के प्रभाव को इस भाषा के आलोचकों ने स्वीकार किया है। बांग्ला के प्रसिद्ध आलोचक सरोज़ बन्दोपाध्याय के अनुसार– 'इस घटना ने बंगाली बुद्धिजीवियों की ऐतिहासिक चेतना को नये ढंग से तैयार किया था। बंगालियों की चेतना में पहली बार कोई महान ऐतिहासिक घटना अपनी सम्पूर्ण ऊष्मा तथा कान्ति के साथ दस्तक दे रही थी। इसके प्रभाव से बंकिमचन्द्र, रमेशचन्द्र दत्त (1848–1909) और हरिप्रसाद शास्त्री (1853–1931) के उपन्यासों में समय की लहरों के पार वीरता व नायकोचित गुणों से भरे चरित्रों की अनुगूँज उपस्थित है जो केवल अतीत के बारे में 'विजन' को ही नहीं बल्कि वर्तमान से जुड़े अनुभवों को भी प्रभावित कर रहे थे। 1857 के पश्चात राष्ट्रवाद का विचार तेज़ी से फैला तथा 'स्वतन्त्रता' शब्द ने विस्फोटक अर्थ ग्रहण करना आरम्भ कर दिया।'[2]

बंगाल में एक लम्बे ऐतिहासिक कालखण्ड में मुस्लिम नवाबों का शासन था और नवशिक्षित बंगालियों के पास बड़े हिन्दू राजवंशों से प्रेरणा ग्रहण करने के अवसर नहीं के बराबर थे। प्रान्तीय हिन्दू ज़मींदारों व छोटे राजाओं की स्थिति बहुत प्रेरणास्पद नहीं थी और अंग्रेज़ इतिहासकार बंगालियों को किसी पराक्रमी जाति की भाँति नहीं देखते थे। प्लासी के युद्ध के पश्चात बंगालियों को ही विशेष रूप से ग़ैरलड़ाकू क़ौम होने का कलंक ढोना पड़ रहा था और मैकाले ने अपने निबन्धों में सभी बंगालियों को कायर और दुर्बल बताया था। इतिहास के बारे में एक विशिष्ट औपनिवेशिक ज्ञानमीमांसा के कारण उन्नीसवीं सदी के मध्य तक, लगभग पचास वर्षों के दौरान, अंग्रेज़ों ने लड़ाकू और बहादुर क़ौम के रूप में मराठाओं, सिक्खों और राजपूतों पर ही पुस्तकें लिखी थीं।

इनमें ग्रांट डफ की 'ए हिस्ट्री ऑफ़ मराठा (1826), जोसेफ कनिंघम की 'हिस्टी ऑफ़ द सिक्ख' (1849) और जेम्स टाड की 'एनल्स एंड एंटिक्विटीज ऑफ़ राजस्थान' (1829) जैसी पुस्तकें प्रसिद्ध थीं और इतिहास सम्बन्धी ज्ञान के स्रोत के रूप में इनका गहरा प्रभाव था। बंगालियों को पराक्रम सम्बन्धी ऐतिहासिक प्रेरणा के लिए भी अन्य युद्धप्रिय समुदायों की ओर देखना पड़ता था। इस प्रकार 'मार्शल क़ौम' के एक साम्राज्यवादी मिथ ने बंकिम से लेकर रोमेशचन्द्र मजूमदार तक को प्रेरित किया कि वे शिवाजी तथा दिल्ली व राजस्थान के राजपूत राजाओं के जीवन वृत्तान्तों का इस्तेमाल अपने ऐतिहासिक उपन्यासों के लेखन में करें। यह आश्चर्यजनक नहीं था कि बंगाल में बैठकर बंकिमचन्द्र राजस्थान के हिन्दू राजा 'राजसिंह' पर अपना उपन्यास लिखते थे, जिसका बंगाल के तात्कालिक परिवेश से विशेष सम्बन्ध नहीं था। उन्होंने अपने प्रथम उपन्यास 'दुर्गेशनन्दिनी' (1865) में भी क्षत्रिय राजाओं मानसिंह व उसके पुत्र जगत सिंह को उपन्यास नायक बनाया था जो दिल्ली से उड़ीसा–बंगाल आकर मुग़ल बादशाहत के पक्ष में पठानों के विरोध में अपने वीरतापूर्ण कृत्य का परिचय देते हैं। इस प्रकार हिन्दू–शक्ति का प्रमुख केन्द्र बंगाल न होकर दिल्ली अथवा राजस्थान है।

पर बंगाल में रहकर केवल राजपूतों के शौर्य प्रदर्शन में अपने जातीय गौरव को प्रतिबिम्बित होते देखने की वैचारिक–ऐतिहासिक सीमा को भाँपकर बंगाल के बुद्धिजीवियों के द्वारा स्थानीय राजनीतिक इतिहास पर भी ध्यान केन्द्रित किया गया। बंकिम ने अपने ऐतिहासिक उपन्यासों जैसे 'चन्द्रशेखर' (1875), 'आनन्दमठ' (1882) एवं 'सीताराम' (1887) में अठारहवीं सदी के उत्तरार्ध में बंगाल में मुस्लिम नवाबों के शासनकाल में व्याप्त अराजकता के विरोध में बंगाल की भूमि पर लड़े गये युद्धों तथा हिन्दू संन्यासियों–योद्धाओं के उग्र आत्मत्याग के विषय को कथावस्तु बनाया गया। इन उपन्यासों में बंगाल के शक्तिशाली हिन्दू राजाओं के स्थान पर योगसिद्धि प्राप्त संन्यासियों, जंगलों–पहाड़ियों में छिपे बागियों व छोटे–मोटे ज़मींदारों को प्रतिरोध का नायक बनाया गया है। उन्हीं के माध्यम से स्थानीय बांग्ला जाति के गौरव को व्यक्त किया गया है। बंकिम के उपन्यासों में हिन्दू संन्यासियों–धार्मिक गुरुओं की छवि को बदला भी गया है। वे अब शास्त्रज्ञान तक सीमित नहीं हैं। उन्हें पुराण, संहिता, काव्य, अलंकार के सभी ग्रन्थों की सीमाओं से मुक्त होकर कर्मक्षेत्र में उतरता दिखाया गया है। ऐसे प्रसंग भी हैं जिनमें उन्हें शास्त्रों को आग लगाकर जीवनसंग्राम में उतरते दिखाया है। यह ब्राह्मणों के 'मिलिटेंट हिन्दूइज़्म' का रूप है जिसमें

आक्रान्ताओं के राजनीतिक बल के आगे समस्त शास्त्र और पारम्परिक ज्ञान असहाय हो चुका है। इसलिए शास्त्र भी उन्हीं के द्वारा जलाये जा रहे हैं जो उसके संरक्षक थे। यह 'उपन्यासों का शस्त्रीकरण' भी है क्योंकि उपन्यास अब युद्धकाल की मनःस्थितियों को पाठकों की चेतना पर आरोपित कर रहे हैं। इनमें उच्चजाति के ब्राह्मणों–क्षत्रियों के सशस्त्र और शक्तिशाली समुदाय की कल्पना है जिसने ज्ञान का पथ छोड़ युद्ध के लिए प्रशिक्षित होना आरम्भ कर दिया है। उनके उपन्यास 'चन्द्रशेखर' में एक अंग्रेज़ के द्वारा पत्नी के अपहरण पर क्रोधित शास्त्रज्ञ ब्राह्मण चन्द्रशेखर को क्रोध में 'रक्त के समान प्रिय' ग्रन्थों को आपस में बाँधकर आग लगाते चित्रित किया गया है। उपन्यासकार के शब्दों में–'आग जल उठी। पुराण, इतिहास, काव्य, अलंकार, व्याकरण क्रमशः सबमें आग लग गयी। मनु, पराशर, याज्ञवल्क्य आदि स्मृतियाँ, न्याय, वेदान्त, साक्ष्य आदि दर्शन, कल्पसूत्र, आरण्यक, उपनिषद्–सब एक–एक कर आग में पड़ जलने लगे। बहुत यत्न से इकट्ठा किया हुआ, बहुत दिनों से पढ़ा हुआ वही अमूल्य पुस्तकों का ढेर जलकर राख हो गया।'

बंकिम के इस उपन्यास तथा उनके अन्य उपन्यासों के व्याख्यात्मक विवेचन के लिए इस घटना–चित्रण का विशेष महत्त्व है। अपने ही घर में हिन्दू शास्त्रों व ग्रन्थों को अग्नि के हवाले करने का यह दृश्य हिन्दू धर्म के ऐतिहासिक पुनराविष्कार का दृश्य है और नये तरीक़े से उसकी राजनीतिक पुनर्स्थापना भी। उपन्यास अब व्यक्तिवाद या आधुनिक जीवन की कथाओं का वर्णन करने के स्थान पर उग्र राजनीतिक समुदाय की कल्पनाओं को विकसित कर रहे हैं। प्रतिहिंसा और न्याय के लिए बेचैन हिन्दू मानसिकता का प्रदर्शन कर राष्ट्र और हिन्दू धर्म का घातक सम्बन्ध तैयार हो रहा है। बंकिम ने आगे चलकर 'आनन्दमठ' में भी चैतन्य की प्रेमपरक भक्ति की आलोचना की थी। अपने उपन्यास 'मृणालिनी' में भी उन्होंने शास्त्रों पर निर्भरता को हिन्दू पराजय का मुख्य कारण बताया है क्योंकि शास्त्र न केवल समकालीन वास्तविकता को समझने में असमर्थ थे बल्कि वे हिन्दू निष्क्रियता के प्रमुख कारण थे।

बंकिम ने तीस साल की अवस्था में 'मृणालिनी' (1869) नामक उपन्यास रचा था जो बंगाल के बारहवीं–तेरहवीं सदी के सेन वंश के कालखण्ड पर आधारित है। लेकिन यह उपन्यास सेन वंश की पराजय, ख़ासतौर पर दिल्ली में बैठे शासक कुतुबुद्दीन ऐबक के प्रतिनिधि बख़्तियार ख़िलजी के द्वारा थोड़े से घुड़सवारों की मदद से बंगाल को जीत लेने के कारुणिक सत्य पर आधारित है।

यह एक निराशवादी उपन्यास था। इसमें उन्होंने मध्यकालीन रोमांस–प्रेमकथा के माध्यम से रोचकता तो पैदा की लेकिन पूरा उपन्यास बंगाल की दारुण पराजय की कथा सुनाता है। सेन वंश के अन्तिम राजा लक्ष्मण सेन की कायरता, प्रमुख मन्त्री का राजा बनने के लोभ में बख़्तियार ख़िलजी से समझौता और युद्ध न करना तथा यवनों के द्वारा प्रजा की लूटपाट के लोमहर्षक वर्णन उपन्यास में विन्यासित हैं। हेमचन्द्र और मृणालिनी की लुकाछिपी और विचित्र कष्टों से भरी प्रेमकथा है। दूसरी ओर धार्मिक गुरु माध्वाचार्य हैं जिन्हें 'हिन्दू विजडम' तथा दूरदर्शिता का प्रतीक बनाने का प्रयास करते हुए भी उपन्यासकार इस कार्य में सफल नहीं हो पाता। उनकी ज्योतिषी और शास्त्र की गणनाएँ मिथ्या सिद्ध होती हैं। वह गुरुजी न तो गौड़ प्रदेश (बंगाल) की सुरक्षा कर पाते हैं, न प्रेमियों का कल्याण कर पाते हैं। अन्त में असहाय व्यक्ति की तरह पराजय के बीच यही सन्देश देते हैं कि–'ये यवन अभी तक बार–बार विजय प्राप्त करते आ रहे हैं और इसी कारण राजा लोगों में यह धारणा जड़ पकड़ गयी है कि ये अजेय हैं–जीते नहीं जा सकते। कोई इनका विरोधी होना नहीं चाहता। ये एक बार जहाँ पराजित हुए, फिर इनकी यह महिमा नहीं रहेगी। जब भारतवर्ष के सभी आर्यवंशी राजा शस्त्र उठाकर मुक़ाबले को तैयार हो जायेंगे, तब यवनों के पैर कब तक टिके रहेंगे।' उपन्यास में ब्राह्मणों के छलकपट और निजी महत्त्वाकांक्षाओं को बंगालियों की पराजय का प्रमुख कारण दिखाया गया है। उनके छलकपट का आलम यह है कि प्राचीन शास्त्रों में किसी एक शास्त्र को उठा लाते हैं और उसके पन्नों को बदल देते हैं। बग़ैर युद्ध किये सेन वंश द्वारा समर्पण के पीछे ख़िलजियों की सेना की ताक़त नहीं बल्कि शास्त्र का झूठा भय था कि युद्ध होने पर सेन वंश पराजित होगा। उपन्यासकार दिखाता है कि 'धर्मशास्त्र' वह पारम्परिक शक्ति थी जिसका कोई भी स्वार्थी व महत्त्वाकांक्षी ब्राह्मण अपने लाभ के लिए प्रयोग कर सकता था। बंकिम के उपन्यासों के कालक्रम को देखने पर पता चलता है कि वह 'मृणालिनी' लिखकर बंगालियों की राजनीतिक शक्ति को उभारना चाहते हैं, पर वहाँ भी पराजय का इतिहास लिखने के लिए विवश हो जाते हैं। बंगाल का ऐतिहासिक यथार्थ कुल मिलाकर ऐतिहासिक उपन्यासों के सामाजिक लक्ष्य को प्राप्त नहीं होने देता है। विवश होकर उपन्यासकार को ऐतिहासिक यथार्थ का अनुसरण करना पड़ता है। इस विवशता के कारण अपने बाद के उपन्यासों में उन्होंने 18वीं सदी की घटनाओं पर ध्यान केन्द्रित

किया जहाँ नये सिरे से लोग संगठित होकर यवनों और अंग्रेज़ों से युद्ध कर रहे हैं। इनमें एक ओर अंग्रेज़ों से युद्ध है और दूसरी ओर उनसे समझौता भी होता है, उनका महिमामण्डन करना पड़ता है।

बंकिम के उपन्यासों में औपनिवेशिकता की समस्या को आधुनिक नज़रिये से समझने और उसका आधुनिक समाधान ढूँढ़ने के स्थान पर उनका सामन्ती नज़रिये से सामना करने की कोशिश की गयी है। इनमें अठारहवीं सदी की शक्तिशाली होती औपनिवेशिकता को 19वीं सदी का एक अंग्रेज़ी शिक्षा प्राप्त लेखक भी धार्मिक दृष्टिकोण से देखता है। इस कारण उनके ऐतिहासिक उपन्यासों में धार्मिक समुदायों के टकरावों में औपनिवेशिकता का यथार्थ उलझकर रह जाता है। एक नितान्त आधुनिक संघर्ष भारतीय समाज की धार्मिक दरारों का शिकार हो जाता है। इसी प्रकार अलग–अलग उपन्यासों में प्रायः इतिहास का कालखण्ड बदल जाता है, पर गल्प में उसका चित्रण ख़ास सुनिश्चित शैली में होता है। विश्वासघात, अपहरण, संन्यासी का आगमन, अलौकिक वीरता, अतिशयोक्तिपूर्ण उद्‌बोधन व स्वैच्छिक प्राणत्याग तथा नाटकीय भावुकता की कथाशैली उपन्यास की ऐतिहासिकता पर हावी रहती है। इतिहास की विविधता लेखक की विचार–दृष्टि की एकरूपता के नीचे दबी हुई प्रतीत होती है। लेखक का 'अवलोकन बिन्दु' (vantage point) स्थिर रहता है, केवल इतिहास से ग्रहण की गयी सामग्री बदलती है। ध्यान देने की बात यह है कि विभिन्न क़िस्म के साधु–संन्यासी तथा योगसिद्धि प्राप्त बाबा उपन्यास के कथा़नक को प्रभावित करते हैं। उपन्यासों में हिन्दू संन्यासियों तथा छोटे–मोटे ज़मींदारों के कन्धों पर उपनिवेशवादियों का सामना करने की ज़िम्मेदारी है। इन विचित्र–अनोखी शक्तियों से लैस संन्यासियों का औपन्यासिक नायकत्व फैंटेसी पर टिके इस हिन्दू मनोविज्ञान का प्रतीक है कि हिन्दू अध्यात्म तथा उनकी योगशक्तियाँ किसी भी संकट पर विजय प्राप्त करने में सक्षम हैं। पर जहाँ वह यथार्थ पर अधिक बल देते हैं, वहाँ धार्मिक टकराव, भावुक प्रेमकथाओं व आह्लादित बलिदानों के घटाटोप के बीच भी 18वीं सदी में भारत पर हावी होती ब्रिटिश गुलामी के स्पष्ट चित्र उभर आते हैं।

इस रूप में 19वीं सदी के भारतीय उपन्यास धार्मिक–आध्यात्मिक फैंटेसियों तथा बहुरंगी आध्यात्मिकता के बीच से विकसित होते प्रतीत होते हैं। इसे कोई चाहे तो 'भारतीय ढंग का उपन्यास' मान ले लेकिन यह केवल भारतीय ढंग का उपन्यास नहीं। यह उपन्यास के 'फार्म' में धर्म, राजनीति

और मध्यकालीन प्रेम–कथाओं का आपस में जुड़ा ऐसा तानाबाना है जो भारतीयता तक सीमित नहीं है। ये उपन्यास एक निरन्तर पराजित होते समुदाय के द्वारा धार्मिक–आध्यात्मिक शक्तियों को अपना वास्तविक कवच समझने की मानसिकता को प्रकट करते हैं, और उसका महिमामण्डन भी करते हैं। धार्मिक–आध्यात्मिक फैंटेसी अंग्रेज़ों को भारतीयों के शत्रु के रूप में चित्रित करती है और उनकी बढ़ती शक्ति के प्रति सजग है। लेकिन इस फैंटेसी में निहित धार्मिकता अन्ततः जीवन के भौतिक पक्षों के साथ एक चालाकीपूर्ण समझौते पर टिकी है। वह इस्लाम में अपने किसी बड़े शत्रु को खोजती है क्योंकि इस्लाम के पतन के साथ हिन्दू सामन्तों के गौरव की पुनर्स्थापना हो सकती है।

बंकिम के उपन्यासों की हिन्दू आध्यात्मिकता व साधु–सन्तों का त्यागमय चरित्र भी बहुत सरल अथवा परोपकारी प्रकृति का नहीं है। न ही लेखक ने उसे किसी सरल ढंग से पाठकों के सामने रखा है। हिन्दू संन्यासी व हिन्दू अध्यात्म अब धार्मिकता से बाहर निक़ल रणनीतिक इस्तेमाल के लिए उपयोगी हो चुके हैं। हिन्दू आध्यात्मिकता व संन्यासत्व अब जटिल सत्ता संघर्षों के हिस्सेदार हैं। हिन्दू धार्मिकता का स्पष्ट राजनीतिकरण करने का आह्वान किया जाता है और विभिन्न क़िस्म के संन्यासी व ब्राह्मण गुरु इत्यादि इस राजनीतिकरण के सबसे अग्रिम मोर्च पर तैनात दिखते हैं। उपन्यासों में मौजूद धार्मिक गुरुओं की मण्डली अंग्रेज़ों व मुस्लिम शासकों के मध्य ऐतिहासिक सत्ता संघर्षों में हिन्दू ज़मींदारों व सामन्तों के बेहतर भविष्य के संकेतों को 'डीकोड' करने का काम करती है। उदाहरण के लिए बंकिम के उपन्यास 'चन्द्रशेखर' में, जो बंगाल के अन्तिम नवाब मीरकासिम व अंग्रेज़ों के संघर्ष पर आधारित है, उसमें अंग्रेज़ों को खलनायक बनाया गया है। उन्हें बलात्कारी व अपहर्ता के रूप में दिखाया गया है। देशभक्ति की स्थानीय भावना के कारण हिन्दू योद्धाओं द्वारा बंगाल के नवाब का साथ देने की बात क़ही गयी है। पर हिन्दू संन्यासियों का वर्ग अन्ततः मुस्लिम शासकों व अंग्रेज़ों के मध्य युद्ध में अंग्रेज़ों की सराहना करता है। यह अंग्रेज़ों के उगते सूरज को प्रणाम करने की सामान्य मानवीय प्रवृत्ति है। साथ ही इस्लामिक शासन के पतन में अपने लिए तात्कालिक अवसर देखने की चेष्टा है। इसलिए अंग्रेज़ जाति को भाग्यशाली बताकर विजेता के पक्ष को समर्थन दे दिया जाता है। 'चन्द्रशेखर' उपन्यास में एक ओर हिन्दुओं की सुसज्जित अस्त्रधारी सेना अंग्रेज़ों से युद्ध करती है तो दूसरी ओर इसी

उपन्यास में रामानन्द नामक स्वामी जी कहते हैं–'यह अंग्रेज़ जाति बड़ी भाग्यशाली है–बलवान और कौशलमयी भी लगती है। मालूम होता है कि यह एक दिन सारे भारतवर्ष पर अधिकार कर लेगी।' सम्पूर्ण उपन्यास लारेंस फास्टर नामक अंग्रेज़ के द्वारा एक विवाहित स्त्री पर आसक्त होकर बलपूर्वक उसके अपहरण पर आधारित है। इसमें बंगाल के नवाब मीरकासिम के पतन पर शोक भी है। लेकिन निर्मम औपनिवेशिक परिस्थितियों के बीच लिखे गये उपन्यास अपने वर्तमान शासकों की प्रशंसा को सरकारी कर्तव्य की तरह निभाया गया है। इस सरकारी कर्तव्य के निर्वहन का सम्बन्ध न तो औपन्यासिक कला से है और न औपन्यासिक 'विजन' से। यह एक ठेठ 'सरकारी कर्तव्य' भर है जिनसे उपनिवेशों के उपन्यास मुक्त नहीं हो सकते। उपनिवेशों के उपन्यास प्रेमकथा व उत्सर्ग की कथाओं के वर्णन में स्वतन्त्र हैं। पर वे राजनीतिक दृष्टि से सरकारी बाध्यताओं व नियमावलियों से मुक्त नहीं हैं। इसी कारण उपन्यास का मूल कथानक तथा उपन्यास में उपनिवेशवादियों की प्रशंसा में लिखे वाक्य परस्पर असंगति के शिकार हो जाते हैं।

बंकिम ने 'देवी चौधरानी' (1884) नामक उपन्यास में भी स्त्री डकैतों के माध्यम से बंगालियों के संगठित पराक्रम का वर्णन करने का प्रयास किया था। जंगलों में छिपे लाठीधारी बंगाली डकैतों के सामने अंग्रेज़ों की पराजय को वर्णित किया था। पर उस उपन्यास में भी उन्होंने प्रफुल्लकुमारी नामक बागी स्त्री डकैत को अपने पति व ससुराल की शरण में जाते तथा 'देवी निवास' के रूप में अतिथिशाला खोलते दिखाया है। बागियों का सरगना और लगभग अपराजेय भवानी ठाकुर अंग्रेज़ों के समक्ष आत्मसमर्पण करता है। उपनिवेशों के उपन्यासों पर यह सरकारी कर्तव्य का आतंक कि उन्हें अपने देश की जनता के साहस तथा निजी सम्बन्धों की भावुकता को तो प्रकट करना है पर वर्तमान शासकों–मालिकों के गौरव को प्रश्नांकित नहीं करना है। इसलिए बंकिम के उपन्यासों में अंग्रेज़ों को किसी अन्य दुर्गुण का शिकार भले दिखाया जाये, पर उन्हें कायर या भगोड़े की तरह दर्शाने का दुस्साहस नहीं किया गया है। पूरा अंग्रेज़ी साम्राज्यवाद अपनी अपराजेयता के मिथ पर टिका था और बंकिम के उपन्यास अंग्रेज़ों की अपराजेयता को उनके अपार साहस व युयुत्सु छवि के माध्यम से प्रतिष्ठित करते हैं। इनमें उपनिवेशित समुदाय अपने शासकों की क्रूरताओं पर मुग्ध है। इस प्रकार उपनिवेशों के उपन्यास देशप्रेम तथा राजभक्ति के बीच के अन्तर्विरोध को अपने आख्यानों व गल्प में छिपाते नहीं हैं

बल्कि मुखरता से प्रकट करते हैं। इन उपन्यासों के 'पाठ' में उपन्यासकार की नीयत या मंशा पर सन्देह करने के स्थान पर सामन्ती समाजों के अन्तर्विरोधों के बीच उपन्यास कला के विकासक्रम को समझा जाना चाहिए।

बंकिम के उपन्यास 'आनन्दमठ' ने साहित्यिक व राजनीतिक, दोनों स्तरों पर अधिक लोकप्रियता प्राप्त की क्योंकि वह औपनिवेशिकता को मुस्लिमों तथा अंग्रेज़ों, दोनों सन्दर्भों में परिभाषित करने में समर्थ था। इसमें अत्याचार से पीड़ित किसानों का एक व्यापक जनविद्रोह घटित होता है जो प्रत्यक्ष रूप से मुस्लिम शासन–सत्ता तथा परोक्ष रूप से अंग्रेज़ों की सत्ता को चुनौती देता है। औपनिवेशिक कालखण्ड में दुर्भिक्ष व अन्य आपदाओं के कारण भुखमरी के हालात पैदा होते रहते थे। इसे ही आधार बनाकर बंकिम ने 'आनन्दमठ' की रचना की थी जिसमें पहली बार ऐतिहासिक आख्यान के माध्यम से भारत की 'मातृभूमि' के रूप में कल्पना की गयी थी। वर्तमान में इस उपन्यास का स्मरण भारत के राष्ट्रीय गीत 'वन्दे मातरम्' को जन्म देने वाली कृति के रूप में किया जाता है। पर यह उपन्यास शासकों की मनमर्ज़ी के विरुद्ध अकालग्रस्त किसानों के विद्रोह की कथा पर आधारित है। इसमें किसान विद्रोह और किसानों से संघर्ष के चित्र भी मौजूद हैं। 'आनन्दमठ' में हिन्दू संन्यासियों के मुस्लिम नवाब के ख़िलाफ़ विद्रोह के रूप में साम्प्रदायिक दृष्टि का होना इस उपन्यास को वर्तमान में भी विवादास्पद बनाता रहता है, पर बंकिम पूरी तरह मुस्लिम विरोधी हों ऐसा भी न था। उन्होंने अपने प्रथम उपन्यास 'दुर्गेशनन्दिनी' में मानसिंह व जगत सिंह नामक हिन्दू राजाओं को दिल्ली में अकबर के सहयोगी के रूप में चित्रित किया। वे अकबर के सेनापति के रूप में पठानों से युद्ध करते हैं, न कि किसी हिन्दू धर्म की रक्षा के लिए। इसी उपन्यास में एक मुस्लिम लड़की आयशा तथा उपन्यास नायक जगत सिंह के प्रेम के रूप में धर्म–मज़हब के प्रश्नों को दरकिनार कर दिया था। पठान नवाब कल्लू खाँ की बेटी आयशा ही हिन्दू नायक के प्राणों की रक्षा करती है। 'सीताराम' नामक उपन्यास में उन्होंने यह दिखाने का प्रयास किया है कि आधुनिक राष्ट्र के उदय से पूर्व भी राजनीतिक सत्ता–संघर्ष के कारण साम्प्रदायिक चेतना का उपयोग किया जाता था। मुस्लिम नवाब तथा हिन्दू ज़मींदार–राजा आपस में युद्ध करते समय धार्मिक मुहावरों का प्रयोग करते हैं। अपनी सत्ता के लिए लोकप्रिय वैधता प्राप्त करने के उद्देश्य से आमजनों की धार्मिक चेतना की राजनीतिक गोलबन्दी करते हैं। पर सच यह भी है कि, जोकि बंकिम के उपन्यासों में झलकता है,

कि सामान्य जनजीवन हिन्दू और मुस्लिम के भेद को एक सीमा से अधिक स्वीकार नहीं करता। राजनीतिक उग्रताओं पर व्यावहारिक आवश्यकताएँ हावी होती हैं। उन्होंने 'सीताराम' में नायक सीताराम द्वारा नये बसाये राज्य का नाम 'मुहम्मदपुर' रखा जहाँ विभिन्न धर्मों के लोग शान्तिपूर्वक साथ रहते हैं। बंकिम ने मुस्लिम नवाबों की क्रूरता का चित्रण किया है तो हिन्दू राजाओं की मूर्खता व आत्मघाती विलासप्रियता का भी वर्णन किया है।

इस प्रकार बांग्ला में टैगोर से पहले ऐतिहासिक उपन्यास लिखे जा रहे थे उनमें बंकिमचन्द्र चट्टोपाध्याय प्रमुख थे। 19वीं सदी के इन उपन्यासों में एक ओर यथार्थवादी ढाँचे के भीतर नैतिक–धार्मिक उपदेशों को विन्यस्त किया जा रहा था तो दूसरी ओर परम्परा से दबे समाज में 'हीरो की अवधारणा' को गढ़ा जा रहा था। इसके लिए इतिहास एवं रूपक–कथाओं (एलिगरी) को उपयोगी मानकर उन्हें जोड़ा जा रहा था।[3] टैगोर पर उनका गहरा प्रभाव था और टैगोर उनकी आलोचना भी करते थे। टैगोर ने उनकी पत्रिका 'बंगदर्शन' का 1901 ई. में सम्पादन किया था। बंकिम के निधन के बाद उन्होंने बंकिम के द्वारा बांग्ला भाषा के विकास के ऐतिहासिक योगदान का बहुत श्रद्धापूर्ण तरीक़े से स्मरण किया था। लेकिन इतिहास की हक़ीक़त यही है कि बंकिम और टैगोर राष्ट्रवाद के बारे में दो भिन्न विचारधारा से जुड़े हुए थे और नव स्वतन्त्र भारत में किसकी विचारधारा का प्रभाव अधिक होगा, यह समय को तय करना था। इतिहास का यह रोचक तथ्य है कि जब स्वतन्त्र भारत की संविधान सभा में इस पर बहस हो रही थी कि भारत का राष्ट्रगान कौन होगा तो 'वन्दे मातरम्' तथा 'जन–गण–मन' पर एक साथ विचार हुआ था। इक़बाल का तराना 'सारे जहाँ से अच्छा हिन्दोस्ताँ हमारा' भी इस प्रतियोगिता में शामिल था। पर इक़बाल द्वारा पाकिस्तान निर्माण का समर्थन करना, उन्हें लाहौर में दफ़नाया जाना तथा पाकिस्तान में उन्हें राष्ट्र–कवि का दर्जा दिये जाने के कारण वह जल्द ही होड़ से बाहर हो गया।[4] एक लम्बी बहस के बाद 'वन्दे मातरम्' की जगह 'जन–गण–मन' को राष्ट्रगान के रूप में स्वीकार कर लिया गया क्योंकि 'वन्दे मातरम्' अन्ततः देवी दुर्गा को सम्बोधित प्रार्थना गीत था और मुस्लिमों के द्वारा इसका विरोध हो रहा था। पर चूँकि वन्दे मातरम् का सम्बन्ध स्वतन्त्रता आन्दोलन से था इसलिए इसके लिए भी जगह बनानी थी। यह ध्यान में रखकर ही इसे राष्ट्रगीत का दर्जा प्रदान किया गया जिसका सम्मान राष्ट्रगान की तरह ही किया जाना था। लेकिन संविधान के अनुच्छेद 51 (ए) में स्पष्ट लिखा है कि

भारत के नागरिक राष्ट्रगान का सम्मान करने के कर्तव्य से बँधे होंगे। भारत के बाहर अन्तरराष्ट्रीय स्तर पर जन–गण–मन ही भारत का प्रतिनिधित्व करेगा। स्वतन्त्र भारत, जिसने धर्मनिरपेक्षता को स्वीकारा, उसमें टैगोर का गीत विवादास्पद नहीं था लेकिन बंकिम के गीत को हमेशा ही विवादास्पद नियति का सामना करना पड़ा।

इस प्रकार बंकिम तथा टैगोर की भिन्न विचार–दृष्टियाँ उनकी कविताओं–गीतों में टकराती थीं। अगर उनके उपन्यासों का तुलनात्मक विवेचन करें तो भी यही दिखता है कि उनके उपन्यासों की कथावस्तु में भी इतिहास बोध के स्तर पर बहुत मुखर तो नहीं, लेकिन एक सरलता से दिखने वाला टकराव उपस्थित था। टैगोर को उपन्यासों के रूप में बंकिम से जो परम्परा मिली, उसमें राजसत्ता के लिए हिन्दू–मुस्लिम टकराव तथा धार्मिक चेतना की व्याप्ति है। उपन्यासों के माध्यम से साम्प्रदायिक इतिहास–दृष्टि के प्रचार–प्रसार की कोशिश दिखती है। पर उपन्यास अन्ततः जिस यथार्थवाद से प्रेरित हैं, उसके चलते उपन्यास अपनी ऐतिहासिक सीमाओं के बावजूद दमित–परास्त वर्गों के प्रतिरोध, युद्ध के छल व उसकी निरर्थकता तथा स्त्रियों–पराधीन वर्गों की प्रतिरोधपूर्ण जीवनदृष्टि को भी प्रकट करते हैं। लेकिन मानवतावाद की ओर अधिक झुके हुए टैगोर की इतिहास–दृष्टि छल–कपट से भरी राजनीति के नीरस दायरों से बाहर जाकर प्राणवान सभ्यता–संस्कृति से प्रेरणा ग्रहण करती है। उनमें मानवोपयोगी पवित्र मूल्यों और आदर्शों की चिन्ता अधिक है। सुधारवादी और आधुनिक दृष्टिकोण के कारण इतिहास को मुस्लिम विद्वेष का हथियार बनाने की चेष्टाएँ नहीं हैं। बंकिम की तरह टैगोर इतिहास का ज्ञान विश्वविद्यालय से सीखकर नहीं आये थे जो अन्ततः इन्सान को आधुनिक राष्ट्रप्रेम के नाम पर संकीर्ण चेतना का शिकार बनाते थे। इतिहास मुख्यतः उनके लिए राजनीतिक घटनाओं का सिलसिला भर नहीं था। वह इतिहास के बारे में मानवीय कवि–दृष्टि को अधिक महत्त्व देते थे ताकि साहित्य में प्रकट हुआ इतिहास 'मानव जीवन के सुख–दुःख' से जुड़े और इसके लिए इतिहास का अतिक्रमण करना पड़े तो वह भी किया जाये। इतिहास के प्रश्नों को वह अन्तःकरण, नैतिकता तथा 'सृष्टिकर्तृत्व की विशिष्टता' से जोड़ते थे। केवल राजनीतिक विचारधारा के लिए इतिहास का प्रयोग करने के स्थान पर इतिहास के बारे में उदात्त और मानवोचित कल्पनाओं को विकसित करते हैं। इतिहास के जटिल तथ्यों व तिथिक्रम में उलझने के स्थान पर उसके माध्यम

से समाज के नैतिक प्रश्नों पर विचार करना इतिहास को समझने के लिए आवश्यक मानते थे। एक सीमा से अधिक इतिहास की जानकारियों के प्रति उनके मन में स्वाभाविक चिढ़ थी। ऐतिहासिक सूचनाओं के जंगल में भटकने में उनका विश्वास नहीं था। वह मानव जीवन के बारे में आदर्श कल्पनाओं को व्यक्त करने के लिए इतिहास का प्रयोग करना चाहते थे। इसलिए मरने से कुछ समय पूर्व उन्होंने 'साहित्य में ऐतिहासिकता' नामक वार्तालाप आधारित एक लेख में कहा था–'आजकल के समालोचक जिस विस्तीर्ण इतिहास के बीच संचरण करते हैं, उसका कम–से–कम बारह आना मैं जानता ही नहीं।'

टैगोर ने इतिहास पर आधारित अपने दोनों उपन्यासों में राजवंशों के वर्णन के स्थान पर उनसे जुड़े चरित्रों के आन्तरिक जीवन को चित्रित किया है और साथ ही समाज में हिन्दुओं तथा मुस्लिमों के सहअस्तित्व के सामाजिक यथार्थ को बल प्रदान किया है। इतिहास की राजनीतिक घटनाओं को अतिक्रमित कर मानव सत्य को खोजा गया है। टैगोर मानते थे कि भारत का इतिहास केवल राजसत्ता का इतिहास नहीं है। राजनीति के बाहर नित्य दिन का मानवीय जीवन भी उतना ही महत्त्वपूर्ण है। इसे वह सभ्यता का इतिहास कहते थे। प्रसिद्ध चिन्तक व राजनीति वैज्ञानिक पार्थ चटर्जी ने लिखा है–'भारत में जो आरम्भिक राष्ट्रवादी इतिहासबोध था उसका एक हिस्सा यह मानता था कि किसी राष्ट्र के इतिहास में मात्र राजसत्ता (स्टेट) की केन्द्रीय भूमिका नहीं होती है। राष्ट्र के भीतर कई प्रकार की संस्थाएँ तथा कई प्रकार के मानवीय आचरण हो सकते हैं जिनके माध्यम से लोगों की परस्पर भिन्नताओं के साथ जीवनशैलियाँ विकसित हो सकती हैं। टैगोर का लेखन विशेषकर उत्तर–स्वदेशी युग में इस मायने में महत्त्वपूर्ण है। इसमें तर्क यह है कि भारत का वास्तविक इतिहास राजाओं के युद्धों तथा साम्राज्यों के उत्थान–पतन में निहित नहीं है बल्कि आन्तरिक लचीलेपन वाली सामान्य जनों की रोज़ाना की दुनिया में है, जो राजसत्ता के विवादों से अप्रभावित है और जिसने सभी धर्मानुयायियों के सहजीवन को सम्भव बनाया।'[5] टैगोर मानवता के आदर्श को देश के ऊपर मानते थे और भाईचारे की संस्कृति को केवल राजनीतिक सीमाओं में क़ैद कर देने के आलोचक थे। उनके इतिहास प्रधान उपन्यास भी इसी दर्शन को प्रतिष्ठित करते हैं जिनमें राजा की शक्ति व राजनीतिक सत्ता के ऊपर मानवता के आदर्शों को गरिमा प्रदान की गयी है। उनमें वह मानव जीवन के सुख–दुःख को व्यक्त कर रहे हैं, न कि कोरे इतिहास या इतिहास में घटित व्यर्थ के रक्तपात को।

टैगोर के उपन्यास 'बहूरानी का हाट' का कथानक यशोहर के निरंकुश व अहंकारी राजा प्रतापादित्य के अत्याचारों पर आधारित है। प्रतापादित्य सोलहवीं–सत्रहवीं सदी का राजा था जिसने बंगाल के एक बड़े भूभाग पर राज किया था। इस उपन्यास के कई चरित्रों के नाम इतिहास से मेल खाते हैं और कुछ चरित्र काल्पनिक हैं। बसन्तराय, जो कि प्रतापादित्य का चाचा था, उसके ऐतिहासिक चरित्र का विस्तार से प्रयोग किया गया है। उपन्यास में प्रतापादित्य सामान्य प्रजा पर ही अत्याचार नहीं करता है बल्कि अपने ही पुत्र उदयादित्य, पुत्रवधू सुरमा, पुत्री विभा और चाचा बसन्तराय के प्रति अत्यन्त कठोर है और तुच्छ व साधारण बातों पर भी उन्हें सज़ाएँ देता रहता है। उसका पुत्र उदयादित्य चूँकि हृदय से कोमल और न्यायप्रिय है, इसलिए राजमहल में उसकी उपेक्षा होती है। उदयादित्य तथा उसकी पत्नी सुरमा निरन्तर हताशा व दुःख में जीवन काट रहे हैं। उदयादित्य अपनी पत्नी से कहता है–'सुरमा, राजा के घर जन्म लेने के कारण ही मैं सुखी न हो सका। राजा के घर में शायद सभी उत्तराधिकारी होकर ही जन्म लेते हैं, सन्तान के रूप में कोई जन्म नहीं लेता है।' यह वाक्य राजतन्त्रों की संस्कृति की कठोर आलोचना है, और इसमें मानवीय स्वाधीनता की सत्यता पर बल है। क्रूर प्रतापादित्य अपने जमाई का भी उपहास उड़ाता है और अपनी पुत्री को उसके ससुराल भेजने का विरोध करता है।

टैगोर ने उपन्यास में कठोर प्रतापादित्य को पराक्रमी हिन्दू राजा दिखाने के स्थान पर उसका हृदयहीन राजा की तरह चित्रण किया है जो तत्कालीन सामन्तवाद की औपन्यासिक आलोचना है। उस समय तक बंगाल में एक नवशिक्षित तथा आधुनिक विचारों का सुधारवादी वर्ग अस्तित्व में आ चुका था जो निरंकुश सामन्तशाही का कटु निन्दक था और इन सामन्तों से मुक्त औपनिवेशिक संस्थाओं से जुड़कर अपने लिए नया शहरी जीवन तैयार कर रहा था। टैगोर इसी वर्ग की भावनाओं को उपन्यास में प्रकट कर रहे थे। तब तक राजा–रानी, भूत–प्रेत, तिलिस्म आदि की कहानियाँ भी जनता में अत्यधिक लोकप्रिय थीं और टैगोर, जो युवावस्था में लेखन की मौलिक शैली खोज रहे थे, इस सत्य को पहचानते थे। इसलिए उन्होंने इस उपन्यास में राजाओं के चरित्र और उनके राजदरबारों के प्रसंगों का उपयोग किया है। राजा के चरित्र को उपन्यास के कथानक का आधार बनाने से उन्हें एक ओर तो 'किस्सा–दास्तान की परम्परा' के अनुरूप दिलचस्प कथा प्रस्तुत करने का मौक़ा मिल गया,

साथ ही प्रतापादित्य के माध्यम से सामन्तशाही की क्रूरताओं के उद्घाटन का भी सफल प्रयोग कर सके।

इतिहास में राजा प्रतापादित्य का कालखण्ड वही है जब दिल्ली पर जहाँगीर का शासन था और अपने प्रभाव वाले दक्षिणी बंगाल में राज्य विस्तार के लिए प्रतापादित्य ने कई मुग़ल नवाबों तथा मुस्लिम शासकों से युद्ध किये थे। टैगोर ने प्रतापादित्य के ऐतिहासिक चरित्र का प्रयोग तो किया लेकिन मुस्लिम शासकों व मुग़लों से उसके युद्ध को महत्त्व नहीं प्रदान किया है। टैगोर प्रतापादित्य को किसी राष्ट्रवादी नायक (nationalist icon) की तरह प्रस्तुत किये जाने के भी विरोध में थे। अपनी एक भतीजी सरला देवी से इस बारे में उनका वैचारिक विवाद भी प्रसिद्ध है। स्वदेशी आन्दोलन के दौरान बंगाल में प्रताप को राष्ट्रवादी नायक की तरह प्रस्तुत करने का प्रयास सरला देवी ने किया था और वह 'प्रताप उत्सव' आयोजित करती थीं। टैगोर ने प्रताप को नायक पूजा का अनुपयुक्त करार दिया था। सरला देवी ने प्रताप के द्वारा अपने चाचा की हत्या के अपराध को स्वीकारते हुए भी उन्हें बंगाल के शिवाजी की तरह देखना चाहा था जिसने मुग़ल साम्राज्य के विरोध में संघर्ष करने का साहस किया।[6] प्रताप के ऐतिहासिक चरित्र को लेकर सरला देवी और टैगोर के मध्य जो बहस हुई, वह यह दर्शाती है कि टैगोर किसी भी तरह से इतिहास की व्याख्या करते समय भी 'राजनीतिक विषय' और 'नैतिक विषयों' को अलग करके देखने के समर्थक नहीं थे। टैगोर यह नहीं मानते थे कि 'प्रताप' का चरित्र प्रतीक के रूप में महान राष्ट्रीय नायक की तरह ढाला जा सकता है। पर वह मानना चाहते तो भी वह प्रताप के द्वारा अपने ही सगे चाचा की हत्या के अपराध को क्षमा योग्य नहीं समझते थे। टैगोर मानते थे कि ऐतिहासिक चरित्रों के नैतिक–पारिवारिक पक्षों को राजनीतिक आग्रहों के चलते उपेक्षित नहीं किया जा सकता है। अगर राष्ट्र हित में किसी इतिहास नायक को राष्ट्रीय राजनीति में लोकप्रिय बनाना ही है तो वह बचकाने व उग्र भावोन्माद से प्रेरित न होकर तर्क तथा तथ्य आधारित विवेक पर निर्भर होगा।[7]

टैगोर जिस नवजागरणकालीन चेतना के संरक्षक तथा उसके वाहक थे, उसमें सुधारवाद के व्यापक आग्रह के चलते सामन्तों की सामाजिक भूमिका तथा परम्पराओं–प्रथाओं के प्रति गहरे सन्देह का भाव मौजूद था। उनके उपन्यासों में सामन्तों की रंगीन अय्याशियों, निरंकुश विलास या विवेकहीन

वीरताओं का चित्रण कर मनोरंजन पैदा करने या उनका समर्थन करने के प्रयास बहुत कम हैं। उनकी क्रूरताओं को राजनीति की 'अनिवार्य बुराई' मानकर उसका समर्थन नहीं किया गया है। इतिहास–नायकों के भी जीवन के केवल उसी पक्ष की प्रशंसा है जिसका सम्बन्ध इन्सानियत के ठोस आदर्श और नये युग के मूल्यों से है। जनता तथा लोक को अनदेखा कर केवल शक्ति–सिद्धान्त के अनुकरण या शक्ति की उपासना की प्रवृत्ति को उन्होंने नकारा है। उसके स्थान पर मानव द्वारा अपने चरित्र तथा व्यवहार को बड़ी लोकयात्रा के अनुरूप ढालने पर बल दिया है।

इस उपन्यास को टैगोर ने हिन्दू–मुस्लिम संघर्ष की किसी साम्प्रदायिक थीम का हिस्सा नहीं बनाया है, बल्कि मुस्लिम सेनापतियों को हिन्दू राजाओं के विश्वासपात्रों के रूप में दिखाया है। राजा प्रतापादित्य के सेनापति का नाम मुख़्यतियार खाँ है और उसके दूसरे सैनिक भी पठान हैं। अपने राजाओं तथा युवराजों के मन में मुस्लिम प्रजा के मन में प्रेम को दर्शाया गया है। 'बहूरानी का हाट' राजनीतिक शैली में नहीं बल्कि ठेठ मानवतावादी शैली में लिखा गया। उपन्यास में कथा का प्रयोग शासकों की निरंकुशता, आत्मीय जनों के दमन, राजाओं के अहंकार आदि के चित्रण के लिए कर सामन्तयुगीन संस्कृति की आलोचना प्रस्तुत की गयी है। उनके लिए उपन्यास ऐतिहासिकता और आलोचनात्मकता, दोनों की रक्षा करने वाली विधा है और उसका मुख्य लक्ष्य ऐसी सामाजिक संस्कृति का विकास करना है जिसमें रिनेसां से उपजे मानवतावाद, सुधार तथा मानवीय गरिमा का सम्मान करने वाली नवीन चेतना का महत्त्व अधिक हो। उनका यह आरम्भिक उपन्यास उनके सामाजिक दर्शन की पुष्टि करता है।

इस उपन्यास में उन्होंने राजा प्रतापादित्य के क्रूर चरित्र के समानान्तर रायगढ़ नामक स्थान पर शासन चलाने वाले उनके चाचा बूढ़े बसन्तराय का चरित्र निर्मित किया है जो सितार उठाकर झूम–झूमकर गाते थे तथा उनके राज्य में सादगी और आनन्द व्याप्त था। वह प्रजा के साथ दोस्ताना और समानता का रिश्ता रखते हैं। इन्हीं बसन्तराय के वध का आदेश राजा प्रतापादित्य देता है क्योंकि वह मानता है कि यवनों के विरुद्ध सभी राजाओं को एकत्र करने में वह बाधा बने हुए हैं। प्रतापादित्य निरंकुश है, जबकि बसन्तराय उदार एवं करुणापूर्ण हृदय वाला कलाप्रेमी इन्सान है तथा किसी से घृणा नहीं कर सकता है। उपन्यास में प्रतापादित्य को ठीक वैसे ही पागल, क्रूर, सनकी

राजा के रूप में टैगोर ने दिखाया है जैसे भारतेन्दु हरिश्चन्द्र ने अपने प्रसिद्ध हिन्दी नाटक 'अन्धेर नगरी' में मूर्ख तथा विवेकहीन राजा का चरित्र–चित्रण किया था। प्रतापादित्य अपने अहंकार के कारण मामूली–सी बात पर लोगों को मौत की सज़ा सुनाया करता है। वह अपने चाचा बसन्तराय को मौत की सज़ा सुनाने के बाद अपने जमाई, जो उसके महल में आया है, को भी मारने का आदेश देता है। वह जमाई किसी प्रकार बसन्तराय, उदयादित्य तथा अपनी पत्नी विभा व अनुचरों की सहायता से महल से भागने में सफल हो जाता है। प्रतापादित्य अपने राजकर्मचारियों जैसे मन्त्रियों, सभागणों तथा प्रहरियों के साथ भी अत्यन्त क्रूरतापूर्ण आचरण करता है और वे स्वयं अपने राजा के सनक भरे अहंकारी रवैये से व्यथित रहते थे।

टैगोर ने इस उपन्यास में दो राजाओं की क्षुद्रतापूर्ण जीवनशैली और निकृष्ट अहंकार को दिखाया है जिनमें रायगढ़ का राजा रामचन्द्रराय भी है जो अपने झूठ व घमण्ड में निमग्न है। वह प्रतापादित्य का जमाई है और अपने अपमान का प्रतिशोध वह अपनी ही पत्नी विभा का त्याग कर देने से चुकाता है और दूसरा विवाह कर लेता है। उधर, प्रतापादित्य अपने पुत्र उदयादित्य को कारागार में डलवा देता है। उसकी पत्नी सुरमा को उससे अलग करता है जिसके कारण वह विष खाकर आत्महत्या कर लेती है। वह बसन्तराय की हत्या करा देता है। उपन्यास का दुःखान्त होता है जिसमें उदयादित्य अपने पिता के सामने शपथ खाता है कि वह राज्य में सूई की नोक के बराबर भी भूमि नहीं लेगा। उदयादित्य एक सत्यनिष्ठ चरित्र है और सत्तामद में डूबे अपने पिता से कहता है–'दुर्बलता लेकर जन्मा ज़रूर हूँ पर अपने स्वार्थ के लिए आज तक मिथ्या भाषण नहीं किया है।' वह अपनी बहन विभा को लेकर काशी चला जाता है क्योंकि उसकी बहन को उसके पति ने ही त्याग दिया है। टैगोर ने अपने आगामी उपन्यासों में भी काशी को जीवन से परास्त, निर्वासित व हताश लोगों के लिए अन्तिम शरणस्थली के रूप में प्रस्तुत किया है। उनके उपन्यासों में काशी केवल बाह्य रूढ़िवादी मूल्यों तथा कर्मकाण्डों का पोषण करने वाली धर्मनगरी नहीं है। वह वैराग्य और त्याग की एक वैकल्पिक जीवनशैली प्रदान करने वाला एक विशिष्ट स्थल है। विविध मनोवैज्ञानिक तनावों से मुक्ति दिलाने वाली पवित्र नगरी है। काशी का यह एक अलग रूप उनके उपन्यासों में जिस प्रकार आया है, उस पर काशी पर शोध करने वालों को अवश्य ध्यान देना चाहिए।

यह उपन्यास एक ओर राजतन्त्रों में निहित क्रूर सत्ता–मोह, निकट सम्बन्धियों की हत्या, रक्तपात, अपमान–अहंकार की संस्कृति को चित्रित करता है तो दूसरी ओर राजतन्त्र में स्त्रियों की पराधीनता के यथार्थ को व्यक्त करता है। उपन्यास में तीन प्रमुख स्त्री चरित्र हैं– सुरमा, विभा और रुक्मिणी। सुरमा और विभा, दोनों ही प्रतापादित्य के राजमहल में रहती हैं और दोनों के लिए राजमहल का परिवेश उनका शत्रु है। सुरमा को लगातार अपमानित होना पड़ता है क्योंकि पति उदयादित्य को उसका पिता राजा प्रतापादित्य पसन्द नहीं करता। उसे जबरन पिता के घर भेजा जाता है तो वह विष खाकर मर जाती है। दूसरी ओर विभा इसलिए प्रताड़ित तथा अकेली स्त्री है क्योंकि प्रतापादित्य ने अपने घमण्ड के कारण उसे ससुराल भेजने पर पाबन्दी लगा रखी है। इस प्रकार उपन्यास में मध्यकालीन देशकाल के अनुरूप स्त्रियाँ स्वयं में कर्ता, स्वाधीन मनुष्य, आत्मनिर्भर, स्वावलम्बी तथा आत्माभिमानी के रूप में न प्रकट होकर दीनहीन कठपुतलियों की तरह हैं। वे किसी मजबूर इन्सान या दीन अबला की तरह प्रेम–प्रदर्शन करना तो जानती हैं लेकिन उनके जीवन की बागडोर अन्य लोगों के हाथ में है। इसलिए उनका प्रेम भी संकीर्ण समाज की दीवारों से टकराकर निरर्थक हो जाता है। वे स्वाधीनता का लाभ उठाना तो दूर राजशाही के कठोर बन्धनग्रस्त वातावरण में माँ, पत्नी या बहन की पारम्परिक भूमिका को भी ठीक से नहीं निभा सकती हैं। इन भूमिकाओं का निर्वाह करते हुए भी पतनशील राजशाही–सामन्तशाही के स्वैराचार का शिकार होना पड़ता है। उनकी पराधीनता किसी स्थिर जड़ सत्य के रूप में नहीं है बल्कि उसका नवीकरण होता है, निरन्तर पुनरुत्पादन होता है। मध्यकाल में स्त्रियों के लिए पराधीनता की लम्बी और कभी न समाप्त होने वाली नयी–नयी शृंखलाएँ थीं। तुलसीदास ने रामचरितमानस की एक चौपाई में शिव–पार्वती विवाह के दौरान पार्वती की माँ मैना के मुख से कहलवाया है–'कत विधि सृजी नारि जग माही। पराधीन सपनेहुँ सुख नाही।।' पराधीन नारी को कितना दुःख उठाना पड़ता है, इस पर तुलसीदास की संवेदनशील दृष्टि पड़ी थी। टैगोर ने भी अपने उपन्यासों में स्त्री–जीवन के इस यथार्थ को चित्रित किया है। एक ही क़िस्म की पराधीनता के साथ उन्हें ख़ुद को 'ऐडजस्ट' नहीं करना पड़ता बल्कि नयी गुलामियों के चक्र में फँस जाना होता है। जिस दौर में ये उपन्यास रचे गये, वहाँ स्त्रियों की दैहिक मुक्ति या लैंगिक समानता का कोई विचार ठोस रूप से अभी उपन्यासों में आकार नहीं ले सका था। उनकी निजी इच्छा–अनिच्छा,

सामाजिक बराबरी तथा स्वतन्त्रता के विचार को अभी उपन्यासों में स्वीकार नहीं किया गया था क्योंकि पूरे समाज में अभी स्त्रियों के स्वतन्त्र अस्तित्व को लेकर स्वीकृति पैदा नहीं हुई थी। केवल परिवार के संकुचित दायरे में उनकी भूमिकाओं पर विचार किया जाता था। यह भी दर्शाया जाता था पारम्परिक भूमिकाओं को पूरी दक्षता से निभाने के बावजूद उन्हें दोयम दर्जे का मनुष्य माना जाता था। टैगोर ने स्त्रियों को इस भयावह पराधीनता का दो प्रकार से सामना करते चित्रित किया है। पहला, वे पराधीनता की पीड़ा से बचने के लिए पुरुषों के नियम–क़ानून के आगे पूरी तरह समर्पण कर देती हैं। वे किसी–न–किसी पुरुष के ऊपर आश्रित हो जाती हैं। दूसरा, वह पराधीनता के प्रहारों से बचने के लिए स्वेच्छा से प्राणत्याग का मार्ग चुनती हैं जैसा कि 'बहूरानी की हाट' उपन्यास में सुरमा करती है। समर्पण और प्राणत्याग, केवल दो विकल्प। इसी प्रकार स्त्रियों की पर्दादारी तथा पराधीनता की विडम्बना ऐसी तीव्र है कि अपने पतियों के साथ ही भावनात्मक सम्बन्ध बनाने की उन्हें पूरी आज़ादी नहीं है। उपन्यासों के विषय में यह एक सुविचारित निष्कर्ष है कि उपन्यासों में दाम्पत्य प्रेम की अवधारणा भी मध्यवर्ग के विकास के साथ फलीभूत हुई थी। टैगोर के आरम्भिक उपन्यास दाम्पत्य प्रेम का चित्रण करने के स्थान पर पति–पत्नी के सम्बन्धों में अवरोध पैदा करने वाले सामन्ती पारिवारिक ढाँचे तथा दाम्पत्य के विषय में भी समाज की पिछड़ी चेतना प्रकट करते हैं। पति–पत्नी के सम्बन्धों में दूरी बनाये रखने की सामन्ती परम्परा का दर्शन कराते हैं। इस उपन्यास में सुरमा नामक स्त्री चरित्र को राजा प्रतापादित्य अपने ही पति से अलग कर देता है और अवसाद में वह विष खा लेती है। जबकि विभा को उसके पिता तथा बाद में पति, दोनों ही त्याग देते हैं और इस प्रकार उसे निष्ठापूर्वक पत्नी का दायित्व निभाने से भी वंचित कर दिया जाता है।

टैगोर ने इस उपन्यास में स्त्री–मन को टटोलने, जीवन सम्बन्धी उसके विविध कौतुक व आश्चर्य को समझने का भी मौक़ा निकाल लिया है। उपन्यास के अन्त में वह दृश्य विशेष रूप से मार्मिक है जब विभा चन्द्रद्वीप के राजा और अपने पति रामचन्द्रराय के पास जा रही है और वह उसके राज्य में नाव से पहुँचने पर प्रजाजनों की हालत देखती है। मल्लाहों के गीत और जल का कल–कल निनाद सुनकर उसका मनमयूर नाच उठता है। उसे लगता है कि वह जैसे किसी दुःस्वप्न को देखकर जाग उठी है और आसपास फैली प्रकृति को देख उसका मन आश्वस्त हो जाता है। कुटीरों में बसे साफ़–स्वच्छ लोगों

को देखकर उसे लगता है कि ये लोग कितने सुखी हैं! प्रजाजनों को देख उसके मन में गहरा स्नेह उत्पन्न होता है। अपने पति के शासन वाले राज्य के हर इन्सान पर उसे प्यार आता है और वह मन ही मन सोचती है कि इस राज्य में भला लोगों की दुर्दशा क्यों है। वह इन्हें बाद में अवश्य बुलायेगी ताकि इनके कष्टों को दूर किया जा सके। वह चाहती है कि लोग उसके निकट आयें तथा उससे अपने दुःख बतायें। बाद में जब उसे पता चलता है कि उसके पति का दूसरा विवाह हो रहा है और वह उसे पहचानने से इनकार कर देता है तो वह दुःख़ातिरेक में अपने भाई के साथ काशी चली जाती है। एक स्त्री के अन्तर्जगत को दिखाने वाले ये सारे दृश्य एक नारीवादी पाठ की माँग करते हैं। तत्कालीन समाज में स्त्रियों के ऊपर थोपी गयी सामाजिक पाबन्दियों के कारण उनका जीवन सीमित था। जब वे बाहर की दुनिया में निक़लती थीं तो उन्हें प्रकृति, सामान्य जनों, जीवन के बहुविध रूपों के प्रति आकृष्ट होते दिखाया जाता था जैसा कि टैगोर ने विभा की मानसिक दशा के चित्रण के समय किया है। स्त्री को अपनी दृष्टि से संसार को देखने के अवसर कितने कम थे, और जब यह अवसर मिलते थे तो वह कितनी भावुक हो जाती थी, यह उपन्यास के इस प्रसंग में विशेष तौर पर देखा जा सकता है। वह पूर्ण मुक्त कहीं नहीं है। पर जीवन में मुक्ति के कुछ पल जब यात्राओं के रूप में आते हैं, तो वह उनमें भावविभोर हो जाती थी। प्रकृति के राग–रंग में डूब जाती थी।

'बहूरानी का हाट' उपन्यास में रुक्मिणी नामक एक विधवा का भी रहस्यमय चरित्र है और टैगोर ने हालाँकि उसके चरित्र को दुष्ट और महत्त्वाकांक्षी औरत के रूप में सामने रखा है पर वह उपन्यास–नायक उदयादित्य की पूर्व प्रेयसी के रूप में भी सामने आती है। उदयादित्य ने कभी किशोरावस्था की उद्दाम भावनाओं के बीच अपने पुरुषत्व के अनुभव के लिए उसका शीलभंग किया था। टैगोर के अधिकांश उपन्यासों में विधवाओं का जैसा विविधवर्णी चित्रण है, यह उपन्यास उसकी पूर्वभूमिका की तरह है। उदयादित्य अट्ठारह साल की विधवा के साथ सम्बन्ध बनाने के लिए उन्मत्त हो जाता है और अपनी पत्नी को वह बताता है कि किस प्रकार उसका क्षुद्र व दुर्बल हृदय चाचा बसन्तराय के अधीन क्षेत्र रायगढ़ में उत्तेजित होकर विपथ पर चला गया। बाद में वही विधवा उदयादित्य पर अपना अधिकार जमाने के प्रयास में उसकी प्रचण्ड विरोधी तक हो जाती है। इस समय युवा टैगोर की सामाजिक दृष्टि की सीमा यह थी कि इस उपन्यास में विधवाओं के बारे में फैले सामाजिक अन्धविश्वासों को ही

उन्होंने पुष्ट नहीं किया है, बल्कि रुक्मिणी के चरित्र के माध्यम से विधवाओं को तन्त्र–मन्त्र करने वाली हिंसक चुड़ैल के रूप में पेश किया है। रुक्मिणी का चरित्र लगभग एक एकान्तवासी डायन, उग्र चुड़ैल तथा दुष्टात्मा के रूप में है जो विधवाओं के बारे में व्याप्त सामाजिक भय को ही पुष्ट करता है। वह उदयादित्य को अपनी पत्नी सुरमा से विमुख कराने के लिए तान्त्रिक साधनाएँ करती उसके नुकीले नाख़ून हैं जिससे वह दूसरों पर आक्रमण करती है। वह निष्ठुर, आक्रामक और निर्दयी है जो समाज की परिधि पर रहने के बावजूद सामान्य समाज के लिए ख़तरे के रूप में चित्रित की गयी है। वह ऐसी विधवा है जिसने अपनी कामपिपासाओं व लालसाओं को धर्म के अनुकरण पर नियन्त्रित नहीं किया है बल्कि वह कामुक और महत्त्वाकांक्षी है जो उदयादित्य के राजा बनने की प्रतीक्षा कर रही है। इस प्रकार वह एक स्त्री के रूप में समाज की धर्म–संस्कृति के लिए आतंक है जिसमें विधवाओं से केवल यौनशुचिता, संयम, त्याग तथा सेवा के मूल्यों के पालन की अपेक्षा की जाती थी। विधवा की कामुकता, महत्त्वाकांक्षा और सांसारिक जीवन में हस्तक्षेप उसे दुष्टात्मा का दर्जा प्रदान करते थे। उल्लेखनीय है कि बंगाल के अधिकांश उपन्यासों में विधवाएँ कथानक के केन्द्र में रही हैं और टैगोर ने अपने आरम्भिक उपन्यासों से ही विधवाओं को अपने उपन्यास के किरदारों के रूप में प्रयोग करना आरम्भ कर दिया था। उनके उपन्यास में अन्तर्विरोध है, जैसा कि विधवा रुक्मिणी के चरित्रांकन में व्यक्त हुए हैं। यह ब्रह्मसमाज से जुड़े होने के बावजूद विधवाओं के बारे में फैले अन्धविश्वासों से टैगोर के मुक्त न हो सकने की विडम्बना है। पर कुल मिलाकर अपने कलेवर में यह उपन्यास किसी प्रकार की साम्प्रदायिक चेतना का प्रचार–प्रसार करने के स्थान पर आधुनिक मानवतावदी चेतना का प्रसार करता है। यह इतिहास का प्रयोग उदारतावादी मूल्यों की रक्षा के लिए करता है। सभी को दण्डित करने के अहंकार से भरा शासक मानवीय गरिमा तथा जनता की स्वतन्त्रता के मूल्यों का दमन करने की चेष्टा कर रहा है और उपन्यास में इसे अवांछित त्रासदी तथा चिन्तायोग्य परिस्थिति के रूप में उभारा गया है।

इतिहास प्रसिद्ध घटनाओं पर आधारित टैगोर का दूसरा उपन्यास 'राजर्षि' है। यह उपन्यास किसी ऐतिहासिक संकट को व्यक्त करने के स्थान पर इतिहास के माध्यम से वर्तमान मानवीय संकट को व्यक्त करने का एक और उदाहरण है। इतिहास की पृष्ठभूमि का प्रयोग इसमें मानवीय स्वाधीनता की

इच्छा की अभिव्यक्ति के लिए किया गया है। यह तरीक़ा बंकिम ने भी अपनाया था। बंकिम ने अपने समकालीन भद्रलोक पर उपन्यास लिखे। लेकिन उन्होंने अपने ऐतिहासिक उपन्यासों में किरदारों को चित्रण करते समय अधिक आज़ादी के साथ अपने जीवन–मूल्यों को अभिव्यक्त किया है। बंकिम के उपन्यासों का विवेचन करने वाले सरोज़ बन्दोपाध्याय के शब्दों में–'समकालीन यथार्थ की चौहद्दियों में उनके औपन्यासिक चरित्र कभी बहुत स्वतन्त्रता नहीं महसूस कर पाते थे। इतिहास की बड़ी आलोकित भूमि पर उनके उपन्यासों के चरित्र अपनी गहन त्रासद नियति का पूरी बहादुरी से सामना कर पाते हैं। इतिहास के उन्मुक्त सीमाहीन क्षेत्र में ही उनके चरित्र स्वतन्त्र थे। वहाँ 19वीं सदी के औपनिवेशिक समाज से जुड़े प्रश्न नायक के चरित्र को न तो बाधित कर सकते थे और न उन्हें अकारण आत्मचेतस बना सकते थे।'[8]

ऐसा प्रतीत होता है कि टैगोर, जिनकी समकालीन यथार्थ पर अधिक गहरी पकड़ थी, वह भी बंकिम के प्रभाव से अपने आरम्भिक ऐतिहासिक उपन्यासों में इतिहास में प्रवेश कर मानव–चरित्रों की स्वाधीनता व उनके नियति सम्बन्धी प्रश्नों की तलाश करते हैं। पर उसमें सफल नहीं होते। अपनी विफलता सम्बन्धी सम्भावनाओं के बारे में वह जानते भी थे। इसलिए आगे चलकर उन्होंने अपने औपन्यासिक नायकों को इतिहास में नहीं धकेला बल्कि बीसवीं सदी के आरम्भ की चुनौतियों व सामाजिक प्रश्नों के बीच उन्हें अपनी नियति से साक्षात्कार करते दिखाया है। इतिहास की ज़मीन छोड़कर वह वर्तमान जीवन पर उतर आये। पर इसके बावजूद उन्होंने जो भी दो इतिहास केन्द्रित उपन्यास लिखे, इतिहास को आधार बनाकर, वे दिखाते हैं कि आरम्भ में टैगोर भी विभिन्न सामाजिक आन्दोलनों वाली 19वीं सदी के प्रश्नों का सामना करने के स्थान पर इतिहास में किसी अर्थवान मानव सत्य की खोज का प्रयास कर रहे थे और उसमें विफल हो रहे थे।

'राजर्षि' उपन्यास सत्रहवीं सदी में शाहजहाँ तथा उसके बाद औरंगज़ेब के शासन के दौरान त्रिपुरा के राजा गोविन्दमाणिक्य के जीवन पर आधारित हैं जिसमें फैंटेसी और इतिहास का थोड़ा अव्यवस्थित–सा सम्मिश्रण है। इस उपन्यास को टैगोर ने 'स्वप्न में उपलब्ध उपन्यास' बताया था। वह एक यात्रा में देवघर जा रहे थे और ट्रेन में किसी एंग्लो–इंडियन सहयात्री के द्वारा रोशनी न बन्द किये जाने के कारण ट्रेन में ठीक से सो नहीं सके। इस कारण उपन्यास के 'प्लाट' के विषय में सोचने लगे और जब नींद आयी तो उन्होंने स्वप्न में

देखा कि मन्दिर की सीढ़ियों पर बहते बलि के रक्त को देख एक छोटी–सी बच्ची भयभीत हो गयी है और अपने आँचल से रक्त पोंछ रही है। इसी स्वप्न को आधार बनाकर उन्होंने उपन्यास का पूरा कथानक गढ़ डाला।

उपन्यासों का जन्म प्रिंटिंग तकनीक के साथ–साथ पत्रिकाओं के प्रचार–प्रसार के साथ सम्बन्द्ध है क्योंकि पत्रिकाओं में ही उपन्यास सिलसिलेवार तरीक़े से प्रकाशित होते थे। टैगोर का यह दूसरा उपन्यास 'बालक' नामक बच्चों की पत्रिका में किस्तों में छपता था। प्रायः पत्रिकाओं की माँग पर उपन्यास लिखे जाते थे और उनमें पत्रिकाओं के पन्ने भरने के लिए लम्बे ब्यौरे, असंगत कथानक व अप्रासंगिक कथाएँ भी डाल दी जाती थीं। टैगोर का यह उपन्यास इस कारण भी कथागत विसंगति का शिकार हो गया है और टैगोर ने इसे ख़ुदा स्वीकारा है। उपन्यास के आमुख में उन्होंने स्वयं लिखा–'मासिक पत्रिका की पेटू ज़रूरत साहित्य की वैध भूख के परिमाप में सिमटना नहीं चाहती। व्यंजनों की सूची बढ़ाते चलना पड़ा। वस्तुतः उपन्यास पूरा हो गया, पन्द्रहवें परिच्छेद में। फ़सल वाले खेत का जहाँ किनारा होता है, वहाँ बुवाई हुई नहीं। बेकार का जंगल खड़ा हो गया। सामयिक पत्रिका की विवेचनहीनता में अक्सर लेखनी का मूल स्वभाव नष्ट हो जाता है।' चूँकि यह मुख्यतः किशोरों के लिए लिखा गया था, इसलिए इसमें न तो कोई स्त्री चरित्र है और न इसमें किसी प्रेमकथा का वर्णन किया गया है। उपन्यास में राजतन्त्रात्मक परिवेश है जिसमें राजा, सेनापति, राजपुरोहित, प्रजा की मूर्खता व गुलामी, युद्ध सम्बन्धी षड्यन्त्र आदि के विवरण मौजूद हैं। लेकिन राजतन्त्रात्मक कथावस्तु के भीतर उन्होंने अहिंसा, पशुबलि विरोध, धर्म की मानवतावादी व्याख्या तथा समानता के मूल्यों को व्यक्त किया है। मुख्य कथा यह है कि राजा गोविन्दमाणिक्य दो बच्चों के स्नेह–प्रेम में पड़कर राज्य में पशुबलि रुकवा देता है जिसके कारण ब्राह्मण वर्ग व पुरोहित नाराज़ हो जाते हैं। राजा का मुख्य पुरोहित प्रजा को राजा के विरुद्ध भड़काता है। मन्दिर व उपासना पर अपने नियन्त्रण का दुरुपयोग करता है। मन्दिर में देवी की प्रतिमा का चेहरा अपने हाथ से उलट देता है और प्रजा से कहता है कि बलिप्रथा के निषेध के कारण माँ सभी से रुष्ट हो गयी हैं। वह राजा के भाई को राजा के विरुद्ध उकसाता है, उसकी हत्या के लिए। यह बात पता चलने पर गोविन्दमाणिक्य अपने भाई तथा राजपुरोहित, दोनों को निर्वासित कर देता है। बाद में दोनों औरंगज़ेब के भाई नवाब शुजा के साथ मिलकर साज़िश करते हैं और त्रिपुरा पर आक्रमण कर देते हैं।

विभिन्न ऐतिहासिक घटनाओं और ऐतिहासिक चरित्रों से भरापूरा होने के बावजूद उपन्यास का कथानक मुख्य रूप से बलिप्रथा की निर्ममता तथा धर्म के नाम पर अन्धविश्वासों के पोषण के विरोध की धुरी पर टिका हुआ है। इस पर ध्यान देना चाहिए कि टैगोर के समय बंगाल में देवी पूजा को लेकर शिक्षित सुधारवादी वर्ग में तथा राष्ट्रवादियों, दोनों में एक क़िस्म का वैचारिक मन्थन चल रहा था। आदिवासी समाजों से देवियों की धारणा को ग्रहण कर मुख्यधारा के हिन्दू धर्म में अपना लिया गया था। ब्रह्मसमाज, प्रार्थनासमाज और आर्यसमाज जैसे सुधारवादी संगठन ईश्वर के निराकार रूप के उपासक थे। दूसरी ओर राष्ट्रवादियों का समूह देवी को कर्मकाण्डी रूप से मुक्त कर उसका प्रयोग राष्ट्र की भौगोलिक–भौतिक सत्ता की अभिव्यक्ति के लिए कर रहा था। देवी की मातृभूमि के रूप में कल्पना करने के लिए भी देवी की अतिहिंसक व नरमुंडधारी छवि की आवश्यकता नहीं रह गयी थी। टैगोर ने अपने इस उपन्यास में देवी को बलि, रक्तपात, क्रूरता पसन्द करने वाली शक्ति के रूप में चित्रित करने के पाखण्ड पर चरित्रों के बीच लम्बी बहसें कराई हैं। उपन्यास में एक प्रसंग में देवी के मंतव्य तथा उनकी आवश्यकताओं को ज़्यादा अच्छी तरह कौन समझ रहा है, इस पर विवाद उठ खड़ा होता है। राजपुरोहित कहता है कि देवी को यदि रक्तपान अप्रिय होता तो वह पहले उसी को इस बारे में सूचित कर देतीं। वे तो सैकड़ों वर्षों से बलि के ख़ून को स्वीकार कर रही हैं। जबकि राजा कहता है कि कठोर हृदय के लोग कभी देवी की वाणी को सुनकर उसे समझ ही नहीं सकते हैं।

इस उपन्यास में हिन्दू प्रथाओं–अन्धविश्वासों पर निर्मम चोटें की गयी हैं। उपन्यास लेखक ने कथाप्रसंगों में दिखाया है कि किस प्रकार पशुबलि की प्रथा व्यापक रक्तपात तथा मानवहृदय की कठोरता की बुराई से जुड़ी है। उपन्यास का एक चरित्र, जिसे स्वयं बलिप्रथा का तर्क समझ नहीं आता, वह देवी प्रतिमा के सामने खड़े होकर सोचता है–'क्या इसीलिए सारा संसार तुम्हें माँ कहता है? बोलो देवि। ओ, पाषाण हृदया, राक्षसी, सारे संसार का रक्तपान करके उदर में भरने के लिए ही यह लाल जीभ तूने बाहर निकाल रखी है? स्नेह, प्रेम, ममता, सौन्दर्य, धर्म–सभी मिथ्या हैं। सत्य है केवल तेरी चिर रक्तपिपासा? तेरे ही उदरपूर्ति के लिए मानव मानव के गले में छुरी घोंपेगा? भाई भाई का ख़ून करेगा? पिता पुत्र आपस में रक्तपात करेंगे? निष्ठुर, अगर तेरी यही इच्छा है तो बादल रक्तवर्षा क्यों नहीं, करते हैं? करुणा रूपिणी नदी रक्तप्रवाह के साथ

शोणित सागर में क्यों नहीं गिरती? नहीं नहीं माँ तुम प्रत्यक्ष कहो कि यह रिश्ता असत्य है। यह सब झूठ है। मेरी माँ को माँ न कहकर सन्तान का रक्त–पान करने वाली, राक्षसी कहा जाये–यह बात मैं सहन नहीं कर सकता।' देवी की छवि को धर्मजाल के कारण शाश्वत–सनातन मानने के स्थान पर मानवीय मूल्यों के प्रतिमानों पर उसका मूल्यांकन साहित्य में सेकुलर मानवतावाद के विकास का लक्षण है। अब ईश्वर के सामने निरीह ढंग से आज्ञाकारी होने के स्थान पर अपने ज्ञान तथा विचारों के आलोक में उसके नाम पर प्रचारित विश्वासों का कठोर परीक्षण किया जा सकता है।

'राजर्षि' उपन्यास का मुख्य खलनायक रघुपति इस उपन्यास में सबसे सशक्त चरित्र है। टैगोर ने राजा गोविन्दमाणिक्य के किरदार पर उतना ध्यान नहीं दिया है जितना उपन्यास के खलपात्र रघुपति को दिलचस्प ढंग से सजीवता प्रदान की है। उसी के किरदार के माध्यम से बहुत सारी सामाजिक बुराइयों व अन्धविश्वासों के बारे में पाठकों को ज्ञान मिलता है। यह सर्वविदित है कि आधुनिक युग में विकसित हुई उपन्यास की विधा व उसकी प्रविधि अनिवार्य तौर पर सामाजिक आधुनिकता की प्रचारक रही है। जो उपन्यासकार इस विकासशील आधुनिकता व उससे जुड़े विषयों से कतराकर निकले, उनके उपन्यास रद्दी की टोकरी में फेंकने लायक ही रह गये। इस आधुनिकता के लिए उसका धार्मिक विश्वासों से टकराव भी हुआ है जैसा कि टैगोर के इस उपन्यास में भी दिखाया गया है। उपन्यासकार ने पुरोहित रघुपति के खलनायकत्व का बहुत कुशल प्रयोग पाठकों की नैतिक चेतना को झकझोरने के लिए किया है। वह समाज की उस कर्मकाण्डी–रूढ़िवादी ब्राह्मण जाति का प्रतिनिधि है जिसके लिए धर्म एक भारी निष्प्राण मशीन है जो मनुष्य के हित के बारे में विचार करने के अयोग्य हो चुकी है। ईश्वर की कल्पना को प्रेमानुभूति, रसानुभूति तथा सौन्दर्य–बोध से मुक्त कर धर्म की यह कठोर मशीन अब हत्या, रक्तपात तथा अमानवीय प्रथाओं आदि को ही बढ़ावा देती है। राजनीति से नाभिनालबद्ध धर्म राजनीति की निरंकुशता को अपने स्वभाव का हिस्सा बना लेता है और राजनीतिक पाशविकता को वैधता प्रदान करता है।

धर्म के निर्मम मशीन में बदलने की विडम्बना से टैगोर का विरोध स्वाभाविक था। बग़ैर किसी सच्ची अनुभूति या उच्चविचार के धर्म के यान्त्रिक अनुपालन के वह समर्थक नहीं थे। अपनी दार्शनिक चेतना व घरेलू संस्कारों में वह उपनिषदों तथा संस्कृत साहित्य में वर्णित उस काव्यात्मक धर्म के निकट थे

जिसमें मनुष्य धर्म के नाम पर निर्जीव कर्मकाण्ड का उपासक नहीं होता बल्कि उच्चतम मूल्यों तथा प्रकृति की गहन विचारपूर्ण अनुभूति के निकट होता है। इस उपन्यास में भी उन्होंने धर्म के निर्जीव कर्मकाण्ड में बदल जाने की कठोर वास्तविकता को उजागर किया है। यह उपन्यास सीमित अर्थों वाला या कोरा शिक्षाप्रद नहीं है, जैसा कि इंडियन प्रेस के मालिक जनार्दन ओझा ने 1910 ई. में इसके अनुवाद के प्रकाशन के समय इसकी भूमिका में लिखा था। यह एक राजतन्त्र तथा राजपरिवार की कथा की आड़ में समकालीन जीवन में व्याप्त पुरोहित तन्त्र पर आघात करता है। यह 19वीं सदी की उस सुधारवादी चेतना का प्रतिनिधि है जिसमें सामाजिक कुरीतियों से टकराव के परिणामस्वरूप धर्म, थियोलाजी, ईश्वर, उपासनाशैली और परम्परा सभी के बारे में क्रान्तिकारी बहसें पैदा हो रही थीं। बहुत सारे धार्मिक विश्वास परम्परागत तो थे, लेकिन शास्त्रसम्मत नहीं थे। अंग्रेज़ प्रशासकों ने 18वीं सदी के अन्त से ही भारत में विभिन्न विवादों को सुलझाने के लिए 'परम्परा बनाम शास्त्र' की बहस को आधिकारिक स्वीकृति प्रदान की थी। एक बार यह आरम्भ हुई तो इसी बहस का उपयोग कर धार्मिक–सामाजिक जीवन की मनुष्य विरोधी प्रथाओं को चुनौती राममोहन राय और ईश्वरचन्द विद्यासागर ने दी भी। द्वारकानाथ ठाकुर द्वारा 1843 ई. में तैयार ब्रह्मसमाज के एक प्रतिज्ञापत्र में स्पष्ट कहा गया था कि प्रकृति और अन्तःप्रज्ञा ही ईश्वर के ज्ञान के स्रोत हैं। अपनी आत्मा तथा परमात्मा के बीच सीधे तादात्म्य के रास्ते में हम किसी भी मनुष्य, ग्रन्थ अथवा मूर्ति को खड़े होने की अनुमति नहीं देते।[9] टैगोर के इस उपन्यास में भी राजपुरोहित की पराजय वास्तव में निराधार परम्पराओं के नाम पर जनता को मूर्ख बनाने वाले वर्ग की पराजय है। टैगोर ने उपन्यास के माध्यम से धर्म को इन जड़ीभूत प्रथाओं से मुक्त करने का सन्देश प्रदान किया है। उन्होंने उस धर्म का मानवीयकरण किया जो अपने समक्ष मानव को भी हेय तथा तुच्छ समझने लगा था। इसमें दो छोटे बच्चे हैं–हासी और ताता। इन्हीं की सरलता व निश्छल मन को देख राजा को लगता कि सारे कर्मकाण्ड व्यर्थ हैं। वह जब इन बच्चों का आँचल फूलों से भर देता तो उसे अनुभूत होता कि मानो उसकी देव–पूजा सम्पन्न हो चुकी है। इन प्रसंगों के वर्णन में टैगोर ने पूजा–अर्चना के अर्थ को करुणा व प्रेम से फिर जोड़ने का प्रयास किया है। टैगोर ने सन्देश दिया है कि देवालयों में मात्र बलिप्रथा का आतंक है जबकि उपासना का सम्बन्ध जीवन में सरलता तथा करुणा से है। टैगोर के ऊपर उपनिषदों की शिक्षा,

भक्ति आन्दोलन तथा सुधार आन्दोलनों का गहरा प्रभाव था। वह धर्म को पूरी तरह नकारते नहीं थे लेकिन उसमें नये विचारों का समावेश करने के प्रबल पक्षधर थे। धर्म की उन्होंने प्रशंसाएँ ख़ूब की हैं, पर उस प्रशंसा की आड़ में उन्होंने धर्म से जुड़े विविध अन्धविश्वासों, कर्मकाण्ड व मानवविरोधी मूल्यों की कड़ी आलोचना की है। धर्मरक्षकों को लगभग ललकारते हुए उन्होंने कहा है–'धर्म के अधिकार की सीमा निर्धारित करने वाले तुम कौन हो। तुम्हारा यह अहंकार कि मनुष्य की मुक्ति का भार ग्रहण करोगे! तुम लौकिक व्यवहार में भी ख़ुद को सँभाल नहीं सकते, कितनी बार पराजित हुए हो, तुम्हारी कितनी विकृतियाँ हैं! और फिर भी तुम अपने अत्याचार की लाठी पर धर्म के नाम का मुलम्मा चढ़ाकर धर्मराज के आसन पर बैठना चाहते हो!'[10] टैगोर की प्रार्थना–शैली व विनय पद के रूप में लिखित कविताओं में भी ईश्वर की नयी यथार्थवादी परिकल्पना है जो ईश्वर को मन्दिर, कर्मकाण्ड, झूठी उपासना, भजन–पूजन से मुक्त कराकर उसे सामान्य जन के निकट लाने का काम करती है। उन्होंने देवालयों में बन्द ईश्वर को किसान, श्रमिक तथा विश्व–कल्याण से जोड़ा, उसे छुआछूत से मुक्त शक्ति के रूप में प्रस्तुत किया है। उसे भी श्रमिकों की तरह 'बारहों मास मजदूरी' करने वाले व्यक्ति के रूप में देखा तथा दिखाया। भक्ति के नाम पर व्याप्त 'मुक्ति' की उस अवधारणा को आधुनिक दृष्टि से प्रश्नांकित किया जिसमें स्वार्थ अधिक था, और समाज–कल्याण की भावना की पूर्णतः उपेक्षा की गयी थी। उन्होंने मुक्ति के इस विचार की आलोचना के लिए ईश्वर को भी सृष्टि से बँधा बताया जो सबका उद्धार करने के लिए स्वयं बँधा है। सबके साथ ही कष्ट को सहन करता है। उनका मत था कि जब स्वयं ईश्वर भी सृष्टि के कल्याण के लिए बँधा है, तो उस सृष्टि से मुक्ति के लिए मानव के प्रयास निरर्थक ही हैं। उन्होंने 'गीतांजलि' में संकलित एक कविता में कहा–

भजन पूजन साधन आराधना
समस्त थाक् पड़े।
रुद्ध द्वारे देवालयेर कोने
केन आछिस ओरे।
अन्धकारे लुकिये आपन मने
काहारे तुई पूजिस संगोपने,
नयन मेले देख–देखि तुई चेये–
देवता नाई घरे

तिनि गेछेन जेथाय माटि भेड़े
कर छे चाषा चाष–
पाथर, भेडे, काटछे जेथाय पथ,
खारछे बारो मास।
रौद्रे जले आछेन सबार साथे,
धुला तांहार लेगेछि दुई हाते;
लाऱ इ पतन शुचि बसन छाड़ि
आयरे धुलार पथे
मुक्ति ओरे, मुक्ति कोथाय पावि,
आपनि प्रभु सृष्टि बाँधन परे
बाँधा सवार काछे।
राखो रे ध्यान, थाक़ रे फुलेर डालि,
छिड़ुक वस्त्र, लागुक धुलाबालि,
कर्म जोगे तांर साथे एक हये
धर्म पहुक झरे।

(भजन, पूजन, साधन, आराधना, सब रहने दे, छोड़ दे सब एक बाजू। देवालय के कोने में द्वार बन्द करके क्या बैठा है? अँधेरे में अपने को छिपाकर तू एकान्त में पूजा करता है? आँखे खोलकर देख, तू जिसकी पूजा करता है, वह तो उस देवघर में कतई नहीं है। जहाँ किसान ज़मीन जोतता है, जहाँ पत्थर फोड़ने वाले पत्थर फोड़कर रास्ता बनाते हैं, वहाँ वह कब का जा पहुँचा है और उनके साथ बारहों मास मजदूरी करता है। धूप में और तेज़ बरसात में वह सबके साथ काम करता है। उसके हाथ धूल से मैले हुए हैं। भला आदमी, यह तेरी छुआछूत छोड़कर उसके साथ धूल में काम करने के लिए आ।

तुझे मुक्ति चाहिए ना। अरे मूढ़ मुक्ति है ही कहाँ! तुझे कहाँ मुक्ति मिलने वाली है! जिसकी हम पूजा करते हैं वह खुद अपनी ही मर्जी से अपनी सृष्टि से बँधा हुआ है। सबके साथ कष्ट सहन करने और सबका उद्धार करने के लिए स्वयं बँधा हुआ है। तब रहने दे यह तेरा ध्यान, हटा दे वह तेरी फूल छाँव, काम करते–करते तेरे वस्त्र जीर्ण होने दे, अंग को धूल लगने दे और काम करते करते उसके साथ एकरूप होकर परिश्रम का पसीना बहने दे। वही सच्ची भक्ति होगी।)

टैगोर धर्म की नैतिक–सामाजिक भूमिका का पक्ष इसलिए लेते हैं ताकि धर्म की कड़ी आलोचना की जा सके। जाति–भेद, विधवाओं पर तरह–तरह के अंकुश, असमानता आदि को उन्होंने धर्म के माध्यम से 'निषेध–जर्जरित कायर मनुष्य' के निर्माण का प्रयास कहा है। यह 'निषेध–जर्जरित कायर मनुष्य' पद उनके लिए उपयोगी है जो यह नहीं देखना चाहते कि कायरता का जन्म विभिन्न क़िस्म के धार्मिक निषेधों से भी होता है। बहुत स्पष्ट शब्दों में उन्होंने हिन्दू धर्म में मौजूद अन्ध–संस्कार के सार्वभौम एकाधिपत्य पर चिन्ता जताते हुए कहा है–'संसार में केवल हिन्दू समाज ही ऐसा है जहाँ ऊँच–नीच को बिना सोचे–समझे समान स्थान दिया गया है।' टैगोर की धर्म सम्बन्धी अवधारणा में संस्कार, रीति, बाह्यानुष्ठानों के विपरीत बुद्धि, धर्म–नीति तथा अन्तःकरण की स्थापना पर ज़ोर रहा है। इसी प्रकार वह किसी सनातन धर्म के सनातन बन्धनों में मनुष्य की स्वतन्त्रता को क़ैद करने का कड़ा प्रतिकार करते हैं। वह मानते हैं कि मनुष्य निरन्तर नयी साधना कर रहा है और श्रेष्ठ की खोज करता है। धर्म में जो चीज़ें हैं, वे हज़ारों वर्ष से वहाँ पहले ही जमी हुई हैं, उन्हें व्यक्त करना मानव साधना नहीं है। नये विचार, नयी साधना, नयी मुक्ति आदि का समर्थन टैगोर की नवजागरण सम्बन्धी चेतना का प्रमाण है जिसमें उन्होंने धर्म को समूल नकारे बग़ैर उसके लक्ष्य तथा बाहरी रूप को परिवर्तित करने का प्रयास किया था। धर्म की एक नयी मानवतावादी भूमिका का आधार वह वैसे ही तैयार कर रहे थे जैसे यूरोपीय पुनर्जागरण में ईसाइयत को बदलने का प्रयास करते हुए किया गया था। इसी कड़ी में उनका ध्यान कबीर की ओर भी गया था और सुविदित तथ्य है कि उन्होंने कबीर के सौ दोहों का अनुवाद 'वन हंड्रेड पोयम्स ऑफ़ कबीर' के नाम से किया था। उन्होंने अपने प्रसिद्ध निबन्ध 'भारत वर्ष में इतिहास की धारा' (1912) में कबीर के बारे में लिखा था कि कबीर ने भारत के समस्त बाह्य आवर्जना का अतिक्रमण करते हुए अन्तःकरण की श्रेष्ठ सामग्री को सही सत्य–साधना समझकर उपलब्ध किया था। कबीर जैसे आचार्यों को उन्होंने इस बात का निस्संकोच श्रेय प्रदान किया था कि जो बोझ (लोकाचार–शास्त्र आदि का) बहुत भारी हो गया था, उसको हल्का करना ही उनका सबसे बड़ा प्रयास था। कबीर का मूर्तिपूजा व शास्त्र–विधान को चुनौती देना टैगोर के ब्रह्मसमाजी विश्वासों के अनुरूप था जिसमें धर्म को समाज की केवल उन्नति करने वाली नहीं बल्कि समाज का पतन करने वाली शक्ति बताया गया था। टैगोर ने 'धर्म का अधिकार' वाले उपर्युक्त भाषण में ही

इतिहास का हवाला देते हुए बताया था कि धर्म के विकार से ही ग्रीस और रोम का पतन हुआ, और हमारी दुर्गति का कारण भी हमारे धर्म में ही मिलेगा, और कहीं नहीं। नये समय की परिस्थितियों का सामना करने तथा उनके अनुरूप नये आदर्शों का निर्माण करने के लिए टैगोर बार–बार 'अन्तःकरण' की बात कहते थे और बाहरी विधि–विधानों को अस्वीकार्य मानते थे।

इस प्रकार धर्म को लेकर टैगोर का दृष्टिकोण अधिक खुला, तार्किक तथा मानवतावादी था। अपनी युवावस्था से लेकर वृद्धावस्था तक उन्होंने निरन्तरता के साथ यही विचार सामने रखा कि धर्म से समाज नहीं बनता है। समाज अपनी आवश्यकताओं के अनुरूप धर्म का उपयोग करता है या फिर उसको अस्वीकार करता है। धर्म से समाज नहीं निकला है बल्कि धर्म समाज में मौजूद विभिन्न संस्थाओं की तरह एक संस्था है। 1930 में वह रूस की यात्रा पर गये थे और उन्होंने रूस के जीवन में आते महान परिवर्तनों की प्रशंसा करते हुए कई पत्र लिखे थे। रूस में धर्म को लेकर बदलते दृष्टिकोण की उन्होंने प्रशंसा की थी। रूस के पुराने धर्मतन्त्र के विनाश का स्वागत किया था। धर्म को मानवजाति की स्वाधीनता नष्ट करने वाला बताया था। उन्होंने लिखा था–

'जिस पुराने धर्मतन्त्र ने और जिस पुराने राजतन्त्र ने शताब्दियों से इनकी बुद्धि को प्रभावित कर रखा है और प्राणशक्ति को निःशेषप्राय कर दिया है, सोवियत क्रान्तिकारियों ने उन दोनों को ही निर्मल कर दिया है। इतनी बड़ी बन्धन–जर्जरित पराधीन जाति को इतने थोड़े समय के अन्दर इतनी बड़ी मुक्ति दी है कि उसे देख हृदय आनन्द से भर जाता है। क्योंकि जो धर्म मानव जाति को मूढ़ता का वाहन बनाकर मनुष्य के चित्त की स्वाधीनता को नष्ट करता है, उससे बढ़कर हमारा शत्रु कोई राजा भी नहीं हो सकता है–फिर वह राजा बाहर से प्रजा की स्वाधीनता को कितना ही क्यों न बेड़ियों से बाँधता हो। आजतक यही देखने में आया है कि जिस राजा ने प्रजा को दास बनाये रखना चाहा है, उस राजा का सबसे बड़ा सहायक बना है यही धर्म, जो मनुष्य को अन्धा बनाये रखता है। वह धर्म विषकन्या के समान है, आलिंगन से वह मुग्ध कर लेता है और मुग्ध करके मार डालता है, क्योंकि उसकी मार आराम की मार होती है।'[11] इसी पत्र में उन्होंने धर्म मोह की अपेक्षा नास्तिकता को कहीं अधिक अच्छा बताया था क्योंकि उनके अनुसार अत्याचारी राजा की तरह ही धर्म भी जनता की छाती पर रखा पत्थर होता है जिसे हटाकर ही जनता को विराट मुक्ति प्राप्त हो सकती है।

धर्म और उस पर टिकी राजसत्ता की मानवता विरोधी भूमिका का चित्रण वह अपने ऐतिहासिक उपन्यासों में करने से भी नहीं चूके थे। 'बहूरानी का हाट' तथा 'राजर्षि' उपन्यास उन्होंने लगभग तीन वर्ष के अन्तर पर लिखे थे। दोनों ही उपन्यासों में उनकी इतिहास–चेतना में निरन्तरता है, जिस पर टैगोर के साहित्य पर शोध करने वालों ने कम ध्यान दिया है। पहले उपन्यास में उन्होंने राजतन्त्र की अमानवीय कठोरता और शक्ति के अहंकार की आलोचना को अपने उपन्यास का विषय बनाया है जबकि दूसरे उपन्यास में उन्होंने धर्मसत्ता के थोथे अभिमान व सम्बन्धित अन्धविश्वास की आलोचना प्रस्तुत की है। उनके प्रथम उपन्यास 'बहूरानी का हाट' में बूढ़े बसन्तराय तथा उदयादित्य का चरित्र चित्रण है जो राजसत्ता की क्रूरता का प्रतिपक्ष है। उनके दूसरे ऐतिहासिक उपन्यास 'राजर्षि' में धर्मसत्ता के शिकंजे को तोड़ा गया है जो देवी माँ का भय दिखाकर भय का साम्राज्य खड़ा कर देती है। इस प्रकार राजसत्ता तथा धर्मसत्ता, दोनों की आलोचना का बौद्धिक जोखिम टैगोर ने उपन्यास विधा में प्रकट किया था। यह आलोचना भारत में उपन्यास के जन्म व विकास को केवल शहरी मध्यवर्ग के जन्म से नहीं बल्कि व्यापक नवजागरणकालीन मूल्यों से जुड़ा हुआ दिखाती है। ऐतिहासिक घटनाओं पर आधारित कथानक उपन्यास में भी किस्सा–दास्तान की परम्परा का उपयोग करने का अवसर प्रदान करते थे। समाज में राजा–रानी, राजकुमार, युद्ध की वीरता आदि से जुड़े किस्से सुनने की परम्परा रही है और उपन्यासकारों ने इसका उपयोग किया है जिससे पाठकों को मनोरंजन प्राप्त हो सके। लेकिन टैगोर ने उपन्यासों में ऐतिहासिक कल्पना व फैंटेसी का प्रयोग सुधारवादी चेतना को प्रकट करने के लिए किया है। इस उपन्यास प्रविधि से पाठक के मन में राजतन्त्र तथा धर्मतन्त्र के बारे में सजग आलोचकीय नज़रिया विकसित होता है। उन्होंने मुस्लिम राजचरित्रों का उल्लेख 'राजर्षि' उपन्यास में किया है पर उन्हें अपने ही वर्ग के हिन्दू राजाओं के मित्र की तरह दिखाया है। या उन्हें किसी सुनियोजित धार्मिक–मज़हबी लक्ष्य का अनुयायी दिखाने के स्थान पर केवल राजनीतिक सत्ता–लिप्सा का शिकार दिखाया गया है जिनका मक़सद केवल लूटपाट करना है। हिन्दू राजाओं तथा मुस्लिम शासकों, दोनों के राजनीतिक स्वार्थों को केन्द्र में रखा गया है, न कि उन्हें हिन्दू धर्म या इस्लाम का प्रतिनिधि बनाया गया है। इस अर्थ में टैगोर वास्तव में बंकिमचन्द्र चटर्जी के उपन्यासों जैसे 'आनन्दमठ','चन्द्रशेखर'. 'सीताराम' तथा 'राजसिंह' में यवनों व मुस्लिम

शासकों को खलनायक की तरह दिखाने की औपन्यासिकता का प्रतिपक्ष रखते हैं। उनके उपन्यास उपनिवेशवाद के कालखण्ड के दौरान विकसित सुधारवादी चेतना के निकट हैं, न कि धर्मकेन्द्रित राजनीतिक चेतना के। उनके उपन्यास कथा के माध्यम से धर्म तथा राजकीय शक्ति से तैयार होने वाली सत्ता–संरचना की गद्यात्मक आलोचना करते हैं। ऐतिहासिक वृत्तान्तों पर आधारित उनके दोनों ही उपन्यास इतिहास व उपन्यास के सम्बन्धों को दिखाने के लिए रूढ़िवादी–सम्प्रदायवादी दृष्टिकोण का प्रयोग करने के स्थान पर उसके लिए आधुनिक–प्रगतिशील दृष्टिकोण पर अपना विश्वास प्रकट करते हैं।

सन्दर्भ

1. जसबीर जैन–फेमिनाइजिंग पॉलिटिकल डिस्कोर्स : वुमेन एंड नॉवेल इन इंडिया, पृ. 176
2. सरोज़ बन्दोपाध्याय–अर्ली नॉवेल्स इन इंडिया (सम्पा–मीनाक्षी मुखर्जी, पृ. 34)
3. जसबीर जैन–फेमिनाइजिंग द पॉलिटिकल डिस्कोर्स : वुमेन एंड द नॉवेल इन इंडिया, पृ. 175
4. इरीना टी. प्रोकोफिवा–'रवीन्द्रनाथ टैगोर–द आथर ऑफ़ टू नेशनल एंथम्स' (टैगोर एंड रशिया–सम्पाः रीबा सोम और सर्गेई सेरेब्रियानी), पृ. 37
5. पार्थ चटर्जी–द नेशन एंड इट्स फ्रेगमेंट्स, पृ. 112
6. सुदेशना चक्रवर्ती–टैगोर एंड ए सेंस ऑफ़ हिस्ट्री (टैगोर एंड मॉडर्निटी, सम्पादन–कृष्णा सेन और ताप्ती गुप्ता), पृ. 63
7. वही, पृ. 63
8. सरोज़ बंदोपाध्याय–अर्ली नॉवेल्स इन इंडिया (सम्पा–मीनाक्षी मुखर्जी, पृ. 38)
9. के. दामोदरन–भारतीय चिन्तन परम्परा, पृ. 369
10. रवीन्द्रनाथ टैगोर–साधारण ब्रह्मसमाज में 26 जनवरी, 1912 का भाषण–'धर्म का अधिकार'।
11. रवीन्द्रनाथ टैगोर–रूस के पत्र, पत्रसंख्या–7, पाम लीफ प्रेस (किंडल संस्करण)

6

गोरा : संवादधर्मी आधुनिकता का उदय

रवीन्द्रनाथ टैगोर ने 'गोरा' (1910) उपन्यास लिखकर परम्परा, संस्कृति व मनुष्यता के सम्बन्ध में हलचल मचाते कई मूलभूत सवालों को बौद्धिक विमर्शों के केन्द्र में स्थापित किया है। समाज में या तो माना जाता है कि संस्कृति ही सब कुछ है, मनुष्यता का कोई मोल नहीं। ख़ासतौर पर अगर संस्कृति का धर्म के साथ पूरी तरह घालमेल कर दिया जाये, तब यह ख़तरा और बढ़ जाता है। संस्कृति की दानवाकार उपस्थिति के आगे एक साधारण व्यक्ति और मनुष्यता के प्रश्न उपेक्षणीय हो जाते हैं। दूसरी ओर अपनी जड़ों से विच्छिन्न व्यक्ति को कई बार अधिक महत्त्व प्रदान कर दिया जाता है। इसमें व्यक्तिवाद को समर्थन देने के नाम पर संस्कृति के बारीक तत्त्वों व संस्कृति तथा मनुष्य के सम्बन्धों को अनदेखा करने की जल्दबाज़ी दिखाई जाती है और इससे एक निस्तेज क्रान्तिकारिता का छद्म आभास मिलता है।

टैगोर ने गोरा तब लिखा था जब उन्हें नोबल पुरस्कार मिला नहीं था और जो राष्ट्रवाद जन्म ले रहा था, वह समूचे बौद्धिक चिन्तन व मानवीय सम्बन्धों को, ख़ासतौर पर जागरूक शिक्षित वर्ग को, गहराई से प्रभावित कर रहा था। गोरा से पहले टैगोर पाँच महत्त्वपूर्ण उपन्यास लिख चुके थे। ये उपन्यास थे– 'बहूरानी का हाट', 'राजर्षि', 'नष्टनीड़' 'चोखेरबाली' तथा 'नौकाडूबी'। पर 'गोरा' के विशाल कथा–फलक व तत्कालीन सामाजिक बहसों की जीवन्त प्रस्तुति ने उन्हें सही मायने में उपन्यासकार के रूप में स्थापित किया। राजनीतिक पृष्ठभूमि पर रचित उनके दो अन्य उपन्यास 'घरे–बाइरे' (1916) और 'चार अध्याय' (1934) भी विशेष चर्चित हुए पर 'गोरा' उनकी राजनीतिक तथा सांस्कृतिक आस्थाओं का अधिक भरोसेमन्द दस्तावेज़ साबित हुआ है।

यह पूरी तरह इतिहाससम्मत तथ्य है कि जिस समाज में धर्म को महत्त्वपूर्ण माना जाता हो, वहाँ राष्ट्र जैसी आधुनिक अवधारणा भी धर्म के

'ब्लैकहोल' में खींच लिए जाने, गुम होने व विकृत होने के ख़तरों से गुज़रती है। भारत में यह ख़तरा और अधिक था क्योंकि यहाँ राष्ट्र का जन्म शिक्षा के देशव्यापी प्रसार, आधुनिकता को लेकर प्रतिबद्ध मध्यवर्ग के जन्म या संस्कृति में गहन आलोचनात्मक प्रक्रिया से प्रभावित तो था पर ये सारी चीज़ें स्वयं बड़े आरम्भिक तथा आंशिक रूप में ही मौजूद थीं। भारतीय समाज को उनका लम्बा एवं स्थायी अनुभव नहीं हो सका था। इसलिए रचनाकारों ने बार–बार इस बात की ओर ध्यान आकृष्ट किया है कि भारत को राष्ट्र बनने से पहले किन ज़रूरी संकीर्णताओं व पुरानी रूढ़ियों से लड़ने के लिए स्वयं को तैयार करना है। राष्ट्र का जन्म भले ही उपनिवेशवाद के ख़िलाफ़ हुआ हो पर उसे धर्म–संस्कृति से जुड़े पूर्वग्रहों व बेचैन करने वालों सवालों से टकराते हुए ही आगे बढ़ना पड़ता है। इसी प्रकार राष्ट्रवाद के विकास से जुड़ा ऐतिहासिक कार्यभार यह भी था कि ऐसा वर्ग सामने लाया जाये जो ऐतिहासिक दायित्वों को समझते हुए स्वयं को राष्ट्र का योग्य तथा सर्वस्वीकार्य प्रतिनिधि सिद्ध कर सके। 'गोरा' का कथानक भी इन्हीं प्रवृत्तियों ख़ासतौर पर नयी ऐतिहासिक स्थितियों में पनपती शिक्षित मनुष्य की दुविधाओं की बेबाक गवाही देता है और उसी वर्ग के द्वारा स्वयं के ऊपर थोपे गये निरर्थक विचारों की सीमाओं से परिचित कराता है।

यह उपन्यास 1880 के दशक पर केन्द्रित है क्योंकि इसमें उपन्यास नायक गोरा का जन्मवर्ष 1857 बताया गया है। उपन्यास का नायक गोरा अपनी विश्वविद्यालयीन शिक्षा पूरी कर चुका है। उपन्यास अपने लिखे जाने के वर्ष से लगभग तीन दशक पहले के बांग्ला समाज की उन घटनाओं को वर्णित करता है जब विविध वैचारिक प्रवृत्तियाँ बंगाल के शिक्षित वर्ग को उद्वेलित कर रही थीं। लेकिन इसमें 1880 के दशक की घटनाओं के साथ टैगोर के समकालीन समाज की भी कई घटनाएँ शामिल हैं जिनमें स्वदेशी मूवमेंट की लोकप्रियता, उग्र हिन्दू राष्ट्रवाद का उदय तथा राष्ट्रवाद के भीतर स्त्रियों व किसानों के सवालों पर चर्चाओं की शुरुआत के प्रसंग शामिल हैं। इस प्रकार यह उपन्यास कथावस्तु के वर्णन में 'टाइम' का पालन ही नहीं करता है बल्कि कालक्रम को भंग भी करता है। उपन्यास घोषित कालखण्ड में अघोषित कालखण्ड के विविध सामाजिक आयामों को भी शामिल कर लेता है।

उपन्यास नायक गौरमोहन यानी गोरा पढ़ा–लिखा व्यक्ति है और एक शिक्षित मनुष्य के तौर पर उसका अंग्रेज़ी ज्ञान भी अच्छा है। वह अक्सर कलकत्ता की भीड़ भरी सड़कों पर घूमता दिखता है। सड़क पर तेज़ी से चलता

एकाग्रमना गोरा नये जन–नायक के आगमन का सूचक है जिसे कुछ दुःखद संयोगों व आत्मप्रयासों के बल पर बहुत सारी वैचारिक भ्रान्तियों से मुक्ति प्राप्त करनी है। वह देशभक्त हिन्दू है जो मिशनरियों, अंग्रेज़ों तथा समाज सुधारकों आदि किसी के मुँह से हिन्दू धर्म की निन्दा नहीं सुन सकता। विरोधी पक्ष से बहस में वह किसी पर किसी भी प्रकार की दया नहीं करता और उसके भीतर शिकारी जन्तु जैसी हिंस्रता जाग उठती है। वह चौड़े माथे व तगड़ी काया का है और अक्सर माथे पर तिलक लगाये रखता है। उसके बाहरी रूपरंग के विषय में उपन्यास में लिखा गया है–'देखने पर गौरमोहन को सुन्दर नहीं कहा जा सकता, किन्तु उसे देखे बिना रहा भी नहीं जा सकता।' वह ब्राह्मण जाति वाले कृष्णदयाल नामक पूर्व सरकारी नौकर के परिवार में बचपन से पाला–पोसा गया था। कृष्णदयाल एक वृद्ध इन्सान हैं जो नौकरी से सेवानिवृत्ति के बाद से पूरी तरह कर्मकाण्डी हिन्दू बन गये हैं और छुआछूत तथा पवित्रता के भाव से इतना ग्रस्त हैं कि अपनी पत्नी आनन्दमयी व गोरा से भी बचते फिरते हैं। गोरा भी एक समय ब्रह्म–समाज की ओर झुकाव रखता था और शास्त्र–लोकाचार की निन्दा करता था। पर अंग्रेज़ मिशनरियों ने जब हिन्दू धर्म पर आक्रमण किया तब वह देशभक्ति के आवेग में इसे सहन न कर सका और उसे लगा कि किसी विदेशी को यह अधिकार नहीं है कि अपनी अदालत में पूरे देश को अभियुक्त की तरह खड़ा करे। उसके बाद उसने हिन्दू धर्म के समर्थन में पुस्तक लिखी और शिखा रखने, गंगा स्नान करने तथा सन्ध्या–वदन जैसे कार्य आरम्भ कर दिये। वह हिन्दू हितैषी सभा का सभापति बनता है और यह मानता है कि ख्रिस्तानी शिक्षा का फंदा पड़ा होने के कारण लोग हिन्दू धर्म के वास्तविक रूप को विस्मृत कर रहे हैं।

गोरा का मित्र है विनय, जिसके बारे में उपन्यासकार का कहना है कि उसकी पढ़ाई बहुत दिन हुए पूरी हो गयी थी, पर सांसारिक जीवन में अभी उसका प्रवेश नहीं हुआ था। विनय पर गोरा के विचारों का गहरा प्रभाव है और वह भी मानता है कि अंग्रेज़ों द्वारा किये जा रहे दमन के इस दौर में ब्राह्मणों के पाप, जात–पाँत या अस्पृश्यता जैसी बुराई की आलोचना नहीं की जानी चाहिए। गोरा और विनय के अलावा उपन्यास में ब्राह्म धर्म के अनुयायी परेश बाबू का परिवार है जिसमें सुचरिता, ललिता, लावण्य, लाली नामक लड़कियाँ तथा उनकी माँ वरदासुन्दरी मौजूद हैं। उपन्यास में चरित्रों के जोड़े बनाये गये हैं और गोरा–विनय के साथ–साथ सुचरिता–ललिता की भी जोड़ी है।

ये जोड़ियाँ अपूर्णता व अधूरेपन से मुक्त होकर किसी अन्य के माध्यम से पूर्णता प्राप्त करने की मानवीय चेतना की प्रतीक हैं। किसी 'अन्य' के माध्यम से अपने ही विचारों तथा अनुभूतियों को एक समग्र इकाई में ढालने का प्रयास है। इसमें एक क़िस्म का छिपा हुआ, अव्यक्त समलैंगिक भावबोध (subterranean homoeroticism) भी मौजूद रहता है।[1] इसी परिवार में हारान बाबू का आना–जाना है जो स्वयं ब्रह्मसमाज के सदस्य हैं और तीक्ष्ण बुद्धि व विद्वत्ता का स्वामी होने के कारण उनकी विशेष ख्याति है। उनका विवाह सुचरिता के साथ तय हो चुका है।

उपन्यास में विनय का परिचय परेश बाबू से तब होता है जब एक दिन अकस्मात उनकी बग्घी उलट जाती है और अपने घर लाकर विनय उनका सेवा–सत्कार करता है। इसी के बाद उसका परेश बाबू का परिवार में आना–जाना आरम्भ हो जाता है और विनय उस परिवार की लड़कियों से मिलकर अपने भीतर यौवन के पदार्पण का अनुभव करता है। उस साधारण परिवार के भीतर भी उसके लिए अचरज भरा जगत प्रकाशित हो उठता है। पर गोरा को लगता है कि विनय मार्ग भटक रहा है इसलिए वह विनय को ब्रह्मसमाज से जुड़े परेश बाबू के परिवार से अलग रहने की सलाहें देता रहता है। वह ब्रह्मसमाज से इतना अधिक नाराज़ है कि कई बार स्वयं परेश बाबू के घर पहुँचकर ब्रह्मसमाज द्वारा देश के बहुसंख्यकों की अनुचित आलोचना किये जाने के ख़िलाफ़ बहस खड़ी कर देता है। उसके धारदार और अतिरिक्त आत्मविश्वास से भरे तर्कों को सुनकर आरम्भिक विरक्ति के बाद सुचरिता धीरे–धीरे उसके प्रति आकर्षण का अनुभव करने लगती है।

गोरा को कट्टर एवं समझौताविरोधी हिन्दू चरित्र के रूप में चित्रित किये जाने के बावजूद उसके करुणावान हृदय, देश के लोगों के प्रति सच्चे लगाव तथा अंग्रेज़ों से देशभक्तिपूर्ण द्वेष के रूप में उसके व्यक्तित्व के सबल पक्षों को उपन्यास में बख़ूबी उभारा गया है। उसके चरित्र के वर्णन से ही यह उपन्यास औपनिवेशिकता का खण्डन करने वाली रचना का रूप ग्रहण करता है। स्टीमर के फर्स्ट क्लास में बैठकर बेबस और असहाय यात्रियों के दुःखों का मज़ाक़ उड़ाते अंग्रेज़ तथा बंगाली व्यक्ति को वह लताड़ता है। सिर पर बोझा ढोकर ले जा रहे मुसलमान को जब घड़ी–चेन पहने बाबू गाड़ी की टक्कर से गिरा देता है तो वह मुट्ठियाँ भींचकर उसकी गाड़ी के पीछे गुस्से से दौड़ता है। मुसलमान को घर लाकर उसकी सेवा करता है और रुपये–पैसे देता है।

निम्न जाति के लोगों से मिलता–जुलता है और गाँव की यात्रा पर निक़ल जाता है ताकि वह किताबों से बाहर आकर देश की वास्तविकताओं को समझ सके। ग़रीब मुस्लिमों के एक गाँव में उसे अंग्रेज़ों के अत्याचार का साक्षात्कार होता है जहाँ किसानों को नील की जगह धान उगाने की जुर्रत करने के कारण जबरन मारा–पीटा जा रहा है, हवालात में डाला जा रहा है। गोरा जब मजिस्ट्रेट से शिकायत करता है, तो उलटा उसे ही एक महीने के कारावास की सज़ा प्रदान कर दी जाती है। इस प्रकार आरम्भ से ही लेखक गोरा के चरित्र में जबरन ओढ़ी हुई कट्टरता के भीतर गहराई तक पैठी सच्ची मनुष्यता का परिचय करा कर उसके दिलचस्प नायकत्व को चित्रित करता है। धर्म और जाति के सवालों को लेकर उसका प्रतिक्रियावाद बहुत रणनीतिक तथा नक़ली प्रतीत होता है और उसका सच्चा देशप्रेम हर जगह झलकता है।

गोरा की इस विराट मानवीय करुणा व उदात्त व्यक्तित्व के विपरीत ब्रह्मसमाजी हारान बाबू जैसे लोग हैं जो स्वयं को आधुनिक, शिक्षित व समझदार विचारक की तरह प्रस्तुत करते हैं। पर भारतीय दासता के विषय में मौन हैं। अंग्रेज़ों के सामने उनके शासन की प्रशंसा करते हैं और देश की दुर्दशा के प्रति संवेदनहीन बने रहते हैं। उनमें भारतीयता का सच्चा बोध नहीं है और अंग्रेज़ियत से मौक़ापरस्त क़िस्म का जुड़ाव है। उपन्यास में ब्रह्मसमाज की लिबरल परम्परा तथा रूढ़िवादी हिन्दू समाज के टकराव को प्रस्तुत किया गया है तथा दोनों ही श्रेणियाँ समरूप–समांगी नहीं हैं बल्कि उनमें आन्तरिक विविधता है। ब्रह्मसमाज में परेश बाबू जैसे उदारचित्त लोग हैं तो हारान बाबू जैसे कट्टर लोग भी हैं। इसी प्रकार रूढ़िवादी हिन्दू परम्परा के भीतर आनन्दमयी जैसी उदार मूल्यों वाली स्त्री है, जो अपने ही पति कृष्णदयाल के कर्मकाण्डी–रूढ़िवादी जीवनशैली से अलग होकर जीवन जी रही है। इस प्रकार यह उपन्यास शिक्षितों तथा अशिक्षितों के बीच नक़ली विभाजन पर आधारित नहीं है। उपन्यास औपनिवेशिक कालखण्ड के अशिक्षितों–अनपढ़ों की मानसिक दरिद्रता का चित्रण करता है तो दूसरी ओर शिक्षितों की संवेदनहीनता पर करारे व्यंग्य करता है जो शेष जनता के दुःख–दर्द में उसके साथ खड़ा होना तो दूर, उसकी पीड़ा का उलटा उपहास उड़ाकर स्वयं को समाज का सच्चा प्रतिनिधि बताते हैं। गोरा के जेल जाने के पश्चात परेश बाबू के घर में कई घटनाएँ तेज़ी से घटित होती हैं। उनकी मँझली लड़की ललिता धीरे–धीरे विनय से प्रेम करने लग जाती है और इसे लेकर ब्रह्मसमाज व हिन्दू

समाज में खलबली मच जाती है। दोनों ही पक्ष के लोग इस सम्बन्ध के प्रति असहिष्णु दिखते हैं। उधर, सुचारिता परेश बाबू का घर छोड़कर अपनी हिन्दू धर्माग्रही मौसी के पास के घर में रहने चली जाती है।

उपन्यास का कथानक कई जगह विचारों के क्रमिक विकास व कसावट के बावजूद ढीला है और अधिकांश प्रसंगों में वह विचारप्रधान गद्य है। बहस, वैचारिक विवाद तथा सामाजिक चर्चाएँ ही इस उपन्यास की मुख्य विषयवस्तु की तरह सामने आती हैं। लोग एक–दूसरे के घर आते–जाते ही नज़र आ रहे हैं। पड़ोसियों और परिचितों के घरों में लोगों का उन्मुक्त प्रवेश एक नवजाग्रत समाज में चलने वाली बौद्धिक चर्चाओं की झलक प्रस्तुत करता है। इसमें उन्मुक्त विचारशीलता और वैचारिक द्वन्द्व का एक भरापूरा ख़ूबसूरत संसार आकार लेता दिखता है। यह ऐसा मध्यवर्गीय बौद्धिक परिवेश है जो अपने विस्तार के लिए हर समय नये प्रबुद्ध सदस्यों की खोज में रहता है। स्वयं टैगोर का पालन–पोषण विशाल संयुक्त परिवार के दायरे में हुआ था जो प्रबुद्ध–जागरूक सदस्यों का परिवार था। उपन्यास में विनय कभी सुचरिता के तो कभी परेश बाबू के घर जा रहा है। ललिता व सुचरिता गोरा व विनय के यहाँ आ–जा रही हैं। उधर, हारान बाबू भी कभी घर आ रहे हैं, कभी घर से निक़ल रहे हैं। यानी पात्रों के एक–दूसरे के घरों में आवागमन से ही कथानक को गति मिलती है और ब्रह्मसमाज व हिन्दू धर्म, दोनों की ही कट्टरता व टकराव के दृश्य चित्रित होते हैं। अधिकांश स्थल हिन्दुत्व, ब्रह्मसमाज या रूढ़िवाद को परस्पर बहस को गति देते प्रतीत होते हैं। ललिता व विनय, दोनों पर हर तरफ़ से प्रहार होते हैं। यहाँ तक कि हारान बाबू भी अख़बारों में ब्रह्मसमाज की दुर्गति को लेकर अख़बारों में लेख प्रकाशित करते हैं और परेश बाबू के परिवार की सार्वजनिक आलोचना करते हैं। ब्रह्मसमाज भी दो हिस्सों में बंट गया है। एक कट्टर हिस्सा है, दूसरा उदार हिस्सा। कट्टर हिस्सा अपने ही संगठन के उदारतावादी हिस्से पर हमले करता है। ललिता और विनय परस्पर प्रेम कर हिन्दू समाज और ब्रह्मसमाजी मूल्यों के ध्रुवीकरण को तोड़ देते हैं। यही काम बाद में सुचरिता तथा गोरा भी करते हैं। सुचरिता पूरी तरह से गोरा के व्यक्तित्व व विचारों के प्रति आकृष्ट होती चली जाती है और घर में ब्रह्मसमाज से जुड़े साहित्य के स्थान पर गोरा द्वारा लिखित पुस्तक पढ़ती है। जेल से निक़लने के बाद जब गोरा उससे मिलने घर आता है तो वह यह सोचकर लज्जित हो जाती है कि मेज़ पर फैली गोरा की पुस्तकें देखकर स्वयं गोरा क्या सोचेगा!

उपन्यास के नाटकीय 'क्लाईमेक्स' का सर्वाधिक सघन बिन्दु वह है जहाँ गोरा की मूल पारिवारिक पृष्ठभूमि का खुलासा होता है। जेल से आकर आत्मशुद्धि के लिए गोरा प्रायश्चित्त सभा का आयोजन करता है तो उसके पिता ही इसके विरुद्ध उसे चेतावनी देते हैं। गोरा नहीं मानता तो अत्यन्त रुग्णावस्था में उसके आगे वह यह राज खोलते हैं कि गोरा किसी हिन्दू ब्राह्मण की सन्तान नहीं बल्कि आयरिश दम्पती की सन्तान है। इटावा में 1857 के विद्रोह के दौरान भागती उसकी माँ गर्भावस्था में कृष्णदयाल के घर शरण लेने आई थी और गोरा को जन्म देने के पश्चात मर गयी थी। यह सुनकर गोरा को पहले तो गहरा सदमा लगता है। उसकी मनःस्थिति का वर्णन करते हुए लेखक ने लिखा है– 'पल भर में ही गोरा का सारा जीवन उसके लिए एक बड़ा अद्भुत सपना–सा हो गया। शैशव से इतने बरस तक उसका जीवन जिस भित्ति पर खड़ा रहा था, वह एकाएक विलीन हो गयी। ...मानों वह इसी एक क्षण की कमल की पंखुड़ी में ओस की बूँद सा काँप रहा हो.. उसकी न माँ है, न बाप है, न देश है, न जाति है, न नाम, न गोत्र, न देवता–वह मानों एक संपूर्ण नकार है।' उसका मन जिन सनातनी हिन्दू संस्कारों पर गर्व करता था, उसे झटका लगता है। अब उसके लिए विधर्मी या निम्न जाति का होने के कारण हिन्दुओं के समस्त मन्दिरों के दरवाज़े बन्द हो गये हैं। पर सदमे से शीघ्र उबरकर स्वयं को मुक्त अनुभव करता है और कहता है–'आज मैं सारे भारतवर्ष का हूँ। मेरे भीतर हिन्दू, मुसलमान, खिस्तान किसी समाज के प्रति विरोध नहीं है।' वह यह भी महसूस करता है कि अब ऐसा पवित्र हो गया है कि चंडाल के घर भी अपवित्रता का डर नहीं रहा। बांग्ला लेखक–आलोचक शीर्षेन्दु चक्रवर्ती ने माना है कि किसी अनजान तथा विजातीय वंश के लड़के को किसी स्त्री के द्वारा पालने–पोसने के प्रसंग का गहरा रूपकात्मक अर्थ है। यह केवल उपन्यास के कथानक का सामान्य हिस्सा नहीं बल्कि सबसे अर्थपूर्ण हिस्सा है। किसी स्त्री व उसके पुत्र के बीच गर्भ व वंश का सम्बन्ध न होना भारतवर्ष की अवधारणा को प्रकट करता है जिसमें भारत की असाधारण उदारता तथा सभी को अपना सकने की संस्कृति को अभिव्यक्ति प्राप्त होती है।[2]

टैगोर ने अपने इस महान कालजयी उपन्यास में 19वीं सदी के अन्तिम दशक में विकसित होती विविध आयामी राष्ट्रीय चेतना के कई पहलुओं पर प्रकाश डाला है। यह वह दौर था जब समाज सुधार करने वाले लोग उभरते राष्ट्रीय आन्दोलन की विशालता के सामने अल्पमत होते जा रहे थे।

दूसरी ओर हिन्दू उग्रता व कट्टरता आसानी से देशभक्ति की प्रतीक व पर्याय बनने लगी थी। मिशनरियों व अंग्रेज़ों के अपमानजनक आचरण की प्रतिक्रिया में भी धार्मिकता की शरण ली जा रही थी, जैसा कि सुधारक से साम्प्रदायिक व्यक्ति के रूप में गोरा के रूपान्तरण से ज़ाहिर होता है। सुधारकों को यह घमण्ड था कि वे नये विचारों के प्रतिनिधि हैं और इसीलिए अल्पमत में होने के बावजूद दूसरों से श्रेष्ठ हैं। सामान्य जनों से अहंकारपूर्ण दूरी बरतने में ही उनकी विशेषता निहित है। अपने वर्गीय सरोकारों के कारण जनता से दूरी बरतना और अंग्रेज़ी राज का समर्थन करने की परम्परा निभाना एक ही सिक्के के दो पहलू थे। नयी विकसित होती राष्ट्रीय मनोरचना के प्रति उसकी तटस्थता बरकरार थी और एक प्रकार का संकीर्ण मतवाद उसके भीतर फैल चुका था। शिक्षितों को क्लबनुमा जीवनशैली का अभ्यास हो गया था। वे पृथक् आचार–विचार, उपासना व जीवनशैली को अपने आभिजात्य की पुष्टि के लिए प्रयोग करते थे। कर्मकाण्डी हिन्दुओं की तरह ही वे भी आत्मोन्मुखी और अन्तर्मुखी हो चुके थे। उनका आत्मगर्व जिन आधारों पर टिका था, उसका देश की भलाई व राजनीतिक मुक्ति से केवल सतही क़िस्म का सम्बन्ध रह गया था। एक 'प्रबुद्ध अल्पमत' का निर्माण कर उसको गौरवपूर्ण बनाने में भी उनकी विफलता प्रकट हो रही थी। उनकी सामाजिक आलोचनाओं में प्रबुद्ध भारतीयों द्वारा अंग्रेज़ों के समक्ष पिटिशन दाख़िल करने व रियायतें माँगने वाली राजनीति का अवसान देख सकते हैं। इसी प्रकार परम्परागत हिन्दू अपने जातपाँत, कर्मकाण्डीय निष्ठाओं, धर्म–द्वेष, कुरीतियों के कारण विकासशील राष्ट्रीय चेतना के साथ पूरी तरह खड़े नहीं हो सकते थे। ब्रह्मसमाज जैसे सुधारक संगठनों के अनुयायी देश के लोगों से सच्चा प्रेम करने के स्थान पर अपनी शिक्षा–आधुनिकता पर थोथा गर्व करने के कारण विकासशील नवीन चेतना को सही ढंग से आत्मसात करने में अक्षम थे। प्रायः राष्ट्र को अपने–अपने वैचारिक साँचे में खींच लाने के प्रयास हो रहे थे और इस प्रयास में राष्ट्र की ही संरचना को प्रभावित करने की कोशिश होती थी।

पर गोरा केवल राष्ट्रवाद के तनावों तथा उसके प्रसव–काल को व्यंजित करने वाली रचना नहीं है। यह ऐसा 'थीसिस नॉवेल' नहीं है जो पहले तो समस्याओं को गिनाये और फिर उपदेशात्मक ढंग से उनका समाधान प्रस्तुत करे। यह एक ख़ास क़िस्म की कलात्मक कृति भी है जो अपने युग का इतिहास प्रकट करने के साथ–साथ उस इतिहास को कला में भी ढाल देती है।

किसी कलाकृति में निहित कल्पनाओं की तरह इसमें विभिन्न पात्र विभिन्न सम्भावनाओं से भरे हुए हैं और उनका सामना अनिश्चितताओं से होता रहता है। उपन्यास के इस प्रकार उच्च कला बनने के प्रयास में इसमें दो अन्य चीज़ें भी दिखती हैं जिनमें एक है व्यक्ति की इकाई के बारे में विचारोत्तेजक चिन्तन और दूसरा है परिवार के भीतर सम्बन्धों की उथल–पुथल। व्यक्ति के विवेक व सम्प्रदाय–संगठन के विवेक के मध्य एक ख़ास क़िस्म का द्वन्द्वात्मक रिश्ता बनता नज़र आता है। व्यक्ति–चेतना से पैदा हुए विचार प्रायः परिवार या सम्प्रदाय–संगठन की बाध्यकारी शर्तों व बलपूर्वक थोपे गये विचारों से टकराते हैं। उदाहरण के लिए गोरा की माँ आनन्दमयी खुले–मुक्त विचारों की महिला है जो अपने पति के धार्मिक पवित्रता सम्बन्धी विचारों को स्वयं पर लादने से इनकार करती है। निम्न जाति की महिला को घर में नौकरानी बनाकर रखती है और रसोई में उससे काम कराती है। विनय हालाँकि गोरा के हिन्दू संगठन का सक्रिय सदस्य है पर वह भी निरन्तर रूपान्तरित होता चरित्र है जो मित्रता को ख़तरे में डालकर गोरा से धीरे–धीरे असहमत होते हुए उदार चरित्र में बदल जाता है। परेश बाबू हालाँकि ब्रह्मसमाज के निष्ठावान कार्यकर्ता व सदस्य हैं पर अन्त में व्यक्ति–स्वाधीनता को बड़ा मानकर ब्राह्म धर्म के बन्धनों को नकार देते हैं। इसी तरह ललिता व सुचरिता भी निरन्तर विचारों के परिष्कार व परिवर्तन के प्रति खुलेपन का परिचय देकर दिमाग़ी तौर पर गतिशील व्यक्ति–चरित्र का उदाहरण प्रस्तुत करती हैं। पर इसके विपरीत ऐसे पात्र भी बहुतायत में हैं जो व्यक्ति–विवेक का प्रतिनिधि बनने के स्थान पर धर्म–सम्प्रदाय द्वारा रचित विचारधारा के प्रतिनिधि बनने में अधिक गौरव का अनुभव करते हैं और इनमें गोरा, हारान बाबू, वरदासुन्दरी व हरमोहिनी आते हैं। बाध्यकारी व निरन्तर सन्त्रस्त करने वाली विचार सरणियों के आतंक से पहली श्रेणी के पात्र उबरते दिखते हैं तो दूसरी श्रेणी के चरित्र निरन्तर उनके प्रति वफ़ादारी का परिचय देने में विश्वास करते हैं। किसी कुशल कथा–योजना की तरह उपन्यास में ललिता का चरित्र भी धीरे–धीरे विकसित होता दिखाया जाता है जो ब्राह्म समुदाय की गुलामी को न केवल स्वयं अस्वीकारती है, बल्कि विनय को भी हिन्दू धर्म को त्याग देने से रोकती है। उसे लगता है कि हिन्दू धर्म के त्याग से विनय के पौरुष तथा आत्मा को ठेस लगेगी जो एक प्रकार से उस पर थोपा गया अन्याय होगा। यह हिन्दू धर्म से अर्जित मर्दानगी और सुधारवाद का एक गठजोड़ बनाने का प्रयास है। गोरा भी हिन्दू धर्म–निष्ठा

का हवाला देकर चिन्तन–मनन की स्वाधीनता के तर्क को नकारता है पर उसकी संवेदना उसके साथ कुछ और बर्ताव करती प्रतीत होती है। वह संकीर्ण वैचारिकता की तरफ़ झुकता है पर उसकी संवेदनाएँ उसके मूल विचारों के विपरीत उदात्त तथा मानवोचित हैं। गाँवों में पहुँचने पर गोरा को प्राप्त अनुभव उसके विचार–तन्त्र को झकझोरकर रख देते हैं। जो गोरा आचार–विचार के स्तर पर रूढ़िवाद के पालन को हिन्दू धर्म–रक्षा के लिए अनिवार्य मानता है, वहीं गाँवों में आचार–विचार की कट्टरता तथा दकियानूसपन को देख काँप जाता है। वहाँ उसे लगता है कि कलकत्ता शहर में अपनी बातों को वह कल्पनाओं के जिन मनोहर रंगों में सजाकर प्रस्तुत करता था, वही बात गाँवों में पूरी तरह से हानिकारक है। गाँवों में देश का नितान्त दुर्बल व दयनीय रूप उसे अपने ही विचारों के प्रति अविश्वास की ओर खींच ले जाता है। टैगोर के शब्दों में– 'मूर्खता भरी रूढ़िवादिता के भयानक दुष्परिणाम गोरा को इन देहातों में इतने स्पष्ट व इतने रूपों में दिखने लगे।' सामने कोई विरोधी या शत्रु न होने पर गोरा ज़्यादा वस्तुगत नज़रिये से सच्चाई को पहचानने लगा क्योंकि अब उस पर किसी वकील की तरह कैसे भी अपनी बात सिद्ध करने का दबाव नहीं है। सत्य को किसी तरह के आवरण के भीतर से देखने की ज़रूरत नहीं रह गयी है। इस प्रकार गोरा की कट्टर हिन्दू साम्प्रदायिकता उसकी अपनी मानवतावादी संवेदनशील चेतना के आगे बार–बार बौनी तथा नक़ली प्रतीत होती है। एक ही चरित्र में टैगोर ने भारतीयता सम्बन्धी विचारों की टकराहट को व्यंजित करने का प्रयास किया है और उसमें सफल हुए हैं। गोरा ईसाइयत की तर्ज़ पर बहुलताविरोधी व एकलधर्मी राष्ट्र को कल्पित तो कर लेता है पर भारत की विराट बहुलता व स्थानीय भिन्नता के समक्ष उसकी कल्पनाएँ चूर–चूर हो जाती हैं। वह उपनिवेशवाद का मुक़ाबला करने के लिए हर हाल में हिन्दू धर्म का साथ देने की बात करता है। पर वह अब स्वयं इस प्रश्न का सामना करता है कि धर्म के वर्तमान स्वरूप से कहीं उपनिवेशवाद को सहायता तो नहीं मिल रही है? वह इसलिए क्योंकि वर्तमान धर्म मनुष्य को लोभी, कायर, क्रूर, भेदभावमूलक व अमानवीय बनाये रखता है और ऐसा मनुष्य अंग्रेज़ों और उनके मज़बूत उपनिवेशवाद को किसी भी प्रकार से चुनौती नहीं दे सकता है। उन्होंने नकारात्मक राष्ट्रवाद और आक्रामक मानव स्वभाव के बीच के मनोवैज्ञानिक सम्बन्धों को उद्घाटित किया है। धर्म–हिंसा–राष्ट्रवाद, तीनों का गठबन्धन साधारण मनुष्य की सत्ता को नकार कर ही शक्तिशाली होता है। टैगोर का लेखन इस गठबन्धन के ख़तरे से सचेत करता है।

टैगोर के गल्प और उपन्यास–आख्यान की विशेषता है कि उन्होंने मनुष्य की लोभ–लालच की प्रवृत्तियों की आलोचना के लिए नश्वरता तथा धार्मिक उपदेशों का सहारा नहीं लिया है। उन्होंने अपनी उपन्यास–कला का इस्तेमाल किसी अन्धविश्वास तथा कर्मकाण्डीय जड़ता को गौरवान्वित करने के लिए नहीं किया है। हमारे यहाँ परम्परा से ही मनुष्य के लोभ लालच की आलोचना की जाती रही है और उस आलोचना के लिए धार्मिक उपदेशों तथा जीवन की निस्सारता के प्रसंगों को अधिक उठाया जाता है। लोभ–लालच की निन्दा के नाम पर धर्म की प्रतिष्ठा अधिक होती है। धर्म–दर्शन ने यही तो साबित करना चाहा है कि मानव जीवन इस विराट सृष्टि चक्र के समक्ष बहुत क्षणभंगुर है और उस क्षणभंगुरता के सत्य को समझना ही सत्य की एकमात्र समझ है। लेकिन साहित्य केवल धर्म–दर्शन की लीक पर नहीं चलता, चलना चाहिए भी नहीं। इसीलिए आधुनिक साहित्य ने भी मनुष्य के लालच, अपार धनसंचय की विकृति तथा बेलगाम वासना के विषय को उठाया है। पर उसने इसके लिए भिन्न मूल्यों व दृष्टि का सहारा लिया है। उसने मानव–स्वभाव की आलोचना के लिए मानव जीवन को नहीं नकारा है बल्कि उच्चतर मूल्यों को गढ़ना चाहा है। उसने मनुष्य के लोभ–लालच को धर्मविरोधी कृत्य सिद्ध करने के स्थान पर उसे सबसे पहले मनुष्यविरोधी तथा मूल्यविरोधी कृत्य बताया है। मानव जीवन को निरर्थक बताने के स्थान पर रोज़मर्रा के जीवन, उसके उल्लास, सुख–दुःख आदि का चित्रण किया है। लोभ–लालच से मुक्त साधारण जीवन तथा उससे जुड़े कार्यों के महत्त्व का वर्णन किया है। लोभी मनुष्य को उस दुर्भाग्यग्रस्त मनुष्य की कोटि में रखा है जो घर–परिवार से जुड़े साधारण कामों के सुख से वंचित होता जाता है। अपनी एक कहानी 'गुप्तधन' में टैगोर स्वर्ण भण्डार की खोज में पड़े दुर्भाग्यग्रस्त मानव का ही वर्णन करते हैं। कहानी में कथ्य कहीं यह संकेत नहीं करता कि उस लोभी चरित्र का लोभ जीवन की क्षणभंगुरता या धार्मिक सिद्धान्तों के कारण त्याज्य या निन्दनीय है। कथ्य बताता है कि उसके लोभ–लालच ने उसे गाँव–घर की तुच्छ व क्षुद्र समझी जाने वाली चीज़ों से भी वंचित कर दिया है। इसलिए जब वह गुफा में दमकते सोने के भण्डार के बीच क़ैद हो जाता है तो उसे ईश्वर या धर्म नहीं याद आता है। उसे साधारण लोगों का जीवन सम्पूर्ण मणि–माणिक्यों से अधिक मूल्यवान प्रतीत होने लगता है। उसे याद आती है गोधूलि वेला, सान्ध्य–तारा, आरती का घण्टा, हाट–बाज़ार से लौटे गाँव के किसान, नदी पार करते लोग।

घासपात की गन्ध, गोशाला में दीपक जलाती बहू, आँगन में सोता उसका कुत्ता। इस प्रकार लालची मनुष्य की आलोचना करने का तरीक़ा धार्मिक चिन्तन तथा आधुनिक साहित्य में भिन्न रहा है। जनजीवन से अर्थपूर्ण–भावपूर्ण लगाव को टैगोर ने सन्तुष्टि व आन्तरिक प्रसन्नता के लिए अधिक महत्त्व प्रदान किया है। स्वयं उनकी परवरिश जोड़ासांको के जिस विशाल ठाकुर परिवार में हुई थी, उस घर के नौकर–चाकर, साथी–संगी, रिश्तेदार उनके मन को प्रभावित करते थे। कलकत्ते के सदर स्ट्रीट के एक अन्य घर के बरामदे से उन्होंने कुली–मजूर, फेरीवाले, साधारण लोगों को देखकर मानव देह की गति के संगीत का जो अनुभव किया था, उसके बारे में अपने संस्मरण में लिखा है। राष्ट्र, देश और धर्म के प्रति लालचपूर्ण हिंसक रवैया भी मनुष्य को अपने ही समाज से अलगाव की ओर धकेलता है। राष्ट्रवाद का विचार जिस लालच व प्रतियोगिता को पैदा करता है, वह सभ्यता–समाज से अलगाव को जन्म देता है। टैगोर ने गोरा उपन्यास में इसी कटु सत्य को व्यक्त किया है।

परिवार के भीतर सम्बन्धों की नवीन उद्भावनाएँ तथा उथल पुथल भी टैगोर के उपन्यासों का प्रमुख विषय रही हैं। उनके औपन्यासिक परिवार स्थिर, जड़ या दोहरावमूलक जीवनशैलियों के बन्धनों से जकड़े हुए नहीं हैं बल्कि उनमें समाज के भीतर लगातार चलने वाली बौद्धिक–राजनीतिक प्रवृत्तियों के प्रति भावप्रवण खुलापन और कुशाग्र प्रतिक्रियाएँ मौजूद हैं। संवाद की नयी संस्कृति विकसित होने के कारण स्त्रियाँ तेज़ी से पुरुषों के साथ अपने विचारों तथा निजी जीवन को बाँटने लगी हैं। ''घरे–बाइरे' में नायिका विमला धीरे–धीरे राष्ट्रवादी नायक संदीप की ओर खिंचाव महसूस करती है और जीवन को अलग तत्त्वमीमांसीय धरातल पर ले जाती है। इसी प्रकार 'चार अध्याय' में अतीन के रूप में पात्र उग्रवादी आन्दोलन में सम्मिलित होता है और उसी गुट की सदस्या एला से उसके सम्बन्धों के त्रासद घुमावों का चित्रण किया गया है। टैगोर किसी मँजे हुए कथाकार की तरह बड़े सामाजिक विषयों को परिवार तथा स्त्री–पुरुष के कोमल सम्बन्धों के धरातल पर जाकर उठाते हैं। 'गोरा' उपन्यास में चार लड़कियों वाले परेश बाबू के परिवार में गोरा का किसी उग्र आँधी की तरह प्रवेश होता है। उसका तेज़ी से प्रवेश भी प्रतीकात्मक है जो यह दर्शाता है कि परिवारों के भीतर बहस और विवाद की संस्कृति दाख़िल हो रही है। ब्रह्मसमाजी हारान बाबू वहाँ अपनी विशेष वैचारिक उपस्थिति रखते हैं और उनसे गोरा का वैचारिक टकराव होता है।

परेश बाबू का परिवार बौद्धिक ताप में पिघलता हुआ प्रतीत होता है। परेश बाबू के परिवार का विखण्डन, उसकी भिन्न दिशाओं में गति व भीतरी आलोड़न पूरे राष्ट्र का दर्पण प्रस्तुत करता है। भारतीय राष्ट्र भी इसी प्रकार नयी वैचारिक ऊर्जा के कारण अपनी बाहरी संरचना और आन्तरिक मूल्यों की जड़ता को भंग होते देख रहा है। राष्ट्रवाद की जटिल वैचारिकी ने परिवार में बदलाव लाने के साथ–साथ स्त्री–पुरुष को भी समान धरातल पर लाकर खड़ा कर दिया है और जेंडर रिलेशंस में परिवर्तन आने लगे हैं। सुचरिता व ललिता क्रमशः गोरा व विनय की जीवनसंगिनी बनकर जैसे यह सिद्ध करती हैं कि स्त्रियाँ अब पूर्वनिर्धारित रास्ते पर चलकर और मूर्ख पुरुषों के चक्कर में पड़कर जीवन का बेड़ा गर्क नहीं करेंगी। वे अब देश से सच्चा प्रेम करने वाले पुरुषों के साथ मिलकर किसी बड़ी राष्ट्रीय भूमिका की दिशा में जीवनयात्रा करेंगी। ऐसा इसलिए भी हो रहा है क्योंकि देशप्रेम का सिद्धान्त परम्परा पर पुनर्विचार करता है और स्त्री की सामाजिक भूमिका का रेखांकन करता है। इस उपन्यास में कई स्थानों पर स्त्रियों की सामाजिक समस्याओं पर खुलकर विचार किया गया है और विभिन्न प्रकार के दृष्टिकोणों के टकरावों को व्यंजित किया गया है। एक स्थान पर विनय अपने मित्र गोरा से कहता है–

'देखो गोरा, एक बात मैं तुमसे कहना चाहता हूँ। मुझे लगता है कि हमारे स्वदेश प्रेम में एक बहुत बड़ा अधूरापन है। हम लोग भारतवर्ष को अधूरा करके ही देखते हैं।'

गोरा–'वह कैसे?'

विनय–'हम भारतवर्ष को केवल पुरुषों का देश मानकर देखते हैं, स्त्रियों को बिल्कुल देखते ही नहीं।'

इसके बाद गोरा उससे बहस करने लगता है तो विनय एक और ज़ोरदार तर्क रखता है।

वह कहता है–'हम लोग किसान केवल उसकी खेती के, या जुलाहे को केवल उसकी बुनाई के बीच देखते हैं, इसीलिए उन्हें छोटी जाति मानकर उनकी अवज्ञा करते हैं, वे पूरे दिखते ही नहीं और इस छोटे–बड़े के भेद के कारण ही देश कमज़ोर हुआ है। ठीक उसी तरह देश की स्त्रियों को केवल उनके चौका–बासन और कुटाई–पिसाई से घिरी हुई देखकर ही हम स्त्रियों को भी केवल जनाना मानकर उन्हें ओछी नज़र से देखते हैं...इससे हमारा देश ओछा हो जाता है।' किसानों तथा निम्न जातियों के अपमान की ऐतिहासिक

स्थिति के साथ स्त्रियों के अपमान व शोषण को जोड़कर टैगोर ने समाज का संचालन करने वाली ताक़तों के बारे में अपनी व्यापक दृष्टि को पेश किया है।

बंगाली परिवार 19वीं सदी में अपनी रूढ़िवादिता के लिए कुख्यात थे। सती प्रथा के कई घिनौने रूपों की वहाँ उपस्थिति शिक्षित वर्ग के लिए अपराध–बोध सरीखी थी। इसी प्रकार स्त्रियों को प्रायः धर्म के सर्वाधिक भद्दे, मूर्खताजन्य व विकृत रूपों का संरक्षक माना जाता था और परिवार की संस्था सांस्कृतिक–धार्मिक रूढ़िवाद के आदर्श पोषक के रूप में दिखती थी। ऐसे सामाजिक परिवेश में परिवार के भीतर आलोचना–चिन्तन की उपस्थिति, मुक्त–साहसी स्त्री का चित्रण व प्रेम विवाह जैसे दुस्साहिक प्रयास दिखाकर लेखक केवल यथार्थ नहीं बल्कि भावी समाज के स्वप्न की झलक को भी प्रस्तुत करता है। पारिवारिक परिवेश का यह प्रबुद्ध रूप उपनिवेशवाद के इन दावों की निरर्थकता को भी घोषित करता है कि भारतीय परिवार और उन पर टिके सम्बन्धों की निर्मितियाँ मूलतः अन्धविश्वासों व ग़ैर–राष्ट्रवादी सरोकारों से तैयार हुई हैं। यह भी स्मरण रखने योग्य है कि टैगोर को किशोरावस्था से इंग्लैंड व यूरोप की संस्कृति से गहरा परिचय था। 'माई रेमेनिसन्स' (मेरी जीवन स्मृति) में उन्होंने लन्दन यूनिवर्सिटी, इंग्लैंड तथा अंग्रेज़ी संस्कृति के बारे में कई प्रसंग लिखे हैं। वे बचपन में अंग्रेज़ अफसर की विधवा को विलाप–गान भी गाकर सुनाया करते थे। अंग्रेज़ी सभ्यता के प्रति उनके मन में किसी प्रकार का आतंक होने का सवाल ही नहीं उठता था। यूरोपीय जीवन समाज के अनुभव ने उन्हें सार्वभौमिकतावादी बनाया था। इसके अतिरिक्त वह स्वयं सुधारकों के परिवार से थे, इसलिए सुधारवाद बनाम राष्ट्रवाद की खींचतान पर टिकी बहस की पुख़्ता सूचनाएँ रखते थे। वह हिंसक व एकांगी राष्ट्रवाद के कटु आलोचक थे। पर उस प्रक्रिया के कुशल अध्येता भी थे जिसके अन्तर्गत राष्ट्रवाद का आइडिया भारतीय समाज में गतिशीलता को जन्म दे रहा था। इसीलिए उन्होंने परिवारों को इस गतिशीलता के बीच से गुज़रते देखा।

उपन्यास में उनके अधिकांश पात्रों की एक 'मेटाफारिकल' उपस्थिति है। गोरा की अपनी माँ आनन्दमयी व उसके पिता कृष्णदयाल जैसे एक ही राष्ट्र के भीतर विपरीत दिशाओं में जाते समाज को व्यंजित करते हैं। आनन्दमयी उदार, सहिष्णु बनती चली जाती है और कृष्णदयाल कर्मकाण्डी धर्मनिष्ठ हिन्दू। एक अपनी दयालुता व उन्मुक्तता में सभी को अपनाकर समावेशी संस्कृति का रूपक प्रस्तुत क़रता है तो दूसरा स्वेच्छा से बहिष्कार पर आधारित धार्मिक

संरचना की क़ैद में धँसता चला जाता है। परेश बाबू के परिवार के दो सदस्य ललिता व सुचरिता जब आनन्दमयी के परिवार के अंग बनते हैं तो जैसे उसका अघोषित निहितार्थ यही हो जाता है कि विवेकसम्पन्न नागरिक आबादी अब उदारतावादी भावनाओं की भूमि पर स्वयं को एकजुट करने के लिए तैयार है। विवेकसम्पन्नता की कसौटी अब यह है कि वह अतिवादिताओं को नकार दे। इस प्रकार परिवारों का वैचारिक ध्रुवीकरण बेमानी हो जाता है और गोरा अगर परेश बाबू का आशीर्वाद लेता है तो ललिता तथा सुचरिता आनन्दमयी के रूप में संकीर्णता–विरोधी व व्यापक दृष्टि वाले स्नेहशील मातृत्व की शरण में चली जाती हैं। वैचारिक कठोरताओं से पैदा होने वाली घृणा तथा दूरी पराजित होती है। सहज–स्वाभाविक उदार मानवीय संवेदनाओं को विजय प्राप्त होती है जिसमें सहचरपन व सहभागीपन के मूल्यों को बल देने वाली स्थितियों के बीज छिपे हैं। यही वह कालखण्ड भी था जब पूरे यूरोप में इतिहास की धारणा बदल रही थी और ख़ासतौर पर प्रगति की धारणा का बोलबाला था। इतिहास के महान नायकों के जीवन को भी विकासवाद से जोड़ा गया। महान सेनानायक, जनरल, अकादमीशियन, वैज्ञानिक सभी इसी विकासवाद को पुष्ट करते हुए साम्राज्यवाद की उपलब्धियों की प्रशंसा में जुटे हुए थे। ऐसे ही कालखण्ड में टैगोर एक प्रकार से 'गोरा' जैसे उपन्यास में दमनकारी ताक़त, धार्मिक दलबन्दी, समाज से अभिजात अलगाव का विरोध कर एक प्रकार से विकासवाद के सबसे जटिल सांस्कृतिक आयाम से मोर्चा ले रहे थे। अंग्रेज़ों का विकासवाद हिन्दुत्व के विकासवाद को प्रेरित करता था जिसमें शक्तिशाली क़ौमों के विजेता होने की नियति को किसी वैज्ञानिक नियम की तरह दोहराया और प्रस्तुत किया जाता था। विकासवाद के धार्मिक–आध्यात्मिक आयाम भी उतने ही ख़तरनाक थे, जितने उसके आर्थिक–राजनीतिक आयाम।

एक अन्य स्तर पर गोरा उपन्यास अंग्रेज़ी सभ्यता के बरअक्स भारतीय सभ्यता के मूल्यों की द्वन्द्वपरक शिनाख़्त इस रूप में भी करता है कि वह अंग्रेज़ों के प्रभाव को समर्पण भाव से ग्रहण करने वाले भारतीयों का उपहास उड़ाता है। उपन्यास में दो स्थान पर अंग्रेज़ आते हैं। एक बार तब जबकि गोरा स्टीमर में यात्रियों की सहायता कर रहा है और यात्रियों की समस्या पर ध्यान देने के स्थान पर एक बंगाली बाबू एक अंग्रेज़ के साथ बैठकर उपहास उड़ा रहा है। वह अंग्रेज़ियत के भद्दे अनुकरण में अपना सम्मान देखता है और इसीलिए

अंग्रेज़ के साथ बैठकर उसकी तरह बर्ताव की चेष्टा करता है। अपने शासक के अन्धानुकरण में वह वास्तव में अपनी सांस्कृतिक हीनता उजागर करता है। मेज़ पर से अंग्रेज़ का अख़बार उड़कर नीचे गिरता है तो बंगाली बाबू तुरन्त उठाकर उसे देता है पर उपन्यासकार के शब्दों में 'बदले में थैंक्स तक नहीं पाया।' गोरा भारतीयों के अपमान व दुर्गति पर हँसने वाले पढ़े–लिखे लोगों के विरुद्ध तनकर खड़ा हो जाता है। इस घटना के बाद उपन्यासकार गोरा के बारे में बताता है–'पढ़े–लिखे लोगों की सारी किताबी पढ़ाई और नक़लची संस्कार के प्रति सम्पूर्ण उपेक्षा दिखाने के लिए ही गोरा ने माथे पर गंगा की मिट्टी की छाप लगाई थी और अद्भुत ढंग के नये कटकी जूते ख़रीदे थे।' एक अवसर तब आता है जब गाँव के लोगों की रिहाई के लिए गोरा अंग्रेज़ मजिस्ट्रेट के सामने जाता है और पुलिस–प्रशासन की संवेदनहीनता के बरअक्स गाँव वालों के आन्दोलन का समर्थन करता है। वहाँ अंग्रेज़ मजिस्ट्रेट शिक्षा के अति प्रसार के नुक़सान की चर्चा कर गोरा की बातों को काटने की कोशिश करता है। कहता है–'नये बंगाली इतिहास की पुस्तकें पढ़कर बहुत बातें सीख गये हैं...इनसफरेबल...।' वह अंग्रेज़ियत से विद्रोह को भारतीयों के नैतिक पतन का पर्याय मानता है और इस नैतिक पतन से लोगों की सुरक्षा के लिए कहता है: 'क्राइस्ट को स्वीकार किये बिना भारतवर्ष का धर्म–बोध कभी पूरा नहीं हो सकता।' इस पर अंग्रेज़ी में शिक्षित व स्वयं को सुधारक मानने वाले हारान बाबू उनकी हाँ में हाँ मिला देते हैं और एक प्रकार से भारतीयों के एक वर्ग की भोंडी अनुकरणशीलता का उदाहरण बन जाते हैं जो तेज़ गति से बढ़ते राष्ट्रीय आन्दोलन के लिए अनुपयोगी होने जा रहा था। उपनिवेशवाद का लाभार्थी बने रहने के लिए राजनीतिक स्वतन्त्रता से समझौता करने का युग समाप्त होने वाला था। गोरा उपन्यास इस स्तर पर प्रतिक्रियावाद, रूढ़िवाद व राजनीतिक दासता, तीनों के केंचुल उतारकर नये परिमार्जित राष्ट्र के उभार का प्रवक्ता बन जाता है। उपन्यास आधुनिकता की ऐसी पटकथा लिखना चाहता है जिसमें आधुनिकता सामाजिक–धार्मिक भेदभाव के स्थान पर सुधारवादी चेतना को प्रोत्साहित करे। अंग्रेज़ों के इतिहास, ज्ञान तथा उनकी सभ्यता की आलोचना करने के कारण इस उपन्यास का 'पाठ' उत्तर–औपनिवेशिक उपन्यास के रूप में करने की भी कोशिश की गयी है। उत्तर–औपनिवेशिक इतिहास बोध के कारण उपनिवेशवादियों के द्वारा प्रदत्त ज्ञान की ताक़त को हटाकर उपनिवेश की जनता के दमित ज्ञान तथा दमित संवेदना को खोजा गया है।

इस रूप में गोरा नये दौर में नायकत्व को नये सिरे से परिभाषित करता है और ऐसे देशभक्त इन्सान का रूप सामने आता है जिसकी चेतना नक़लची संस्कारों के ख़िलाफ़ विद्रोह के कारण किसी भी विरोधी अतिवादिता की ओर आकृष्ट हो सकती है। वह अंग्रेज़ों की नक़ल पर सार्वदेशिक (कॉस्मोपालिटन) बनते लोगों की आलोचना करता है। गोरा जब लिखा गया व प्रकाशित हुआ, उसी कालखण्ड के आसपास गाँधी ने 'हिन्द स्वराज' को भी लिखा था। हिन्द स्वराज में भी भारतीय सांस्कृतिक मूल्यों को साम्राज्य विरोध के रूप में गौरवान्वित करने की चेष्टाएँ हैं। उनके प्रति बौद्धिक–सामाजिक आग्रह व्यक्त किया गया है। पश्चिम को शैतानी सभ्यता बताकर पूरब की सांस्कृतिक चेतना की उत्कृष्टता सिद्ध की गयी थी। पर गोरा में पश्चिमी मूल्यों पर सीधा प्रहार करने के स्थान पर पश्चिम के विरुद्ध प्रतिक्रिया में किसी धार्मिक कट्टरता की ओर झुकाव के ख़तरों के बारे में आगाह किया गया है। स्वयं रवीन्द्रनाथ एक एशियाई क़िस्म की आधुनिकता के समर्थक थे और वह संस्कृति–बोध व सार्वभौमिकता के बीच समन्वय का पथ प्रशस्त करते थे। हिन्द स्वराज की शक्ति अगर पश्चिम की कड़ी आलोचना विकसित करने में थी तो गोरा उपन्यास की बुनियादी ताक़त वहाँ है जहाँ वह भारत जैसे पूर्वी समाजों के आत्मालोचन की आवश्यकता व उसकी रूढ़ियों की ओर हमारा ध्यान खींचता है। वह अन्ध–पश्चिमीकरण व अन्ध–परम्परावाद, दोनों के ही नकार में स्वस्थ सामाजिक संरचनाओं व राजनीतिक बोध के उदय को चिह्नित करता है। उसमें जड़ता और नक़लची आधुनिकता दोनों से दूरी बरतने का सुझाव मौजूद है। खोखले दर्प वाली अतीतजीविता की आलोचना की गयी है। गाँधी पश्चिमी सभ्यता को अनीति की ओर झुकी तथा निरीश्वरवादी मानते थे, जबकि टैगोर किसी पश्चिम–पूर्व के टकराव या परस्पर विरोध की कल्पना नहीं करते थे। इस प्रकार हिन्द स्वराज में गाँधी भारतीयों की सभ्यता और संस्कृति की श्रेष्ठता का रेखांकन करते हैं। जबकि गोरा में टैगोर उस सभ्यता–संस्कृति के प्रति प्रेम को आत्मदम्भ तथा अहंकार में परिणत हो जाने से रोकते हैं। हिन्दुत्व की हिफ़ाजत के लिए हमेशा ही युद्ध–सज्जा में रहने वाला गोरा अन्त में चाहता है कि उसे नया जीवन मिले जहाँ उसकी देशभक्ति को धर्म पर निर्भर रहने से मुक्ति प्राप्त हो जाये। यहाँ लेखक किसी औपन्यासिक युक्ति की तरह पहले तो धार्मिक निष्ठा से भरी गोरा की देशभक्ति के माध्यम से राजभक्त व ज़मीन से उखड़े पढ़े–लिखे बंगालियों के पाखण्ड का मज़ाक़ उड़ाता है और फिर बाद में गोरा

की देशभक्ति को भी धर्म सम्बन्धी आग्रहों से आज़ाद करा देता है। इस प्रकार कट्टरता एवं संकीर्णता के ऊपर उदारवादी भारतीय चिन्तन को अन्तिम विजय प्राप्त होती है। पर सवाल यह है कि अगर गोरा को न पता चलता कि वह आयरिश दम्पती की सन्तान है तो भी क्या उसका ऐसा क्रान्तिकारी रूपान्तरण सम्भव था? क्या सही विवेक केवल तभी प्राप्त हो सकता है जब दुर्लभ संयोग से भरी दुर्घटना का व्यक्ति के जीवन में प्रवेश हो? माना जाता है कि टैगोर अपनी रचनाओं में सुखान्त को बहुत महत्त्व नहीं देते थे। पीड़ा से भरी मनोदशा तथा हृदयविदारक अनुभवों के बीच ही उनकी रचनाएँ समाप्त होती हैं। पर 'गोरा' में सुखान्त है और श्रेष्ठ विचार वाले भटके हुए नायक को सही मार्ग पर लौटते दिखाया गया है। गोरा की विजातीयता का उद्‌घाटन दरअसल उसकी निजी त्रासदी से कहीं अधिक भारत की सांस्कृतिक वास्तविकता की परिचायक है जिसमें विभिन्न धर्म–सम्प्रदाय, मत, समूह, संस्कृतियाँ उसके साथ जुड़ती चली गयी हैं। इसलिए गोरा को यह पता चलना कि वह स्वयं ग़ैर–हिन्दू है और उसके पश्चात उसका कट्टरता से मोहभंग वास्तव में गम्भीर आशय छिपाए हुए है। वह आशय यह है कि भारत की पहचान समिश्र संस्कृति के रूप में स्थापित हो चुकी है और किसी के विजातीय होने, ग़ैर–हिन्दू अथवा भिन्न–धर्मानुयायी होने से इसकी अस्मिता क्षरित नहीं होती बल्कि भीतर से दृढ़ होती जाती है। गोरा को जब पता चलता है कि वह हिन्दू ब्राह्मण नहीं है तो निजी चेतना में अनायास खलबली पैदा होती है। उसकी चेतना में पैदा हुई उथलपुथल भारत की वास्तविक पहचान तथा अब तक की सांस्कृतिक यात्रा के बारे में उसके सही बोध को विकसित करती है। इस प्रकार भारत को ईसाईयत, इस्लाम या यहूदी धर्मों वाले देशों की तरह 'मोनोलिथिक' बना देने के प्रयासों के मूल पर आघात होता है। उस हिन्दू धर्म की परोक्ष आलोचना भी होती है जो कर्मकाण्डों का विशाल जखीरा खड़ा कर बहिष्कारवादी हो चुका है और जिसमें जन्मतः ही कोई हिन्दू का दर्जा प्राप्त कर सकता है। एक तीर से दो शिकार जैसा कुछ। हिन्दू धर्म की रूढ़ियों का बौनापन प्रकट हो जाता है और राष्ट्र की चेतना में धर्म के हस्तक्षेप को हतोत्साहित कर दिया जाता है। उपन्यास का अन्त भले ही गोरा की मूल विचारधारा के विपरीत होता है, लेकिन इसके बावजूद टैगोर ने कथानक के माध्यम से यह जता दिया है कि राष्ट्रवाद को धार्मिक संकीर्णताओं में बाँधने के कितने ख़तरे हैं। टैगोर ने राष्ट्रवाद के ग़लत दिशा में भटक जाने की कटु विडम्बना को भी प्रकट किया है। नीरद सी. चौधरी के

अनुसार–'टैगोर ने अपने उपन्यास में नवहिन्दुत्ववाद के बारे में विस्तार से वर्णन किया है हालाँकि उन्होंने अन्त में उदारवादी चिन्तन को ही विजय प्रदान की है। लेकिन इसके बावजूद उन्होंने बहुत प्रभावशाली ढंग से यह दिखा दिया है कि राष्ट्रवाद को हड़पने की हिन्दुत्ववादी धारा कितनी सशक्त है।'[3]

उपन्यास में महाकाव्यात्मकता के दर्शन बांग्ला साहित्य में सही मायने में टैगोर के आगमन के बाद ही हुए थे। यह महाकाव्यात्मकता केवल आधुनिकता की एकपक्षीय स्वीकृति से पैदा नहीं हुई थी बल्कि उसके साथ आलोचनात्मक तनाव को निर्मित कर अपनी उपयोगिता सिद्ध करती थी। इस रूप में टैगोर के उपन्यास औपनिवेशिक आधुनिकता के दबाव में राष्ट्रवाद और पुरातन धार्मिक हिंसा के परस्पर मेलमिलाप के विरुद्ध अपना मत प्रकट करते हैं। आधुनिक वक़्त में हिन्दुत्व अगर राष्ट्रवाद को परिभाषित करेगा तो वह राष्ट्रवाद स्वयं बहिष्कारवादी, हिंसक तथा घृणा–आधारित हो जायेगा। इसलिए जो गोरा एक ख़ास अनभिज्ञता में हिन्दुत्व की हिंसा की बुनियाद पर राष्ट्र की कल्पनाएँ कर रहा है, उसी हिंसा से वह बाद में अपनी कल्पनाओं को आज़ाद कर लेने में अपने जीवनोद्देश्य की सफलता देखता है। उसके गुरु परेश बाबू बन जाते हैं जो स्वयं ब्रह्मसमाज की संकीर्ण आधुनिकता से खुद को मुक्त कर चुके हैं और हिन्दुत्व के साथ मज़बूत होते जातिवाद के विरोध में हैं। वह उस बौद्धिक वर्ग के प्रतिनिधि हैं जो अंग्रेज़ी शिक्षा तथा नये वातावरण के बारे में गम्भीर सजगता रखते हैं। उन्हें साफ़ दिख जाता है कि हिन्दू धर्म ने एक ओर अनार्य जातियों से समायोजन–समन्वय कर तो दूसरी ओर राजा–रजवाड़ों के बल पर धर्म–त्याग पर कड़े बन्धन लगाकर अपनी शक्ति का विकास किया था। पर अंग्रेज़ी राज में दोनों ही प्रक्रियाएँ शिथिल हो चुकी हैं। अब वह जातपाँत–रूढ़िवाद के कारण मनुष्यत्व का अपमान करेगा तो उसके लिए आत्मघात सिद्ध होगा। नयी समाज–रचना ऐसी है कि जिसने धर्म से बाहर निकलने के दरवाज़े खोल दिये हैं। हिन्दू धर्म की सीमाओं से परिचित होने के कारण परेश बाबू या तो स्वयं को उसकी परिधि पर रखते हैं, या फिर से उससे बाहर। वह अपनी आस्तिकता को ब्रह्मसमाज की अमूर्त आस्था व मूर्तिपूजा विरोधी उपासना पद्धति में सार्थक होता देखते हैं।

'गोरा' भारतीय उपन्यास के विकास क्रम को सकारात्मक ढंग से प्रभावित करने वाली रचना है। भारत में उपन्यासों ने आधुनिकता के विभिन्न रूपों को व्यक्त किया है और आधुनिक चेतना के विकास में शक्तिशाली माध्यम की भूमिका अदा की है। उपन्यासों ने पिछड़ी सोच वाले घुटनग्रस्त समाज में लाखों

लोगों को प्रेरित किया और उनकी कल्पनाओं को पंख प्रदान किये। न जाने कितनी ही कुण्ठित आत्माओं व परास्त ज़िन्दगियों को नयी ऊर्जा उपन्यासों से ही प्राप्त हुई। पर आधुनिकता आज के समय में पूँजीवाद की विकृतियों के कारण बहुधा अत्यन्त निन्दित व सन्दिग्ध अवधारणा बन चुकी है। आधुनिकता की आलोचना करना अपने में विचारधारात्मक परियोजना बन चुकी है। इसका एक कारण यह भी है कि आधुनिकता के स्वप्न को बड़े औद्योगिक स्वार्थों ने रौंद दिया और उसके स्थान पर अपनी ही विकृतियों के अनुरूप विकृत व लूट–खसोट पर टिकी आधुनिकता के रंगीन व भड़कीले चित्र हमारे आगे पेश कर दिये। स्वयं को आधुनिक कहलाने वाला मनुष्य अब आधुनिकता विरोधियों की तरह ही विभिन्न क़िस्म के संशय पैदा करता है। पिछड़ेपन की निन्दा करना किसी को हमेशा ही प्रगतिशील व गरिमावान नहीं बनाता। इसका कारण यह भी है कि पुराने आचार–विचार व संस्कृति को नष्ट करके जो विकल्प सामने रखे गये वे भी आधुनिकता को बल नहीं प्रदान करते हैं। पर बावजूद इसके आज भी आधुनिकता का विकास एक लम्बित परियोजना की तरह हमारे सामने उपस्थित है और जो फूहड़ आधुनिकता हमारे ऊपर थोपी गयी है, उसके ख़िलाफ़ प्रेमपरक, करुणाशील व विराटमना आधुनिकता का संघर्ष जारी रहना चाहिए। इस उद्देश्य में 'गोरा' जैसा उपन्यास हमारा पथप्रदर्शक हो सकते हैं जिसमें राष्ट्र व देशप्रेम के कई हिंसक तथा नकारात्मक रूपों का खण्डन करते हुए नये आलोक में इन चीज़ों को देखने का प्रयास टैगोर ने किया है। अपनी निष्पत्तियों में यह उपन्यास देशप्रेम को ख़ारिज नहीं करता बल्कि उसका नया मानवतावादी वैचारिक आधार उपलब्ध कराता है। देश और उसमें बसे करोड़ों लोगों को संकीर्ण धार्मिक आस्थाओं की क़ैद के अलावा हिंसक व धार्मिक भेदभाव पर आधारित राष्ट्रवाद की क़ैद से मुक्त करने का सन्देश देता है।

सन्दर्भ

1. तबोब्रत घोष–गोरा और विनय (राधा चक्रवर्ती की पुस्तक 'नॉवेलिस्ट टैगोर' से)
2. शीर्षेन्दु चक्रवर्ती–यूनिवर्सलिस्ट पैराडाइम ऑफ़ नेशन एंड नैरेशन (गोरा की समीक्षा–द बुक रिव्यू–22, 1998)
3. नीरद सी चौधरी–दाई हैंड, ग्रेट एनार्क (राधा चक्रवर्ती की पुस्तक 'नॉवेलिस्ट टैगोर' से)

7

घरे-बाइरे : देशभक्ति बनाम प्रतीक-पूजा

टैगोर का उपन्यास 'घरे–बाइरे' (1916) देश, समाज, स्त्री स्वाधीनता और नैतिकता के विषय में नवीन बहसों के लिए आधारभूमि तैयार करने वाला परिपक्व विचारदृष्टि का उपन्यास है। ऐसी कृति जो अपने समय के विमर्शों तक क़ैद रहने के स्थान पर उससे आगे देखने का दुस्साहस करती है। इसका रचनाकार किसी 'अनुभव' जैसी चीज़ को अन्तिम नहीं मानता है, बल्कि वह प्रत्येक अनुभव, दुविधा और संकट के बारे में खुली बहस को जन्म देना चाहता है ताकि पाठक की विवेकशीलता में धार लगे। वह अनुभवों की संकुचित सीमा में रहने के स्थान पर वैचारिक विकास के महत्त्व को समझ सके। किसी भी प्रकार के हिस्टीरिया और धार्मिक उन्माद की छायाओं से खुद को मुक्त रख पाने की एक ईमानदार चेष्टा इसके सृजन की मूल प्रेरणा है।

यह विचित्र संयोग है कि टैगोर ने लोकप्रियता को कभी लेखन की कसौटी नहीं बनाया, पर वह आज भी लोकप्रिय हैं। इसके विपरीत जो लेखक लोकप्रियता के लक्ष्य को ध्यान में रखकर लिखते थे, उन्हें समाज ने निर्ममता से विस्मृत कर दिया। अधिकांश लेखकों का दुर्भाग्य वहाँ से आरम्भ होता है जब वे लोकप्रिय हो जाने के लिए लिखने लगते हैं। लोकप्रिय होने की इच्छा उनकी प्रतिभा पर ग्रहण लगा देती है। वे स्वयं को रिंग में दर्शकों का मनोरंजन करने वाले कुश्ती के खिलाड़ी की तरह भी देखने लगते हैं। लेकिन हिंसा–प्रतिहिंसा और उपनिवेशवाद के कारण आत्मशून्यता से भरे समय में टैगोर लोकप्रियता की परवाह किये बग़ैर बंगाल में बंगाली सोच की संकीर्णता की खुलकर आलोचना कर सकते थे। किसी भी नये विचार के प्रति बंगालियों के असहयोग व उपेक्षा को लेकर अपने दुःख को भी प्रकट करते थे। उनका सबसे बड़ा दुःख था क्षुद्रताएँ और आपसी सन्देह जो किसी भी समाज को रोगी बना देते हैं। उसकी अपनी गरिमा को नष्ट–भ्रष्ट कर देते हैं।

एक ठहरे, पराधीन समाज में रचनाकार का दायित्व केवल यह नहीं होता कि वह लेखन में सामाजिक आलोचनाएँ प्रस्तुत करे, बल्कि यह भी होता है कि वह उस पीड़ा को भी निर्भीक ढंग से व्यक्त कर सके जो उसे किसी बन्द, गतिहीन समाज में नये प्रयास करने पर समाज के द्वारा ही प्राप्त होती है। पीड़ा को व्यक्त करने की स्वतन्त्रता भी कोई समाज आसानी से नहीं प्रदान करता है। टेस्टीमनी, आत्मकथा या निजी पत्रों में यह प्रायः व्यक्त हो जाती हैं। यह पीड़ा मात्र निजी पीड़ा नहीं होती बल्कि वह उस समाज के लिए आईना होती है, जिसे अपनी क्रूरताओं और संवेदनहीनता का स्वयं कोई बोध नहीं है। इसे कभी टैगोर ने अपने उपन्यास–चरित्रों के माध्यम से व्यक्त किया, तो कभी उनके पत्रों या लेखों में उसकी अभिव्यक्ति होती दिखती है। झुँझलाहट में ही उन्होंने लिखा था कि लम्बे समय तक मैंने बंगाल की सन्तानों को अपने आश्रम में स्थान प्रदान किया पर बंगाल ने कभी मेरा समर्थन नहीं किया।[1] उनके अनुसार आपस की क्षुद्र शत्रुताओं और कटुताओं के कारण बांग्ला समाज में लोग किसी भी नवीन संस्था या मौलिक विचार के शत्रु बन जाते हैं।

बंगाल की लीक पर चलती जनता के जड़ विश्वासों के विरोध में टैगोर का यह युद्ध बहुत शालीन लेकिन उतनी ही गहरी वैचारिक उत्तेजना के साथ उनकी रचनाओं में लड़ा जा रहा था। आज हम बंगाल और बांग्ला जाति के 'आइकान' के रूप में हम उन्हें देखते हैं पर भूल जाते हैं कि उन्होंने उसी बंगाली समाज के जड़ मूल्यों व पिछड़ी चेतना से कितना लम्बा संघर्ष किया था। इस संघर्ष में उन्हें अवसाद मिला और उपहास भी। 'सॉलिट्यूड' की चेतना और उसकी खोज इसी अवसाद का व्यक्तिगत स्तर पर समाधान निकालने की एक मार्मिक चेष्टा है। इससे बचने के लिए वह अक्सर अपने एकान्त और अकेलेपन की ओर चले जाते थे। शायद हर बड़ा लेखक आत्मरक्षा के लिए नीरव एकान्त को खोजता है जहाँ वह जाकर छिप सके। लोकप्रियता के शिखर पर खड़ा लेखक अचानक उसकी व्यर्थता से ऊब जाता था और लोकप्रियता का मोह त्यागकर अपने तपोवन में लौट जाना चाहता था। उन जवाबदेहियों और गुप्तचरी से दूर जिनका सम्बन्ध सृजन से नहीं होता है, केवल अपने एवं अन्य के अहं से टकराने तथा उसे सहलाने से होता है। टैगोर के पत्रों में उनकी अकेलेपन से जुड़ी बेचैनियाँ व्यक्त हुई हैं। उस पद्मा नदी के तट से उनका प्रेम झलकता है जो उनके अकेलेपन के अवसाद का सबसे बड़ा सहारा था। अपने मित्र चार्ल्स एंड्रूज को लिखे ऐसे ही एक पत्र में वह कहते हैं–

I feel that I am on the brink of a breakdown. Therefore, I must take a flight to the solitude of the Padma.[2] एक अन्य पत्र में वह कहते हैं–'मेरे भीतर एक शक्ति (अकेलेपन की) है जो संसार की हर चीज़ से मेरे सम्बन्धों को लेकर ईर्ष्यालु है। वह अपने ही किसी गुप्त उद्देश्य के लिए मेरे ऊपर विजय प्राप्त करना चाहती है।..हालाँकि यही अकेलापन मेरे लिए असहनीय हो जाता है।'[3] अपने समय में टैगोर स्वयं को लोकप्रियता के लालच में फँसने से बचाकर साहित्य और बौद्धिकता दोनों के साथ न्याय कर रहे थे। वह अपनी अन्तरात्मा से आजीवन संवाद कर रहे थे। वह इस बात को जानते थे कि लोकप्रियता इतनी बड़ी चीज़ नहीं कि उसके लिए आन्तरिक सत्य और मानसिक स्वतन्त्रता की बलि चढ़ा दी जाये। इसीलिए उनके उपन्यास भारतीय राष्ट्रवाद के आन्तरिक तनावों तथा द्वन्द्वों का औपन्यासिक रेखांकन करने वाली महत्त्वपूर्ण कृतियाँ है। देश और समाज के बारे में छद्म आम सहमतियों की अकड़ उनके लेखन में कमज़ोर पड़ जाती है, उनकी सत्ता खुली बहसों के समक्ष बहुत फीकी दिखने लगती है। यह कहना ग़लत न होगा कि उन्नीसवीं और बीसवीं, दोनों शताब्दियों के वैचारिक आयामों में एक साथ, लेकिन 'क्रिटिकल एटीट्यूड' के साथ उपस्थित टैगोर में एक ईमानदार बुद्धिजीवी का अकेलापन है, तो एक संवेदनशील कवि की गहरी व्यथा भी। ईमानदारी और व्यथा ने उनके सृजन की लौ को जिलाए रखा, उन्हें निरन्तर लोगों के प्रति उदार बनाया, निर्भयता की साधना में विश्वास बनाये रखा। आस्थाओं पर सन्देह ही नहीं किया बल्कि आस्था और सन्देह के मध्य की जीवन्त बहसों को भी सम्मान दिलाया।

''घरे–बाइरे' उपन्यास को टैगोर ने 1915–16 ई. में लिखा था और प्रमथ चौधरी की पत्रिका 'सबुज पत्र' में इसका धारावाहिक प्रकाशन होता था। 1916 ई. में यह पुस्तकाकार छपा। टैगोर के भतीजे सुरेन्द्रनाथ टैगोर ने 'होम एंड द वर्ल्ड' के नाम से 1919 में इसका अंग्रेज़ी में अनुवाद भी कर दिया था। इसमें राजनीतिक यथार्थ, मनोवैज्ञानिक यथार्थ और सामाजिक यथार्थ सभी समानान्तर प्रखरता के साथ व्यक्त हुए हैं। टैगोर ने यह उपन्यास तब रचना आरम्भ किया था जब नोबल सम्मान मिलने से जुड़ी ख्याति, शोरशराबा तथा व्यस्तता आदि से वह मुक्त हो गये थे और पुनः सामाजिक–राजनीतिक यथार्थ के विश्लेषण के लिए उपन्यास लेखन की ओर लौट आये थे। यह उनका सातवाँ उपन्यास था और एक प्रकार से उनका प्रथम राजनीतिक उपन्यास भी था जिसमें उन्होंने अपने चरित्रों के मनोजगत को प्रस्तुत करने का भी

जोखिम उठाया था। बिप्लब चक्रवर्ती ने अपने एक लेख 'घरे–बाइरे–मेकिंग ऑफ़ द इंडियन पॉलिटिकल नॉवेल' नामक लेख में लिखा है–'भारतीय राजनीतिक उपन्यास केवल भारतीय सामाजिक उपन्यासों का स्वाभाविक परिणाम नहीं थे बल्कि वे उन्नीसवीं सदी के अन्त तथा बीसवीं सदी के आरम्भ में जटिल राजनीतिक–सामाजिक परिस्थितियों के बीच विकसित हुए। रवीन्द्रनाथ टैगोर के 'घरे–बाइरे' से राजनीतिक उपन्यास लेखन का आरम्भ हुआ था'।[4] इस उपन्यास ने ऐतिहासिक–अर्ध–ऐतिहासिक कथा वस्तु के आधार पर राजनीतिक चेतना व्यक्त करने की परम्परा को अपनाने के स्थान पर समकालीन राजनीतिक घटनाओं के आधार पर उपन्यास लेखन की परम्परा को आरम्भ किया। तेज़ी से बढ़ती राजनीतिक चेतना ने अब इतिहास–प्रेम को पीछे धकेल दिया और समकालीन प्रश्नों को महत्त्वपूर्ण बना दिया। समाज में धार्मिक–ऐतिहासिक चरित्रों के स्थान पर राजनीतिक व्यक्तित्व का प्रभाव बढ़ा तो उपन्यासों में भी उनके चरित्र कल्पनाशील ढंग से व्यक्त होने लगे। राजनीतिक कथावस्तु को आधार बनाने के कारण टैगोर ने उपन्यास की भाषा भी बहुत औपचारिक, सजावटी या काव्यात्मक रखने के स्थान पर बातचीत की शैली (colloquial) ही रखी है जिससे विभिन्न पात्रों के गूढ़ अन्तर्मन तथा बाहरी राजनीतिक–सामाजिक दशा में तेज़ी से आना–जाना पाठकों के लिए आसान हो जाता है।

यह उपन्यास बंगाल के तत्कालीन स्वदेशी आन्दोलन, उग्र देशभक्ति, साम्प्रदायिक हिंसा की विषयवस्तु पर केन्द्रित हैं। साथ ही इसमें स्त्री यौनिकता तथा स्त्री को भक्तिभाव जगाने वाले राष्ट्रीय प्रतीक में ढालने के प्रयासों का आलोचनात्मक अंकन है। उपन्यास में अभिधा में कही गयी बातों के भी लक्षणागत और व्यंजनागत अर्थ हैं और टैगोर के गद्य में यह शक्ति उनकी उच्च काव्य प्रतिभा की देन है। यह उपन्यास राष्ट्र की मनोविश्लेणात्मक व्याख्या करता है और मनोजगत की राजनीतिक व्याख्या करता है। अपने अधिकांश उपन्यासों के माध्यम से टैगोर ने बंगाल के अत्यन्त रूढ़िवादी सामाजिक परिवेश की सफल आलोचनाएँ प्रस्तुत की हैं। उनके उपन्यास एक ओर मानवीय भावकुता और त्रासदी का चित्रण करते हैं, तो दूसरी ओर तत्कालीन सामाजिक मूल्यों की परिधियों को लाँघने का साहस भी व्यक्त करते हैं। कला और यथार्थ के मध्य जो भी तीखे टकराव होते हैं, उसमें यथार्थ किसी भी प्रकार से कलाओं की निरंकुशता को और कलाएँ अपनी अभिव्यक्ति सम्बन्धी चेष्टाओं

में यथार्थ के अंकुश को अस्वीकारती हैं। दोनों की निरंकुशता को बाधित करने में ही उनकी उपन्यास–कला का विकास हुआ है। उनका प्रत्येक उपन्यास जैसे किसी–न–किसी प्रदत्त सामाजिक यथार्थ की सीमा उजागर करने के संकल्प के साथ लिखा गया है। वे पाठकों को यथार्थ तक पहुँचाने का गम्भीर दावा नहीं करते हैं, लेकिन उपन्यास के भीतर चरित्रों के अन्तःसम्बन्धों को, एक विशाल दुनिया में उनकी खण्डित ध्वनियों को, उनकी शंकाओं और आस्थाओं को जिस कलात्मक 'नैरेशन' में वह ढालते हैं, वह स्वयं यथार्थ की ओर कई खिड़कियाँ खोल देता है। कई बार तो उपन्यास के किरदारों की इच्छाएँ व स्वप्न परास्त हो जाते हैं पर उनके किरदारों की पराजय के चित्रण के माध्यम से ही समाज की वास्तविक सीमाएँ प्रकट हो जाती हैं। उनके उपन्यास ऐसे तीर हैं जो कमान से तभी निकलते हैं जब उन्हें पता होता है कि उन्हें कौन–सा लक्ष्य भेदना है। हालाँकि तीर स्वयं अपनी शक्ति और जिस लक्ष्य को भेदना है उसके बारे में अलग से ऊँची आवाज में कोई शोर नहीं मचाते, न कोई घोषणाएँ करते हैं। उपन्यासों में संयुक्त परिवार के चरित्रों की निजी कथाएँ उनकी निजताओं के बीच से ही पूरे समाज व राष्ट्र के सत्य को आलोकित करती हैं। कथाओं में रूपक (एलिगरी) बन जाने की ताक़त है और रूपक में हमारे हृदय का स्पर्श करने वाली कथा (स्टोरी) बन जाने की अपार क्षमता है। पर उनके उपन्यास जिस सबसे कठिन मोर्चे पर जूझते हैं, जहाँ सबसे अधिक जोखिम उठाते हैं, वह मोर्चा है झूठे प्रतीकों की व्यवस्था खड़ी करने की कोशिश का विरोध। टैगोर चाहते तो अपनी प्रतिभा को आसानी से बहुत मान्य, समाज में हर तरफ़ स्वीकृत और एक़दम समसामयिक प्रतीत होते विचारों का समर्थन करने की दिशा में भटक जाने देते। वह समझदारी दिखाते और लेखक होने के बावजूद अपने समकालीन बांग्ला समाज की मुख्यधारा में स्वयं का विलय कर देते, न कि अपनी आन्तरिक चेतना को इस प्रकार से उद्विग्न हो जाने देते कि उन्हें बार–बार अकेलापन घेर लेता। झूठे प्रतीकों की व्यवस्थाएँ केवल पुराने सामन्ती समाजों में ही नहीं मज़बूत थीं, बल्कि आधुनिक समाजों में भी उन्होंने मनुष्य की स्वाधीनता पर प्रहार किये हैं। टैगोर भी राष्ट्रवाद, धर्म और स्त्री सभी को इन झूठे, भ्रामक और मनुष्यता विरोधी प्रतीकों के दायरे में लाने की संगठित चेष्टाओं का प्रतिवाद कर रहे थे। वह अपने सामाजिक अनुभवों से जानते थे कि राष्ट्र के उग्र 'सिंबलाइजेशन्स' और स्त्री को प्रतीक–छवि में ढालने वाले लोग ही उनका दोहन करते हैं, आदर्श की आड़ में राष्ट्र और स्त्री दोनों को अधीन

बनाया जा सकता है। राष्ट्र का सर्वमान्य नेता बन जाने और स्त्री का निरंकुश स्वामी बन जाने के लिए दोनों को ही सुन्दर, भावोत्तेजक प्रतीकों में बाँधा जाता है। दोनों पर भावुकता में डूबी भाषा का जाल फेंका जाता है ताकि वे समर्पण कर दें। अपनी ही ठोस वास्तविकता तथा यथार्थपरक अस्मिता को भूल जायें। इस सच्चाई को टैगोर ने अपने राजनीतिक अनुभवों तथा तर्कशील संवेदना से अर्जित किया था। टैगोर ने अपनी चेतना को किसी बन्द कमरे या पहले से पूरी तरह प्रशिक्षित मानस की तौर पर नहीं देखा बल्कि उसे बहुत सारे प्रयोग करने, नये जीवनानुभवों को वैचारिक सूत्रों में बाँधने के लिए खुला छोड़ दिया। बंगाल की नदियों से उनका प्रेम बहुत गहरा था। उनका अन्तःकरण भी किसी नदी के जैसा है जो मुक्त बहती है पर सृजन करती है।

इस उपन्यास में स्वदेश तथा राष्ट्रीय आन्दोलन के परिणामस्वरूप सार्वजनिक और वैयक्तिक, निजी तथा सामाजिक, घर और बाहर की दुनिया अब इतनी घुलमिल गयी है कि अब रचनाकार, जिसने राजनीतिक आन्दोलनों के ताप को महसूस किया है, उसके लिए अब यह मुश्किल है कि वह उन्हें दो अलग इकाइयों के रूप में पहचाने, उनके बीच गिरती दीवारों को देखने से इनकार कर दे। उपन्यासकार उन जोखिम को भी लेता दिखता है, जिनसे भारतीय उपन्यास दूर भागता रहा था। ''घरे–बाइरे' में उन्होंने विवाहेतर प्रेम सम्बन्ध को लेकर उपन्यास रचने का जोखिम लिया था। किसी विवाहित स्त्री के द्वारा पति की उपस्थिति में किसी अन्य पुरुष के लिए तीव्र यौनिक–भावनात्मक आकर्षण को महसूस करते दिखाना बंगाली समाज के लिए अनोखी बात थी। स्त्री द्वारा स्वयं को प्रेमरत तथा कामुकताग्रस्त स्त्री के रूप में पहचानने का यह जटिल मनोवैज्ञानिक प्रयोग था जिसका ख़तरा टैगोर ने उठाया था। घर का आन्तरिक परिवेश जैसे स्वच्छन्द होकर किसी यूटोपियन संसार में बदल गया जिसमें स्त्री व पुरुष को अपनी वर्जित कामनाओं की अभिव्यक्ति का अबाध अधिकार प्राप्त हो गया है। उपन्यास के तीनों प्रमुख किरदार निखिल, संदीप और विमलेश अपनी–अपनी बातें सुनाने के लिए आत्मकथन की शैली का प्रयोग करते हैं और ऐसा प्रतीत होता है कि वे निजी डायरियाँ लिख रहे हैं। उनके आत्मकथन किसी 'रिले रेस' की तरह चलते हैं। चरित्र अपने मन में चल रहे भावों तथा विचारों का वर्णन करने के बाद कथा की बागडोर किरदार के हाथ में सौंप देते हैं। केन्द्र में स्त्री है, जिसके मानस वर्णन से उपन्यास आरम्भ होता है और जहाँ समाप्त होता है वह भी स्त्री के आत्मकथन से ही जुड़ा है।

चरित्रों की आत्मकथा (सेल्फ नैरेशन) के दायरे में ही चरित्रों के परस्पर संवाद, तीव्र बहसें, घर–परिवार की स्थितियाँ तथा सामाजिक आन्दोलनों का यथार्थ प्रकट होता है। इसकी जटिलता वहाँ नहीं है जहाँ उपन्यास बाहरी घटनाओं को व्यक्त करता है, बल्कि वहाँ है जहाँ अलग–अलग दृष्टियों से लोग यथार्थ के बारे में सोच रहे हैं, अपने मन के विचारों से पाठक को अवगत कराकर विभिन्न दृष्टिकोणों का एक बड़ा 'स्पेस' तैयार कर रहे हैं। नैरेटर और उपन्यास चरित्र एक–दूसरे से बात कर रहे हैं और सामने के श्रोता व लेखक दोनों को सम्बोधित कर रहे हैं। इस जटिलता को समझे बग़ैर जिन चन्द बुद्धिमान पाठकों ने इस उपन्यास के बारे में कोई चलताऊ टिप्पणी की है, उनमें ई.एम. फार्स्टर जैसे प्रसिद्ध लेखक भी थे जिन्होंने इस बोर्डिंग हाउस में चलने वाले किसी फ्लर्ट, सस्ते रोमांस का उपन्यास मान लिया था। इसलिए क्योंकि इसमें एक विमला नामक विवाहित स्त्री सतीत्व के आदर्शों तथा मर्यादाओं से संचालित घर में बाहर से आये आकर्षक व्यक्तित्व वाले अत्यन्त शातिर और 'वुमेनाइजर' क़िस्म के व्यक्ति के प्रति आकृष्ट हो जाती है। वह उसकी वक़्तृता, व्यक्तित्व और साहस के प्रभाव में आकर अपना शरीर सौंपने की सीमा तक लगभग पहुँच जाती है। उसका विचलन और मर्यादाएँ भंग कराने वाला उसका आन्तरिक मन प्रकट हो जाता है। लेकिन न तो विमला और न उपन्यास के दूसरे चरित्र केवल उपन्यास के इस हिस्से तक केन्द्रित हैं। उपन्यास अपने पाठकों को बाहर की सामाजिक बहसों तक ले जाता है, लेकिन उसका रास्ता चरित्रों के मनोजगत के भीतर से जाता है।

यह उपन्यास 1905 से 1911 की अवधि के दौरान की राष्ट्रीय घटनाओं पर केन्द्रित है जिसमें बंगाल में स्वदेशी आन्दोलन, उग्र सशस्त्र आन्दोलन और बंगाल के गाँवों की भीतरी हलचल को व्यक्त किया गया है। एक ओर निखिल नामक पात्र है जो उदार ज़मींदार वर्ग का प्रतिनिधि है और जो स्वदेशी आन्दोलन का समर्थक होते हुए भी जबरन विदेशी वस्तुओं व वस्त्रों के त्याग का विरोधी है। वह अपने स्तर पर देसी चीनी बनाने, बैंक खोलने तथा कृषि सम्बन्धी प्रयोग कर स्वदेशी के विचार को आगे बढ़ाता है पर स्वदेशी के नाम पर ग़रीबों के ऊपर अत्याचार का विरोधी है। उसके पड़ोस का ज़मींदार हरीश कुंडू है जो स्वदेशी और राष्ट्रवाद का समर्थक है पर असहायों व ग़रीबों का उत्पीड़न करता है। टैगोर ने ज़मींदार व्यवस्था के अन्तर्विरोध को प्रकट किया है जो नये क़िस्म के संकीर्ण राष्ट्रीय आन्दोलनों की समर्थक तथा जनविरोधी

एक साथ हो सकती थी। जो भौतिक–आर्थिक रूप से दमनकारी तथा विचार व आदर्श के स्तर पर उपनिवेशवाद विरोधी हो सकती थी। जो राष्ट्रवाद के विचार की आड़ में भी जनता का शोषण कर सकती थी और जो उपनिवेशवाद का भी साथ निभा सकती थी। यानी जो इतनी समर्थ थी कि समाज में अन्धकार बनाये रखने के लिए हर प्रकार के उजले तथा स्वच्छ विचार का पोषक होने का ढोंग रच सकती थी। उपन्यास स्वदेशी व देशभक्ति के विचार की स्वच्छता को निखिल के रूप में प्रस्तुत करता है और संदीप तथा हरीश कुंडू जैसे स्वार्थियों के हाथ में पड़ जाने पर इन विचारों की दुर्गति के सच को उजागर करता है। उपन्यास में निखिल के विचारों के विपरीत संदीप के विचार हैं जो वन्दे मातरम् के नारे को युद्धघोष (war cry) के रूप में परिवर्तित करता है। वह बंकिमचन्द्र के उपन्यास 'आनन्दमठ' में वन्दे मातरम् कहते हुए शत्रुओं से युद्ध करने की विचारधारा का ही विस्तार करता है। लेकिन 'आनन्दमठ' के सच्चे आत्मत्यागी सनातनियों के विपरीत देशभक्ति के विचार को अपनी सुखवादी महत्त्वाकांक्षाओं और यौनकामनाओं से जोड़ देता है। वह कोरा चिन्तक भर नहीं है बल्कि एक्टिविस्ट है जिसमें अपनी विचारधारा से यथार्थ को बदलने की क्षमता है, जो अपने राजनीतिक लक्ष्यों के लिए निर्लज्जता को भी अपराध नहीं समझता है। वैशाख की आँधी की तरह विघ्नों को बिखेर देना जानता है। पर उसके राजनीतिक विचार वास्तव में उसके व्यक्तिगत स्वार्थों का अंग बनकर ही रह जाते हैं। वह निखिल का मज़ाक़ उड़ाता है, उसके घर में रहकर ही उसकी पत्नी को अपने प्रेमपाश में फँसा लेता है। उससे देशसेवा के नाम पर धन की माँग करता है और बंगाल के गाँवों में उग्र साम्प्रदायिकता को भी भड़काता है। कुल मिलाकर उपन्यास में उसका रोचक देशभक्तिपूर्ण भाषण प्रभावित करता है पर वह मुख्य रूप से किसी हिंसक, परस्त्रीगामी, लालची और अवसरवादी व्यक्तित्व के रूप गें रागने आता है। वह 'विभाजित व्यवित्तत्व' है जो अपने ही जीवन में दो अलग व्यक्तित्व को जीने का प्रयास करता है और दो भिन्न क़िस्म के व्यक्तित्व को जीने की अनवरत चेष्टा उसे धोखेबाज़ और अविश्वसनीय बना देती है।

उपन्यास की मुख्य स्त्री पात्र विमलेश, जोकि निखिल की पत्नी है, उसे एक पारम्परिक स्त्री की तरह दर्शाया गया है जो पति के चरणों की धूल चाहती है तथा अपने घर–परिवार के छोटे संसार में सन्तुष्ट है। निखिलेश चाहता है कि वह बाहर निक़ले, संसार की विशेषताओं को देखे, अपने अन्तर्जगत को समृद्ध करे।

वह कहता है– 'मैं बाहरी दुनिया में तुम्हें पाना चाहता हूँ। मेरी इच्छा है कि तुम भी मुझे वहाँ पाओ। यहाँ हमारा लेनदेन अभी शेष है।' वह मानता है कि गृहस्थी को चलाने के लिए ही उनका विवाह नहीं हुआ है। निखिलेश का चरित्र बंगाल की नवजागरणकालीन चेतना की अभिव्यक्ति है जिसने पहले चरण में स्त्री के ऊपर परम्पराओं–प्रथाओं के अत्याचार का विरोध किया था और दूसरे चरण में रिनेसां के विचारों में शिक्षित पुरुषों के द्वारा स्त्री को परिवार की सीमित दुनिया के बन्धनों से मुक्त करने की इच्छा की अभिव्यक्ति हो रही थी। दोनों चरणों में स्त्री एक विषय थी और एक प्रबुद्ध आधुनिक पुरुष व्यक्तित्व केन्द्र में था जो परिवार व स्त्री का नयी चेतना के अनुरूप पुनर्निर्माण करना चाहता था। निखिलेश इस चेतना के प्रतिनिधि के रूप में स्त्रियों की मानसिक व स्वभावगत संकीर्णता के कारणों का विश्लेषण करते हुए कहता है कि जिस तरह सुन्दरता के नाम पर चीन की स्त्रियों के पाँव छोटे और टेढ़े होते हैं उसी तरह हमारे समाज में स्त्रियों के मन को चारों ओर से दबाकर टेढ़ा व छोटा कर दिया गया है।

औपनिवेशिक कालखण्ड में भारतीय समाज में स्त्रियों के बारे में आधुनिकतावादी चेतना नवजागरण की देन है। टैगोर स्वयं नवजागरण के प्रतिनिधि रचनाकार हैं और उनका पूरा परिवार बंगाली नवजागरण के केन्द्र में था। टैगोर के अपने जोड़ासांको के विशाल संयुक्त परिवार में कई स्त्रियाँ थीं जिन्होंने घर–परिवार की सीमाओं को लाँघा था। उनकी बड़ी बहन स्वर्णकुमारी देवी (1855–1932) एक प्रतिष्ठित लेखिका थीं और कलकत्ता में भारतीय राष्ट्रीय कांग्रेस तथा थियोसॉफिकल सोसायटी से जुड़ी थीं। स्वर्णकुमारी देवी की बेटी अर्थात रवीन्द्रनाथ टैगोर की भांजी सरला देवी चौधरानी (1872–1945) उच्च शिक्षित थीं। 19वीं सदी के अन्त में केवल 27 स्त्रियाँ ही स्नातक की शिक्षा पूरी कर सकी थीं और सरला देवी भी उन्हीं में एक थीं। पहले बंगाल और विवाह के बाद पंजाब में रहकर राष्ट्रीय आन्दोलन तथा स्त्री शिक्षा के आन्दोलन से जुड़ी रहीं। भारत में प्रथम स्त्री संगठन 'भारत स्त्री महामण्डल' उन्होंने ही स्थापित किया था जिसकी शाखाएँ कई शहरों में खोली गयी थीं। और उन्होंने 'जीबनेर झारापात' नामक आत्मकथा भी रची थी। इसके अलावा ज्ञानदानन्दिनी (रवीन्द्रनाथ के बड़े भाई सत्येन्द्रनाथ टैगोर की पत्नी), कादम्बरी देवी (ज्योतिरेन्द्रनाथ टैगोर की पत्नी), इन्दिरा देवी (रवीन्द्रनाथ की भतीजी और सत्येन्द्रनाथ टैगोर की बेटी) साहित्यिक प्रतिभाओं से सम्पन्न थीं।[5] इस प्रकार टैगोर परिवार की स्त्रियों ने घरेलू सीमाओं से बाहर जाकर

सामाजिक जीवन में हस्तेक्षप करने का आदर्श बंगाल में प्रस्तुत किया था। टैगोर अपने पारिवारिक संस्कारों के कारण स्त्रियों के घर–गृहस्थी तक सीमित जीवन के आरम्भ से ही प्रबल आलोचक थे। 'घरे–बाइरे' उपन्यास में उन्होंने घर की स्त्रियों के संकीर्ण सीमित जीवन का सहानुभूति से चित्रण किया है और घर के बाहर व्यापक सामाजिक जीवन से स्त्रियों के परिचय की आवश्यकता को केन्द्रीय भाव के रूप में रेखांकित किया है। उन्होंने स्त्री–शिक्षा तथा सामाजिक जीवन का समर्थन किया लेकिन स्त्रियों को केवल देशभक्ति–राष्ट्रवाद के प्रतीक में ढालकर उनकी वैयक्तिकता को नष्ट करने या वैयक्तिकता की ग़लत व आत्मघाती अभिव्यक्ति का विरोध किया।

"घरे–बाइरे" में विधवाओं के दुःख व अकेलेपन को भी कथानक में प्रकट किया गया है। निखिल के घर में दो विधवाएँ हैं जिनका जीवन जैसे–तैसे गुज़रता है। उपन्यास में विमला छोटे–बड़े ज़मींदारों के घर की स्त्रियों के बारे में लिखती है–'हमारे भोग–विलास से भरपूर घर में बहुत कम स्त्रियाँ ही यथार्थ सम्मान पा सकीं। शराब के प्यालों की झाग और घुँघरुओं में उनका जीवन स्वाहा हो चला था, किन्तु तब भी वे बड़े खानदान की बहू होने का अभिमान सँजोए बैठी थीं।' उपन्यास में देवर–भाभी के सम्बन्ध के रूप में निखिल व उसके मृतक भाई की विधवा स्त्री का संवेदनशील सम्बन्ध दर्शाया गया है जो फिर एक बार टैगोर के निजी जीवन में अपनी दो साल बड़ी भाभी कादम्बरी देवी से सम्बन्ध की याद दिलाता है। इसी राममोहन राय की परम्परा वाले निखिल के घर में आकर उसका दोस्त संदीप पहले तो विमल के रूप में स्त्री का दैवीकरण करता है और फिर देवीकृत स्त्री के रूप में राष्ट्र का रूपान्तरण करता है। यह कहते हुए–'देश के काम में कल्पना शक्ति का भी काम पड़ता है।' वह अपने ओजस्वी चरित्र के बल पर लोगों को सम्मोहित करना जानता है। अपने को 'अन्याय का तपस्वी' कहता है और मानता है कि अन्याय करने में असमर्थ जातियाँ ही इतिहास के अन्धकार में विलुप्त हो जाती हैं। उसके विचारों से प्रभावित होकर विमला भी कहती है–'मुझमें मोह है अतः मैं भी देश के लिए मुग्ध होना चाहती हूँ। मैं देश का ऐसा प्रत्यक्ष रूप चाहती हूँ जिसे मैं माँ कहूँ, देवी कहूँ, दुर्गा कहूँ व जिसके समक्ष पशु–बलि चढ़ाकर उसे बलि रक्त से सराबोर कर सकूँ। मैं मनुष्य हूँ देवता नहीं।' ये विचार उपन्यास नायिका विमला के नहीं बल्कि उपन्यास में खलनायक की तरह चित्रित संदीप के ही विचार हैं। जो यथार्थ चित्र प्रकट होता है वह यह नहीं है कि कोई पुरुष अपने दोस्त के

घर में प्रवेश कर उसकी पत्नी को 'सिड्यूस' करने में सफल हो रहा है। वह यह है कि एक साधारण स्त्री स्वयं को देश–समाज के काम के लिए समर्पित करने के नाम पर वास्तव में एक अत्यन्त लोभी और 'डिमोगाग' क़िस्म के व्यक्ति का अनुकरण करने लगी है। स्वाधीनता सम्बन्धी उसकी दबी महत्त्वाकांक्षा का कोई स्वार्थी पुरुष आसानी से दुरुपयोग कर सकता है। वह यथार्थ चित्र यह है कि राष्ट्र और स्त्री, दोनों को अनावश्यक कल्पनाओं व प्रतीकों में रूपान्तरित किया जा रहा है और यह रूपान्तरण इसलिए किया जा रहा है ताकि राष्ट्र तथा स्त्री, दोनों का उपभोग किया जा सके। जीती–जागती वास्तविकता को तार्किक ढंग से समझने के बजाय भावोत्तेजक प्रतीकों में बाँधने की कोशिश एक जटिल प्रतीक–व्यवस्था को जन्म देती है जिसका उपनिवेशवाद के विरोध में इस्तेमाल होना है। पर प्रतीकों की प्रणाली निर्दोष नहीं होती है और यह प्रतीकीकरण एक नये क़िस्म के आन्तरिक शोषण तथा सामाजिक भ्रमों को जन्म देता है।

बंकिम के 'वन्दे मातरम्' गीत में निहित एक ख़ास क़िस्म की असहिष्णुता के प्रति टैगोर चौकन्ने थे। उन्होंने 1896 के कांग्रेस अधिवेशन में इसे गाया था लेकिन 1905 के बाद ख़ासतौर पर जब वन्दे मातरम् का उग्र हिंसक इस्तेमाल होने लगा, साम्प्रदायिक दुर्भावनाएँ फैलाने के लिए, तो उन्होंने इस नारे के बारे में अपनी वैचारिक असहमति को प्रकट किया था। वन्दे मातरम् के गीत को उन्होंने देश की वास्तविकता को छिपाने के तौर पर इस्तेमाल किया जाने वाला माना जो स्थूल आतंकवाद को जन्म दे रहा और स्वतन्त्रता के लिए सृजन तथा एकजुटता के जो भी आदर्श हैं, उन्हें अस्वीकार कर रहा है। 'घरे–बाइरे' वन्दे मातरम् के इर्दगिर्द लिपटी एक क़िस्म की संकीर्ण ग़ैरज़िम्मेदाराना देशभक्ति की तीखी आलोचना है। इसमें निखिल वन्दे मातरम् भर तक देशभक्ति या देश की कल्पना को सीमित कर देने का आलोचक है। वन्दे मातरम् की उपयोगिता पर वह सन्देह जताता है। वह कहता है–'देश के अस्तित्व को पूरी सत्यता से स्वीकार करना चाहिए। इतने बड़े देश के विषय में कपोल–कल्पित धारणा रखने से अहित का भय है।' वह यह भी मानता है कि देशप्रेम के नाम पर जिससे द्वेष, छद्म उपासना, भक्ति और अन्याय का समर्थन किया जा रहा है वह सच्चा देशप्रेम नहीं है। इसीलिए वह देश की धारणा में अन्ध उपासना या देवी–देवता की बातें जोड़ने के संदीप के विचारों का विरोध करते हुए कहता है–'जब तुम देश को देवता मानकर पुण्य के स्थान पर अधर्म, न्याय के स्थान पर अन्याय करते हो तो मुझे क्षोभ हो आता है।' टैगोर अपने इस उपन्यास में

मनोविज्ञान और यथार्थवाद के जटिल समन्वय तैयार करते हैं। बाहरी घटनाएँ घटती हैं लेकिन आन्तरिक भाव–प्रवाह महत्त्वपूर्ण बना रहता है। उन्होंने गहन विचारशीलता से दिखाया है कि किस प्रकार राष्ट्र, मानव व्यक्तित्व और हिंसा, सभी एक उपयोगितावादी हिंसा के विचार से अनुशासित होने लगते हैं और नैतिकता या मानवीय उदारता के विचारों का गला घोंट देते हैं। उपन्यास में संदीप अपने लिए सारे सुख व आराम के साधन चाहता है तथा किसी भी प्रकार से अपने स्वार्थ से समझौता नहीं करता। वह जिस राष्ट्र की कल्पना करता है उसमें भी सम्पत्ति जुटाने के लिए साधन के औचित्य–अनौचित्य को लेकर किसी प्रकार की बहस सम्भव नहीं। केवल लक्ष्य ही प्रधान है जिसके लिए किसी भी मानव मूल्य को बाधक नहीं बनाया जा सकता। यहाँ तक कि धर्म सम्बन्धी उसकी धारणा में भी लक्ष्यभेदी हिंसा व विनाश का खुला समर्थन है। उसके द्वारा धर्म की ग़लत–सलत और मनमानी व्याख्याएँ होती हैं। रणनीतिक हिंसा पर आधारित राष्ट्रवाद ने धर्म को भी रणनीति–केन्द्रित, अमानवीय तथा अनैतिक बनाने की वकालत की है। वह मूल रूप से व्यक्तिवादी स्वार्थों से संचालित चरित्र है जिसके लिए कैसे भी छीनझपटकर अपना काम निकालना ही एकमात्र मर्दानगी है। निखिलेश के मानवीय मूल्यों से सम्पन्न कोमल पौरुष की तुलना में उसका कठोर पौरुष स्वार्थपूर्ण अराजकता की ओर झुका हुआ है। इसीलिए उसके देश तथा राष्ट्र सम्बन्धी विचार भी जनविरोधी एवं आत्मकेन्द्रित हो गये हैं।

टैगोर दिखाते हैं कि किस प्रकार से कठोर बलशाली मर्दानगी की अवधारणा और राज्य–राष्ट्र की हृदयहीनता में गहरा सम्बन्ध है। मर्दानगी या पौरुष का एक बहुलतापरक रूप होता है और उच्च जाति व धार्मिक दम्भ से जुड़ी मर्दानगी कमज़ोर समझे जाने वाले पुरुष का भी दमन कर देती है। ग्रामीण पुरुष, समलैंगिक या ग़रीब पुरुष का दमन भी पौरुष के सिद्धान्त के तहत ही किया जाता है। उपन्यास में निखिलेश के सहृदयता व दया से भरे पौरुष का भी संदीप उपहास उड़ाता है और इस प्रकार अपने निष्ठुर पौरुष से उसका मानसिक दमन करता है। आधुनिक राष्ट्र–राज्य की सत्ता स्थापित होने के साथ भिन्न–भिन्न क़िस्म की मर्दानगी से भरे समाज में अन्ततः वही मर्दानगी अधिक स्वीकार्य हो जाती है जो राजनीति व सत्ता के माध्यम से अपनी निरंकुश आकांक्षाओं को व्यक्त करने लगती है। संदीप भी ऐसा ही किरदार है जो अपने पौरुष–बल, राजनीति तथा देश को आपस में एकाकार कर अपनी शक्ति प्रमाणित करता है। संदीप कहता है–'केवल इस देश में जन्म पा लेने से

यह देश मेरा नहीं है। इसे मैं अपनी शक्ति के बल पर अपना बनाऊँगा। संसार में कुछ भी पाने का अधिकार स्वाभाविक है और इसलिए लालसा भी स्वाभाविक है। मैं किसी भी वस्तु से वंचित नहीं रहना चाहता। यह मेरी प्रकृति के विरुद्ध है।' ऐसा प्रतीत होता है कि टैगोर ने पुराने राजनीतिक चिन्तकों जैसे सत्रहवीं सदी के थॉमस हॉब्स के राज्य, मानव स्वभाव तथा सम्प्रभुता सम्बन्धी विचारों पर काफ़ी गौर किया था। हॉब्स ने अपनी पुस्तक 'लेवाइथन' (1651) में मनुष्य को मूल रूप से लोभी, स्वार्थी बताया था जो प्रत्येक कार्य केवल निजी लाभ की भावना से करता है। उन्होंने हॉब्स की मनुष्य सम्बन्धी अवधारणा को हिंसक राष्ट्रवाद के विचार के साथ मिलाकर पेश कर दिया।

लेकिन उपन्यास ऐसी विधा होती है जिसमें चरित्रों का इकहरापन टूटता भी है और नायक बनाम खलनायक का बहुत सीधा विभाजन वहाँ सम्भव नहीं होता है। अन्तर्मन की जटिलता, अन्तर्द्वन्द्व, विरोधाभासों के बीच से चरित्रों का विकास होता है और उनके विभिन्न रूप प्रकट होते हैं। संदीप का चरित्र भी कुछ अवसरों पर सहृदय के रूप में प्रकट होता है जिसने उग्र विचार अपना तो लिए हैं, लेकिन वह स्वयं उनके प्रति सहज नहीं है। वह विमला को अपने सामाजिक लक्ष्यों के साधन के रूप में प्रयोग करना चाहता है पर सचमुच उससे प्रेम करने लगता है। जहाँ भी वह अपनी ही दुर्भावनाओं से लड़ता है, उनसे पीछा छुड़ाने की कोशिश करता है, वहाँ वह पाठकों की सहानुभूति प्राप्त कर लेता है। वह विमला के प्रति अपनी भावनाओं पर विजय पाने के लिए बार–बार उग्र सामाजिक लक्ष्यों को याद करता है और बार–बार विमला में किसी स्त्री को देखने के स्थान पर उसमें देश की छवि या माँ काली का दर्शन करने का संकल्प लेता है। वह अपने से जूझता है कि किसी विवाहित स्त्री को प्यार करे या फिर वह उसे केवल अपने आदर्शों की कठपुतली के रूप में इस्तेमाल करे। वह जानता है कि वह देश को जिस स्त्री प्रतिमा में रूपान्तरित करना चाह रहा है, उस प्रतिमा की कल्पना भी कामोत्तेजना तथा रति के भावों से संचालित है। देश की अमूर्त कल्पना को स्त्री का साकार रूप प्रदान करते–करते वह उस कल्पना को भूलने लगता है और स्त्री–देह की कामना से ग्रसित हो जाता है। विमला और संदीप दोनों राधा–कृष्ण की वैष्णव परम्परा का प्रयोग कर अपनी वासनाओं को शान्त करना चाहते हैं पर ऊपर से देशभक्ति का आवरण बनाये रखते हैं। उसके अन्तःकरण का यह संघर्ष उपन्यास का सशक्त बिन्दु है जो संदीप को किसी वृत्तचित्र या घटिया फ़िल्म की तरह केवल 'एंटी हीरो' नहीं बनने देता है।

संदीप के चरित्र में जटिलता है और उसके चरित्र का विश्लेषण करने में जार्ज लुकाच भी ग़लती कर बैठे थे। लुकाच ने 1922 ई. में 'Tagore's Gandhi Novel' नाम से एक समीक्षात्मक लेख लिखा था जिसमें उन्होंने कहा था कि टैगोर का उपन्यास ''घरे–बाइरे' घटिया क़िस्म का पर्चा भर है और एक कल्पनाशील लेखक और चिन्तक के रूप में रवीन्द्रनाथ के लेखन का कोई महत्त्व नहीं है। टैगोर के प्रति लुकाच के मन में व्याप्त कटुता का अन्दाज़ा इससे लगाया जा सकता है कि उन्होंने टैगोर को मिले नोबल सम्मान के पीछे भी अंग्रेज़ बुर्जुआजी का स्वार्थ देखा था जिसने टैगोर के रूप में भारतीय स्वाधीनता आन्दोलन में शामिल अपने बौद्धिक एजेंट को उचित इनाम दिया था। लुकाच यूरोपीय उपन्यासों की विशेषताओं से अभिभूत थे और 1918 के बाद जब वह आधिकारिक रूप से मार्क्सवादी बने तो एक ओर यूरोपीय उपन्यास दर्शन और दूसरी ओर मार्क्सवाद, दोनों के प्रभाव के कारण ग़ैरयूरोपीय साहित्य को उसके अपने प्रतिमानों व विशेषताओं की दृष्टि से समझने के लिए तैयार नहीं थे। आशिष नन्दी के अनुसार–'लुकाच को भारतीय राजनीति की कितनी जानकारी थी, इसका अन्दाज़ा इस बात से लगाया जा सकता है कि वे संदीप के चरित्र में गाँधी का व्यंग्यचित्र देखते थे।'[6] कुल मिलाकर लुकाच इस उपन्यास की कठोर आलोचना करते हुए यह नहीं देख सके कि यह न केवल साम्राज्यवाद–सामन्तवाद की आलोचना करता है बल्कि यह राष्ट्रवाद के साम्प्रदायिक–सामन्ती चरित्र की भी कठोरता से आलोचना कर भारतीय राष्ट्रवाद के सामाजिक आधार को व्यापक बनाने की पुरज़ोर वकालत करता है।

'घरे–बाइरे' में विमला का चरित्र एक विशिष्ट माध्यम के रूप में है जो एक ओर बंगाली परिवारों की संस्कृति को दर्शाता है, दूसरी ओर निखिलेश तथा संदीप के वैचारिक टकराव को व्यक्त करने का माध्यम है। वह एक पारम्परिक स्त्री की प्रतीक है जो घर–परिवार के जीवन में पूर्णता का अहसास चाहती है। पति के प्रगतिशील आधुनिक विचारों से बचकर निकलना चाहती है। पर जब उसकी भावनाएँ भड़काने वाला कोई रोबीला पुरुष सामने आता है तो वह उसकी ओर तीव्रता से आकृष्ट हो जाती है जैसा कि संदीप के प्रति वह आकृष्ट होती है। उसके समक्ष लगभग पूरी तरह समर्पण कर देती है। भले ही प्रत्यक्ष दैहिक सम्बन्ध नहीं बने हों लेकिन वह संदीप के साथ मानसिक स्तर पर व्यभिचार में लिप्त हो जाती है। उसके लिए स्वयं को अभिसारिका के रूप में देखती है।

लेकिन बाद में वह संदीप की चारित्रिक–वैचारिक दुष्टताओं को समझ उससे सावधान रहने लगती है। उसकी माँग पर अपने ही घर में चोरी करती है और बुरी तरह आत्मप्रताड़नाओं से बिंध जाती है। टैगोर ने संदीप के राष्ट्रवाद को चूँकि नैतिकता से रहित, धूर्त क़िस्म का राष्ट्रवाद बताया है, इसलिए विमला के चरित्र के पतन को दिखाना भी उसके लिए संदीप की आलोचना का ही परोक्ष तरीक़ा है। उपन्यास का उत्तरार्ध कई कारुणिक दृश्यों से भरा हुआ है। विमला के द्वारा घर में चोरी, पंचू नामक ग़रीब किसान की स्वदेशी आन्दोलन के कारण दुर्दशा, जबरन वन्दे मातरम् करते हुए स्वदेशी के विचार को थोपना, हिन्दू–मुस्लिम तनाव तथा अन्त में साम्प्रदायिक हिंसा में अमूल्य नामक नौजवान की मौत तथा निखिलेश का बुरी तरह घायल हो जाना। टैगोर ने पूरे मन से संदीप के राष्ट्रवाद व अन्धदेशप्रेम की नकारात्मक परिणतियों का चित्रण किया है। संदीप और उसके दल के 'मिसएडवेंचर्स' को प्रकट करने के लिए निखिलेश के चरित्र को कमज़ोर, अत्यधिक आत्मलिप्त तथा दुर्बल बना दिया है जो पाठकों के मन में उपन्यास की कथा को लेकर संशय पैदा करता है।

इस उपन्यास का सशक्त पक्ष सामन्ती समाज की सीमाओं तथा क्रूरताओं के उद्घाटन के रूप में भी है। यह वह सामन्तवाद है जिसमें लगान लेने, जुरमाना भरवाने, सज़ा देने, घर जलाने जैसी घटनाएँ अत्यन्त आम हैं और टैगोर ने हरीश कुंडू के चरित्र के माध्यम से सामन्तवाद का वर्णन किया है। संदीप का आधुनिक राष्ट्रवाद आम जनता की दुःख–तकलीफ़ों के साथ नहीं है बल्कि वह इसी निकृष्ट सामन्तवाद से समझौता करता है। वह शक्ति का प्रयोग अंग्रेज़ों के विरोध में करने के स्थान पर आम रियाया, स्त्रियों तथा साधारण ग़रीबों के विरोध में करने लगता है। संदीप के चरित्र में एक भावी फ़ासिस्ट, निर्मम तानाशाह और अधिनायकवादी शासक की छवियाँ स्पष्ट रूप से नज़र आती हैं। घृणा, विभाजन, प्रतिहिंसा और क्रूरता का प्रचार कर वह देशप्रेम के आदर्श को अस्वीकार कर रहा है। यह बात उसे पता है पर अपने कुतर्कों से उसे ढँकना जानता है। वह जिन आदर्शों को भव्य बनाता है, उन्हीं का वह दोहन करता है। उपन्यास के अन्त में वह फरार हो जाता है। अपने विचारों के लिए उत्सर्ग होने के साहस से उसे वंचित कर टैगोर ने सम्भवतः उसकी सबसे तीखी आलोचना की है। वह मारा नहीं जा सकता, पकड़ा नहीं जा सकता, दण्डित नहीं किया जा सकता क्योंकि वह धर्म और देश की पूजा के नाम पर स्वार्थ की पूजा कर रहा था।

स्वदेशी आन्दोलन के बाद बंगाल में क्रान्तिकारी आतंकवाद का उदय हुआ था जिसने बंगालियों के कायर होने के मिथ को भी चोट पहुँचाई थी। बंगाल को इन क्रान्तिकारियों के रूप में खुद को पराक्रमी साबित करने का अवसर मिला था। इसलिए टैगोर के इस उपन्यास की कड़ी निन्दा हुई और इसका बहिष्कार हुआ। इसे स्वदेशी और क्रान्तिकारी आन्दोलन के विरोध में लिखा उपन्यास बताया गया। पर टैगोर स्वयं स्वदेशी के विचार के साथ थे और उन्होंने बंगाल विभाजन के आन्दोलन में ही नहीं बल्कि अन्य कई आन्दोलनों तथा क्रान्तिकारियों के साथ एकजुटता प्रकट की थी। तिलक के शिवाजी उत्सव से प्रेरित होकर अपनी प्रसिद्ध कविता 'शिवाजी उत्सव' लिखी थी। पर 1907–08 तक आते–आते उन्होंने आन्दोलनों से स्वयं को अलग कर गाँवों के पुनर्निर्माण, शिक्षा तथा देसी उद्योग खड़े करने के लक्ष्यों से जोड़ लिया था। इस उपन्यास के प्रकाशन के लगभग तीन साल इस पर विवाद होता रहा और यह सवाल उठाया गया कि एक अत्यन्त कुटिल–स्वार्थी तथा धन व स्त्री के लोभ में पड़े चरित्र को भला किस प्रकार से स्वदेशी तथा क्रान्तिकारी आन्दोलन का प्रतीक बनाया जा सकता है। क्या टैगोर, जो स्वयं 1905 के आन्दोलन का हिस्सा थे, वे स्वदेशी आन्दोलन को लेकर किसी सम्मानजनक चरित्र का सृजन नहीं कर सकते थे? टैगोर ने 'सबुज' पत्र में लेख लिखकर उनका जवाब देने का प्रयास किया था। उन्हें किसी स्त्री का गुमनाम पत्र मिला था जिसको आधार बनाकर उन्होंने 'सबुज' पत्र में ही एक लेख लिखा था। उस अज्ञात स्त्री के पत्र में तीन प्रश्न मुख्य रूप से पूछे गये थे। पहला, इस उपन्यास को लिखने के पीछे टैगोर का मक़सद क्या था? दूसरा, इन उपन्यासों के वर्णनों के पीछे कोई तथ्य भी था या केवल कल्पना भर है? अगर इसके पीछे कोई सत्य घटनाएँ हैं तो इस उपन्यास में चित्रित परिवार किसी अमीर पश्चिमी संस्कृति वाला परिवार है या फिर कोई पुराने क़िस्म का हिन्दू परिवार? तीसरा, संदीप के स्वभाव में जिस देशभक्ति का प्रदर्शन किया गया है वह हमारे राष्ट्रवाद की सच्ची अभिव्यक्ति है अथवा नहीं?[7] टैगोर ने इस पत्र के उत्तर में जो बातें लिखी थीं उनमें उन्होंने यह भी कहा था कि किसी युग की जो मूल भावनाएँ होती हैं, वे लेखक की चेतना में सक्रिय रहती हैं और उसकी चेतना तथा लेखन को प्रभावित करती हैं। युग की चिन्ताएँ लेखक की लेखनी के माध्यम से ख़ुद को प्रकट करती चलती है। पर उपन्यास के बारे में युगीन चेतना व लेखक के अन्तःसम्बन्ध की चर्चा करते हुए भी टैगोर ने इस मुख्य रूप से कल्पना आधारित कथा तथा कलाकृति

बताया था जिसका काम सामाजिक विषयों पर नैतिक उपदेश या राय देना नहीं है। पाठक अपनी इच्छा से यदि कथा पर कोई अर्थ आरोपित करता है तो वह लेखक का नहीं बल्कि पाठक का चुनाव होता है। स्पष्ट है कि टैगोर ने चारों ओर फैले विवाद से पीछा छुड़ाने के लिए 'घरे–बाइरे' को काल्पनिक कथा बताया था; पर वास्तविकता में यह उपन्यास बंगाल में फैले राजनीतिक विचारों तथा संकीर्ण घरेलू जीवन की आलोचना करता था। इसमें निखिल और संदीप दोनों के चरित्र परस्पर विरोधी हैं पर एक स्तर पर उनमें समानता है। वह यह कि दोनों ही अभी वास्तविकता में जनता से दूर हैं। निखिलेश अपने उच्च आदर्शवादी विचारों के बावजूद लोगों से जुड़ा हुआ नहीं है। इसी प्रकार संदीप भी अपने ही लोभ–लालच में फँसकर रह जाता है और अपनी ही उच्च क्रान्तिकारी बातों को केवल लफ़्फ़ाजी तक सीमित कर देता है।

यह उपन्यास भारतीय राष्ट्रवाद के आरम्भिक दौर के भटकावों, संकट तथा अन्तर्द्वन्द्व को चित्रित करता है और जिसे अभी जनता को जाग्रत करने, उसे रचनात्मक कार्यों से जोड़ने तथा आन्तरिक विभाजनों से मुक्ति हासिल करने के लिए लम्बा कठिन संघर्ष करना है। इसे गाँधीवादी राजनीति के लिए अनुकूल वायुमण्डल तैयार करने वाली कृति के रूप में भी देखा गया है।[9] एक राजनीतिक उपन्यास के रूप में यह कृति भारतीय राष्ट्र, स्त्री तथा धर्म को केवल चन्द भड़काऊ तथा चमकदार प्रतीकों में क़ैद कर देने के ख़तरे के प्रति आगाह करती है तथा राष्ट्र की भौतिक वास्तविकता तथा उसकी आन्तरिक विश्वासगत बहुलता के यथार्थ को स्वीकारने के लिए प्रेरित करती है। स्वागतो गांगुली ने इस उपन्यास के अंग्रेज़ी अनुवाद के 'इंट्रोडक्शन' में लिखा है–'जो बात 'घरे–बाइरे' के प्रकाशन के समय कम समझी गयी है, वह यह है कि टैगोर धर्म–आस्था के क्षेत्र में चली आ रही मूर्तिपूजा की आलोचना करते थे, और ठीक उसी प्रकार नेशन–स्टेट के रूप में आधुनिक मूर्ति गढ़ने तथा उस आधुनिक मूर्ति की पूजा करने की प्रवृत्ति की भी आलोचना करते थे।'[10] टैगोर ब्रह्मसमाज की एकेश्वरवाद की परम्परा से जुड़े थे और उनकी दृष्टि में मूर्तिपूजा ईश्वर और उसकी बनाई सृष्टि का विरोध था क्योंकि मूर्ति को इन्सान अपनी आत्मछवि के अनुसार तैयार करता है। वह आत्मछवि तथा अपने ही रूपरंग को ईश्वर तथा सृष्टि पर आरोपित करता है। इसी प्रकार जब वह दुर्गा–काली आदि के रूप में देश की मूर्ति बनाता है तो भी वह देश और उसके यथार्थ को अपदस्थ कर वहाँ अपनी शक्ति और महत्त्वाकांक्षाओं को थोप देता है। इन विचारों के कारण किसी भी धार्मिक या मूर्तिपूजक आयोजनों से टैगोर दूरी बनाकर रखते थे।

शान्तिनिकेतन में उन्होंने 1907 ई. में वसन्तोत्सव की परम्परा आरम्भ की जो ऋतुओं के आनन्द और उनके स्वागत से जुड़ी थी। कर्मकाण्ड आधारित धार्मिक त्योहार शान्तिनिकेतन में नहीं मनाये जाते थे।[11]

उपन्यास में तेज़ी से घटित राजनीतिक घटनाओं के कारण घर–परिवार के आन्तरिक जीवन में आते परिवर्तनों को दिखाया गया है। हर व्यक्ति घर और बाहर, दोनों ही दुनियाओं में सन्तुलन खोज रहा है। पर वास्तविकता यह है कि कोई भी अब घर के निजी संसार तक सीमित तथा केन्द्रित नहीं है। हर व्यक्ति जैसे घर के बाहर निक़ल रहा है, बाहरी घटनाओं के चुम्बकीय आकर्षण से बन्धकर अपने दायरों से बाहर जा रहा है। समाज की उथल–पुथल की आँच में बहुत स्थिर और अडिग चीज़ें भी पिघल रही हैं। घर और बाहर का यह द्वन्द्व वर्तमान में भी शिक्षित तथा आधुनिक विचारों के प्रति स्वाभाविक लालसा रखने वाले हर मध्यवर्गीय परिवार का द्वन्द्व है। भिन्न सन्दर्भों में इस द्वन्द्व से उपजी व्याकुलता मुक्तिबोध और पाश की कविताओं में दिखती है, और कई हिन्दी उपन्यासों में भी। यह द्वन्द्व स्त्री लैंगिकता, राष्ट्रीय प्रश्नों तथा उपनिवेशवाद विरोध के सन्दर्भ में जिस कलात्मक तथा वैचारिक सन्तुलन के साथ टैगोर के 'घरे–बाइरे' में व्यक्त हुआ है, वही इस उपन्यास की वर्तमान प्रासंगिकता का भी आधार है।

सन्दर्भ

1. रवीन्द्रनाथ टैगोर का चार्ल्स एंड्रूज को लिखा पत्र–रवीन्द्रनाथ टैगोर : ऐन इंटरप्रिटेशन (सब्यसाची भट्टाचार्य, पृ. 29)
2. वही, पृ. 48
3. वही, पृ. 25
4. बिप्लब चक्रवर्ती–द होम एंड द वर्ल्ड, क्रिटिकल पर्सपेक्टिव (सम्पा– रमा कुंडू), पृ. 162
5. भारती रे–अर्ली फेमिनिस्ट ऑफ़ कोलोनियल इंडिया, पृ. 4–5
6. आशिस नन्दी–राष्ट्रवाद बनाम देशभक्ति (अनुवाद–अभय कुमार दुबे), पृ. 45
7. बारिदबरन घोष–'घरे–बाइरे' एंड टू एनानिमस लेटर (द होम एंड द वर्ल्ड, क्रिटिकिल पर्सपेक्टिव्ज, सम्पादक–रमा कुंडू), पृ. 107
8. मोहित रे–टैगोर–आन 'घरे–बाइरे', वही, पृ. 92
9. काका साहेब कालेलकर–युगमूर्ति रवीन्द्रनाथ, पृ. 95
10. स्वागतो गांगुली–इंड्रोडक्शन, होम एंड द वर्ल्ड, पृ. 4
11. सब्यसाची भट्टाचार्य–रवीन्द्रनाथ टैगोर, ऐन इंटरप्रिटेशन, पृ. 88

8

चतुरंग : नास्तिकता का उदय

अपने पाठकों को समाज के सबसे क्रान्तिकारी व आधुनिकताबोध वाले नायकों से परिचित कराने वाला टैगोर का कोई उपन्यास यदि है, तो वह है 'चतुरंग'। ऐसा उपन्यास जिसमें धर्म–परम्परा के बोझ से मुक्त नास्तिक पुरुष की कल्पना है तथा स्वाभिमानी व जाग्रत यौनिकता वाली स्त्री चरित्र है। 'चतुरंग' उपन्यास उनकी रहस्यवादी व आध्यात्मिक शैली से मुक्त है, जो प्रायः उनकी कविताओं में मुखर रहती थी। उनका यह उपन्यास 'सबुज' पत्र में दिसम्बर 1914 से फ़रवरी–मार्च 1915 ई. तक प्रकाशित हुआ था और फिर 1916 ई. में पुस्तकाकार छपकर आया। उसी साल उनका ''घरे–बाइरे' जैसा चर्चित उपन्यास भी प्रकाशित हुआ था। इन दोनों उपन्यासों की शैली काफ़ी मिलती–जुलती है। ''घरे–बाइरे' में उपन्यास के पात्रों के नाम पर उपन्यास का विभाजन है और यह उपन्यास भी चार प्रमुख चरित्रों के नामों के आधार पर विभाजित है। उपन्यास के चार अध्याय हैं– बड़े चाचा, शचीश, दामिनी, श्रीविलास। ''घरे–बाइरे' में प्रत्येक पात्र अपनी कथा स्वयं सुनाता है, आत्मकथात्मक शैली में। जबकि चतुरंग में पूरी कथा श्रीविलास नामक चरित्र कहता है जो एक प्रकार से वाचक अर्थात 'नैरेटर' की भूमिका अदा करता है। वह बीच–बीच में किसी कथापात्र की डायरी के आधार पर भी घटनाओं को गति प्रदान करता है। टैगोर ने इस उपन्यास से पहले जितने उपन्यास लिखे थे, उनमें व्यक्ति चरित्र को नातों–रिश्तों की जटिल दुनिया के सन्दर्भ में ही कल्पित किया था। उनमें उनके किरदार परिवार–समाज के विस्तृत सम्बन्धों की उलझी हुई दुनिया के सन्दर्भ में ही परिभाषित हो सकते थे। उन्होंने पहली बार इस उपन्यास में समाज व घर–परिवार से अलग–थलग पड़े व्यक्तियों के जीवन की कठिनाइयों तथा आन्तरिक वेदना को प्रमुखता प्रदान की है। जब टैगोर ने यह उपन्यास लिखा था, तब तक वह यूरोप की कई यात्राएँ कर चुके थे और यह सम्भव है कि उन्हीं

यात्राओं के दौरान उन्हें पश्चिमी लेखकों व उनकी रचनाओं से जो परिचय प्राप्त हुआ, उसका प्रभाव उनकी उपन्यास–कला पर भी पड़ा। वह व्यक्ति चरित्र के आन्तरिक भावों को शब्दबद्ध करने में अधिक गम्भीर होते चले गये। उपन्यास की रोचकता बनाये रखने के लिए बाह्य घटनाओं का विस्तार फिर भी उनके उपन्यासों में बचा रहा लेकिन वे बाह्य घटनाएँ भी अब स्वायत्त होने के स्थान पर व्यक्ति के अन्तर्जगत की अभिव्यक्ति का ही माध्यम बन गयीं।

उपन्यास का आरम्भ श्रीविलास नामक एक छात्र के द्वारा अपने ही साथ पढ़ने वाले कुशाग्र बुद्धि के शचीश के गुणों के वर्णन से होता है। श्रीविलास देहात से कलकत्ता में पढ़ने आया है और शचीश के साथ बी.ए. में पढ़ता है। शचीश अपने अध्ययनशील स्वभाव और सत्यप्रियता के कारण अपने ही सहपाठियों की निन्दा का शिकार होता है पर विचलित नहीं होता। शचीश के चरित्रांकन के रूप में टैगोर अध्ययनशील सुधारवादियों के कष्टों को याद कर रहे थे जो बहुत विद्वान होते थे और जिनमें गहरी सामाजिक चेतना थी। इन्हीं गुणों के कारण उन्हें रूढ़िवादी हिन्दू समाज के निन्दाबाणों का सामना करना पड़ता था। शचीश के एक चाचा है जिनका नाम है जगमोहन। जगमोहन का चरित्र टैगोर के द्वारा लिखित सभी उपन्यासों के कल्पित चरित्रों में सर्वाधिक क्रान्तिकारी, मानवतावादी और उदार चरित्र है। टैगोर ने यूरोपीय दर्शन व क्रान्ति–परम्परा के कई लक्षणों से उसके चरित्र को सुसज्जित किया है। जगमोहन की पत्नी मर चुकी है। वह केवल अंग्रेज़ी का ही अच्छा जानकार नहीं है बल्कि पश्चिमी विचारकों की पुस्तकों तथा साहित्य का भी शौक़ीन है। उसे लोग बंगाल का मैकाले और जानसन कहते हैं। उसके घर में फ़र्श से लेकर छत तक अंग्रेज़ी किताबों का ढेर लगा रहता है। वह कर्मकांडियों तथा अन्धविश्वासियों के बीच सार्वजनिक नास्तिकता का पक्षधर है। उन्हीं के प्रभाव से उनका भतीजा शचीश भी ईश्वर की सत्ता को अस्वीकार कर देता है। वह आत्मकेन्द्रित प्रकृति का विद्वान नहीं बल्कि साहसी समाजोन्मुखी विचारक है। जगमोहन नामक इस किरदार की सार्वजनिक क़िस्म की नास्तिकता के बारे में उपन्यासकार ने लिखा–'जंगी जहाज के कप्तान का मुख्य कार्य जिस तरह जहाज को चलाने की अपेक्षा जहाज को डुबोना होता है उसी प्रकार सुयोग पाते ही आस्तिक धर्म की नैया को डुबोना ही जगमोहन का प्रधान कर्म था।' वह लौकिक या अलौकिक किसी भी शक्ति के आगे समर्पण करने के लिए राजी नहीं होता है। आधुनिक चेतना से सम्पन्न बीसवीं सदी के उपन्यासों का प्रमुख

दायित्व जीवन के छोटे–छोटे पाखण्डों का उपहास उड़ाना और उन्हें बर्दाश्त करने के स्थान पर उनकी कड़ी आलोचना करना रहा है। समर्थ उपन्यासकार अपनें चरित्रों के प्रतिरोधपूर्ण जीवनदर्शन में समाज के भविष्य की झलक पेश करते हैं। टैगोर ने जगमोहन को भी भविष्य के मनुष्य के रूप में गढ़ा है जिसमें करुणा सम्पन्न विवेक है। जो समाज में चरण स्पर्श, वर्ण–जाति, भजन–कीर्तन व छुआछूत आदि प्रत्येक मानव विरोधी परम्परा को निर्ममता से ठुकरा देता है।

आरम्भ से ही टैगोर अपने उपन्यासों में हिन्दू धर्म की कुरीतियों की आलोचना करते चले आ रहे थे जैसा कि उन्होंने 'गोरा' में भी किया था। 'चतुरंग' में उन्होंने हिन्दू धर्म की इस आधार पर आलोचना की थी कि इस धर्म में प्राणीमात्र के प्रति निःस्वार्थ करुणा के लिए विशेष स्थान नहीं है। लोग करुणा तथा मानवता के सामान्य गुणों को भी स्वर्ग या मोक्षप्राप्ति, देवता–शास्त्र से मिलने वाले लाभ, पुण्य या पुरस्कार–आकांक्षा से जोड़ते हैं। दयाभाव भी निजी स्वार्थ–हित की चिन्ता से मुक्त नहीं है क्योंकि धर्म के मूल में ग़ैर–बराबरी का विचार निहित है। जगमोहन हिन्दू धर्म की इस कमी की आलोचना करता है तथा अपने अन्दर मानवता के गुणों के विकास के लिए धर्म पर निर्भर होने के स्थान पर नवीन दर्शनों जैसे जेरमी बेंथम के उपयोगितावादी सिद्धान्तों, जो अधिकतम लोगों की अधिकतम ख़ुशी पर आधारित थे, की सहायता लेता है। उपयोगितावाद के सिद्धान्त का पश्चिम में बेंथम से लेकर जान मिल व जान स्टुअर्ट मिल तक विकास होता रहा था और उपयोगितावाद के अन्तर्गत भौतिक तरक़्क़ी के समानान्तर नैतिक–बौद्धिक सन्तोष को स्थान प्राप्त हुआ था। जगमोहन भी जीवन में सामान्य शारीरिक सुख के स्थान पर नैतिक–बौद्धिक सन्तोष प्राप्त करने को महत्त्व प्रदान करता है। उसकी यह विशिष्टता बीसवीं सदी की प्रमुख मानवीय अन्तःप्रज्ञा की प्रतीक है जो धर्म–शास्त्र की सीमा के बाहर आकर अब व्यापक मानवीय चिन्तन को प्रमुखता प्राप्त करते देखना चाहती है। वह जब चमारों तथा ग़रीब मुस्लिमों के कल्याण के लिए कार्य करता है तो अपने ही छोटे भाई हरिमोहन, जो बहुत रूढ़िवादी तथा लालची है, से उसका गहरा मतभेद होता है। वह चमारों–मुसलमानों को अपना देवता घोषित करता है। देवता की इस रूप में परिकल्पना गहन अर्थों से सम्पन्न रूपक ही है जो साहित्य में नये मानवतावाद के आगमन का सूचक है। अब मनुष्य को देवताओं के पीछे अन्धों की तरह भागने की आवश्यकता नहीं है बल्कि मनुष्यता में ही देवत्व की स्थापना करनी है। इस उपन्यास में टैगोर अपने ब्राह्म धर्म की

सीमा से बाहर निकलते दिखते हैं। जगमोहन अवतारवादी–कर्मकाण्डी हिन्दू धर्म तथा ब्राह्म धर्म, दोनों की साकार–निराकार ईश्वर के बारे में हवाई बहस को यथार्थ की तरफ़ मोड़ता है। वह किसी समाजवादी चिन्तक की भाँति कहता है कि ईश्वर साकार है या निराकार, यह बहस इसलिए व्यर्थ है क्योंकि अब ग़रीब जनता ही सजीव यथार्थ है जिसमें देवता के दर्शन करने होंगे।

टैगोर के उपन्यासों के पुरुष–नायक प्रायः उच्च गुणों से सम्पन्न होते हैं और एक रोमांटिक–भाववादी लेखक की तरह अपने नायकों को अपनी निजी सज्जनता और निजी गुणों की छाया में रखते हैं। इससे कई बार उनके उपन्यास–नायक किसी कवि या चिन्तक की तरह बोरिंग, नीरस और यान्त्रिक हो जाते हैं। बहुत बेबस होकर लेखक की लगाम से बँधे हुए। पर टैगोर उनके अन्तर्द्वन्द्वों को दिखाकर उन्हें दिलचस्प बनाने की कला भी जानते हैं। इसलिए उनके चरित्र निश्छल समझदारी के गुण को रोचक परिस्थितियो के मध्य विकसित करते हैं। परिस्थितियों के तनाव में वे अधिक दीप्तमान हो उठते हैं। अधिक उच्चकोटि का मनुष्य बनने का लक्ष्य प्राप्त करते हैं। पवित्र और निष्कलंक। अपनी नास्तिकता को अपना श्रेष्ठ उच्च चिन्तन की तरह मानने वाला जगमोहन अपने जीवन को निष्कलंक रखने का उपदेश भी शचीश को देता है। वह ज्ञानी है और उसका मानना है कि जिसके पास उच्च विचार–चिन्तन की पूँजी है, उसी के ऊपर अपने जीवन को निर्मल–निष्कलंक रखने की ज़िम्मेदारी अधिक है। जीवन को बेदाग़ रखने का प्रयास वही करेगा जो जानता है कि समाज में कितने दाग़ हैं। जिसके पास उदात्त चिन्तन व ऊँचे विचार नहीं हैं, उनके नैतिक पतन को तो समाज माफ़ कर सकता है। पर नैतिक मूल्यों से जुड़े विचारकों तथा विद्रोहियों के पतन को क्षमा नहीं किया जायेगा। टैगोर ने अपने इस उपन्यास में जगमोहन के चरित्र को उदात्त चरित्र की भाँति विकसित किया है। वह बलात्कृत बाल–विधवा को अपने घर में शरण देता है। उसका अपना भतीजा शचीश जब उससे विवाह करने के लिए तैयार होता है तो सहर्ष अनुमति प्रदान करते हैं। हालाँकि विवाह से पहले ही वह विवाह के लाल जोड़े को पहनकर आत्महत्या कर लेती है। जगमोहन की मृत्यु की त्रासदी के माध्यम से भी टैगोर ने नास्तिकों व मानवतावादियों के चरित्र की उज्ज्वलता को प्रकट किया है। जगमोहन की मृत्यु कलकत्ते में फैली प्लेग की महामारी के दौरान जातपाँत, धर्म–मज़हब, ग़रीबी–अमीरी के भेद को भूलकर आमजनों की सेवा करते हुए होती है। कलकत्ते में महामारी फैली है, सब लोग भाग रहे हैं।

उसका भाई हरिमोहन भी एक गाँव में अपने लिए घर की व्यवस्था कर लेता है। वह जगमोहन से भी चलने के लिए कहता है पर वह महामारी में लोगों की सेवा का संकल्प व्यक्त करता है। अपने घर को ही प्राइवेट अस्पताल में बदलकर लोगों की सेवा करने लगता है। उपन्यास तत्कालीन बंगाल के अस्पतालों की दशा का भी सूचक है। लोग प्लेग से उतना भयभीत नहीं हैं जितना प्लेग के लिए बनाये अस्पतालों से जहाँ भर्ती होना किसी भयानक सज़ा से कम नहीं है। इसलिए लोग डॉक्टरों को नहीं बुलाते क्योंकि उन्हें डर है कि वे उन्हें ले जाकर नारकीय दशा वाले अस्पताल में भर्ती कर देंगे। जगमोहन भी अस्पताल देखने जाता है पर उनकी दशा देख लौट आता है। ख़ुद अपने घर में अस्पताल तैयार कर लेता है। जो नितान्त धार्मिक–कर्मकाण्डी है, वह जान बचाकर भाग रहा है। उधर, जिसे नास्तिक व धर्मद्वेषी बताकर अपमानित किया जाता है, वह परदुःखकातर है, अपना मानवीय दायित्व समझता है। लोगों की सेवा में जुट जाता है। एक मुस्लिम रोगी का इलाज करते हुए ही जगमोहन की मृत्यु हो जाती है। जगमोहन की मृत्यु को टैगोर त्याग, सेवा तथा करुणा की विजय की तरह प्रस्तुत करते हैं और उसमें सफल होते हैं।

टैगोर अपने उपन्यास में जगमोहन व हरिमोहन के चरित्र के माध्यम से दो विश्वदृष्टियों की नैतिकता की परीक्षा लेते है। एक विश्वदृष्टि आधुनिक, अन्धविश्वास विरोधी तथा वैज्ञानिक है। दूसरी परम्परा में धँसी हुई कट्टर एवं धार्मिक घृणा से संचालित है। अन्य लोगों के प्रति प्रेम व न्याय की अवधारणा की दृष्टि से कौन–सी विश्वदृष्टि अधिक उपयोगी है, इसका स्पष्ट संकेत जगमोहन के चरित्र के माध्यम से देते हैं। जगमोहन का चरित्र पाठकीय चेतना के पूर्वग्रहों को सन्तुष्ट करने के लिए नहीं है। बल्कि पाठकों के अन्तःकरण को झकझोरने के लिए है। उपन्यास का मुख्य सामाजिक दायित्व भी अपने समय–समाज की सीमाओं को प्रकट करना होता है ताकि उपन्यास का पाठक अपने समाज की निष्क्रिय इकाई बने रहने के स्थान पर उसमें गतिशील भागीदारी कर सके। एक समानान्तर सामाजिक शक्ति का रूप धारण कर समाज की जड़ता तथा ग़लत परिवर्तनों की ग़लत चाह को प्रश्नांकित कर सके। यथार्थ में निहित गतिशीलताओं का बोध किसी कठोर बाहरी यथार्थ का भय समाप्त कर उसमें निर्भीक हिस्सेदारी का विवेक पैदा करता है। उपन्यास में जगमोहन अपनी वसीयत में अपने मकान को भी लोगों की सेवा व इलाज के लिए दान कर चले जाते हैं। उसकी वसीयत में तीन प्रमुख शर्तें होती हैं–

मकान में कभी पूजापाठ न होगा, निचले तल्ले में चमारों व मुस्लिमों के लिए रात्रि पाठशालाएँ चलेंगी और शचीश की मौत के बाद सारा मकान इन्हीं की उन्नति के लिए उत्सर्ग कर दिया जायेगा। जगमोहन का चरित्र ईश्वरचन्द विद्यासागर के कामों की भी याद दिलाता है जिन्होंने खुद नुक़सान उठाकर भी न केवल लोगों को दवाइयाँ व शिक्षा बाँटी बल्कि विधवाओं के विवाह की बदनामी को अपने सिर पर ले लिया। बीसवीं सदी का यह उपन्यास 19वीं सदी की कई महत्त्वपूर्ण प्रवृत्तियों तथा व्यक्तियों के योगदान को अपनी विशिष्ट कथा–शैली के माध्यम से प्रतिबिम्बित करता है।

इस उपन्यास ने भारतीय साहित्य को 'दामिनी' जैसा स्त्री चरित्र भी प्रदान किया है जो रोमांटिक–आध्यात्मिक विचारों की परिधि के बाहर स्त्री की वयस्क दैहिक कामनाओं को साकार करता है। उसकी कामनाएँ तथा व्यक्तित्व इसलिए अनोखे हैं क्योंकि वह आध्यात्मिकता के वर्चस्वशाली विमर्शों के एक़दम बीच में रहकर अपने व्यक्तित्व को निखारती है और उसे अभिव्यक्त करती है। वह भक्ति और 'कल्ट' के नियन्त्रण से मुक्त है तथा भक्ति–सम्प्रदायों से जुड़े बाबाओं के सामाजिक रुतबे को स्वीकार नहीं करती। वह दिव्य आध्यात्मिक सत्ता, रसचर्चा तथा अध्यात्म की भाषा से मुक्त एक व्यक्तिसत्ता के रूप में अपना मूल्यांकन व स्वीकृति चाहती है और इससे जुड़ी चुनौतियों को सहज ही स्वीकारती है। धर्म–उपासना से उसकी दूरी व उनके प्रति विरोध के माध्यम से टैगोर का ही वैकल्पिक अध्यात्म के प्रति रुझान प्रकट होता है, जो मानवतावाद पर आधारित होता है न कि पारम्परिक धर्मशास्त्र पर। यह उन्नीसवीं सदी का विकासमान वैकल्पिक अध्यात्म है जो सामाजिक विषमता तथा दमन के प्रश्नों की उपेक्षा नहीं करता। उपन्यास में दामिनी की दैहिक कामनाओं की अभिव्यक्ति में उसका सबल व्यक्तित्व व्यक्त होता है। इसके विपरीत उपन्यास में ही शचीश जैसे पुरुष पात्रों के द्वारा इच्छाओं के आत्मदमन से उनका व्यक्तित्व प्रकट होता है। एक ओर इच्छाओं की अभिव्यक्ति से तथा दूसरी ओर उन इच्छाओं के दमन से व्यक्तित्व को अभिव्यक्ति मिलती है।

टैगोर ने दामिनी के चरित्र के माध्यम से प्रेम व कामवासना में स्त्रियों की पहलक़दमी को जताकर उपन्यास की दुनिया में एक नयी क्रान्ति का सूत्रपात किया है। स्त्रियों की भावनात्मक–दैहिक अभिव्यक्तियों को लेकर न्यायाधीश, पंच या दारोगा जैसा बर्ताव करने की सामाजिक सीमाओं को खुलकर प्रकट किया है। उपन्यास में दामिंनी एक विधवा है जिसका विवाह लीलानन्द स्वामी

के परमभक्त शिवतोष के साथ हुआ था। मरने से पूर्व वह अपनी सारी जायदाद तथा पत्नी को गुरु के हवाले कर चला गया ताकि उसका घर भी तीर्थस्थल बन जाये। उसके बाद दामिनी लीलानन्द स्वामी के सम्प्रदाय का हिस्सा मान ली गयी। उसके अपने घर पर लीलानन्द तथा उसके शिष्यों का जमावड़ा लगा रहता और उसका काम सभी की सेवा करना रह गया। लीलानन्द स्वामी का सम्प्रदाय चैतन्य महाप्रभु के भक्ति सम्प्रदाय के निकट प्रतीत होता है जिन्होंने रस, माधुर्य व प्रेम के माध्यम से ईश्वर प्राप्ति का मार्ग सुझाया था। नाच–नाचकर कीर्तन करना और मन्दिरों में भजन–कीर्तन में रमे रहना उनकी भक्ति का प्रधान मार्ग है। नास्तिकतावादी जगमोहन की मृत्यु के पश्चात उनके दोनों शिष्य शचीश तथा श्रीविलास इसी सम्प्रदाय का हिस्सा हैं और जहाँ पहले वे ईश्वरविरोधी थे तथा स्वतन्त्र चिन्तन के पक्षधर थे, वहीं अब उन्होंने अपने बौद्धिक चरित्र का त्याग कर रस–माधुर्य के आनन्द में अपने को डुबो लिया है। श्रीविलास जब दो साल बाद शचीश से मिलता है और उसे लीलानन्द स्वामी के पैर दबाते देखता है तो उसे धक्का लगता है। उसे याद आता है कि जगमोहन किस प्रकार चरणस्पर्श तक से मना करते थे और कहते थे कि मनुष्य का विवेक उसके चरणों में नहीं होता जिसके स्पर्श से कोई लाभ मिल सके। श्रीविलास बाद में स्वयं भी शचीश के साथ मित्रता के प्रभाव में लीलानन्द स्वामी के समूह को स्वीकार कर लेता है। ग्राम्य प्रकृति के बीच स्वामी के प्रेमपूर्ण भक्ति आवेग की धारा उसे भी खींच लेती है। केवल दामिनी गुरु के रास्ते पर चलने से इनकार करती रहती है और उनकी भक्ति व अध्यात्म को पाखण्ड समझती है। टैगोर लिखते हैं–'गुरुजी जिस दिन उपदेश देने के लिए विशेष रूप से उसे बुलवाते तो कहती कि मेरा सिर दुःख रहा है।...जिस दिन अपने साँझ के आयोजन में कोई त्रुटि लक्षित कर उससे सवाल पूछते तो कह देती कि थियेटर चली गयी थी।–यह उत्तर सच्चा नहीं होता लेकिन कटु अवश्य होता और यही दामिनी के सन्तोष का कारण भी होता।' परम्परा में स्त्री को धर्म एवं भक्ति का प्रधान अनुयायी माना जाता रहा है। पर दामिनी इस प्रकार के दासत्वपूर्ण अनुकरण से मुक्त रहकर अपने स्वतन्त्र व्यक्तित्व का परिचय देती है। वह विधवाओं जैसी वेशभूषा में न रहने के कारण स्त्रियों के बीच भी निन्दनीय है। शचीश से मन ही मन प्रेम करती है और एक बार जब दुर्गम स्थल पर गुरुजी की मण्डली घूमने जाती है तो वह गुफा के अन्दर आकर शचीश का स्पर्श करती है, हालाँकि शचीश उसे गुफा के अन्धकार व भय के कारण

पहचान नहीं पाता। उसे डर सताता है कि कोई हिंसक जन्तु उसके ऊपर चढ़ने की कोशिश कर रहा है। उपन्यासकार ने गुफा में गूँजती सिसकी और जाती हुई परछाईं का वर्णन कर यह साफ़ संकेत दे दिया है कि वह दामिनी ही थी जो अपनी वासना–पूर्ति के लिए रात के निविड़ अन्धकार में उसके पास आयी थी। दामिनी वह विधवा स्त्री है जो धर्मगुरु के आदेशों की परवाह नहीं करती है और अपने प्रिय प्रेमी के पास ख़ुद ही रात के निविड़ अन्धकार में आ जाती है। यही दामिनी अपना प्रखर प्रतिरोध तब जताती है जब एक कथाप्रसंग में लीलानन्द स्वामी के एक चेले नवीनचन्द्र की पत्नी आत्महत्या कर लेती है। यह आत्महत्या वह अपने पति के अपनी सगी बहन के साथ गुप्त प्रेम सम्बन्ध का पता चलने पर करती है। इस ख़बर से दामिनी के ऊपर जो प्रभाव पड़ता है वह यह प्रकट करता है कि वह इस तरह की घटनाओं के लिए स्त्रियों की अति भावुकता को नहीं बल्कि पुरुषों की पाषाणवत कठोरता को ज़िम्मेदार मानती है। दामिनी आगे बढ़कर शचीश से पूछती है कि इतनी भक्ति व साधना का क्या लाभ जिससे समाज का उद्धार नहीं होता है! वह भक्ति और रसचर्चा की धज्जियाँ उड़ा देती है। आवेश में कहती है–'तुम लोग जो रात और दिन केवल रस की पुकार मचाये हो, उसे छोड़कर तुम्हारे पास और कोई बात ही नहीं। रस क्या है सो तो आज अपनी आँखों से देख लिया है। उसमें न धर्म है, न कर्म, न भाई है न स्त्री, न कुल है न मान।' वह रसमय भक्ति को रसातल में पहुँचाने वाला मानती है जो इतनी निर्लज्ज निष्ठुर है कि मानवता की रक्षा नहीं कर सकती है। टैगोर का गहरा सम्बन्ध वैष्णवपन्थ से था पर उन्होंने इस उपन्यास में वैष्णवपन्थियों की जैसी आलोचना करवाई है, वह उपन्यासकार के रूप में टैगोर के निष्पक्ष रचनात्मक विवेक का प्रमाण है।

इस प्रकार भक्ति परम्परा के विरोध में स्त्री का यह निजी विचार धर्म की दासता का विरोध है। मीरा और सूर की भक्ति–परम्परा में ही स्त्री मुक्ति का स्वप्न तलाशने वाले आचार्यों को दामिनी नामक स्त्री चरित्र का विश्लेषण करना चाहिए जो आधुनिक युग में भक्ति के माध्यम से मुक्ति व आनन्द की अवधारणा को खण्डित कर रही है। वह अब आधुनिक साहित्य की पुस्तकें पढ़ना चाहती है जिसका लीलानन्द स्वामी विरोध करते हैं। वह उन आधुनिक साहित्य की पुस्तकों के लिए उनसे लड़ती–भिड़ती है और स्पष्ट कह देती है आप संन्यासी भले हो जायें, मैं संन्यासी नहीं हूँ। ऐसा लगता है कि टैगोर ने जगमोहन तथा लीलानन्द स्वामी के किरदार को आमने–सामने रखकर संन्यासत्व की धारणा

को ही प्रश्नांकित किया है। दामिनी का पूरा जीवन व व्यक्तित्व भक्ति व संन्यास के विरोध में एक स्त्री की स्वाधीनता तथा यौनिक कामना को सम्प्रेषित करता है। इसमें तत्कालीन उपनिवेशवादी सत्ता का प्रभाव भी चिन्हित होता है। उपनिवेशवाद ने जब भारतीय पौरुष का दमन किया तो वही आहत पौरुष अध्यात्म की तरफ़ मुड़ गया। वहाँ अपने लिए राहत व वैकल्पिक पौरुष की खोज करने लगा। इस उपनिवेशवाद के दौरान मर्दानगी और स्त्रीत्व, दोनों का रूपान्तरण हो रहा था। उपनिवेशवाद के दौरान दबा–कुचला भारतीय पौरुष अध्यात्म तथा संस्कृति के जाने–पहचाने संसार में अपने पुनरान्वेषण के लिए लालायित हो उठा था। शचीश व श्रीविलास का चरित्र ऐसा ही है जो अध्यात्म में पलायन कर गया है। बंगाल में विवेकानन्द का प्रभाव था और विवेकानन्द का जीवन–दर्शन इसी अध्यात्म के बहाने दमित बंगाली पौरुष का पुनरुत्थान था। पर टैगोर न तो विवेकानन्द से विशेष रूप से प्रभावित थे और न उन्होंने हिन्दू अध्यात्म–साधना व हिन्दू दर्शन के प्रसार में किसी नयी सांस्कृतिक क्रान्ति के सूत्र तलाशने की कोशिश की थी। उलटे उनकी रुचि यह दिखाने में है कि युवाओं को अध्यात्म के रास्ते पर लाने वाले 'गुरुओं की मण्डली' घूम रही है जो युवाओं की दार्शनिक जिज्ञासाएँ शान्त करने के स्थान पर उनके व्यक्तित्व को छिन्नभिन्न करती है जैसा कि शचीश के साथ होता है। अध्यात्म की अधिक खुराक उसे विक्षिप्त और सनकी बना देती है। वह आत्मदमन एवं आत्मपीड़ा की मनोदशा में स्थायी रूप से जीने लगता है तथा अपने सामाजिक कर्तव्यों के पालन में असमर्थ हो जाता है। वह नास्तिक और मानवतावादी जगमोहन के संरक्षण में ठोस बुद्धिवाद के रास्ते पर चला था। पर लीलानन्द स्वामी की कीर्तन–भजन मण्डली में अपनी प्रखरता और लक्ष्य को खो बैठता है। इस प्रकार टैगोर शचीश के जीवन को बुद्धिवाद से अध्यात्म की ओर बढ़ता दिखाते हैं। यह वास्तव में विवेक से पतन व पागलपन की दिशा में की जा रही यात्रा है।

उपनिवेशवाद के दौरान उत्पन्न संकटग्रस्त पौरुष के यथार्थ के समानान्तर दामिनी जैसी स्त्रियाँ इस औपनिवेशिक आधुनिकता का लाभ उठाना चाह रही हैं। अपने को किसी परिवार की जायदाद अथवा परम्परागत आस्थाओं के बंधक की तरह देखे जाने के स्थान पर अपने अधिकार जताकर अपनी अस्मिता को खोज रही हैं। धर्म–अध्यात्म से भी टकरा रही हैं। भारतीय धर्म–अध्यात्म में रस–साधना की जो धार्मिक व्यवस्था है, वह कैसे स्त्रियों की नयी गुलामी

को मज़बूत करती है, दामिनी इसी सत्य को साहसपूर्वक व्यक्त करती है। वह कहती है–'मैंने तो तुम्हारे गुरु के निकट कुछ भी नहीं पाया। वे तो मेरे चंचल मन को पल भर भी शान्त नहीं कर पाये। आग से आग नहीं बुझाई जाती। तुम्हारे गुरु सबको जिस पथ पर चला रहे हैं, वहाँ न धैर्य है, न वीर्य, न शान्ति।'

बंकिम के उपन्यास स्त्री–छवि का आदर्शीकरण अधिक करते हैं और टैगोर के उपन्यास उसे यथार्थ–भूमि पर लाते हैं। पर टैगोर की सीमा यह है कि वह उपन्यास के स्त्री चरित्र को यथार्थ का प्रतिनिधि बनाते हैं लेकिन स्त्री से वह प्रतिनिधित्व का अधिकार वापस ले लिया जाता है। वह उसे फिर समर्पणकारी, कमज़ोर व अतिभावुक बना डालते हैं। यह स्थिति स्त्रियों की अन्तर्विरोधपूर्ण वास्तविकता से अधिक लेखक के मन–मस्तिष्क के अन्तर्विरोध को प्रकट करती है। लेखक के दिमाग़ में रोमांटिक विचार और यथार्थवादी विचार एक साथ ही उपस्थित हैं। वह स्त्रियों को लेकर प्रगतिशील तथा पुरातनपन्थी भी एक साथ है। दोनों क़िस्म की वैचारिक प्रवृत्तियों से उसकी चेतना का निर्माण होता है। न तो प्रगतिशीलता उसकी चेतना में मौजूद पुरातनपन्थ के आग्रह को पूर्णतया नष्ट कर पायी है और न पुरातनपन्थी सोच पूरी तरह से प्रगतिशील वैचारिकी के उभार को रोक सकी है। इस कारण उसके औपन्यासिक चरित्र दोनों ही क़िस्म के विचारों के प्रतिनिधि बन जाते हैं। कहीं वे प्रखर दिखते हैं, कही क्षीण तथा भ्रमित। स्वतन्त्रता आन्दोलन के दौरान जिस प्रकार विविध वैचारिक दर्शनों का भारतीय राजनीति पर एक साथ प्रभाव पड़ रहा था, उसी प्रकार साहित्य पर वैविध्यपूर्ण वैचारिक प्रवृत्तियों का प्रभाव है। लेखकों के द्वारा एक ओर स्त्री के बारे में आधुनिकतावादी विचारों की अभिव्यक्ति है, दूसरी ओर उनकी चेतना पर पारम्परिक विचारों का अंकुश है जिनसे वे स्वयं उबर नहीं पाते। अपने किरदारों पर अपनी दृष्टिगत सीमाओं को थोपने वाला लेखक किरदारों को केवल यथार्थ का ही अंग नहीं बनाता बल्कि उन्हें सायास ढुलमुल तथा कमज़ोर भी बनाता है। दामिनी का चरित्र एक ओर धर्मगुरु के रुतबे और शक्ति का विरोध है, विधवा की तरह जीने से विद्रोह है तो दूसरी ओर वह प्रेम में पड़कर अपनी स्वतन्त्रता को भूल जाती है। पीड़ा, लाज और समर्पण ही उसकी पहचान बन जाते हैं। वह शचीश के प्रेम में आत्मभिमान व स्वहित को भी अस्वीकार कर देती है।

इस उपन्यास में धर्म–दर्शन की सत्ता के बारे में परोक्ष रूप से कई प्रश्न खड़े किये गये हैं। यह सामान्य सचाई है कि संसार के महान विचारों, धर्म व

दर्शन की सत्ता मुख्यतः स्त्रियों के हाथ में नहीं है। स्त्रियाँ आत्मकल्याण के लिए पुरुषों से ही धर्म–परम्परा व धर्मदर्शन का ज्ञान प्राप्त करने का प्रयास करती हैं। गुरु, संन्यासी, महंत आदि शब्द भाषागत व्याकरण में पुल्लिंग हैं। धर्म–दर्शन की सत्ता के प्रभाव में वे अपनी स्वतन्त्रता को गँवा देती हैं। उपन्यास में दामिनी के साथ भी यही विडम्बना है। वह धर्म–दर्शन की सत्ता से विद्रोह करती है पर शचीश से ही कहती है कि वह उसे सांसारिक प्रलोभनों के ऊपर उठाने वाला ज्ञान प्रदान कर दे। वह उसे गुरु मानने लगती है जो उसका उद्धार कर सके। इस प्रकार बतौर स्त्री चरित्र वह बारी–बारी से लीलानन्द स्वामी तथा शचीश, दोनों के पास मौजूद धर्म–दर्शन–ज्ञान की सत्ता की शिकार होती है। वह व्यक्तिगत तेजस्विता के बावजूद परम्परागत समाज का ही अंग है और गली–गली घूमते उद्धारकों के जाल में फँसने के लिए मानसिक रूप से 'कंडीशंड' है। यह उपन्यास धर्मसत्ता का क्रान्तिकारी उच्छेद दो स्तरों पर करता है। पहला तो यह जगमोहन के चरित्र के माध्यम से करता है, जो धर्म व ईश्वर की सत्ता को काल्पनिक बताता है। दूसरे स्तर पर यह दामिनी के चरित्र के ज़रिये करता है जो लीलानन्द स्वामी के धर्म–सम्प्रदाय के आगे झुकती नहीं है और धर्म–दर्शन की सत्ता में निहित स्त्रियों के दासत्व के सत्य को प्रकट करती है। वह गुरु की सत्ता को नकारती है। पर दामिनी अन्ततः ऐसे समाज का ही अंग है जहाँ ज्ञान–धर्म पर पुरुषों का वर्चस्व है और वह वर्चस्व आसानी से स्त्रियों को झुका देता है, जैसा कि दामिनी के साथ होता है।

उपन्यास दामिनी मृत्यु की सूचना के साथ समाप्त होता है। उसकी मृत्यु भी बहुत विचित्र तरीक़े से होती है। उपन्यासकार टैगोर उसकी मृत्यु के बारे में बताते हैं–'लीलानन्द स्वामी के साथ भ्रमण से लौटने के बाद उसकी छाती में एक प्रकार की पीड़ा शुरू हो गयी थी। इसकी बात उसने कभी किसी को नहीं बताई। जब पीड़ा बहुत बढ़ गयी तो इतना ही कहा कि, यह मेरा गुप्त ऐश्वर्य है, मेरी पारसमणि। इस यौतुक को लेकर ही तुम्हारे पास (श्रीविलास के पास) आ सकी हूँ। नहीं तो क्या मैं कभी भी तुम्हारे योग्य हो सकती थी!' टैगोर उसकी छाती की जिस पीड़ा की बात बताते हैं, वह लीलानन्द स्वामी के साथ भ्रमण की देन है। इसमें दो अर्थ निहित हैं। पहला तो यह कि वह किसी साँस की बीमारी की शिकार हो गयी या फिर उसी भ्रमण के दौरान किसी हिंसा की। उसकी रहस्यमय बीमारी या चोट से मौत स्वतन्त्र चेतना व साहस वाले दामिनी के किरदार के साथ अन्याय प्रतीत होता है। पर बांग्ला उपन्यासों में

स्त्री या पुरुष किरदार की मौत के साथ उपन्यास के अन्त का फॉर्मूला इतना लोकप्रिय था कि अधिकांश उपन्यासकार अवैध प्रेम–प्रसंग, विधवा–जीवन या गुप्त क्रान्तिकारी संगठन पर आधारित रचनाओं में इस प्रकार के औपन्यासिक अन्त को स्वाभाविक मानते थे। विधवाओं तथा विद्रोहियों के जीवन का आकस्मिक अन्त पाठकों की रूढ़िवादी सामाजिक चेतना को सहलाता था। उसे एक सीमा तक झकझोरने के बाद वापस सामान्य समतल पर ला देता था। यह मुख्यधारा के सामाजिक मूल्यों के साथ संगति स्थापित करने का कलाकौशल भी था। विद्रोही या विद्रोहिणी की मृत्यु में लेखक तथा पाठक के बीच के 'प्राइवेट कन्ट्रैक्ट' की शर्तों की पूर्ति होती थी। इसके अनुसार, इस प्रकार के असुविधाजनक लेकिन उपन्यास के लिहाज से उपयोगी चरित्रों से समाज को मुक्त कर समाज का सन्तुलन बचा लिया जाता था। इससे उत्पन्न दुःखान्त से पाठक के मन में अतिशय भावुकता तथा खट्टी–मीठी टीस भी पैदा की जा सकती थी जिसे उपन्यास की सफलता तथा पठनीयता का ही प्रमाण समझा जाता था।

9

शेषेर कविता : वृद्ध गुरुदेव का रोमांटिक उपन्यास

टैगोर का उपन्यास 'शेषेर कविता' 1929 ई. में प्रकाशित हुआ था और प्रकाशन से एक साल पहले वह बांग्ला पत्रिका 'प्रबासी' में धारावाहिक छपा करता था। यह उपन्यास उनका सर्वाधिक रोमांटिक उपन्यास है जिसकी रचना उन्होंने 67 वर्ष की आयु में की थी। इसमें उन्होंने देश–समाज के मुद्दों, सुधार, स्वतन्त्रता आन्दोलन आदि के चिरपरिचित व अपने प्रिय विषयों के स्थान पर स्त्री–पुरुष सम्बन्धों की गहन प्रेम–संवेदना को आधार बनाया था। इसका परिवेश तथा कथावस्तु समकालीनता से प्रभावित थे, न कि किसी सुदूर अतीत या भविष्य सम्बन्धी कल्पनाओं से। उपन्यास के लेखन की पृष्ठभूमि यह है कि जनवरी 1928 में टैगोर को ऑक्सफोर्ड यूनिवर्सिटी में एक भाषण के लिए निमन्त्रित किया गया था और वह यात्रा के सिलसिले में कोलम्बो में थे। लेकिन कोलम्बो में बीमार पड़ गये और यात्रा निरस्त कर बंगलौर आ गये। यहीं पर उन्होंने तीन हफ़्ते तक मैसूर विश्वविद्यालय के तत्कालीन वाइसचांसलर व दार्शनिक ब्रजेन्द्रनाथ सील के घर पर विश्राम किया था। इस प्रवास काल के तीन हफ़्तों में उन्होंने 'शेषेर कविता' को अन्तिम रूप प्रदान किया, हालाँकि उन्होंने कोलम्बो में ही इसे लिखना आरम्भ कर दिया था। रोचक तथ्य यह है कि 1928–29 ई. में टैगोर पूर्णतया भिन्न विषयों पर एक साथ दो उपन्यास लिख रहे थे जिनमें एक 'योगायोग' (1929) था और दूसरा था 'शेषेर कविता'।

टैगोर ने 'शेषेर कविता' में अपने बारे में साहित्य जगत तथा समाज में फैली निन्दाओं का खुलासा करने के लिए भी लिखा है। अपने ही उग्र आलोचकों के मतों को तटस्थता से शब्दबद्ध कर दिया है। इस उपन्यास का नायक अमित राय है जो विलायत में ऑक्सफोर्ड से बैरिस्टरी की शिक्षा प्राप्त करके आया है। वह साहित्य में विशेष रुचि रखता है, हालाँकि अधिकांश समकालीन लेखकों के साहित्य को पसन्द नहीं कर पाता है। उसके चरित्र के माध्यम से टैगोर ने

कलकत्ते के उन युवा लेखकों का चरित्रांकन भी किया है जो ख़ुद टैगोर के व्यापक प्रभाव के बीच रहते हुए भी उनकी तीखी आलोचना करते थे। अमित भी ऐसा ही पात्र है जो एक साहित्यिक सभा में कहता है कि कवियों के लिए यही उचित है कि वे केवल पाँच वर्ष तक ही कविता करें। इससे अधिक सीमा तक जब कोई कविता रचता है तो वह केवल अपने को दोहराने लगता है। वह टैगोर को लेकर चुभते व्यंग्य करता है और कहता है–'टैगोर अब केवल वर्ड्सवर्थ की नक़ल करके जीवित हैं।' अपनी तीखी आलोचना में यहाँ तक कह जाता है–'वृद्ध कवि अब अगर स्वयं सम्मान के साथ नहीं हट जाते हैं तो हमारा कर्तव्य है कि हम उनकी सभा छोड़कर चले जायें।' इस प्रकार युवा बैरिस्टर अमित राय, जो कवि भी है, लगातार टैगोर पर तीक्ष्ण आक्षेप लगाता है। वह टैगोर की कविता की तुलना पुरातन शैली के ताजमहल से करते हुए कहता है कि ताजमहल के अच्छा लगने की ख़ातिर ही ताजमहल का नशा छुड़ा देना ज़रूरी है। वह उपन्यास में एक अन्य स्थान पर कहता है–'जब तक रवीन्द्रनाथ की पुरानी रचनाएँ लोग भूल नहीं जाते, तब तक उनकी अच्छी रचनाएँ प्रस्फुटित न हो सकेंगी।' अपने आलोचकों की निन्दाओं को उन्होंने अमित नामक पात्र के माध्यम से लिख जैसे जता दिया है कि उनके ऊपर इन बातों का कितना गहरा असर था और वह कितने आहत थे।

कुछ आलोचकों ने माना है कि टैगोर ने यह उपन्यास 'असुरक्षा–बोध' के प्रभाव में लिखा है। सड़सठ वर्ष की आयु में उन्हें अन्तरराष्ट्रीय स्तर पर अप्रासंगिक हो जाने का ख़तरा सता रहा था। नोबल सम्मान मिलने से उठा प्रशंसाओं का ज्वार अब ठण्डा पड़ चुका था और पश्चिम भी उनकी सन्त–छवि वाले कवि व्यक्तित्व से ऊब गया था। कई बड़े लेखक जैसे डीएच लारेंस, एज़रा पाउण्ड, टामस मान, हरमन हेस और काफ्का आदि उनके बारे में कठोर शब्दों का प्रयोग कर चुके थे।[1] फ्रांजा काफ्का का तो मानना था कि टैगोर पश्चिम के ही विडम्बनापूर्ण अहंकार (Ironic condescension), जिसमें अन्य को अपनी विनम्रता के बल पर अपना कृतज्ञ बनाया जाता है, के शिकार थे।[2] रिल्के ने उनकी कविताओं के अनुवाद के प्रस्ताव को ठुकरा दिया था। यहाँ तक कि टैगोर के कृतित्व को पश्चिम से परिचित कराने वाले सर विलियम रोथेंस्टाइन भी 1920 में कह रहे थे कि प्रशंसाओं की तेज़ शराब टैगोर के मस्तिष्क में पूरी तरह प्रवेश कर चुकी है।[3] पहले महायुद्ध के बाद संसार में उग्र राष्ट्रवाद की आँधी चल रही थी और इस कारण टैगोर के अन्तरराष्ट्रीयतावाद सम्बन्धी

विचारों को भी लोग नापसन्द करने लगे थे। इधर भारत में कई बांग्ला पत्रिकाएँ टैगोर विरोधी सामग्री प्रकाशित कर रही थीं और कलकत्ते के 'कल्लोल' समूह से जुड़े कई युवा रचनाकार अब टैगोर के स्थान पर शरतचन्द्र तथा काजी नजरूल इस्लाम की रचनाओं के आधार पर नये साहित्य–आन्दोलन की वकालत कर रहे थे। नीरद सी. चौधरी के अनुसार टैगोर उस दौरान अत्यधिक संवेदनशील हो चुके थे। उनका मन छोटी–छोटी बातों से आहत हो जाता था। उनके जैसे बड़ी सामाजिक प्रतिष्ठा प्राप्त व्यक्ति को जिस प्रकार अपनी आलोचनाओं के बारे में एक ठण्डा तथा उपेक्षापूर्ण रवैया अपनाना चाहिए था, वह उनके भीतर नहीं था।[4]

एक कल्पित चरित्र द्वारा अपने विषय में लोगों की कठोर आलोचना व निन्दा का परिचय देने के बाद टैगोर ने इस उपन्यास को कथा के स्तर पर निराले ढंग से विकसित किया है। ऑक्सफोर्ड से शिक्षा प्राप्त करके आया अमित राय फ़ैशनेबल तबीयत का है तथा लोग मान चुके हैं कि उसका विवाह कराना अब सम्भव नहीं है। मिलनसार और गपपसन्द आदमी है। कलकत्ते से ऊबकर वह शिलांग जाता है जहाँ एक कार दुर्घटना में लावण्य नामक सुशिक्षित स्त्री से उसकी मुलाक़ात होती है। शिलांग के ख़ूबसूरत पहाड़ी सौन्दर्य में एक ख़ूबसूरत प्रेमकथा का जन्म होता है। उपन्यास का अंग्रेज़ी में अनुवाद करने वाले दिलीप बसु के अनुसार–'टैगोर ने 1919, 1923 तथा 1927 में तीन बार शिलांग की यात्रा की थी और तब बासठ वर्ष की आयु में वह बेहद रोमांटिक प्रवृत्ति के थे।'[5] अनुवादक के अनुसार उपन्यास नायक अमित राय कोई और नहीं टैगोर स्वयं थे। टैगोर के निजी जीवन प्रसंगों से इस उपन्यास के सम्बन्धों की खोज करते हुए दिलीप बसु ने यह पता लगाया कि शिलांग यात्रा के दौरान सत्रह वर्ष आयु की रानू अधिकारी नामक लड़की के साथ अक्सर उन्हें घूमते देखा जाता था और उन्होंने रानू को ढाई सौ पत्र लिखे थे। बाद में उस लड़की का विवाह सर बीरेन्द्रनाथ मुखर्जी नामक एक उद्योगपति के साथ हो गया था। टैगोर का उस लड़की के साथ सम्बन्ध किस सीमा तक रोमांटिक था, यह पता करना मुश्किल है। पर उन्होंने 1928 ई. में जब उपन्यास रचा तो रानू को ही लावण्य के रूप में चित्रित किया था।[6]

इसी लावण्य के समूचे अस्तित्व को अमित राय किसी प्रेमोन्मादी कवि की दृष्टि से देखने लगता है। प्रत्यक्ष रूप से मौजूद स्त्री के माध्यम से अपने ही सौन्दर्यबोध को विकसित करता है। स्त्री सौदर्य का अनुभव उसके निजी

अवचेतन की अतिरिक्त सक्रियता का परिणाम है। उसकी आवाज़ में उसे गुलाब–जल की स्निग्ध सुगन्ध आती है और उसका सुकुमार मुखड़ा किसी अधपके फल की तरह प्रतीत होता है। वह निवारण चक्रवर्ती नामक एक कवि का उल्लेख करता है जो स्वयं अमित राय ही है। वह लावण्य को उसी निवारण चक्रवर्ती की कविता सुनाकर उसका मन अपनी ओर आकृष्ट करता है–

तुमसे जानपहचान कहीं
सहज में होगी नहीं
गाऊँ भले ही गान
मृदु कण्ठ से
मैं तेरे कान में
तेरी संशय–व्याकुल वाणी पर
पाऊँगा विजय मैं
लज्जा–शंका–दुविधा की कीच से लाऊँगा
तुझे खींचकर मैं
निर्दय प्रकाश में

वह लावण्य के सामने, जोकि एक 40 वर्षीय विधवा स्त्री योगमाया के दो बच्चों की शिक्षिका है, विवाह का प्रस्ताव रखता है। दोनों एक–दूसरे को 'वन्या' और 'मीता' के नाम से पुकारने लगते हैं। यह मीता जोकि अमित राय है, वह लावण्य के लिए कहता है–

हे मेरी वन्य, तुम हो अनन्या
अपने स्वरूप में आप ही धन्या

पर विवाह निश्चित होने के बावजूद अमित और लावण्य दोनों ही अलग–अलग जगह विवाह कर लेते हैं। इस उपन्यास में लावण्य के चरित्र को टैगोर ने विशेष काव्यात्मक प्रतिभा से कल्पित किया है जो प्रकृति, जंगल, एकान्त, वर्षा आदि के मध्य एक पवित्र अनछुई स्त्री है। वह बी.ए. पास उच्च शिक्षित स्त्री भी है जो आत्मनिर्भर होने में विश्वास रखती है। वह प्रेम के लिए प्रतीक्षारत एक रोमांटिक नायिका है जिसमें जीवन की सम्पूर्ण पवित्रता को तलाशा जा सकता है। पर वह कवि–कल्पना के कच्चे माल से पैदा स्त्री भर नहीं है बल्कि वह हाड़–माँस की जीवित इन्सान है। रचनाकार ने उसे कल्पना से जन्म तो दिया पर उसे परीकथाओं वाली बेजान नायिका की तरह नहीं बनाया।

इसलिए रोमांस के पलों में पैदा होने वाली सुन्दर कल्पनाओं तथा शब्दाडम्बरों में आसानी से बह नहीं जाती है। उसकी चेतना में अपने प्रति प्रयोग की गयी भाषा की सचेत आलोचना की क्षमता मौजूद है। इसलिए वह सुन्दर शब्दों से आशंकित हो जाती है। वह प्रेमपूर्ण भाषा के आगे अपनी चेतना को समर्पित नहीं करती है। वह कहती भी है–'तुम मुझसे क्या तो चाहते हो, और मैं भला तुम्हें कितना दे सकूँगी। मेरी कुछ समझ में नहीं आता।' स्त्रियों व प्रेम के बारे में अमित की गूढ़ रहस्यवादी बातों से घबराकर उससे विवाह करने से इनकार करती है। उसे प्रतीत होता है कि अमित का मन 'साहित्यिक गढ़न्त' का है और उसे केवल अपनी साहित्यिक कल्पनाओं को शान्त करने के लिए उसकी ज़रूरत है। उसे अमित के मन में बैठे स्वाधीनता सम्बन्धी भावों से डर लगता है। वह स्वयं को साधारण स्त्री, घर की नारी की तरह देखती है। उसे पूर्वानुमान है कि उसकी सुन्दरता देख अमित के मन में तरंगें तो उठीं पर वह उसके साधारणपन से परिचित होने के बाद स्वयं उससे विरक्त हो जायेगा। वह कवि होने से भी यह कहकर इनकार करती है कि केवल 'बातों का प्रदीप' जलाये रखना उसका काम नहीं है। कवियों को उत्सव सभा सजाये रखने का अवसर मिलता है, जबकि उसके जीवन की ऊर्जा तो जीवन को जीने मात्र के लिए मिली हुई है। वह उससे कहती है–'तुम्हारी रुचि और तुम्हारी बुद्धि मुझसे बहुत ऊपर है। तुम्हारे संग–संग चलते मैं तुमसे एक दिन इतनी पिछड़ जाऊँगी कि तुम मुझे फिर पलटकर बुलाओगे भी नहीं। तुमसे मैं विनती करती हूँ कि मुझसे ब्याह करना मत चाहो। ब्याह करके यदि उसमें फिर गाँठ खोलने लगोगे तो उसमें और उलझन पैदा हो जायेगी। तुमसे मुझे जो कुछ मिला है, वह मेरे लिए काफ़ी है। जीवन के अन्त तक मेरा उससे गुज़ारा हो जायेगा। मगर तुम अपने को बहलाओ मत।'

पर वह स्त्रियोचित ना–नुकुर के बावजूद अपनी कामनाओं को जगाने और कुछ समय के सुख–सन्तोष के लिए अमित के साथ सम्बन्धों का निर्वाह करना स्वीकार कर लेती है। इस रूप में वह आधुनिक बंगाल की स्त्री की प्रतीक है जो पुरुष के साथ रोमांस, फ्लर्ट और प्रेम आदि प्रसंगों में घबराई हुई हिरणी की तरह नहीं बल्कि आत्मविश्वास सम्पन्न स्त्री की तरह व्यवहार करती है। उसका व्यक्तित्व कर्म और कर्ता का सुखद मिलन है। यह उपन्यासों पर आधुनिकतावाद के बढ़ते प्रभाव का सूचक है। वह पुरुषों के साथ घूमती–फिरती है, उसकी छाती और बाँहें थामती है, उसकी कविताएँ सुनती है

पर अन्त में वह उससे फिर से दूरी बना लेती है। उपन्यास के अन्त में वह अमित को एक अन्तिम कविता लिखती है जिसमें यह कहा गया है–'हे बन्धु मेरे मीत, गाती मैं विदा का गीत।' इसी कविता में वह यह भी कहती है–'मेरे लिए न करना दुःख–शोक, मेरे लिए पड़ा है कर्म, और पड़ा है विश्वलोक।' लावण्य अपने ही पिता के घर में साथ में पढ़ने वाले व्यक्ति से विवाह कर लेती है। जबकि अमित भी अपनी बहन की एक सहेली के साथ पहले से तय विवाह सम्बन्ध को स्वीकार कर लेता है। पर उपन्यास यह दिखाने में सफल होता है कि परिवार–विवाह के सीमित दायरों के बाहर प्रेम की खोज न केवल स्वाभाविक है बल्कि उस सफल–विफल खोज की स्मृतियाँ भी मनुष्य की चेतना पर स्थायी प्रभाव छोड़ती हैं। वह कहता है–'केतकी (जिससे वह विवाह करता है) के साथ मेरा सम्बन्ध प्रेमपूर्ण ही है किन्तु वह मानों घड़े में भरा पानी ही है। रोज़ भरूँगा और रोज़ प्यास बुझाऊँगा। पर लावण्य के साथ मेरा जो प्रेम है, वह सरोवर के रूप में बना रहेगा जिसे मैं घर नहीं लाऊँगा लेकिन जिसमें मेरा मन हमेशा तैरा करेगा।'

टैगोर का यह उपन्यास पुराने युग के अवसान तथा बीसवीं सदी के नये युग के आगमन का जीवन्त दस्तावेज़ है जिसमें संयुक्त परिवारों से स्त्रियाँ तथा पुरुष, दोनों स्वतन्त्र हो चुके हैं। पुराने ज़मींदार जीवन के बन्धनकारी मूल्य तिरोहित हो रहे हैं तथा भोगलिप्सा व स्वच्छन्दता का नया संसार खुल रहा है। अब किसी पात्र को स्थिर, परिवर्तनहीन चरित्र के रूप में नहीं दिखाया जा सकता है। उपन्यास नायक अमित एक विभाजित व्यक्तित्व है। स्त्रियों में केतकी तथा लावण्य के किरदार भी नये रूपों में आते हैं। केतकी, जिसका नाम केटी है और जो पश्चिमी संस्कृति का अन्धानुकरण करती है, वह उपन्यास के अन्त में सुसंस्कृत बंगाली स्त्री बन अमित से विवाह कर लेती है। अमित और लावण्य नये अनुभवों की तलाश में भटकते चरित्र हैं और काव्य–भाषा के प्रयोगों व रोमांटिक जीवनानुभवों के माध्यम से व्यक्तित्व को व्यक्त करते हैं। आधुनिकतावादी शैली में रचित उपन्यास दिखाता है कि परिवार की सीमा से बाहर संयोग से होने वाली मुलाक़ातों में कामुकता, प्रेम, वासना की अभिव्यक्ति सम्भव हो चुकी है, हालाँकि यह अभी कल्पना के स्तर पर अधिक है। उपन्यास में अमित–लावण्य के रोमांस के वर्णन के लिए कलकत्ता के स्थान पर शिलांग का चयन भी यही दर्शाता है कि कलकत्ते का रूढ़िवाद समाज भले प्रेम को अपने कुख्यात रूढ़िवाद के कारण अस्वीकार करे, पर वही प्रेम अब अज्ञात,

निर्जन व रहस्यमय स्थलों पर उद्दाम ढंग से प्रवाहित हो सकता है। वहाँ प्रेम और वासना अब एक साथ चित्रित किये जा सकते हैं। इस औपन्यासिक कथानक में किसी अन्य बड़ी समस्या के चित्रण के स्थान पर विपरीत लिंग के साथ आनन्दपूर्ण सम्बन्धों की स्थापना करने में जीवन की सभी समस्याओं का समाधान देखा जा रहा है। उपन्यास नायक एक भागा हुआ, अनजान परिवेश में कामोत्तेजनाओं में जीता, उद्विग्न व्यक्ति हो सकता था जो अपने चिरपरिचित संसार और अपने बीच खाई पैदा करके ही अपनी जीवन को अनुभूत कर पाता है।

टैगोर जिस समाज का हिस्सा थे, वह बंगाली समाज पश्चिमी समाजों की तुलना में धीरे–धीरे बदल रहा था और उन्होंने अपने जीवनकाल में अपने ही समाज के विविध रूपों को देखा था। 19वीं सदी का जड़, पुरातन बांग्ला समाज और बीसवीं सदी का चालीस साल का समाज जिसमें मोटरगाड़ी, डाक–बंगला, अंग्रेज़ी साहित्य, आधुनिकता ये सभी चीज़ें बेहद सामान्य हो गयी थीं। उनका आदि ब्रह्मसमाज से जुड़ा सुधारवाद भी अब नवीन परिस्थितियों में फ़ीका पड़ चुका है। यौन सम्बन्ध तथा विवाह सम्बन्धों के बारे में उनके विचार बदल चुके हैं और वह अपने उपन्यास नायक के मन में छिपी व्यभिचार की इच्छा को प्रकट कर सकते हैं। पश्चिम के उपन्यासों में व्यभिचार के विचार (Idea of adultery) को काफ़ी पहले स्थापित कर दिया गया था और उसे बेपर्द भी किया गया था। बांग्ला में बंकिमचन्द्र, शरतचन्द्र और फिर टैगोर ने इसे सकुचाते हुए उठाया और उपन्यासों में इसके कई पक्ष विकसित किये। बंकिम, शरतचन्द्र और टैगोर सभी के उपन्यासों में विधवा स्त्रियों को लेकर पारिवारिक व्यभिचार के प्रसंगों की भरमार है और बंकिमचन्द्र चट्टोपाध्याय का उपन्यास 'विष वृक्ष' तो विशेष तौर पर एक शादीशुदा मर्द का एक कमउम्र की विधवा लड़की के साथ विवाहेतर रिश्तों पर केन्द्रित है। 'शेषेर कविता' ऐसा ही उपन्यास है जिसमें प्रकृति, कविता तथा ज्ञान के संसार के पीछे पागल हीरो किसी स्त्री के सम्पर्क में आते ही अपनी यौनकामनाओं में बहने लगता है। विवाह सम्बन्धी प्रस्ताव स्त्री–देह पर विजय प्राप्त करने का माध्यम है। यह सुसंस्कृत, ज्ञानी और भावुक पुरुष एकान्त में मिली किसी भी स्त्री को जीतना चाहता है। वह हमेशा भ्रमण करता है और किसी भी जंगल, घाटी और पहाड़ में अपनी समस्त पिपासाएँ शान्त करना चाहता है। प्राचीन संस्कृति में पुरुष–प्रकृति का विभाजन किया गया है जिसमें पुरुष स्थिर, शान्त और अपरिवर्तनशील

रहता है और प्रकृति लगातार बदलती है तथा आकृष्ट करती है जिसकी तुलना स्त्री से की गयी है। यही पुरुष–प्रकृति द्वन्द्व व सम्बन्ध आधुनिक उपन्यासों में नायक व नायिका के सम्बन्धों का रूप ग्रहण कर लेता है।

'शेषेर कथा' में शिलांग के ख़ूबसूरत पहाड़ों में वह लावण्य के शरीर व भावों का सन्तुष्टिदायक उपभोग करता दिखाया गया है। बदलते बंगाल की स्त्री इस स्वच्छन्दता को अच्छा नहीं समझती लेकिन वह स्वच्छन्दता के साथ एक तात्कालिक व अस्थायी रिश्ता कायम करने में बुराई नहीं देखती है। नायक व नायिका, दोनों ही परिवार, मध्यवर्गीय मूल्य और प्रपंची शहरी परिवेश से बाहर हैं तथा अपने अस्तित्व के भावनात्मक तथा सेक्सुअल आयामों की गहराइयों को नाप रहे हैं। लावण्य अपनी देह और मन की गूढ़ कामनाओं को इस स्वच्छन्द पुरुष के माध्यम से खोजना चाहती है और कविता तथा किताबी ज्ञान का आवरण उसके लिए सुविधा की वस्तु है। वह कहती है–'अब तक मैं छाया थी, अब सत्य हो गयी हूँ। इससे ज़्यादा मुझे और क्या चाहिए। पर ब्याह करने के लिए मुझसे मत कहना।' यह स्त्री अब पुरुष के साथ छोटी अवधि का पर सार्थक जिस्मानी–रूहानी रिश्ता रखने को तैयार है। इस रिश्ते में पुरुष किसी स्थायी सम्बन्ध की कल्पना न करे इसके लिए बीच–बीच में उसे सचेत करती है। वैयक्तिकता को न खोना और उसे बनाये रखने की चिन्ता विशुद्ध आधुनिकतावादी लक्षण है जो लावण्य में दिखता है।

उपन्यास की मूल शैली काव्यात्मक–रूपकात्मक है और इसे 'पोयटिक नॉवेल' कहा जा सकता है। पर अगर काव्य पंक्तियों के बिम्ब तथा उपमाओं का विश्लेषण किया जाये तो भी लगता है कि वे बिम्ब–उपमाएँ अत्यन्त 'इरोटिक' हैं तथा कामनापूर्ण संसार की अभिव्यक्तियाँ हैं। रात, ध्रुवतारा, शय्या, मिलन, स्वप्न, निशीथ का अँधेरा जैसे बिम्ब एक आधुनिक पुरुष के वासनापूर्ण अन्तःकरण का ही काव्यात्मक प्रदर्शन है जिसमें किसी स्त्री को अपनी सामाजिक स्थितियों से मुक्त होकर शामिल होना है। स्त्री जितना ही इन बिम्बों के रुपहले संसार में शामिल होगी, उतनी ही इस नये रोमांटिक नायक के विद्रोह को सार्थकता प्राप्त होगी। यह किसी प्रतिक्रियावादी, जड़ समाज में एक 'टाइमलेस', पूर्णतया निजी, असीम सन्तुष्टिदायक संसार का निर्माण भी है जिसमें संसार की खण्डित, बिखरी हुई, टूटी–विभाजित सच्चाइयाँ विलीन हो जाती हैं। उपन्यास–नायक के द्वारा प्रतिसंसार के 'स्पेस' को तैयार करने के दुस्साहस के सहारे कथानक आगे विकसित होता रहता है। यह नायक अब किसी पुराने

आदर्श या आदर्शवाद से मुक्त है और वह बहुत निजी निराशाएँ तथा व्यथाएँ पालता दिखता है। मानसिक बिखराव, दुविधाएँ, सन्देह तथा अनिश्चितताएँ इस उपन्यास को आधुनिकतावादी तेवर प्रदान करती हैं। ऐसा लगता है कि टैगोर 'मॉडर्निज़्म' से प्रभावित उपन्यास लिखने की चुनौती का सामना कर रहे हैं। नये बनते औद्योगिक–आधुनिक समाज का यह नायक 'लिरिसिज़्म' को संसार के रूखे–नीरस यथार्थ के सामने चुनौती की तरह पेश करता है। इसमें अतीत के बन्धन टूट जाते हैं क्योंकि यह नायक अपनी स्वतन्त्रता की चरमानुभूतियों में विश्वास रखता है तथा वह जीवन की आन्तरिकता में बाहरी जीवन के सारे मसलों को हल करने की चेष्टा करता रहता है। उपन्यास की इन विशेषताओं को ध्यान में रखकर ही कभी जार्ज लुकाच ने अपनी पुस्तक 'थ्योरी ऑफ़ नॉवेल' में लिखा था–The novel is the form of mature virility. उन्होंने यह भी लिखा था कि उपन्यास में वर्णित संसार खण्डित, उदास और विभाजित हो सकता है पर वह आशा और स्मृति को बल प्रदान करता है। उपन्यास में उपन्यास नायक की जीवन यात्रा केवल किसी आदर्श को अर्जित करने से अधिक गहरी तथा अधिक उद्देश्यपूर्ण होती है। उसमें नायक की विफलता के सहारे ही जीवन के मूल्य प्रकट होते हैं इसलिए नायक विफलता के क्षणों की साधना करता हुआ प्रतीत होता है। जैसे ही वह उस क्षण में पहुँचता है, उसके अपने जीवन की समग्रता प्रकट हो जाती है। उसी के माध्यम से पूरे समाज में वस्तु–व्यक्ति, बाह्य–आन्तरिक, आदर्श–यथार्थ, वास्तविकता–कल्पना, पाप–पुण्य के बहुत सारे विरोधाभास प्रदर्शित हो जाते हैं।

'शेषेर कविता' में अमित राय का जीवन उस पुरुष की समस्त जीवन कामनाओं का प्रस्फुटन है जो एक ओर तो शिलांग के कल्पनापूर्ण व 'टाइमलेस' संसार में जाकर पुराने आदर्शों से विचलित होने में जीवन की सफलता आंकता है, दूसरी ओर वह समाज की मुख्यधारा में वापसी करता है जिसमें वह लावण्य के स्थान पर कलकत्ते की किसी स्त्री से विवाह करता है। लावण्य भी पुराने प्रेमी के पास लौट जाती है। उनके जीवन की इस परिणति में इस उपन्यास की ही नहीं बल्कि टैगोर के यथार्थ–बोध की सीमाएँ छिपी हैं। यह घर–वापसी की फॉर्मूला वह नौकाडूबी, घरे–बाइरे, योगायोग जैसे उपन्यासों में इस्तेमाल कर चुके थे जिसमें सेक्स या प्रेम की कामनाओं के दबाव से पैदा विचलन केवल एक भूल, स्मृति–दोष या बचकानापन है। कल्पित चरित्रों का सामाजिक मुख्यधारा से टकराव होता दिखता है पर उपन्यासकार कथा के किसी मोड़

पर आकर चरित्र के प्रति स्वयं ही सहानुभूति खो देता है। पर इस उपन्यास में उन्होंने आधुनिकतावाद के अनुरूप एकल प्रेम (Monogamous Love) तथा सम्बन्धों में स्थायी निष्ठा जैसे पुराने मूल्य भंग कर दिये।[7] लावण्य दो अलग पुरुषों अमित तथा शोभनलाल के साथ एकसमान सम्बन्ध बनाती है और अमित भी लावण्य से रोमांटिक प्रेम करता है और केतकी से विवाह कर लेता है। उपन्यास में प्रेम और विवाह दो अलग श्रेणियाँ हैं और स्त्री चरित्र विवाह की सीमा के बाहर प्रेम का आस्वादन करने के लिए मुक्त है। पार्थ चटर्जी का मत था कि 19वीं सदी में स्त्रियाँ किसी शुद्ध पारम्परिक संस्कृति के सांचे (Typecast) में ही ढली हुई थीं लेकिन शेषेर कबिता उपन्यास में कैटी, सिसी, लिसी ही नहीं बल्कि लावण्य भी किसी शुद्ध भारतीय संस्कृति की परिधि तक सीमित पात्र नहीं हैं।[8]

उनका उपन्यास 'योगायोग' तथा 'शेषेर कविता' लगभग एक साथ लिखे गये थे। दोनों ही उपन्यास एक ही वर्ष 1929 में प्रकाशित भी हुए थे। पर दोनों के विषयों में काफ़ी भिन्नता है। टैगोर की प्रतिभा का ही कमाल था कि वह एक साथ दो उपन्यासों का लेखन कर रहे थे, जिनकी विषयवस्तु मेल नहीं खाती थी। पर भिन्न विषयवस्तु के बावजूद कुछ विशेष प्रश्नों से टैगोर जूझ रहे थे जो उनकी रचनाओं में समान रूप से उभरे हैं। इतिहासकार और टैगोर साहित्य के अध्येता सब्यसाची भट्टाचार्य ने दो भिन्न विषयवस्तु वाले उपन्यासों के समानान्तर लेखन पर विचार करते हुए माना है कि दोनों ही उपन्यास भले ही अलग शैलियों व विषयों पर केन्द्रित हों लेकिन दोनों ही भारतीय समाज में विवाह नामक संस्था के सड़े–गलेपन और घटियापन को उजागर करते हैं। टैगोर विवाह नामक संस्था की पहले से आलोचना करते चले आ रहे थे। उनका कोई भी उपन्यास वैवाहिक रिश्तों या विवाह नामक संस्था को 'ग्लोरिफाई' नहीं करता है। इन उपन्यासों में उन्होंने विवाह के औचित्य तथा दायित्वों के बारे में काफ़ी कुछ लिखा है। उन्होंने विवाह नामक संस्था की निर्मम ढंग से आलोचना की है। उसे जिस भावुकता तथा आदर्श की चमकीली पन्नी में लपेटा जाता है, उसे तार–तार कर दिया है। 'योगायोग' में कुमुदनी का विवाह एक धनलोभी व अहंकारग्रस्त व्यक्ति से होता है जिससे वह जुड़ाव नहीं महसूस कर पाती तो 'शेषेर कविता' में लावण्य भी अलग दृष्टि से अमित से अपने सम्बन्धों को देखती है और उससे विवाह करने से इनकार कर देती है। सब्यसाची भट्टाचार्य के शब्दों में–'योगायोग' में कुमुदनी ने विवाह किया पर उसे प्रेम नहीं मिला,

जबकि 'शेषेर कविता' में लावण्य वह स्त्री है जिसने विवाह के बग़ैर ही प्रेम को प्राप्त कर लिया।'[9] यह नवीन समाज है जिसका चित्रण टैगोर करते हैं जिसमें सुखद अन्त जैसी कोई घटना नहीं सामने आती, केवल स्त्री–पुरुष अपनी नियति व जीवन–दशा के साथ एक समझौता करते रहते हैं और अपने सम्बन्धों से निर्वाह करने को लेकर पहले से अधिक समझदार होते जा रहे हैं।

सन्दर्भ

1. सब्यसाची भट्टाचार्य–रवीन्द्रनाथ टैगोर : ऐन इंटरप्रिटेशन, पृ. 236
2. वही, पृ. 237
3. वही, पृ. 237
4. राधा चक्रवर्ती–नॉवेलिस्ट टैगोर, प. 123
5. दिलीप बसु–द लास्ट पोयम, ट्रांसलेटर्स नोट
6. दिलीप बसु–वही
7. राधा चक्रवर्ती, नॉवेलिस्ट टैगोर, पृ. 129
8. राधा चक्रवर्ती–वही, पृ. 129
9. सब्यसाची भट्टाचार्य–रवीन्द्रनाथ टैगोर, ऐन इंटरप्रिटेशन, पृ. 167

10

विधवा विवाह, उपन्यास और ईश्वरचन्द्र विद्यासागर

टैगोर की रचनाओं पर तत्कालीन बांग्ला बौद्धिकता तथा नवोन्मेषित चेतना का निर्णायक प्रभाव दृष्टिगोचर होता है। तत्कालीन बांग्ला बुद्धिजीवियों–लेखकों की चेतना पर तीन प्रमुख प्रभाव थे। पहला था सुधारवादी आन्दोलनों का प्रभाव जो राजा राममोहन राय तथा ईश्वरचन्द्र विद्यासागर के प्रयत्नों से निर्मित हुआ था। दूसरा प्रभाव बंकिमचन्द्र जैसे लोकप्रिय साहित्यकार का था जिन्होंने बांग्ला भाषा में रचित उपन्यासों से उपन्यास नामक विधा से व्यापक स्तर पर लोगों को परिचित कराया। तीसरा प्रभाव राष्ट्रवादी चेतना का था जो बंगाल में उन्नीसवीं सदी के अन्तिम दो दशकों में विकसित होने लगी थी तथा बीसवीं सदी में बंगाल ही राष्ट्रीय चेतना का प्रमुख केन्द्र बन गया था। इन तीनों क़िस्म के प्रभावों में सुधारवादी चेतना का प्रभाव बहुत गहरा था और टैगोर को यह प्रभाव केवल बाहरी जनजीवन तथा समाज से नहीं बल्कि परिवार के आन्तरिक परिवेश से भी प्राप्त हुआ था। उनके पिता देवेन्द्रनाथ ठाकुर ब्रह्म समाज के नेता थे और जातिवाद व सामाजिक कुरीतियों के विरोध को लेकर उनकी सहमति को रवीन्द्रनाथ ने अपनी आत्मकथा में बड़े गर्व के साथ याद किया है। एक प्रसंग में उन्होंने लिखा है कि किस प्रकार 'आदि ब्रह्म समाज' का मन्त्री बनने के बाद वे पिताजी के पास गये और कहा कि केवल ब्राह्मणों के द्वारा उपासना किये जाने की परम्परा उन्हें पसन्द नहीं है और इसे बदलना चाहते हैं। तब उनके पिता ने बिना आना–कानी के इस बारे में प्रयास करने की आज्ञा प्रदान कर दी, हालाँकि टैगोर को ही बाद में पता चला कि इस बारे में सुधार लाने का अधिकार उनके पास नहीं है। पिता के तर्कवादी व सुधारवादी स्वभाव की प्रशंसा में उन्होंने लिखा है– 'उन्हें पसन्द नहीं था कि हम किसी बात को यूँ ही ठीक मान लें। उनकी यही इच्छा रहती थी कि हम लोगों को किसी बात की सत्यता का निश्चय हो जाने पर ही सत्य से मनपूर्वक प्रेम करना चाहिए।'

टैगोर जिस समय लेखन की ओर प्रवृत्त हुए, वह समय बंगाल में तेज़ी से मध्यवर्ग के विकास का समय था। कलकत्ता विश्वविद्यालय से इंजीनियरिंग, चिकित्सा और वकालत की शिक्षा प्राप्त कर नौजवानों का वर्ग सामाजिक जीवन में उतर आया था। ज़मींदार–सामन्त वर्गों की ताक़त में गिरावट आती जा रही थी और शहरों में विकासमान मध्यवर्ग अपनी शिक्षा व नवीन विचारों के प्रति रुझान के कारण अधिक महत्त्वपूर्ण होता जा रहा था। इस कारण बंकिमचन्द्र के द्वारा विकसित 'ऐतिहासिक उपन्यास' की चमक फीकी पड़ रही थी। अपने ही समाज को उपन्यासों के माध्यम से नये दृष्टिकोण से देखने की प्रवृत्ति गहराती जा रही थी। इस समय अधिकांश पढ़ा–लिखा, नवशिक्षित व आदर्शवादी बंगाली समाज सामान्य जन की अज्ञानता में समाज की समस्त बुराइयों की जड़ें देखता था। इतिहासकार के.एन. पणिक्कर के अनुसार–

'उन्नीसवीं सदी के बुद्धिजीवी सामाजिक अन्धविश्वास तथा रूढ़िवाद समेत भारतीय समाज के समस्त रोगों का स्रोत जनता के व्यापक अज्ञान में तलाशते थे।'[1]

यही वह समय था जब राममोहन राय ने वैज्ञानिक तर्कवाद का पक्ष लिया तो विद्यासागर ने शास्त्रों की सत्ता से संघर्ष किया। सर सैयद अहमद ख़ान यह महसूस करते थे कि केवल पुरानी इस्लामिक ज्ञानमीमांसा ने मुस्लिमों की प्रगति को अवरुद्ध कर रखा है।[2]

टैगोर के उपन्यासों में व्यापक मानवतावाद की सम्वेदना व्याप्त है। स्त्रियों के सम्बन्ध में उनका प्रगतिशील नज़रिया आधुनिक स्त्रीवाद जैसा सुसंगत नहीं है और न स्त्रियों के मनमस्तिष्क को वे पूरी गहराई से व्यक्त करने में सक्षम थे। लेकिन वे स्त्रियों की विविध सामाजिक समस्याओं को मानवतावादी दृष्टिकोण से परखते हैं और उनकी वास्तविक स्थिति को चित्रित करने में सफल होते हैं। टैगोर के साथ यह विडम्बना रही है कि वे पश्चिम में, ख़ासतौर पर जब उन्हें नोबल पुरस्कार मिला, उस दौरान एक 'पूरबी अध्यात्म' के प्रतीक की तरह देखे गये। उसके बाद भारत में भी उन्हें 'गुरुदेव' वाली छवि में कैद कर दिया गया। पर बतौर उपन्यासकार वे भारतीय यथार्थ तथा उसकी यथार्थपरक अभिव्यक्ति के सर्वाधिक निकट हैं। उनके उपन्यासों में सामाजिक पक्ष तथा चरित्रों का व्यक्ति गत मनोविज्ञान बहुआयामी शैली में प्रकट हुआ है। केवल अध्यात्म या एकान्त गुरुवाद में डूबे व्यक्ति के लिए इस क़िस्म की बहुआयामिता को प्राप्त करना सम्भव नहीं था। उनके उपन्यासों में घरेलू व संघर्षशील स्त्रियों के विविध

चित्र हैं जो लैंगिक विषमताओं तथा सामाजिक नाइंसाफ़ियों के विरोध में सच्ची मानवतावादी दृष्टि को प्रकट करते हैं। विशेषकर अपने उपन्यासों में जिस प्रकार विधवाओं का चित्रण किया है, वह बंगाल में विधवा समस्या के पक्ष में पैदा हुई व्यापक जाग्रति को दर्शाता है। उनके अधिकांश उपन्यासों जैसे चोखेर बाली, गोरा, घरे–बाइरे, चतुरंग, योगायोग आदि में विधवाओं की केवल बाहरी जीवन दशाओं का नहीं बल्कि उनके विविध भावों से आन्दोलित अन्तःकरण का भी अंकन किया गया है।

टैगोर के उपन्यासों में विधवाओं का जो रोमांटिक चरित्र उभरा है या विधवाओं की शारीरिक कामनाओं का जो चित्रण हुआ है, उसके पक्ष में बंगाल में एक वैचारिक–सांस्कृतिक वातावरण पहले से तैयार हो रहा था। विधवाओं को समान मनुष्य की तरह देखने तथा उनकी आन्तरिक इच्छाओं को कथा–उपन्यास में व्यक्त करना सुधार आन्दोलनों के प्रभाव से सम्भव हो सका था। इन आन्दोलनों के कारण विधवाओं को एक सम्पूर्ण मनुष्य की तरह स्वीकारा गया और उनकी रोमांस, प्रेम, यौनाकांक्षा, तृप्ति, पलायन, साहस आदि भावनाओं को व्यक्त किया गया। टैगोर के उपन्यासों में उदार–मानवतावादी तथा आधुनिक दृष्टि वाले पुरुष चरित्रों का गठन भी सुधार आन्दोलनों से प्रत्यक्ष अथवा परोक्ष रूप से प्रभावित है। उदार–मानवतावादी तथा आधुनिकवादी पुरुष अब स्त्रियों की दशा के प्रति चिन्ता और संवेदनशीलता प्रकट करते हैं। वे विधवाओं के पुनर्विवाह, प्रेम तथा सुख–उपभोग सम्बन्धी अधिकारों का पक्ष लेते हैं। इस प्रकार उपन्यासों के कथानक में आधुनिक तथा उदारमना पुरुष के रूप में अपनी छाप छोड़ते हैं। पर टैगोर के उपन्यासों का स्वरूप न तो इकहरा है और न वैचारिक एकोन्मुखता का शिकार है। वह रूसी विचारक मिखाइल बाख्तिन के शब्दों में कहें तो 'पालीफोनिक एंड हैट्रोग्लासिक' अर्थात बहुस्वरीय व बहुसंवादी हैं जिनमें विभिन्न चरित्र केवल लेखक के विचारों के प्रतिनिधि नहीं हैं, बल्कि समाज की तत्कालीन प्रगति व तनावों को स्वतन्त्र तरीके से व्यक्त करते हैं। इसलिए उनके उपन्यासों में केवल पुरुष ही स्त्रियों के पक्ष से नहीं बोलते हैं, बल्कि स्त्रियाँ भी अपने सामाजिक दुःखों–तनावों को रचनात्मक ढंग से व्यक्त करती हैं। स्त्रियों की वैयक्तिकता (Subjectivity), उनकी अभिव्यक्तियों तथा उनकी तर्कक्षमता को स्वीकृति दिलाने में योगदान देना उपन्यास जैसी इतिहास की सर्वाधिक नवीन एवं सर्वाधिक आधुनक विधा की ऐतिहासिक उपलब्धि रही है। टैगोर की साहित्यिक रचनाओं में स्त्रियों की

स्वतन्त्र अभिव्यक्तियों के माध्यम से सामाजिक जीवन में स्त्री की भागीदारी, विवाह, रोमांस तथा शिक्षा सम्बन्धी आवश्यकताओं के बारे में पाठक सचेत होता है। उनके उपन्यासों में विधवा चरित्रों को स्वयं अपना पक्ष रखते दिखाया गया है। वे एक व्यक्ति–चरित्र के रूप में है और साथ ही 'टिपिकल' चरित्र के रूप में सामूहिक स्त्रीत्व (Womanhood) की प्रतीक हैं यानी उनकी व्यक्तिगत विशेषताएँ केवल व्यक्ति–विशेष के जीवन की नहीं बल्कि बंगाल की मध्यवर्गीय स्त्रियों के आन्तरिक–बाह्य जीवन को प्रकट करती हैं।

उल्लेखनीय है कि उन्नीसवीं सदी में विधवाओं को विवाह का क़ानूनी अधिकार मिलने के कारण उनके रोमांस, इच्छाओं तथा वासनाओं को वैध मानवीय भावा भिव्यक्तियों की तरह स्वीकार कर लिया गया था। क़ानून के बनने के बाद उनके बारे में सामाजिक दृष्टिकोण में परिवर्तन आना आरम्भ हो गया था। हालाँकि यह भी सही है कि क़ानून के निर्माण भर से विधवाओं की दशा में कोई बड़ा परिवर्तन नहीं आया। पर लैंगिक वर्चस्व व दमन की पुरानी परम्पराओं को बड़ा धक्का लगा। हिन्दी में कुछ आरम्भिक कथाओं जैसे माधवराव सप्रे की 'टोकरी भरी मिट्टी' में विधवाओं के आत्मनिर्भर व सम्मानजनक जीवन जीने के अधिकार के प्रश्न को उठाया गया है। प्रेमचन्द का पहला उपन्यास प्रेमा (1908) भी विधवा विवाह आन्दोलन पर ही केन्द्रित नहीं है बल्कि विधवा को इच्छाओं से भरी–पूरी स्त्री के रूप में प्रस्तुत करने का सफल औपन्यासिक प्रयास है। इसमें समस्त सामाजिक बन्धनों को तोड़कर विधवा के पुनर्विवाह के प्रसंग को भी विस्तार से प्रस्तुत किया गया है। प्रेमचन्द के प्रेमाश्रम (1922) उपन्यास में भी गायत्री के सशक्त चरित्र के माध्यम से विधवा को अमंगल–अपशकुन मानने की सामाजिक धारणा अथवा विधवा स्त्री की जीवन के प्रति उदासीनता से भरी छवि को खण्डित किया गया है। इन कथाओं के पीछे भी विधवा पुनर्विवाह आन्दोलन के कारण स्त्रियों के बारे में सामाजिक धारणा में आये परिवर्तनों का प्रभाव है। हिन्दी उपन्यासों में विधवाओं की जीवन दशा के चित्रण पर अगले अध्याय में विस्तार से विवेचन होगा। इसके पहले बांग्ला और हिन्दी के उपन्यासों के सांस्कृतिक महत्त्व को जानने के लिए बंगाल में स्त्रियों की बराबरी के लिए उठे आन्दोलनों ख़ासतौर पर ईश्वरचन्द्र विद्यासागर के जीवन–संघर्षों तथा उनके द्वारा आरम्भ किये गये आन्दोलनों के इतिहास पर दृष्टिपात अनिवार्य है। उन्नीसवीं सदी के अन्त तथा बीसवीं सदी के आरम्भ के उपन्यासों की कथावस्तु के निर्धारण में विद्यासागर के सामाजिक सुधार आन्दोलन का गहर असर है।

बंगाल में विधवाओं के पक्ष में 19वीं सदी में जो ज़ोरदार सुधार आन्दोलन चला था, उसने स्त्री–पुरुष सम्बन्धों पर समाज में मौजूद पारम्परिक समझ व चेतना को झटका दिया था। पहली बार इसी आन्दोलन के माध्यम से लैंगिक सम्बन्धों में 'समानता के विचार' का उदय हुआ था। एक सुधारवादी शब्दावली (Reformist Vocabulary) का भी जन्म हुआ जिसने केवल धर्म नहीं बल्कि परम्परा, प्रथा, परिवार व विषमताओं के विरुद्ध लोगों के मन में प्रश्न उत्पन्न किये। उस समय तीन प्रमुख सत्ताएँ विधवाओं के पुनर्विवाह के विरोध में थीं। औपनिवेशिक सत्ता, ब्राह्मण–शास्त्र सत्ता और परम्पराओं–प्रथाओं की सत्ता। इसमें सबसे प्रधान व संगठित होकर सुधार का विरोध करने वाली सत्ता केवल ब्राह्मण–शास्त्र सत्ता थी जो परम्परा–धर्म के मसलों में औपनिवेशिक सत्ता को हस्तक्षेप करने से रोकती थी और सामान्य लोकजीवन में जो विविधता थी, उसके ऊपर भी वर्चस्व स्थापित करती थी। इसने एक लम्बे समय तक पहले सती प्रथा और बाद में विधवा पुनर्विवाह के पक्ष में अंग्रेजी क़ानूनों के निर्माण को रोका। इसी ने विधवाओं के पुनर्विवाह के शास्त्र सम्मत होने या न होने के सवालों को भी अपनी ताक़त से दरकिनार कर दिया।

विधवाओं के खान पान सम्बन्धी अभावों, निर्जला एकादशी जैसे कठोर व्रत, साज–श्रृंगार की मनाही, स्वयं को आकर्षक देह के रूप में प्रस्तुत करने पर निषेध के बारे में बंगाली स्त्रियों की आत्मकथाओं में व्यापक विवरण प्राप्त होते हैं। विधवाएँ यदि पति की मृत्यु के पश्चात अपने माता–पिता के साथ रहती थीं, तो भी उन्हें दुर्भाग्य ही माना जाता था। टैगोर ने अपने 1916 ई. में प्रकाशित उपन्यास 'चतुरंग' में ननीबाला नामक विधवा का चरित्र अंकित किया है जिसका अपनी माँ से सम्बन्ध भी छोटे–छोटे काँटों से भरा है। उसकी माँ उसे अपनी सन्तान की तरह नहीं बल्कि विधवा की तरह देखती है। वह पतिता है जिसके हाथ का बना खाना भी नहीं खाया जा सकता। उपेक्षा और अभाव के कारण वह भूल चुकी है कि धरती पर मनुष्य का दूसरों के साथ मनुष्य के रूप में भी कोई सम्बन्ध होता है। विधवाओं के व्रत आदि से जुड़े कर्मकाण्ड तो इतने सख़्त थे कि जानलेवा बीमारी के बावजूद स्त्री को निर्जला व्रत के कारण दवाई लेने की छूट न थी। ऐसे उदाहरण भी मिलते हैं जिनमें विवाहित स्त्रियों को एकादशी के दिन मछली तथा अन्य स्वादिष्ट भोजन खाने के लिए ख़ासतौर पर कहा जाता था ताकि अभागी विधवाओं के कष्टपूर्ण व्रतपालन से उन्हें अलग दिखाया जा सके। इतिहासकार तनिका सरकार ने तो यहाँ

तक लिखा है कि 'वे (विधवाएँ) ब्रिटिश राज के दौरान किसी अधिसूचित या आपराधिक जनजाति (Notified or Criminal Tribe) की तरह देखी जाती थीं, जिनका अपराध उनके निजी आचरण या कामों से नहीं बल्कि समाज में उनके बारे में मौजूद सामूहिक धारणाओं में निहित था।'[3] कन्यादान तथा सप्तपदी जैसे जटिल वैवाहिक संस्कारों के कारण विधवाओं के विवाह को निषिद्ध माना जाता था। सामान्य तर्क यह था कि एक बार जिस कन्या का उसके अभिभावकों द्वारा दान कर दिया गया, वही रस्म फिर नहीं दोहराई जा सकती। जब तक विवाह की समस्त रस्में पूरी न हों, विवाह को सामाजिक–धार्मिक मान्यता भी नहीं प्रदान की जा सकती है अर्थात वैवाहिक संस्कारों व विधि–विधानों को स्त्री के पक्ष में बदलने के स्थान पर स्त्री–जीवन का वैवाहिक रस्मों की कर्मकाण्डी वेदी पर बलिदान कर दिया जाता था। विवाह सम्बन्धों में समस्याएँ उत्पन्न होने पर कम से कम दो अधिकार स्त्रियों की स्वतन्त्रता के लिए आवश्यक माने जाते हैं–तलाक और पुनर्विवाह। पर मुख्यतः इन्हीं दोनों से स्त्रियों को वंचित रखकर उन्हें विवाहोपरान्त कारागार में बन्द दास की तरह रखा जा सकता था। स्त्रियों के पक्ष में क़ानूनों के निर्माण व उन्हें लागू होने से रोकने के लिए सुधार विरोधियों ने काफी समय तक प्रयास किये थे। ये सुधार विरोधी केवल आम जनसमाज का हिस्सा नहीं थे, बल्कि अंग्रेज़ी प्रशासन के भीतर भी मौजूद थे।

साल 1837 ई. के लॉ–कमीशन ने भ्रूण–हत्या तथा बालहत्या के बढ़ते अपराधों के बारे में अपनी चिन्ताएँ प्रकट थीं। लॉ–कमीशन की रिपोर्ट में यह पाया गया था कि अवैध गर्भाधान की समस्या का सम्बन्ध भ्रूणहत्या से जुड़ा है और विधवाओं में ऐसे अवैध गर्भाधान की समस्या बहुत व्यापक है। सामाजिक कलंक से बचने के लिए उन्हें गर्भ में पल रहे शिशु की हत्या करानी पड़ती है। इसलिए कमीशन ने विधवा विवाह को क़ानूनी अनुमति देने के प्रस्ताव को भी पेश कर दिया। पर इस प्रस्ताव का सबसे प्रबल विरोध विभिन्न ज़िलों की सदर अदालतों के जजों की ओर से हुआ जिन्होंने भारत में केवल कुँवारी लड़की से विवाह करने की प्रथा और उत्तराधिकार सम्बन्धी पारम्परिक क़ानूनों का उल्लेख किया। इसके अतिरिक्त उन्होंने विधवाओं के कष्टों पर ध्यान न देने की अपील यह कहकर की थी कि विधवाओं के कष्ट वास्तव में उनकी धार्मिक–आध्यात्मिक साधना का एक रूप हैं। आत्मयन्त्रणा व वियोग की स्थायी दशा में ही उन्हें सुख मिलता है। इसी प्रकार का ऊटपटाँग तर्क देकर उन्होंने विधवा विवाह सम्बन्धी कानून के निर्माण का विरोध किया।

लेकिन 1855 ई तक आते–आते ईश्वरचन्द विद्यासागर की अपीलों तथा विधवा विवाह के पक्ष में शास्त्रों से जुटाये गये प्रमाणों के आधार पर ब्रिटिश सरकार ने क़ानून बनाने की प्रक्रिया को मंजूरी प्रदान कर दी थी। हालाँकि तब भी विद्यासागर अपने समाज में अल्पमत में थे। वे विधवा विवाह के पक्ष में केवल 5 हज़ार दस्तख़त जुटा सके, जबकि विरोधियों ने विधवा–विवाह के विरोध में 56 हज़ार दस्तख़त एकत्र किये थे। कलकत्ता में राजा राधाकान्त देब ने बिल के ख़िलाफ़ 37 हज़ार लोगों वाली याचिका को ब्रिटिश अधिकारियों को सौंपा था। 10 नवम्बर, 1855 को बिल पेश किया गया और जुलाई, 1856 में उसने क़ानून का रूप ग्रहण कर लिया। रूढ़िवादी जीवन शैली का अनुकरण करने वाले तथा शास्त्र–ज्ञान में अग्रणी विद्यासागर के तर्कों ने अंग्रेज़ प्रशासन को यह प्रगतिशील क़दम उठाने में विशेष तौर पर मदद की क्योंकि अंग्रेज़ प्रशासन स्वयं धार्मिक सुधार को धर्म विरोधी कृत्य की तरह पेश किये जाने के ख़तरों से परिचित थे।

विधवा पुनर्विवाह क़ानून पास होने के बाद विद्यासागर बीमार पड़ गये थे और उसी दौरान उन्हें यह चिन्ता भी सता रही थी कि क़ानून के पक्ष में जनमत को भी तैयार करना पड़ेगा। कुछ अख़बारों में भी विद्यासागर से यह अपील की जा रही थी कि वह अब विधवा विवाहों को सम्पन्न कराने के लिए भी यथोचित प्रयत्न करें। उनके ही प्रयासों से कलकत्ता में दिसम्बर, 1856 को प्रथम विधवा विवाह सम्पन्न हुआ। उनके संस्कृत कालेज के पुराने सहपाठी श्रीशचन्द्र विधुर थे और विद्यासगर की प्रेरणा से वे विवाह के लिए तैयार हो गये। इसमें उनकी भावी पत्नी थीं कालिमती देवी जो विधवा थीं और उस समय उनकी आयु केवल 10 वर्ष थी। 7 दिसम्बर, 1856 को प्रेसिडेंसी कॉलेज के प्रवक्ता राजकृष्ण बनर्जी के घर पर यह विवाह सम्पूर्ण हिन्दू विधि–विधान से सम्पन्न हुआ। इसमें दूल्हे की बारात को पुलिस संरक्षण प्रदान करना पड़ा और जो भारी धनराशि खर्च हुई उसका एक बड़ा हिस्सा विद्यासागर के द्वारा वहन किया गया था। विद्यासागर को इस क़ानून के बनने के बाद भी निरन्तर कलकत्ता की सड़कों पर तथा समाचारपत्रों में अपमानजनक टिप्पणियों और भद्दे–घटिया आरोपों का सामना करना पड़ा। उनकी हत्या की धमकियाँ भी दी गयीं। लेकिन वे एक दृढ़ समाज–सुधारक थे जिन्होंने अपने सामाजिक कार्यों को साहस के साथ जारी रखा। एक अनुमान के अनुसार उन्होंने लगभग 60 विधवाओं के विवाह कराये और विवाह कराने के आयोजन में उनके कुल 82 हजार रु. खर्च हो गये थे।

कई बार तो वे बुरी तरह क़र्ज़ में डूब गये। उनके पत्रों से पता चलता है कि वे अपनी सुधारवादी चेतना को व्यवहारिक जीवन में भी उतारने के कारण किन आर्थिक कठिनाइयों का सामना कर रहे थे। आमतौर पर किसी विधवा के लिए जब भी दूल्हे को खोजते थे, तो उसे शादी का सामान–उपहार आदि प्रदान करने के लिए उन्हें काफी पैसे खर्च करने पड़ते थे। विद्यासागर की मुश्किलें उस पत्र में प्रकट होती हैं जो उन्होंने अपने भाई शम्भूचन्द्र को लिखा था। पत्र में वह लिखते है, 'अब से मैंने तय किया है कि किसी विधवा विवाह के लिए पैसे खर्च न करूँगा। तुम कृष्णनागा की उस विधवा लड़की की माँ को बता देना कि मैं केवल लड़की के लिए वर की तलाश करूँगा और वही वर विवाह का खर्च उठायेगा तथा अपनी हैसियत के मुताबिक गहने–उपहार देगा। अगर वह तैयार हों तभी लड़की तथा उसकी माँ को कलकत्ता भेजना वर्ना मत भेजना। कई लोगों को यह लगने लगा है कि जिन लड़कियों की शादी कलकत्ते में होती है उन्हें ख़ूब सारे गहने–जवाहरात मिलते हैं। अगर इस लड़की की माँ भी यही सोचती है तो उसे जब लड़की की शादी में कुछ भी पैसे–गहना न मिलेगा तो वह शोकाकुल हो जायेगी। इसलिए पहले से उसे बताकर रखना होगा।'[4]

विधवाओं के विवाह के लिए खर्च जुटाते–जुटाते विद्यासागर इतना अधिक क़र्ज़ में डूब गये कि उन्होंने तत्कालीन लेफ्टिनेंट गवर्नर बीडेन से पुनः सरकारी सेवाओं में अपने लिए कोई उपयुक्त नौकरी ढूँढ़ने के लिए कह दिया था। उनके अनुरोध पर बीडेन उन्हें प्रेसिंडेसी कॉलेज में संस्कृत के प्रोफ़ेसर के पद पर नियुक्त करना चाहते थे लेकिन विद्यासागर ने जब देखा कि उसी कॉलेज में यूरोपीय मूल के प्रोफ़ेसर को अधिक वेतन मिलता है तो उन्होंने यह प्रस्ताव ठुकरा दिया था।

विद्यासागर के लाख प्रयासों और विधवा पुनर्विवाह क़ानून बनने के बाद भी उच्चजाति के बंगालियों में विधवा विवाह पर पहले की तरह सामाजिक पाबन्दी लगी रही। टैगोर तथा शरतचन्द्र चटर्जी के उपन्यासों में विधवा–विवाह के प्रसंगों की अनुपस्थिति इन लेखकों की वैचारिक सीमाओं को नहीं बल्कि समाज की बहुत बड़ी वास्तविकता को प्रकट करती है।

विद्यासागर से पहले 'यंग बंगाल आन्दोलन' से जुड़े लोगों ने भी 1830–40 के दशक में विधवा विवाह का पक्ष लिया था लेकिन उनकी स्पष्ट हिन्दू–विरोधी व शास्त्र–विरोधी छवि के कारण अँग्रेज़ प्रशासन उन्हें हिन्दुओं का प्रतिनिधि मानने के लिए तैयार न था। अँग्रेज़ अधिकारी सुधारों के पक्ष में प्राचीन शास्त्रों

की सम्मति प्राप्त करने के बाद ही हिन्दुओं के धर्म में हस्तक्षेप करने वाले किसी नवीन क़ानून का निर्माण करने के पक्ष में थे। इसलिए विद्यासागर ने एक ओर अपने बांग्ला समाज के कट्टर रूढ़िवादियों तथा दूसरी ओर अँग्रेज़ शासकों को विधवा विवाह के पक्ष में करने के लिए शास्त्रों का गहन अध्ययन किया और वहाँ से सुधार सम्बन्धी प्रमाण खोजे। अँग्रेज़ प्रशासन की निगाह में उनका महत्त्व इसलिए न था क्योंकि वह 'लिबरल रिफारमिज्म' से जुड़े थे, बल्कि इसमें था कि वे पारम्परिक ब्राह्मण पण्डित थे।[5] अँग्रेज़ प्रशासन ने ही उन्हें फोर्ट विलियम कॉलेज में हेड पण्डित के रूप में नियुक्त किया था, जब उनकी आयु मात्र इक्कीस साल की थी। इस नौकरी के दौरान उन्होंने अंग्रेजी और हिन्दी दोनों भाषाओं की अच्छी–ख़ासी जानकारी जुटा ली थी और शासक अँग्रेज़ों व गुलाम भारतीयों के बीच एक मध्यस्थ की भूमिका निभाने के लिए तैयार हो चुके थे। पर वे मैकाले के उस शिक्षादर्शन का सम्पूर्ण पालन भी नहीं कर रहे थे जिसके अनुसार भारत में अँग्रेज़ी शिक्षा के उद्देश्य अपने वर्चस्व को बढ़ाना था। वे संस्कृत व अँग्रेज़ी, दोनों के कुशल जानकार थे पर अपने ज्ञान का उपयोग केवल अँग्रेज़ों के शासन को मज़बूत करने के स्थान पर भारतीय समाज के सुधार तथा विकास के लिए उसका उपयोग करने के इच्छुक थे। वे अँग्रेज़ी प्रशासन के माध्यम से आधुनिक सुधारों को लागू कराने के लिए सुधारों के पक्ष में शास्त्र सम्मत प्रमाणों की खोज में रहते थे। संस्कृत की शास्त्रार्थ परम्परा के अच्छे जानकार थे। उन्हें कलकत्ता के अपने ही संस्कृत कॉलेज के पुस्तकालय में जब एक दिन अकस्मात 'पराशर संहिता' की दीमक खाई एक प्रति मिली और उसका एक श्लोक उन्होंने पढ़ा तब उन्हें विश्वास हो गया कि वह शास्त्रीय प्रमाण उन्हें अब विधवा विवाह के पक्ष में प्राप्त हो गया है जिसकी वे लम्बे समय से खोज कर रहे थे। विधवा विवाह को शास्त्रसम्मत बताने के लिए पराशर संहिता के जिस श्लोक का उन्होंने उपयोग किया था, वह था–

कृते तु मानवा धर्मास्त्रेतायां गौतमा–स्मृताः।
द्वापरे शांग्ड लिखितः कला पारासरः स्मृताः।

इसका अर्थ था–पति की कोई ख़बर न मिलने पर, उसकी मृत्यु हो जाने, पति के संन्यासी बन जाने, पति के नपुंसक होने और पति के ग़लत रास्ते पर चलने, इन पाँच अवस्थाओं में कोई भी औरत पुनर्विवाह कर सकती है।

हालाँकि उनके इस प्रमाण को भी बंगाल के कट्टर–रूढ़िवादी ब्राह्मण समुदाय की ओर से कठोर चुनौती मिली। पण्डितों यह तर्क रखा कि पराशर संहिता की तुलना में मनु के द्वारा तैयार हिन्दू क़ानून–विधान का अधिक महत्त्व है। यह भी कहा गया कि विद्यासागर ने पराशर संहिता के श्लोक की ग़लत व्याख्या की है, क्योंकि उस श्लोक में विवाह नहीं बल्कि सगाई के बन्धन में बँधी स्त्री को पुनर्विवाह की अनुमति प्रदान की गयीं है। इतिहासकार तनिका सरकार बताती हैं कि बंगाल में प्रिन्ट तकनीक की सीमाओं के कारण व्यापक स्तर पर धार्मिक–पौराणिक ग्रन्थ उपलब्ध नहीं थे। इस कारण विधवा विवाह समर्थक और उसके विरोधी, दोनों ही अपने–अपने तर्कों के लिए पुराने व्याख्याकारों के मतों का ठीक से उपयोग नहीं कर सकते थे। उदाहरण के लिए पराशर संहिता के भाष्यकार नन्दापण्डिता (1550–1630 ई) ने पराशर की उपरोक्त पंक्ति का उपयोग पुनर्विवाह के लिए करने के विरुद्ध चेतावनी दी थी। उन्होंने उसे केवल विवाह पक्का करने की रस्म यानी सगाई के बन्धन को समाप्त करने की अनुमति प्रदान करने वाला बताया था, जो विवाहित स्त्रियों पर लागू नहीं हो सकता था। पर नन्दापण्डिता के इस भाष्य के बारे में बंगाल के सुधारविरोधियों को भनक तक न थी।[6]

इसी प्रकार विद्यासागर से पहले कामेश्वरा ने 18वीं सदी में अपने रचित भाष्य में पराशर के ही श्लोक का प्रयोग विधवा विवाह को सम्मति प्रदान करने के लिए किया था, लेकिन विद्यासागर को स्वयं इसकी जानकारी न थी। विद्यासागर के समय में तथा उससे पूर्व विधवाओं को अक्षतयोनि तथा क्षतयोनि या दत्तयोनि की दो भिन्न श्रेणियों में रखा जाता था। संकीर्ण सुधारवादी भी कुछ सीमा तक बहुत कम आयु में विधवा हो गयी ऐसी बच्चियों को पुनर्विवाह की अनुमति देने के लिए तैयार थे जो अक्षतयोनि थीं अर्थात जिनका अपने पति से शारीरिक सम्बन्ध नहीं बना था। 18वीं सदी में राजबल्लभ तथा 1845 ई में श्यामाचरणदास जैसे धर्मशास्त्रों के जानकार भी अक्षतयोनि वाली बाल विधवाओं के पुनर्विवाह के लिए अपील कर चुके थे। बंगाल के 'संवाद प्रभाकर' जैसे पत्र बाल विधवाओं के विवाह को समर्थन प्रदान कर रहे थे। माना जाता है कि विद्यासागर केवल अक्षतयोनि यानी कुँवारी विधवाओं के पुनर्विवाह के लिए यदि प्रयास करते तो उन्हें बंगाली पण्डितों का समर्थन आसानी से प्राप्त हो जाता। वह अधिक आसानी और अधिक शीघ्रता से क़ानून बनवाने में सफल हो जाते। लेकिन उन्होंने कुँवारेपन, अक्षत–क्षतयोनि, शारीरिक समागम आदि को

आधार बनाकर विधवा विवाह के लिए कानून निर्माण का सरल रास्ता अपनाने से इनकार कर दिया। उन्होंने आयुसीमा अथवा पति के साथ शारीरिक सम्बन्ध स्थापित होने के आधार पर विधवा–विवाह क़ानून बनाने के किसी विकल्प पर विचार नहीं किया। वे विधवा–विवाह पर लगी सामाजिक–धार्मिक पाबन्दी को आधुनिक क़ानून के द्वारा समूल रूप से समाप्त करने के लिए संघर्ष कर रहे थे। उन्होंने स्वयं कई परिपक्व आयु की विधवाओं का विवाह कराया और अपने पुत्र नारायण के द्वारा विधवा से विवाह करने के निर्णय का स्वागत किया।

विद्यासागर केवल धर्म की बाधा से नहीं बल्कि प्रथाओं की ताक़त से भी जूझ रहे थे। विधवा–विवाह पर निषेध को प्रथा (Custom) एवं शास्त्र दोनों के आधार पर लागू किया जा रहा था। 18वीं सदी में कृष्णनगर जैसे शाही राजघराने में स्मार्त सम्प्रदाय का बोल बाला था। वहाँ विधवाओं की दुर्दशा के विरुद्ध राजबल्लभ नामक पण्डित ने ब्राह्मणों से अल्पायु विधवाओं के विवाह को समर्थन देने का आह्वान किया था। तब राजपण्डितों ने यही तर्क दिया था कि अगर विधवा–विवाह को इस आधार पर अनुमति दी जाये कि पाबन्दी केवल सामाजिक प्रथा पर आधारित है, न कि शास्त्रसम्मत है, तब तो हमें गोमांस खाने की भी अनुमति देनी होगी क्योंकि गोमांस खाने पर निषेध भी केवल प्रथाओं के कारण है, उसके लिए भी शास्त्रों में मनाही नहीं है।

लेकिन 19वीं सदी तक आते–आते बहुत सारी अमानवीय प्रथाओं के विरोध का वातावरण तैयार हो गया था। विद्यासागर ने भी अंग्रेज़ प्रशासन के समक्ष यही तर्क दिया कि विधवा–विवाह की अनुमति समाज की निरंकुश प्रथाएँ भले न दें लेकिन शास्त्रों में इस पर रोक नहीं है। वे समाज में सुधार के पक्ष में आम–सहमति को निर्मित करने के लिए धर्म का सहारा ले रहे थे, हालाँकि वे सुधार की प्रक्रिया के साथ धर्म के घालमेल के समर्थक न थे। वे इस बात को लेकर चिन्तित रहते थे कि उनका अपना बांग्ला समाज प्रबोधनकालीन पश्चिमी मूल्यों के माध्यम से ठोस सामाजिक परिवर्तनों को नहीं आत्मसात कर रहा है बल्कि उसी का शिक्षित तबका कभी तो ईसाइयत, कभी ब्रह्म समाज और कभी हिन्दू पुनरुत्थान में फँसकर अपनी ही ऊर्जा को ख़राब करता है। मध्यवर्ग अपने विविध धार्मिक–दार्शनिक विश्वासों का इस्तेमाल समाज को सही बौद्धिक नेतृत्व प्रदान करने की अपनी विफलता को ढँकने के लिए कर रहा था। विद्यासागर ने खुद भी संसार–समाज की तत्त्वमीमांसीय व्याख्याओं में लम्बे समय तक उलझने तथा उसे ही अपना प्रधान उद्देश्य समझने से इनकार कर दिया।

विद्यासागर की भाषानीति को भी सुधार आन्दोलन की सफलता से जोड़ा जाता है। विद्यासागर मुख्य रूप से बांग्ला भाषा में लेख, प्रतिवेदन और अन्य पत्र आदि लिखकर जनमत तैयार कर रहे थे जबकि रूढ़िवादी पण्डित संस्कृत के बोझ से दबी बंगाली भाषा का सहारा ले रहे थे जिसका प्रभाव न तो जनता पर पड़ सकता था और न विधि निर्माताओं पर। इसलिए भले ही धर्मसभा को, जो सती प्रथा कानून बनने के बाद निष्क्रिय थी, उसे पुनर्जीवित कर रूढ़िवादियों ने सुधार के विरोध में अधिक दस्तख़त एकत्र कर लिये हों, पर विद्यासागर का सुधारवादी आन्दोलन तब तक काफी आगे बढ़ चुका था।

विधवा–विवाह क़ानून बनवाने में सफलता मिलने के पश्चात विद्यासागर ने हिन्दुओं में व्याप्त बहुविवाह प्रथा की समाप्ति के लिए भी प्रयास किये थे। 1871–72 ई में उन्होंने बहुविवाह के विरोध में लेख लिखे थे और बहुविवाह को शास्त्र विरोधी कृत्य बताया था। उन्होंने यह बात मानी कि अँग्रेज़ी शिक्षा के विस्तार के साथ कलकत्ता के शिक्षित वर्ग में बहुविवाह जैसी अमानवीय प्रथा कमज़ोर पड़ी है लेकिन बंगाल के गाँवों में यह बनी हुई है और क़ानून बनाकर ही इसे हतोत्साहित किया जा सकता है। बंकिमचन्द्र के 'देवी चौधरानी' और 'सीताराम' जैसे उपन्यास बहुविवाह से जुड़ी विडम्बनाओं को प्रकट करते हैं। बंगाल सरकार ने भारत सरकार से अनुमति प्राप्त करने के लिए कोशिश भी की, ताकि प्रान्तीय परिषद में क़ानून बनाने का बिल प्रस्तुत कर बंगाल से बहुविवाह प्रथा की क़ानूनी वैधता समाप्त की जा सके। लेकिन इस बार सरकार ने अनुमति नहीं दी क्योंकि उसे लगता था कि समाज का बहुमत, यहाँ तक कि समाज का शिक्षित वर्ग भी बहुविवाह की समाप्ति का समर्थन नहीं करेगा, ख़ासतौर पर कुलीन विवाह का समर्थक वर्ग अधिक नाराज हो जायेगा। यह सच है कि बहुविवाह को समाप्त करने की अपील करने वाला वर्ग इस बार विधवा विवाह का समर्थन करने वाले लोगों की तुलना में कम न था। पर इस बीच 1857 का प्रथम स्वतन्त्रता संग्राम घटित हो चुका था और अंग्रेज़ सरकार किसी प्रकार का ख़तरा नहीं उठाना चाहती थी। कई लोग तो यह भी मानते थे कि विधवा–विवाह सम्बन्धी कानून बनाना भी अँग्रेज़ों के ख़िलाफ़ गुस्से की एक वजह था और 1857 के विद्रोह के पीछे अँग्रेज़ों द्वारा भारतीयों की धार्मिक परम्पराओं में हस्तक्षेप भी जिम्मेदार था। इस प्रकार विधवा पुनर्विवाह क़ानून बनाने में सफलता प्राप्त करने वाले विद्यासागर बहुविवाह जैसी कुप्रथा रुकवाने में असफल हो गये।

विद्यासागर बंगाल के जिस तत्कालीन परिवेश में मानवतावादी मूल्यों से शास्त्र–परम्परा को पुनर्परिभाषित कर रहे थे, उसकी गहरी जड़ें यूरोपीय प्रबोधनकालीन मूल्यों में थीं। विद्यासागर स्वयं जिस ग़रीबी तथा संघर्ष की पृष्ठभूमि से आये थे, उसमें उनके लिए मानवतावादी मूल्य अमूर्त आदर्श या मानसिक विलास तक सीमित नहीं थे। अपनी अभावग्रस्त पारिवारिक पृष्ठभूमि के कारण ही वे मानवतावादी मूल्यों को ठोस सच्चाई में बदलने के प्रति अधिक गम्भीर थे। ईश्वर तथा धर्म के प्रति उनका रवैया आस्था से प्रेरित होने के स्थान पर उपयोगितावादी हो चुका था। संस्कृत कॉलेज में शिक्षण के दौरान भी वह छात्रों के मन पर धर्म व ईश्वर सम्बन्धी विश्वासों को थोपने के समर्थक न थे। एक बार ईश्वर के अस्तित्व पर पूछे प्रश्न में उन्होंने कहा था– 'ईश्वर के अस्तित्व को किसी भी प्रकार से साबित नहीं किया जा सकता है और न ही जाना जा सकता है। ऐसे में हमारा कर्तव्य क्या है! मेरे विचार से हम सभी को ऐसा जीवन जीना चाहिए कि हम इस धरती को ही स्वर्ग बना सके। हर व्यक्ति को दूसरों के साथ अच्छाई का बर्ताव करना चाहिए।'[7] मुख्य बात यह थी विद्यासागर ने न तो धर्मशास्त्र सम्बन्धी मतों में और न धर्मदर्शन में अधिक रुचि प्रकट की। वे मानवतावादी विचारक ही बने रहे जो 19वीं सदी की परिस्थितियों में आधुनिक शिक्षा तथा आधुनिक क़ानूनों का उपयोग कर अपने समाज की बुराइयों को समाप्त करना चाहता था।

ईश्वरचन्द विद्यासागर के जीवन की कुछ निजी घटनाएँ भी स्त्रियों के प्रति उनकी अपार करुणा को लेकर प्रेरक शक्ति के रूप में देखी जाती हैं। मात्र आठ साल की आयु में जब वे अपने पिता के साथ कलकत्ता आये थे तो जगददुर्लभ चौधरी नामक व्यक्ति के घर पर लम्बे समय तक रुके थे। वहाँ उनकी विधवा बहन रायमणि के व्यक्तित्व का उन पर गहरा प्रभाव पड़ा था। अपनी इस बालसखा, जो दुर्भाग्य से विधवा थी, के साथ होने वाले भेदभावों ने विद्यासागर के दिल–दिमाग़ को झकझोर कर रख दिया था। विद्यासागर के सामाजिक जीवन पर शोध करने वाले अशोक सेन के अनुसार–'अपने समय के क्रान्तिकारी विचारकों तथा ब्रह्म समाजियों की तुलना में विद्यासागर में विधवा विवाह को लेकर अधिक गहरा मानवीय सरोकार था। यह गहरा सरोकार उस दृढ़ निश्चयी व्यक्ति का सरोकार था जो अपने विवेक की आवाज़ सुनकर अपने सारे साधनों व ऊर्जा को अपने लक्ष्य की दिशा में मोड़ देता है। यह गहन मानवीय अनुभूति समाजसेवा सम्बन्धी दिखावे या जातिगत स्वार्थों से कहीं अधिक उदात्त थी।'[8]

समाजसेवा सम्बन्धी उदारता के प्रमाण विद्यासागर के जीवन में कई बार मिलते हैं। उदाहरण के लिए निजी खर्च पर लगभग साठ विधवाओं का विवाह सम्पन्न कराना, 1865 के समय अपने गाँव बीरसिंह तथा आसपास के इलाकों में लोगों को मुफ्त भोजन उपलब्ध कराना तथा बर्धमान व आसपास के ज़िलों में फैली ज्वर सम्बन्धी महामारी के दौरान चिकित्सा सुविधाएँ प्रदान करना आदि। विभिन्न क़िस्म के लोभ–लालच को ठुकराने का साहस उनके व्यक्तित्व तथा जीवन को और उत्कृष्ट एवं सम्पूर्ण बनाता है। सिद्धान्त निष्ठा और व्यवहारिक बुद्धि का एक शानदार मिश्रण उनके व्यक्तित्व में मौजूद था। उन्होंने विधवा विवाह क़ानून पारित कराने तथा बहुविवाह सम्बन्धी कुप्रथा के अन्त के लिए बड़े ज़मींदारों की सहायता ली थी जिनमें उत्तरपाड़ा के जयकृष्ण मुखर्जी जैसे प्रभावशाली ब्राह्मण ज़मींदार शामिल थे। याचिका दायर करते समय इन शक्तिशाली ज़मींदारों के हस्ताक्षर ऊपर रखे जाते थे। इन ज़मींदारों की तुलना में सामान्य लोग, ख़ासकर कलकत्ता से बाहर के ग्रामीण इलाकों में विधवा विवाह का समर्थन करने से इसलिए भी लोग बचते थे, क्योंकि उन्हें अपने समाज व जाति से बहिष्कृत होने का भय रहता था। समाज के उच्चवर्ग व कुलीन वर्ग ही समाज में सुधार के पक्ष में आमसहमति निर्मित कर सकते थे और इस तत्कालीन यथार्थ को वे लोग नहीं समझते हैं जो नवजागरण को उच्च जाति व उच्च वर्ग की ही कोई परियोजना समझकर उसका उपहास उड़ाते हैं या उसकी सीमाओं के उद्‌घाटन में ही अपने शोध व विश्लेषण का कोई विषय तैयार करते हैं। इस सामाजिक वास्तविकता की झलक तत्कालीन उपन्यासों में भी मिलती है। उदाहरण के लिए बंकिमचन्द्र ने अपने उपन्यास 'विषवृक्ष' (1873) में नगेन्द्रदत्त और देवेन्द्रनाथ नामक दो ज़मींदारों को विधवा विवाह का समर्थक दिखाया है। बड़े ज़मींदारों को सुधार सम्बन्धी प्रस्तावों का समर्थन देते समय जातिच्युत या सामाजिक बहिष्कार का भय नहीं रहता था। 'विषवृक्ष' में कलकत्ता से कुछ देर बसे एक गाँव का ज़मींदार नगेन्द्रदत्त एक विधवा से विवाह करने की इच्छा प्रकट करते हुए कहता भी है–'गोविन्दपुर में किसकी हिम्मत है, जो मुझे समाजच्युत करेगा! यहाँ मैं ही समाज हूँ, यहाँ भला मेरी कैसे समाजच्युति?' टैगोर ने भी अपने उपन्यास 'नौकाडूबी' और 'घरे–बाइरे' में ज़मींदार वर्गों को सुधारवाद की चेतना के सामाजिक उत्प्रेरक के रूप में प्रस्तुत किया है। पर विद्यासागर स्वयं सामन्ती ज़मींदार वर्ग के समर्थक न थे क्योंकि वे जानते थे कि स्थानीय स्तर पर ज़मींदारों का वर्ग ही समाज

सुधार व शिक्षा सम्बन्धी कार्यों में रोड़ा अटकाता है। स्वयं को उन्होंने अधिकांश अवसरों पर इस वर्ग से दूर रखा। बर्धमान के महाराजा ने उन्हें कृषिभूमि पर ज़मींदारी का हक़ देने का प्रस्ताव रखा था जिसे उन्होंने अस्वीकार कर दिया था। उस युग में जब लोग कृषि योग्य भूमि पर अधिकार कर स्वयं को ज़मींदार बनाना चाहते थे, इस तरह के प्रस्ताव को ठुकराना एक अनोखी बात मानी जा सकती थी। फोर्ट विलियम कॉलेज में हेड पण्डित से अपने कैरियर का आरम्भ करने के बाद वह संस्कृत कालेज में असिस्टेंट सेक्रेटरी तथा बाद में उसी कॉलेज में प्रोफ़ेसर तथा प्रिंसिपल के पद पर रहे। लगभग 17 सालों के सरकारी सेवाओं के केरियर में उन्होंने पचास से पाँच सौ रुपये तक के वेतन पर नौकरियाँ कीं। असिस्टेंट इंस्पेक्टर ऑफ़ स्कूल के पद पर बर्धवान, हुगली, नादिया और मिदनापुर में काम किया। लेकिन उन्होंने उच्चवर्ग या कुलीनों के समूह में प्रवेश करने की कोई इच्छा वहीं पाली। जीवन के अधिकांश हिस्से में अपने संस्कृत प्रेस के प्रकाशन व पुस्तकों के विक्रय से अपनी आजीविका को जुटाया। यह उनकी मानसिक स्वाधीनता के प्रति उत्कट चाह तथा स्वतन्त्र मिज़ाज को व्यक्त करता है।

विद्यासागर के व्यक्तित्व में एक बात यह भी दिखती है कि समाज सुधार के पथ पर आगे बढ़ते हुए वह परिवार और माता–पिता के मूल्यों को क्षति नहीं पहुँचाना चाहते थे। उन्होंने अपनी पिता ठाकुरदास की सम्मति से ही विधवा विवाह के पक्ष में प्रयास आरम्भ किये थे। पारिवारिक मूल्यों पर उनके मन में हमेशा अन्तर्विरोधपूर्ण रवैया बना रहा और पिता के प्रति असीम आदर के चलते कभी उनके विचारों का विरोध नहीं करते थे। अपनी पत्नी को, जिसकी विवाह के समय आयु मात्र 8 वर्ष थी, उसे शिक्षित करने के लिए चेष्टा नहीं की। उनके द्वारा अपनी लड़कियों को शिक्षित बनाने के पर्याप्त सबूत नहीं मिले हैं। अपनी माँ की मृत्यु पर उन्होंने भव्य कर्मकाण्डी आयोजन कर अपने पिता के भय को मिटा दिया कि विधवा–विवाह सम्बन्धी गतिविधियों के कारण समाज का ब्राह्मण वर्ग उनके किसी धार्मिक आयोजन में सम्मिलित न होगा।

विद्यासागर के जीवन का उत्तरार्द्ध विभिन्न क़िस्म के तनावों में व्यतीत हुआ था और अपने पुत्र नारायणदास से, जिसने स्वयं विधवा विवाह किया था, उससे उनका सम्बन्ध विच्छेद हो गया था। 1875 ई में तैयार अपनी वसीयत में उन्होंने अपनी जायदाद से पुत्र को वंचित कर दिया था। इसके पूर्व उनके छोटे भाई दीनबन्धु ने संस्कृत प्रेस, जिसका वह संचालन करते थे,

में पचास फ़ीसदी हिस्सेदारी का दावा प्रस्तुत किया था जिसने विद्यासागर को अत्यन्त निराश किया था। उनके पिता ठाकुरदास अपनी मृत्यु से 12 वर्ष पूर्व 1865 ई में काशी में प्रस्थान कर गये थे और यह माना जाता है कि विद्यासागर के विधवा विवाह सम्बन्धी आन्दोलन से उत्पन्न सामाजिक प्रतिक्रियाओं से बचने के कारण उन्हें ऐसा करना पड़ा था। इस प्रकार विद्यासागर जिस निजी घर–परिवार को जोड़े रखने तथा उसमें अपने सुख–सन्तोष को ढूँढ़ना चाह रहे थे, वह उनके लिए दिवास्वप्न साबित होता रहा और वे भीतर से निराश होते चले गये। एक अन्य घटना के कारण उनका अपने बीरसिंह गाँव से सम्बन्ध हमेशा के लिए समाप्त हो गया और उन्होंने संकल्प लिया कि अब कभी गाँव वापस लौटकर नहीं आयेंगे। वह घटना यह थी कि एक विधवा के विवाह का समर्थन ईश्वरचन्द्र विद्यासागर की इच्छा के विपरीत उनके भाइयों ने किया था। वे बीरसिंह गाँव में इस विधवा–विवाह में सम्मिलित होने आये थे पर निकट के एक अन्य गाँव के लोगों ने उनसे इस विवाह को सम्पन्न न कराने की अपील की थी। विद्यासागर ने उनकी बात मान ली और लड़की को अपने घर से जाने का निर्देश दे दिया। पर अगले दिन उनके भाई ईशानचन्द्र तथा अन्य पड़ोसियों ने मिलकर यह विवाह सम्पन्न करा दिया। इसके बाद हुए विवाद में उन्हीं के एक और भाई शम्भूचन्द्र ने विद्यासागर को 'पिछड़ा हुआ और कायर' बता दिया। पूरा प्रकरण लेकिन बहुत जटिल था क्योंकि विद्यासागर स्वयं विधवा विवाह के प्रमुख समर्थक रहे थे और इस मामले में वे उसी के विरोध में खड़े दिखते हैं। प्रकरण यह था कि विद्यासागर चाहते थे कि यह विवाह हो। पर जिस लड़के का विवाह होना था, वह एक हालदर बाबू के यहाँ पण्डित के रूप में नियुक्त था और हालदर बाबू ने विद्यासागर से कहा था कि विवाह होने की स्थिति में लड़का भविष्य में उनके घर–परिवार में धार्मिक संस्कार नहीं कर सकेगा। विद्यासागर चाहते थे कि थोड़ा और समय लेकर हालदर बाबू को समझा–बुझा लिया जायेगा ताकि लड़के का अहित न हो। वे किसी प्रकार की जल्दबाजी के विरोध में थे, न कि विधवा विवाह के विरोध में। इतिहास का विडम्बना ही थी कि विद्यासागर जैसा विधवा–विवाह के पक्ष में लड़ने वाला विद्वान पण्डित विधवा–विवाह प्रसंग के कारण अपने घर से हमेशा के लिए दूर हो गया। उन्होंने कलकत्ता लौटकर अपने माता–पिता, पत्नी तथा भाइयों को पत्र लिखा जिसमें उन्होंने परिवार से दूर एकान्त में जीवन बिताने के निर्णय के बारे में सूचित किया। अपनी माँ को लिखे पत्र में उन्होंने कहा–

'मैं विभिन्न कारणों से पूर्ण संन्यास की मनोदशा को प्राप्त कर चुका हूँ। मुझ में अब किसी छोटे से छोटे पारिवारिक प्रसंग–घटना में शामिल होने अथवा किसी से सम्बन्ध रखने की इच्छा शेष नहीं रह गयी है। इसलिए जहाँ तक सम्भव हो सकेगा मैं स्वयं को सम्बन्धों से दूर ही रखूँगा और अपना शेष जीवन घोर एकान्त में व्यतीत करूँगा।'[9] इसके बाद ही वे 1873 ई में सन्थाल आदिवासयों के बीच रहने के लिए कर्मातर नामक स्थान पर चले गये जहाँ उन्होंने लड़कियों के लिए स्कूल चलाये तथा होम्योपैथी सीखकर आदिवासियों की चिकित्सा की थी। विद्यासागर के इस पलायन को उनके जीवन में बढ़ती निराशा से जोड़ा जाता है जिसमें तर्क, पश्चिमी ज्ञान तथा सामाजिक चेतना के विकास को लेकर उनकी विफलताएँ प्रकट होती है। उस समाज की विडम्बना प्रकट होती है जिसमें कोई विवेकवान, जीनियस, प्रतिभाशाली और सुधारक अपने ही समाज की परम्परागत दीवारों से घिर जाता है और विफलता या पलायन की नियति को प्राप्त करता है। विद्यासागर ने जब 1856 ई में विधवा पुनर्विवाह क़ानून को पारित कराने में सफलता प्राप्त की तब उनकी आयु 36 वर्ष थी और इसके बाद वे 35 साल तक जीवित रहे और उनका जीवन विभिन्न क़िस्म के तनावों के बीच व्यतीत हुआ जिसका प्रमुख कारण धमकी, बहिष्कार, क़र्ज़ आदि की समस्याएँ थीं। उनके कई मित्रों तथा समर्थकों के द्वारा सहायता का आश्वासन भी पूरा नहीं हुआ और उन्होंने ख़ुद भी अपने ख़र्च पर चलाये जा रहे सुधार कार्यक्रमों के लिए पब्लिक फंडिग के प्रयासों को नकार दिया। लेकिन इस महान सुधारक की खीज और निराशा कई अवसरों पर प्रकट हो जाती थी। अपने एक पुराने मित्र को लिखे पत्र में उन्होंने कहा था–'मैं कभी विधवा विवाह निषेध से जुड़ी परम्पराओं में दख़ल न देता अगर मुझे पता होता कि मेरे अपने देशवासी इतने गये गुज़रे तथा नकारा क़िस्म के हैं। मैंने अपना स्वास्थ्य तथा रुपये–पैसे बर्बाद कर दिये क्योंकि मैंने समाज के भोले परोपकारियों तथा नेक लोगों के शब्दों पर भरोसा कर लिया।'[10] विद्यासागर के जीवन तथा अवदान पर शोध करने वाले अशोक सेन जैसे विद्वानों का मानना है कि विद्यासागर के जीवन का मूल्यांकन करने समय दो बातों का ध्यान रखना चाहिए। पहला तो उनके महान निजी[10] संघर्षों की सफलताएँ जिसके बल पर उन्होंने अपने समाज को संकीर्णताओं से बाहर निकालने की कोशिश की। दूसरा उन्हीं के वर्ग व समाज की जड़ताएँ जिसके कारण वह किसी सिविल सोसायटी का रूप नहीं ग्रहण कर सकता था और विद्यासागर की विफलताएँ भी औपनिवेशिक समाज में उनके वर्ग–समाज

की गतिहीनता से जुड़ी हुई थीं[11]। औपनिवेशिक राज ने विभिन्न पश्चिमी विचारों से नये विकसित होते बंगाली मध्यवर्ग को परिचित तो करा दिया था, उसे आन्दोलित भी कर दिया था पर उपनिवेशवाद जिस आर्थिक–सामाजिक नीति का पालन करता था, उसमें 19वीं सदी में बंगाली बौद्धिक वर्ग की बौद्धिक–सामाजिक महत्त्वाकांक्षाएँ बहुत सफल नहीं हो सकती थीं।

सन्दर्भ

1. के.एन. पणिक्कर–कल्चर, आइडियालाज़ी, हेजेमनी, इंटलेक्चुअल्स एंड सोशल कानशियसनेस इन कलोनियल इंडिया, नयी दिल्ली, तूलिका, 1995, पृ. 8–9
2. राधा चक्रवर्ती–द नावेलिस्ट टैगोर, पृ. 13
3. तनिका सरकार–हिन्दू वाइव्स, हिन्दू नेशन, कम्युनिटी रिलिजन एंड कल्चरल नेशनलिज़्म, पृ. 138
4. अशोक सेन–ईश्वरचन्द्र विद्यासागर एंड हिज इल्यूजिव माइलस्टोन, पृ. 62
5. तनिका सरकार, वही, पृ. 130
6. तनिका सरकार, वही, पृ. 19
7. अशोक सेन, वही, पृ. 214
8. वही, पृ. 77
9. अशोक सेन, वही, पृ. 162
10. वही, पृ. 125
11. वही, पृ. 148–149

11

हिन्दी उपन्यास और विधवा विवाह प्रसंग

बीसवीं सदी के आरम्भ में उपन्यास न तो केवल शिक्षाप्रधान और उपदेश प्रधान थे और न ही सामाजिक विषयों से अलग थे। हिन्दी उपन्यास अब औपन्यासिकता के प्रतिमानों से न केवल अधिक परिचित होते जा रहे थे बल्कि उसका पालन करने के प्रयास अधिक गम्भीरता से कर रहे थे। वे एक ओर संयमित भाषा का प्रयोग करते थे, दूसरी ओर लेखक अपना सामाजिक उद्देश्य भी चरित्र तथा कथानक की जीवन्तता के माध्यम से ही प्रचारित करता था। लेखकों के मनमस्तिष्क पर आधुनिक विचारों का प्रभाव तथा आधुनिकता के विरोध की चेतना एक साथ विकसित होती है। इस समय बंगाल में घटित विभिन्न आन्दोलनों के अन्तर्गत विधवाओं की समस्या को लेकर भी हिन्दी में भी कई उपन्यास लिखे जाने लगे थे। प्रेमचन्द का उपन्यास 'प्रेमा' 1908 में हिदी में प्रकाशित हुआ था। इसे सबसे पहले उर्दू में 'हमखुर्मा' नाम से लिखा गया था। टैगोर के उपन्यासों में जिस प्रकार से विधवाओं के बारे में प्रचलित अन्धविश्वासों तथा अमानवीय क्रूरताओं का चित्रण होता है, प्रेमचन्द के कुछ उपन्यास भी विधवाओं के प्रति सामाजिक क्रूरता तथा उपेक्षा के व्यवहार को संवेदनशीलता से व्यक्त करते हैं। उनकी कहानी 'बेटों वाली विधवा' भी पति की मृत्यु के पश्चात स्त्री को सम्पत्तिहीन और अधिकारहीन बना देने की पारिवारिक विडम्बना को उजागर करती है। पर परम्परा से चले आते सामाजिक अन्तर्विरोध उपन्यास जैसी आधुनिक विधा को भी मुक्त नहीं रहने दे सकते थे। अन्य विधाओं की तरह ही उपन्यास भी हमेशा ही प्रगतिशील व आधुनिक विचारचारा का निर्वहन नहीं करते हैं, बल्कि कई बार उपन्यास का आधुनिक ढाँचा व कथाशैली रूढ़िवादी मूल्यों का प्रचार करती है। उपन्यास–कला रचनाकारों की दृष्टियों के टकराव को व्यक्त करती है। इसलिए एक ओर प्रेमचन्द विधवा विवाह का पक्ष लेते हैं तो उन्हीं के कुछ समकालीन जैसे लज्जाराम शर्मा नामक रूढ़िवादी

व सनातन धर्मावलम्बी उपन्यासकार अपनी उपन्यास–कला का प्रयोग सनातन धर्म सम्बन्धी मान्यताओं के प्रचार के लिए करते थे। वह विधवा विवाह क़ानून के विरोध में उपन्यास लिख रहे थे और उपन्यास को व्यक्तिवाद और स्वतन्त्रता के मूल्यों के विरोध का माध्यम बनाते हैं। उन्होंने 'सुशीला विधवा' (1907) नामक उपन्यास में विधवा विवाह का विरोध किया है। इस उपन्यास का घोषित उद्देश्य था–'विधवा विवाह निराकरण तथा विधवा धर्म का वर्णन।' इसके विपरीत प्रेमचन्द का 'प्रेमा' नामक उपन्यास समाज सुधार आन्दोलन से प्रेरित है और उस पर स्पष्ट रूप से बंगाल के उस नवजागरण की छाप है जिससे टैगोर के उपन्यास भी प्रभावित थे। इसके प्रकाशन के बाद हिन्दी के एक अन्य लेखक बालकृष्ण भट्ट ने इसकी समीक्षा अपने पत्र 'हिन्दी प्रदीप' में लिखी थी और इस उपन्यास के उद्देश्य की कठोर आलोचना की थी।

'सुशीला विधवा' उपन्यास का लेखन लज्जाराम शर्मा ने राजस्थान के बूँदी जिले में रहकर किया था। इससे पहले वह धूर्त रसिकलाल, स्वतन्त्र रमा और परतन्त्र लक्ष्मी, हिन्दू गृहस्थ और आदर्श दम्पती नामक उपन्यास लिख चुके थे और उन्होंने 'सुशीला विधवा' को उन उपन्यासों में व्यक्त आदर्शों की अगली कड़ी बताया था। एक ख़ास बात नोट करने की है कि तत्कालीन अधिकांश रचनाकार हिन्दी में मौलिक ग्रन्थ लिखने के प्रति उत्साह से भरे हुए हैं, ताकि हिन्दी का विकास हो। शर्मा जी ने भी भूमिका में हिन्दी में स्वतन्त्र ग्रन्थ लिखने पर बल दिया है। लेकिन हिन्दी के मौलिक ग्रन्थ किस प्रकार से आधुनिक चेतना के विकास में सहायक हों, इसकी चिन्ता उन्हें कम है। यानी आधुनिक हिन्दी भाषा के विकास की चिन्ता आधुनिक समाज के निर्माण की चिन्ता से ज़्यादा प्रधान हो गयी है। समाज की चिन्ता है भी तो वह ऐसी है कि आधुनिक पाठक के मन में उस चिन्ता को लेकर ही चिन्ता पैदा हो जाये। यह उपन्यास सुशीला नामक स्त्री की जीवनगाथा है जिसकी आयु पन्द्रह–सोलह साल है। उसका विवाह पण्डित मोहनचन्द्र नामक व्यक्ति से होता है जो अंग्रेज़ों के प्रशासन में डिप्टी कलेक्टर है। उपन्यास का आरम्भ एक ट्रेन में सुशीला के साथ जनाने डिब्बे में घुस आये अर्ध गोरे के द्वारा बलात्कार के प्रयास से होता है। उस अंग्रेज़ को पुलिस पकड़ ले जाती है लेकिन वह बाद में अदालत से मात्र पचास रुपये का जुर्माना अदाकर रिहा हो जाता है। इस बीच गाँव में पण्डित मोहनचन्द्र अपनी पत्नी के साथ रहते दिखते हैं, पर उन्हें वापस ड्यूटी पर जाना होता है। पर प्लेग की भयानक महामारी फैल जाती है।

सुशीला भी पति के साथ उनके कार्यस्थल पर जाने की हठ करती है। उन्हें मजबूरन एक नौकर व पत्नी को साथ में लेकर निकलना पड़ता है। रास्ते में पुलिस ट्रेन के मुसाफ़िरों को उतारकर उनका बुख़ार चेक करती है। पण्डित मोहनचन्द्र को भी बुख़ार निक़लता है तो डॉक्टर उन्हें पकड़कर 'क्वारंटीन' कर देते हैं। हिन्दी उपन्यासों के इतिहास में सम्भवतः 'क्वारंटीन' शब्द का प्रयोग पहली बार इसी उपन्यास में किया गया था। अस्पताल में मोहनचन्द्र की तबीयत बिगड़ती है और वह मर जाते हैं। अब सुशीला अकस्मात विधवा हो जाती है और वही उनका अन्तिम संस्कार कर ससुराल लौटती है। पर ससुराल में कुछ समय के बाद उसकी ननद व जेठानी उसके विरुद्ध षड्यन्त्र कर उसे घर से निकलवा देती हैं। उसके चरित्र पर भी कलंक लगा दिया जाता है। सुशीला भागकर अपने बड़े भाई शत्रुसदन के पास जाती है पर वहाँ भी उसकी भाभी उसके साथ दुर्व्यवहार करती हैं। वह अनाथ गाय की तरह भटकती, प्रताड़ित होती, लांछित दिखाई जाती है। उसके चरित्र को लगातार कलंकित किया जाता है, उसे व्यभिचारिणी बनाकर समाज के सामने प्रस्तुत किया जाता है। वह अपने छोटे भाई रिपुसूदन, जो रंगून में नौकरी करता है, उसे भी सहायता के लिए पुकारती है, पर लाभ नहीं होता। जैसे–तैसे कष्ट सहती वह बड़े भाई के घर में रहती है। उपन्यास में विधवाओं के कष्ट का यथार्थपूर्ण वर्णन हुआ है पर अचानक से इसके लेखक लज्जाराम शर्मा अपना सामाजिक उद्देश्य उपन्यास में घुसा देते हैं। वह सुधारकों को व्यभिचारी, समाजद्रोही तथा स्त्रीविरोधी साबित करने में जुट जाते हैं। इसी के तहत सुशीला के भाई को एक 'नव्य समाज' की बैठक में जाते दिखाया जाता है जहाँ विधवा विवाह का समर्थन किया जाता है। 'समाज' शब्द व्यापक अर्थ में सुधारकों व शिक्षितों के संगठन के पर्याय के रूप में प्रयोग होता था क्योंकि बंगाल से लेकर उत्तर भारत तक बने सुधारवादी संगठन 'समाज' शब्द का प्रयोग करते थे जैसे ब्रह्मसमाज, प्रार्थना समाज, सत्यशोधक समाज और आर्यसमाज आदि। उपन्यास में सुधारकों को खलनायक की तरह दिखाने में सनातन धर्मावलम्बी शर्मा जी ने कोई मौक़ा नहीं छोड़ा है। उन्हें स्त्रियों की दशा के वर्णन के समय 'रो–रोकर कोट भिगो लेने वाला' बताया गया है जो केवल बातौनी जमाख़र्च करते हैं, कुछ करते नहीं हैं। कथानक में सुशीला का भाई जब अपनी बहन से पुनर्विवाह के लिए कहता है तो सुशीला उसका ज़ोरदार खण्डन करती है। वह नियोग प्रथा, पराशर संहिता, मनुस्मृति, वेद आदि का ज्ञान देकर साबित करती है कि

सुधारक लोग कैसे विधवा विवाह के पक्ष में शास्त्रों में समर्थन ढूँढ़ते हैं पर वे शास्त्रों की ग़लत व्याख्या करते हैं। कुल 29 प्रकरण के इस उपन्यास में 22वाँ प्रकरण सुशीला तथा उसके भाई के बीच विधवा विवाह को लेकर तीखी बहस से भरा हुआ है। इस खण्ड में उपन्यासकार ने स्त्री किरदार का सहारा लेकर विधवाओं के पुनर्विवाह को शास्त्रविरोधी कृत्य सिद्ध कर दिया है। सुशीला अपने भाई से कई श्लोकों पर बहस कर सिद्ध करती है कि विधवा–विवाह कितना अधार्मिक तथा अनैतिक कृत्य है तथा विधवा स्त्री को इस जन्म में पुनर्विवाह करने के स्थान पर मृत्युपरान्त पति से समागम की प्रतीक्षा करनी चाहिए। वह शास्त्र में अक्षतयोनि कन्या के पुनर्विवाह के संस्कार का यह कहकर खण्डन करती है कि उच्च जातियों के लिए यह सम्भव नहीं है, शूद्रों में भले ऐसा होता हो। इस प्रकार वह एक किरदार के रूप में आदर्श स्त्री की कल्पना को उच्च जाति के पारम्परिक पारिवारिक मूल्यों से कसकर बाँध देती है।

उपन्यास में उपन्यासकार लज्जाराम शर्मा स्त्री–चरित्र का रूप धारण कर हर जगह विद्यमान हैं। स्त्रीवेश में उपन्यास–कथानक में पुरुषोचित हस्तक्षेप करते हैं और अपना पुरुषवादी सामाजिक कार्यक्रम चलाते हैं। सुशीला नामक चरित्र तो बिचारा एक निर्जीव कठपुतली भर है जिसे एक सनातनी पुरुष मानसिकता को ढोना है। उपन्यास में यही सुशीला अपने विधवा धर्म का निर्वाह कर परिवार व पंचायत का हृदय जीत लेती है और सब उसकी धर्मपरायणता पर मुग्ध हो जाते हैं। अपना सिर मुण्ड़ा कर सफ़ेद साड़ी में रहती है और स्वादिष्ट भोजन त्यागकर अपनी कामवासनाओं पर विजय प्राप्त कर लेती है। कोई साधु महाराज आकर उसे सोमवल्ली नामक औषधि भी दे जाते हैं ताकि शरीर व मन के विकार मिट जायें। विधवाओं की कामवासनाओं के प्रति परम्परावादियों तथा सुधारविरोधियों में भय कितना अधिक था, यह उपन्यास उस वास्तविकता को प्रकट करता है। विधवा स्त्रियों की विषयवासनाओं के बारे में टैगोर ने अधिक सहानुभूति से लिखा है। पर 'सुशीला विधवा' में विधवाएँ पूरी तरह मनुष्य श्रेणी से बाहर कर दी गयी हैं। वे 'डीह्यूमनाइज', 'डीसेक्सुअलाइज' और 'डीपर्सनलाइज' कर दी जाती हैं। उनकी कामवासना व भोगविलास की इच्छा को समाज के लिए कठिन चुनौती की तरह पेश किया गया है। धर्म तथा परम्परा की संयुक्त ताक़त के बल पर विधवा स्त्री की कामवासना का दमन करने की तरकीबें सुझायी गयी हैं। उनकी यौनेच्छाओं को महापाप घोषित करना ही अब धर्म है। विधवाओं को व्रतों के समय निराहार रहने और एक

समय भोजन करने के लिए बाध्य करने के साथ–साथ कल्पना में भी पराये पुरुष के बारे में सोचने से मना किया गया है। उपन्यास के अन्त में सुशीला के द्वारा एक आदर्श विधवा की तरह जीवनयापन करने से ही उसके शत्रु पराजित हो जाते हैं। माथे पर लगा व्यभिचारिणी होने का कलंक धुल जाता है। अपने निष्कर्षों में उपन्यास साबित करता है कि एक स्त्री की भूख–प्यास, तिरस्कार तथा अनाथपन जैसी समस्याओं का समाधान आधुनिक विचारों में नहीं अपितु पारम्परिक पितृसत्तात्मक विचारों के प्रति निष्ठावान होने में है। वह समाज की प्रशंसा तथा समाज का समर्थन केवल सामाजिक रूढ़ियों का अन्धानुसरण कर हासिल कर सकती है। उसे परिजनों तथा पंचायत के सदस्यों के आगे प्रमाणित करना होगा कि वह किसी आधुनिक सोच–विचार अथवा निजी स्वतन्त्रता को महत्त्व नहीं प्रदान करती। उपन्यास के आरम्भ में विधवाओं के भयावह कष्टों का वर्णन है पर अन्त तक आते–आते यह विषय मुख्य नहीं रह जाता है। न ही विधवाओं के ऊपर अत्याचार अब मुख्य समस्या है बल्कि मुख्य समस्या वे लोग हैं जो विधवाओं को पुनर्विवाह के लिए प्रेरित करते हैं। उपन्यास में व्यभिचार की बुराई पर भी अलग से रोचक बहस है। सुधारकों का वर्ग मानता था कि पुनर्विवाह न होने से विधवाएँ व्यभिचार में लिप्त हो जायेंगी या फिर उनका आसानी से दैहिक शोषण होगा। कलकत्ते में जब विद्यासागर विधवा विवाह के पक्ष में आन्दोलन चला रहे थे, तब वे भी इस बात से चिन्तित थे कि शहर में विधवाओं की बड़ी संख्या ऐसी है जो वेश्यावृत्ति में लिप्त है। पर उपन्यास में इस तर्क का यह कहकर खण्डन किया गया है कि व्यभिचार की प्रवृत्ति केवल विधवाओं से नहीं बल्कि सधवाओं यानी विवाहित स्त्रियों में पायी जाती है। एक तो स्त्री की दैहिक–भावनात्मक आवश्यकता को मर्दवादी भाषिक संरचना के अन्तर्गत 'व्यभिचार' या 'व्यभिचारिणी' जैसे शब्दों के सहारे ख़ारिज करना आज के युग में आपत्तिजनक है। दूसरा इसमें सुधारकों को ही व्यभिचारी, लम्पट व कामुक दिखाकर स्त्री के विचलन तथा व्यभिचारी होने की विवशता से ध्यान भटकाया गया है। सुशीला को विधवा धर्म का बढ़–चढ़कर पालन करते दिखाया गया है और उपन्यासकार लिखता है–'सुशीला ने यह दिखला दिया कि सनातन धर्म के तत्वों पर विचार किये बिना जो लोग विधवाओं को खसम करने की सलाह देते हैं, वे झख मारते हैं। सुशीला ने दिखला दिया कि आजकल का समय जब पति के मरने पर सती होने का नहीं है तो किस प्रकार विधवाओं को ब्रह्मचर्य का पालन कर अपना जीवन बिताना चाहिए।'

उपन्यासकार मुख्य रूप–विधवाओं के लिए सती प्रथा को श्रेयस्कर मानता है। सुशीला बार–बार पति के साथ न मर पाने के दुर्भाग्य पर रोती है। पर उपन्यासकार बताना चाहता है कि चूँकि अंग्रेज़ी राज में सती प्रथा पर पाबन्दी लग गयी है, इसलिए अब स्त्रियों को पुनर्विवाह का विचार त्यागकर जीते जी विधवा धर्म का निर्वाह करना चाहिए। यहाँ यह उल्लेखनीय है कि स्त्रियों के पारम्परिक संकट से सहानुभूति रखने वाला सुधारकों का एक वर्ग तथा स्वयं स्त्रियाँ इस बात को दोहरा रही थीं कि विधवाओं का कष्टपूर्ण व ब्रह्मचर्य पालन वाला जीवन सती प्रथा का ही एक रूप है जिसमें स्त्रियों की रोज़ जीते जी मारा जाता है।

'सुशीला विधवा' जब लिखा गया था, उस समय तथा उससे पूर्व स्त्रियाँ भी विधवा समस्या पर लेखन कर रही थीं। उनकी पुस्तकों तथा लेखों में पति की मृत्यु के बाद स्त्री के जीवन में होने वाले परिवर्तनों के बारे में विचार किया जाता था। एक विचित्र स्थिति यह भी थी कि उस समय थोड़ी बहुत पढ़ी–लिखी स्त्रियाँ भी विधवा पुनर्विवाह पर निषेध के विरोध में लिखती थीं पर शिक्षित पुरुषों का एक विशाल वर्ग विधवाओं के अधिकारों के समर्थन में नहीं था। स्त्रियों के लेखन में यह यथार्थ उभरता है कि विधवा स्त्रियों को जिस प्रकार प्रताड़ित किया जाता है और उनके चालचलन पर सन्देह कर उन्हें मार दिया जाता है, वह सती प्रथा की क्रूरता से कम घातक नहीं है। वे किसी परम्परावादिता या पितृसत्ता के आदर्शों के अनुकरण में स्त्री की समस्या का समाधान नहीं देखती थीं। वे अपने लेखन से यह भ्रम नहीं पैदा करती थीं कि स्त्रियों का सदाचार उनके जीवन की रक्षा कर सकेगा। या स्त्रियाँ अपने खानपान अथवा इन्द्रियदमन के सहारे अपनी कामवासना पर विजय प्राप्त कर सकेंगी। 1909 ई. में रामेश्वरी देवी नेहरू के सम्पादन में जिस 'स्त्री दर्पण' पत्रिका का प्रकाशन प्रयाग से आरम्भ हुआ था, उसमें धार्मिक प्रथाओं की अमानुषिकता के विरोध में स्त्रियों के कई लेख प्रकाशित हुए थे। उदाहरण के लिए जनवरी 1910 ई. के प्रथम अंक में ही श्रीमती गंगादेवी नामक स्त्री का 'विधवा विवाह' नामक लेख प्रकाशित हुआ था जिसमें उन्होंने चार वर्ष पूर्व यानी 1906 ई. में मथुरा के उच्च कुल की एक विधवा लड़की के गर्भधारण के कारण उसके माता–पिता के द्वारा ही उसकी हत्या का प्रसंग लिखा था। विधवा होने पर लड़की को एक कमरे में लगभग क़ैदी की तरह रखा गया। उसके सगे भाई से भी नहीं मिलने दिया जाता था और सारे समय रामायण–महाभारत आदि पढ़ने को कहा जाता था।

केवल एक मेहतर उसके कमरे में जाता था और उसी मेहतर से उसका गर्भ ठहर गया। घरवालों को पता चला तो उन्होंने उसे ज़हर देकर मार डाला। श्रीमती गंगा देवी ने इस कारुणिक प्रसंग का वर्णन करते हुए विधवा का नहीं बल्कि सारा दोष उसके माता–पिता का माना। उन्होंने मर्दों के बारे में लिखा कि ख़ुद तो दाँत टूटने या बाल सफ़ेद होने पर भी मनमर्ज़ी से विवाह करते हैं पर बेचारी कम उम्र विधवाओं को भी बेगुनाह कैदियों की तरह रखते हैं।

हिन्दी प्रदेश में स्त्री दर्पण में प्रकाशित होने वाले इन लेखों के पूर्व पंजाब में बसी 'एक अज्ञात हिन्दू औरत' ने भी 'सीमन्तनी उपदेश' (1882) नामक कृति रची थी जिसमें उन्होंने विधवाओं के दुर्दशाग्रस्त जीवन के बारे में लिखा था। उन्होंने भी बेरहम पिताओं द्वारा विधवा कन्या की हत्या के प्रसंग सुनाये थे और लिखा था–'सरकार अंग्रेज़ ने हिन्दुस्तान में सती करने के रिवाज़ को बन्द कर दिया है मगर यह घर में सती करते हैं जिसके बारे में सरकार के फ़रिश्तों को भी ख़बर नहीं।' उन्होंने स्त्रियों की शारीरिक वासनाओं को स्वाभाविक मान उन्हें विवाह की अनुमति देने के पक्ष में ज़ोरदार तर्क रखे थे। एक ध्यान देने योग्य बात यह है कि स्त्रियाँ जब विधवाओं के बारे में लिख रही थीं तो उन्होंने उनकी शारीरिक वासनाओं, इन्द्रियों की विवशता, पुरुषों से सम्बन्धों की कामनाओं तथा मासिक–धर्म सम्बन्धी विवशताओं आदि के बारे में अधिक गहराई से लिखा है। जबकि पुरुष सुधारकों ने उनकी शारीरिकता तथा ऐन्द्रिक आवश्यकताओं की उपेक्षा कर केवल सामाजिक पक्ष जैसे उन्हें अमंगलसूचक मानने या उनकी सामाजिक–आर्थिक उपेक्षा के बारे में अधिक विस्तार से लिखा है। एक अन्तर यह भी है कि स्त्रियों ने विधवा समस्या के विषय में लिखते हुए सुहागिन स्त्रियों तथा विधवाओं के मध्य कामवासनाओं की पूर्ति को लेकर तनावों व ईर्ष्या–डाह की समस्या पर अधिक गहनता से लिखा है। घर में ही विधवा स्त्रियों के प्रति अन्य स्त्रियों के भेदभावपूर्ण रवैये को उन्होंने प्रकट किया है। उन्होंने विधवाओं की माँओं की भी आलोचना की है जो अपनी वासनाओं की पूर्ति की चिन्ता करती हैं पर अपनी विधवा बेटी से अपेक्षा करती हैं कि वे फ़क़ीरों की मानिन्द ज़िन्दगी गुज़ारे। 'सीमन्तनी उपदेश' में लेखिका लिखती है–'वह री समझ! कोई पूछे इनसे कि–जब आप पलँग पर गर्म होती हैं उस वक़्त लड़की के मन का क्या बन्दोबस्त करती हैं?'

तत्कालीन समाज में प्राचीन हिन्दू शास्त्र ऐसी रणभूमि की तरह थे जिस पर सुधार समर्थक तथा सुधार विरोधियों का घोर तर्क युद्ध चल रहा था।

हम 'सुशीला विधवा' उपन्यास के कथ्य विश्लेषण के प्रसंग में देख चुके हैं कि किस प्रकार सनातनी विचारधारा के लोग शास्त्रों का प्रयोग विधवा विवाह के विरोध के लिए कर रहे थे। पर शास्त्र की पुनर्व्याख्या कर सुधारवाद के पक्ष में उसका प्रयोग भी किया जा रहा था। ऐसा प्रतीत होता है कि विद्यासागर ने बंगाल में विधवा विवाह पर निषेध को जब शास्त्रविरोधी कृत्य सिद्ध करने में सफलता प्राप्त की तो उनकी तर्कपद्धति का अन्य प्रान्तों पर भी व्यापक प्रभाव पड़ा। उन्हीं की तर्कपद्धति का सहारा लेकर याज्ञवल्क्य तथा ऋषि पराशर के श्लोकों या महाभारत के प्रसंगों का उद्धरण दिया जाने लगा जिनमें विधवा स्त्रियों के विवाह का समर्थन है। 'सीमन्तनी उपदेश' की लेखिका ने भी याज्ञवल्क्य मुनि तथा पराशर मुनि के श्लोकों को विधवा विवाह के पक्ष में उद्धृत किया है और महाभारत के प्रसंगों जैसे पाण्डु जन्मकथा, कुन्ती द्वारा सन्तानोत्पत्ति, अर्जुन–चित्रांगदा विवाह, अर्जुन–नागकन्या विवाह का हवाला दिया है जिसमें स्त्रियाँ अन्य पुरुषों से विभिन्न कारणों से सम्बन्ध स्थापित करती हैं। इसी के आधार पर निष्कर्ष भी निकाला गया है कि स्त्रीविरोधी शास्त्र महाभारत के कई साल बाद में रचे गये हैं जिनमें स्त्रियों के अधिकारों पर पाबन्दियाँ थोप दी गयीं।

नवजागरणकालीन दौर की इन्हीं लोकप्रिय तर्कपद्धतियों तथा विधवा विवाह आन्दोलन सम्बन्धी बहसों के मध्य प्रेमचन्द ने 'प्रेमा' उपन्यास लिखा था जो लज्जाराम शर्मा के उपन्यास 'सुशीला विधवा' के प्रकाशन वर्ष के आसपास ही प्रकाशित हुआ था। यह एक संयोग कम बल्कि वैचारिक टकराव का परिणाम अधिक था। कुछ लोग मानते हैं कि यह उपन्यास आर्य समाज के सुधार–आन्दोलन से प्रेरित है। पर आर्य समाज के मूल सिद्धान्त विधवाओं के पुनर्विवाह के स्थान पर नियोग प्रथा के माध्यम से सन्तानोत्पत्ति को प्रेरित करते हैं। उसमें विधवा विवाह के प्रसंग में अक्षत–योनि व क्षतयोनि का विवाद भी मौजूद है और केवल अक्षतयोनि स्त्रियों को ही पुनर्विवाह की अनुमति है। बांग्ला नवजागरण में स्त्री–केन्द्रित प्रश्नों के अन्तर्गत स्त्रियों के पुनर्विवाह के अधिकार को असली प्रश्न बनाया गया था, न कि पुनर्विवाह के माध्यम से केवल सन्तानोत्पत्ति के लक्ष्य को स्त्रियों या पुरुषों के ऊपर थोपा गया। आर्य समाज आन्दोलन के अन्तर्गत विधवाओं को केवल सन्तानोत्पत्ति के उद्देश्य से नियोग प्रथा को स्वीकारने की अनुमति दी गयी है। 'सत्यार्थ प्रकाश' के चतुर्थ समुल्लास में स्पष्ट रूप से पुनर्विवाह के दोष गिनाये गये हैं और क्षतयोनि

व्यक्ति (स्त्री व पुरुष) के पुनर्विवाह की मनाही की गयी है। इसलिए जो लोग इस उपन्यास पर या प्रेमचन्द की अन्य रचनाओं पर केवल आर्य समाज आन्दोलन का प्रभाव देखते हैं, वे प्रेमचन्द के बौद्धिक आकाश को बहुत छोटा करके देखते हैं। इस उपन्यास के भीतर के प्रसंग भी संकेत करते हैं कि प्रेमचन्द तब बंगाल की नवजागरणमूलक घटनाओं से प्रभावित थे। उन्होंने इस उपन्यास के माध्यम से नवजागरण की चेतना को बनारस की अतीतजीवी संस्कृति तथा रूढ़िवादी समाज में विकसित करने की चेष्टा की है। इस उपन्यास का नायक अमृतराय जिस प्रकार वकालत पास है और अंग्रेज़ी जीवनशैली व विचारों के निकट है, वह भी यही दर्शाता है कि हिन्दी प्रदेश के आर्यसमाज आन्दोलन की तुलना में बंगाल की कर्मकाण्ड विरोधी सेकुलर–आधुनिकतावादी चेतना के अधिक निकट हैं।

यह उपन्यास अमृतराय नामक सुधारवादी की कथा है जिसका विवाह एक पारम्परिक क़िस्म के रईस की बेटी प्रेमा से तय होता है। लेकिन वह प्रेमा से विवाह के स्थान पर सामाजिक कुरीतियों को ख़त्म करने के लिए आन्दोलन चलाना चाहता है। वह एक रिफार्म मण्डली की स्थापना भी करने का प्रयास करता है और इस कारण अफ़वाह उड़ जाती है कि वह ईसाई हो गया है। उसके द्वारा समाज–सुधार के लिए धर्मनिरपेक्ष क़िस्म की सभाएँ बनाना भी बंगाल के नवजागरण की चेतना की निशानी है। उसका विवाह प्रेमा से टूट जाता है और वह प्रेमा की ही सहेली पूर्णा, जिसके पति की गंगा नदी में डूबने से मौत हो गयी है, की ओर आकृष्ट हो जाता है। उसके घर आना–जाना और मिलना–जुलना आरम्भ कर देता है। प्रेमचन्द ने एक विधवा के रूप में पूर्णा का जैसा चरित्रांकन किया है, वह विधवा स्त्रियों के बारे में मौजूद सामाजिक पूर्वग्रहों की क्रूरता को उजागर करता है। उसके बाल काटने, मांगलिक अवसरों से दूर रखने तथा रंगीन वस्त्र पहनने से रोकने की चेष्टाएँ की जाती हैं। उपन्यास में दो प्रधान विधवा चरित्र हैं जिनमें पूर्णा के अलावा रामकली नामक 16–17 साल की स्त्री है जो स्वभाव से पूर्णा के विपरीत है। वह दुःखी और विकल है, पर चंचल और स्वाधीन तबीयत की भी है। वह अपने वैधव्य को लेकर शर्म तथा आत्मपीड़न से भरी हुई नहीं है। घर के बाहर घूमती–फिरती है और बिन्दास तरीक़े से घाट के पण्डे–पण्डितों से छेड़छाड़ करती है। पान और भाँग खाती है। मन्दिर में मर्दों की भीड़ में घुसकर शारीरिक सुख उठाती है। प्रेमचन्द ने उपन्यास में धर्म की पवित्रता और महानता की रूढ़ियों को

जिस प्रकार तोड़ा है, वह उनकी क़लम की अभूतपूर्व ताक़त है। मन्दिरों को उन्होंने कामवासना की पूर्ति, विलास और दुराचार का अड्डा दिखाया है जहाँ औरतें और मर्द, दोनों ही ईश्वर दर्शन के लिए नहीं बल्कि अपनी–अपनी यौन कुण्ठाओं को शान्त करने के लिए आते हैं। धर्म की पवित्र चादर में स्त्री–पुरुष की दमित यौनकामनाओं का मुक्त संसार छिप जाता है। रामकली पुरुषों की भीड़ में जाती है और वहाँ से आती है तो उसका कुर्ता जगह–जगह से मसला हुआ होता है और वह आनन्दित दिखती है। प्रेमचन्द ने विधवा रामकली का प्रयोग धर्म के ढोंग को प्रकट करने के लिए तथा पूर्णा के चरित्र का प्रयोग धर्म की जड़ता को दिखाने के लिए किया है। एक ओर धर्म ही मर्यादा तथा संयम का पाठ पढ़ाता है, दूसरी ओर मन्दिरों–घाटों में वही धर्म स्वयं अश्लीलता और दुराचार को फैलाने में सहायक साबित हो रहा है। उपन्यास–नायक अमृतराय समाज की पाबन्दियों व धमकियों की परवाह किये बिना पूर्णा से विवाह करता है। विधवा विवाह की बात सुनकर शहर के पण्डितों में खलबली मच जाती है और वे शास्त्रार्थ की चुनौती देने लगते हैं। शास्त्रों के पन्ने पलटते हैं ताकि विधवा विवाह को धर्मविरुद्ध साबित किया जा सके पर सफल नहीं होते हैं। वे बलपूर्वक भी रोकना चाहते हैं, गोलीबारी भी होती है, पर पुलिस के कारण उनके प्रयास सफल नहीं हो पाते हैं।

प्रेमचन्द ने इस उपन्यास में अंग्रेज़ अधिकारियों को सुधारवाद के पक्ष में दिखाया है जो विधवा विवाह के लिए पूरी सुरक्षा उपलब्ध कराते हैं। विधवा विवाह पर केन्द्रित कथानक का प्रयोग उन्होंने सुधारवादियों की विजय दिखाने के साथ–साथ अंग्रेज़ी क़ानून–व्यवस्था की नैतिक शक्ति को प्रमाणित करने के लिए किया है। ऐसा प्रतीत होता है कि प्रबोधनकालीन मूल्यों को उत्तर भारत की पिछड़ी चेतना वाले समाज में औपनिवेशिक संरक्षण प्राप्त हो गया है। बनारस की शास्त्रवादी पुरातन संस्कृति के दकियानूस मिज़ाज को उन्होंने बहुत दुस्साहस के साथ चित्रित किया है जो आज के रचनाकारों में भी दुर्लभ है। उपन्यास नायक अमृतराय का विधवा ब्राह्मणी पूर्णा के साथ विवाह का चित्रण करते हुए वह लिखते हैं–'विवाह के तीन–चार दिन पहले से मेहमान आने लगे। कोई मुम्बई से आता था, कोई मद्रास से, कोई पंजाब से और कोई बंगाल से। बनारस में सामाजिक सुधार के विरोधियों का बड़ा ज़ोर था और सारे भारतवर्ष के रिफार्मरों के जी में लगी हुई थी कि चाहे जो हो बनारस में सुधार का चमत्कार फैलाने का ऐसा अपूर्व समय हाथ से जाने नहीं देना चाहिए।

वे इतनी दूर–दूर से इसलिए आते थे ताकि काशी की भूमि में 'रिफार्म की पताका' अवश्य गाड़ दें। वे जानते थे कि यदि इस शहर में विवाह हो तो सूबे के दूसरे शहरों में रास्ता खुल जायेगा।' इस विवाह के बाद सचमुच दो अन्य विधवाओं के विवाह होने की सूचना उपन्यास में डाली गयी है। उपन्यास में इन घटनाओं का वर्णन यह सिद्ध करने के लिए पर्याप्त है कि प्रेमचन्द बंगाल, महाराष्ट्र व दक्षिण के नवजागरण के आधार पर कथानक को गढ़ रहे थे, न कि केवल संकीर्ण ढंग से आर्यसमाजी प्रभावों तक सीमित थे। अगर पंजाब को छोड़ दें तो शेष हिन्दी भाषी यानी उत्तर भारत में आर्यसमाज का प्रभाव नितान्त सीमित था। उपन्यास में जिस प्रकार सनातनी पक्ष के लोग विधवा विवाह करने वालों या सुधारवादियों को ईसाई धर्मानुयायी बताते हैं, वह भी यही जताता है कि उपन्यास की मूल कथा बंगला नवजागरण से अधिक प्रभावित है। इसमें लाला धनुषधारी लाल नामक एक कुशल व्याख्यान देने वाले सुधारवादी का भी ज़िक्र है। उनके व्याख्यान भी आर्यसमाजियों की तरह वेदों की प्राचीनता, महानता पर आधारित न होकर ठेठ सुधारवाद पर आधारित होते हैं। लोग उनके व्याख्यान सुन अपने जनेऊ तक तोड़ने के लिए तैयार हो जाते हैं। इस प्रकार अपने शहर बनारस के बारे में प्रेमचन्द की यह विलक्षण दृष्टि है जिसमें वह सुधारवाद से जुड़ी सामाजिक हलचलों से अपने पाठकों को अवगत कराने का रचनात्मक दायित्व निभाते हैं।

कथात्मक विकासक्रम में 'प्रेमा' में अमृतराय नामक युवक की पहली पत्नी पूर्णा, जोकि विधवा थी, की मौत हो जाती है। इसके बाद प्रेमचन्द अपने नायक अमृतराय का विवाह उसी प्रेमा से करा देते हैं जो ख़ुद अपने पति की मृत्य के बाद विधवा हो गयी है। इस प्रकार प्रेमचन्द इस उपन्यास में विधवा पुनर्विवाह के दो प्रसंगों की रचना एक साथ करते हैं। लेकिन दोनों प्रसंग स्वयं प्रेमचन्द के साथ–साथ तत्कालीन सामाजिक परिस्थितियों की जटिलता को व्यक्त करते हैं। पूर्णा की मौत के बाद प्रेमा से हुआ नायक का विवाह यह प्रमाणित कर देता है कि अमृतराय का पहला विधवा विवाह मात्र एक विचलन था और नायक ने फिर से उसी स्त्री को स्वीकार कर लिया जिसके साथ उसका विवाह पहले से तय था, भले वह भी विधवा हो चुकी हो। ऐसी विधवा जिसके पति की मौत गोली लगने से हो चुकी है। पर यह निश्चित रूप से कहा जा सकता है कि प्रेमचन्द का यह उपन्यास टैगोर तथा शरतचन्द्र के उपन्यासों की तुलना में विधवा विवाह की सामाजिक आवश्यकता तथा उसके लिए सुधारवादियों

के नैतिक बल को अधिक दृढ़ता से रेखांकित करता है। जब बंगाल के बड़े उपन्यासकार विधवाओं के प्रति सहानुभूति प्रकट करते हुए भी उनके पुनर्विवाह सम्बन्धी प्रसंगों को उपन्यास में स्थान देने के लिए तैयार न थे, तब प्रेमचन्द अपने 'प्रेमा' जैसे आरम्भिक उपन्यास में विधवाओं के पुनर्विवाह सम्बन्धी प्रसंग को निर्भीकता से रचते हैं। बनारस की कठोर सनातनी संस्कृति की पराजय चित्रित करते हैं। सनातनी संस्कृति के पण्डितों का उपहास उड़ाते हैं। प्रेमचन्द अपने यथार्थवाद से यथार्थ की सीमाओं को स्वीकार कर लेने के स्थान पर अपने आदर्शवाद की शक्ति से उस यथार्थ की सीमाओं के उल्लंघन के साहस का परिचय देते हैं।

लेकिन प्रेमचन्द की यही दृष्टि उनके अगले उपन्यासों में बदल जाती है। किसी रचनाकार के सभी उपन्यासों में एक जैसी सामाजिक दृष्टि हो, यह अनिवार्य नहीं है। उसकी सामाजिक दृष्टि उस समाज से गहराई से जुड़ी होती है, जो स्वयं कभी धीमे और कभी तेज़ी से बदलता है। अलग–अलग कृतियों में उसकी दृष्टिगत भिन्नता के सामाजिक कारणों के विषय में अनुसन्धान किया जाना चाहिए। इस सम्बन्ध में उनके उपन्यास 'प्रेमाश्रम' के पाठ का विशद विवेचन–विश्लेषण करना चाहिए। इसमें उन्होंने गायत्री नामक विधवा के चरित्र का विस्तार से अंकन किया है। उसके साहस, निर्दयता, महत्त्वाकांक्षा, कामासक्ति, सुखाकांक्षा सभी को इस ढंग से दिखाया है कि विधवाओं को जिस प्रकार एक सफ़ेद साड़ी में लिपटी अबला और भयभीत नारी की तरह प्रस्तुत किया जाता था, वह छवि तार–तार हो जाती है। औपन्यासिक कथा–विन्यास में गायत्री लखनऊ के एक बड़े ताल्लुकदार की पुत्री है जिसका विवाह गोरखपुर के एक बड़े ज़मींदार घराने में होता है। पर उसके पति को विवाह के दो वर्ष के भीतर ही लोभवश विष दे दिया जाता है जिससे उसकी मृत्यु हो जाती है। इसी गायत्री को उसकी बहन का पति ज्ञानशंकर अपने जाल में फँसाता है ताकि उसके यौवन और सम्पत्ति दोनों का भोग कर सके। वह अख़बार में उसकी झूठी प्रशंसा वाला लेख लिखता है और उसकी रियासत में जाकर उसकी सहायता करता है। वह गायत्री की सुप्त इच्छाओं, वासनाओं और उमंगों को अपनी रसभरी मीठी बातों से जाग्रत करता है। वह उसे कृष्ण–राधा की मिथक कथा के आगोश में लेता है जिसमें गायत्री स्वयं को राधा समझने लगती है और ज्ञानशंकर स्वयं कृष्ण बन जाता है। कृष्ण की विविध लीलाओं के मंचन में दोनों भाग लेने लगते हैं और ज्ञानशंकर घात लगाकर उस क्षण की प्रतीक्षा

करता है जब विधवा गायत्री की पूरी सम्पत्ति पर उसका वर्चस्व स्थापित हो जायेगा। राधा–कृष्ण की कथा भारतीय समाज में विवाहेतर और कथित अवैध सम्बन्धों को स्वीकारने का एक शास्त्रीय आधार उपलब्ध कराती रही है। गायत्री भी अपनी वासनाओं व प्रेम से सम्बन्धित आनन्द के अतिरेक में पूरी तरह राधा बन जाती है और अपनी सारी जायदाद को त्यागकर बरसाने व वृन्दावन की गलियों में भटकने के लिए तैयार हो जाती है। वृन्दावन में कालिंदी की लहरें, वृक्षकुंज, वहाँ की प्रेमकुटी सभी की कल्पना केवल धार्मिक भावबोध नहीं बल्कि एक स्त्री की प्रचण्ड दैहिक वासना का आध्यात्मीकरण है। सुमधुर और भावमय भक्तिपद, सच्चा अनुराग और हार्दिक वेदना सभी एक ओर गायत्री के भक्तरूप को प्रकट करते हैं। दूसरी ओर जब वह ज्ञानशंकर के साथ आलिंगनबद्ध हो जाती है तो उसकी आन्तरिक वासनाओं को भी व्यक्त करते हैं। वह राधा को अपने हृदयस्थल में विराजता हुआ महसूस करती है और राधा का वेश भी केवल पराये पुरुष के साथ शारीरिक सम्बन्ध स्थापित करने का ही उपक्रम बनता चला जाता है। यह स्त्री की जटिल बहुस्तरीय चेतना की अभिव्यक्ति है जिसमें एक विधवा केवल भक्ति मार्ग पर चलकर ही अपनी दैहिक–मानसिक कुण्ठाओं को तृप्त कर पाती है। एक स्वतन्त्र स्त्री जिस जीवनानन्द की कामना करती है, वह उसे केवल धर्म–अध्यात्म की भाषा व अभिनय के सहारे ही प्राप्त होता है। वह शारीरिकता से जुड़ी लज्जा व पाप–सम्बन्धी चेतना से मुक्त होने लगती है और विधवा होने के बावजूद पुनः प्रेम करने के सुख को प्राप्त करने लगती है। लेकिन प्रेमचन्द वैष्णव प्रेमाख्यानों व भक्ति रूपों की कड़ी आलोचना भी करते हैं। वह दिखाते हैं कि जो गायत्री बहुत आत्मविश्वासी तथा साहसी थी, वह इन वैष्णवपन्थी प्रेमकथाओं के जाल में फँसकर स्वयं को धोखा देने लगती है। उसका आत्मानुशासन और सबल व्यक्तित्व राधा–कृष्ण की 'इरोटिक' कहानियाँ सुनकर विगलित होने लगता है। राजुल सोगानी के अनुसार–प्रेमचन्द के उपन्यास इस दृष्टि से शरतचन्द्र और टैगोर के उपन्यासों से भिन्न प्रतीत होते हैं। टैगोर और शरतचन्द्र जहाँ वैष्णव प्रतीकवाद के परदे में सामाजिक रूप से अस्वीकार्य प्रेम को पारलौकिकरंग (Ethereal Colour) बनाकर प्रस्तुत करते हैं, वहीं प्रेमचन्द इस वैष्णवपन्थी प्रेम–राग आदि को सामाजिक जिम्मेदारियों से भागने का माध्यम मानते हैं और यहाँ तक कि शोषण व व्यभिचार की चीज़ भी समझते हैं।[1] इससे जुड़ी विडम्बना यह भी है, जिसकी ओर प्रेमचन्द ने उपन्यास में कई संकेत छोड़े हैं कि राधा–कृष्ण

का पारम्परिक बिम्ब जातिवाद, स्त्री–पुरुष–विषमता तथा आर्थिक प्रश्नों पर ख़ामोश है। गायत्री भी एक ओर कठोर ज़मींदार की तरह बर्ताव करती है और साथ ही ज्ञानशंकर में कृष्ण देखकर उसके प्रति समर्पण की गहन अनुभूति से गुज़रती है। वह प्रेमातिरेक में यमुना के तट पर प्रेम–राग गाने वाली स्त्री बन जाना चाहती है, पर समानता के मूल्यों को अव्यावहारिक मानती है।

प्रायः यह माना जाता था कि स्त्री के लिए इच्छाओं का दास होने के स्थान पर प्रथाओं का दास होना अधिक लाभकारी होता है। पर प्रेमचन्द ने गायत्री को अध्यात्म के आवरण में इच्छा व वासना का निर्द्वन्द्व स्वीकार करते दिखाया है और इस कारण यह उपन्यास वैधव्य की पारम्परिक मान्यताओं को तोड़ता है। उपन्यास 'ज्ञान बनाम भक्ति' तथा 'वैराग्य बनाम आत्मज्ञान' के विमर्श का खाका भी तैयार करता है जिसमें गायत्री सुधबुध खोकर भक्ति करते तथा आत्मज्ञान के स्थान पर वैराग्य की ओर चलती दिखती है। पर उपन्यास में उसे यह भी अनुभूत करते दिखाया जाता है कि उसे ज्ञान से मुक्त भक्ति व वैराग्य की सज़ा भी भुगतनी पड़ी है क्योंकि भक्ति–वैराग्य की प्रेरणा स्त्री को धोखा देने के लिए होती है। ज्ञानशंकर नामक जो किरदार गायत्री के सामने कृष्ण का स्वाँग कर रहा होता है, वह यह चाहता है कि किसी प्रकार गायत्री उसके पुत्र को गोद ले ले ताकि वह फिर उसकी सम्पत्ति का पूर्ण रूप से स्वामी बन जाये। उपन्यास में प्रेमचन्द ने गायत्री को ज्ञानशंकर का भेद खुलने के बाद बहुत विचलित, विवश व वैरागी दिखा दिया है। वह अपने को कोसती है कि मैंने भेष बदले हुए साधुओं पर क्यों विश्वास किया और क्यों उन्हें अपने रुपयों की थैली दिखाई! इस प्रकार प्रेमचन्द अपने इस पात्र को वहाँ ले जाकर खड़ा कर देते हैं जहाँ उसके पास आत्मघाती प्रायश्चित्त के अलावा कुछ नहीं बचता। पर वह भूल के अहसास और पछतावे के बावजूद अपना प्रभाव छोड़ने में कामयाब होती है। धर्म की भूमि पर जाग्रत स्त्री दैहिकता स्वयं पर लज्जित हो जाती है। उपन्यास में श्रद्धा, विद्या, शीलमणि नामक स्त्री–चरित्र भी हैं पर वे स्वतन्त्र भावनाओं को न तो अपनाते हैं, न उनका आनन्द ले सकते हैं।

उपन्यास विधा के विकास का मुख्य आधार है मनुष्य की स्वतन्त्रता। यह स्वतन्त्रता केवल आचरण या व्यवहार की वस्तु नहीं बल्कि वह स्वप्न के रूप में भी स्वयं को व्यक्त करती है। मानवीय स्वतन्त्रता के अनुभव के लिए मनुष्य विभिन्न क़िस्म की ग़लतियाँ, गुस्ताख़ियाँ, अतिरेक और जोखिम को भी स्वीकार करता है। उपन्यास विधा में प्राण फूँकते चरित्र वे नहीं हैं जो टाली जा

सकने वाली ग़लतियाँ नहीं करते हैं। सर्वदा निष्पाप और पवित्र बने रहते हैं। या जो बद्धमूल रूढ़ियों, मर्यादाओं, अपेक्षाओं के दायरे में क़ैद होना पसन्द करते हैं। उपन्यास के पाठक को आनन्द या प्रेरणा भी उनसे नहीं मिलती है जो लकीर के फ़क़ीर होते हैं। उसे आनन्द व प्रेरणा उनसे प्राप्त होती है जो अपनी परिस्थितियों के दास नहीं हैं बल्कि उसके विरुद्ध संघर्षशील हैं। उपन्यास विधा की इसी विशेषता को प्रेमचन्द बख़ूबी समझते थे और इसीलिए उनके अन्य उपन्यासों में भी विद्रोह का तत्त्व प्रधान है। प्रेमचन्द के समकालीन अन्य लेखक भी किसी नयी चेतना को पैदा करने की दृष्टि से उपन्यास की भूमिका को समझने लगे थे। जैनेन्द्र ने अपने वर्ष 1929 में प्रकाशित उपन्यास 'परख' में उपन्यास विधा के बारे में लिखा था–'उपन्यास में जैसी दुनिया है, वैसी चित्रित नहीं होती। दुनिया का कुछ उठा हुआ, उन्नत, कल्पित रूप चित्रित किया जाता है।' सत्य में स्वप्न का पुट देना तथा वास्तव में कल्पना को मिलाना भी उपन्यास का उद्देश्य बना पर इसमें सबसे अधिक किसी नवीन विचारदृष्टि का प्रसार करना महत्त्वपूर्ण था। जिन लेखकों के पास कोई नयी विचारदृष्टि न थी, उनके पास यथार्थ का कितना ही अनुभव हो पर वे उपन्याकार के तौर पर सफल नहीं हो सकते थे। कौन जाने केवल उपन्यास पर ही नहीं बल्कि साहित्य की समस्त विधा पर यह तर्क लागू होता हो। इस नयी विचारदृष्टि का प्रमुख लक्षण है यथास्थिति से विद्रोह और उसका विकल्प ढूँढ़ने की बेचैनी। विद्रोह का यह तत्त्व (rebel instinct) प्रेमचन्द के उपन्यासों में निम्नवर्ग के तथा सामाजिक रूप से कमज़ोर समझे जाने वाले पात्रों की शक्ति को उभार देता है। पात्रों की शक्ति को प्रेमचन्द इसलिए भी सफलतापूर्वक उभार पाते हैं क्योंकि उन्होंने भले औपचारिक समाजशास्त्र न पढ़ा हो पर समाजशास्त्रीय अन्तर्दृष्टि की एक विशिष्ट कौंध उनके लेखन में सर्वत्र व्याप्त है। वह समाज के यथार्थ को समझने वाली वस्तुपरक दृष्टि उनके लेखन को गहराई प्रदान करती है। इसीलिए प्रेमचन्द के उपन्यास 'गोदान' में झुनिया का भी मुखर प्रसंग है जो विधवा है पर वह होरी के बेटे गोबर से विवाह करती है। उपन्यास में वर्णित इस घटना के माध्यम से भी प्रेमचन्द दिखाना चाहते हैं कि विधवा विवाह से जुड़े सामाजिक निषेध प्रायः केवल उच्चवर्णों में हैं, निम्नजातियों में विधवा स्त्री सहजता से अपने पूर्व पति को भूलकर किसी अन्य पुरुष से विवाह कर सकती है। टैगोर के उपन्यासों की कथाओं का वर्गगत–जातिगत आधार भी चूँकि उच्चवर्ण या मध्यवर्ग है, इसलिए वह विधवा विवाह का यथोचित समर्थन करने से चूक जाते हैं।

प्रेमचन्द स्त्री ख़ासकर विधवा के शोषण को केवल उसके पुनर्विवाह तक सीमित नहीं मानते थे बल्कि स्त्री को दोयम दर्जे का प्राणी समझने की संस्कृति की भी आलोचना करते हैं। 'बेटों वाली विधवा' कहानी में उन्होंने विधवा की उपेक्षा, ख़ासतौर पर उसे सम्पत्तिहीन व अधिकारहीन करने की वास्तविकता का चित्रण किया है। कहानी में फूलमती नामक विधवा, जिसके चार बेटे हैं, वह पति की मृत्यु के बाद धन–सम्पत्ति पर अधिकार खोकर अपने ही घर में आश्रित रह जाती है और अन्त में गंगा नदी में समा जाती है। इस कहानी का प्रकाशन 'चाँद' पत्रिका में 1932 ई. को हुआ था और 'बदनसीब माँ' के नाम से उर्दू में भी प्रकाशित व संगृहीत हुई थी। कहानी में जब पति की मौत के बाद स्त्री से उसके पुत्र ही घर की चाबियाँ और गहने छीनने लगते हैं तो अपने अमानवीय आचरण पर वे पुराने ऋषियों और महाराज मनु के हवाले से परदा डालने की कोशिश करते हैं। वह विधवा स्त्री कह उठती है–'वाह रे अन्धेर! मैंने पेड़ लगाया और मैं ही उसकी छाँह में खड़ी नहीं हो सकती। अगर यही क़ानून है तो इसमें आग लग जाये।' इस प्रकार प्रेमचन्द का यथार्थवाद समाज के प्रति व्यापक चेतना और अनुभव से जुड़ा है। उसकी कई परतें और आयाम हैं। वह केवल किसी एक वर्ग या समूह से जुड़ा यथार्थवाद नहीं है, न ही केवल किसान या गाँव से जैसा कि कुछ आलोचकों ने साबित करने की चेष्टा की है। नामवर सिंह ने प्रेमचन्द के यथार्थवाद को केवल भारतीय किसान की जीवन दृष्टि तक सीमित कर दिया है और माना है कि प्रेमचन्द ने जो यथार्थवाद कमाया, वह एथिक्स की किताबें पढ़कर नहीं कमाया बल्कि उनका यथार्थवाद भारतीय किसान का यथार्थवाद है। उन्हीं के शब्दों में–'प्रेमचन्द के यथार्थवाद की जो सीमा है वह भारतीय किसान की जीवन–दृष्टि की सीमा है। इसलिए प्रेमचन्द की रचनाओं में बहुत ऊँचाइयाँ और बुलन्दियाँ नहीं मिलती हैं, जो आपको कभी–कभी रवीन्द्रनाथ में मिल जाया करती है और कभी–कभी वह गहराइयाँ नहीं मिलती हैं जो शरतचन्द्र में दिख जाया करती हैं। वह कमी उस भारतीय किसान की है, जिस भारतीय किसान से प्रेमचन्द ने तादात्म्य स्थापित करके अपने यथार्थवाद को स्थापित किया है।'[2] हक़ीक़त में न तो प्रेमचन्द का यथार्थवाद केवल किसान–दृष्टि तक सीमित था और न वह केवल किसानों के विषय पर लिखते थे। विधवाओं पर रचित उनके उपन्यास और पात्र दिखाते हैं कि वह स्त्री–संवेदना को रूढ़िवादी–परम्परावादी जकड़न से बाहर आकर समझने व व्यक्त करने की ईमानदार लेखकीय चेष्टा कर रहे थे।

प्रेमचन्द बहुत सारे मर्यादाबद्ध तथा पारम्परिक चरित्रों के बीच कथानक में विद्रोह के लिए छटपटाते चरित्रों का सृजन अवश्य करते हैं जैसे कि उन्होंने 'प्रेमाश्रम' में ग्रामीण कथा के स्तर पर मनोहर व उसके पुत्र बलराज का चरित्रांकन किया है या फिर विधवा गायत्री का जीवनांकन जो अपनी ही बहन के पति ज्ञानशंकर से वासना व प्रेम के सम्बन्ध में बँध जाती है। एक महत्त्वाकांक्षी और पाबन्दियों को नकारने वाली विधवा (Transgressing widow) हिन्दू परिवार व्यवस्था में पति–पत्नी के सम्बन्धों की अपर्याप्तता को व्यक्त करने में भूमिका अदा करती थीं। यह ध्यान देने की बात है कि 'प्रेमाश्रम' समेत कई उपन्यास ऐसे रचे गये हैं जिनमें पति–पत्नी के सम्बन्धों के बीच विधवा आती है तो वह केवल एक पतनशील या सुमार्ग से विचलित चरित्र नहीं होती है। उसका व्यक्तित्व और जीवन समाज और परिवार व्यवस्था की कई सूक्ष्म सच्चाइयों को प्रकट करता है। विशेष तौर पर ये विधवाएँ आयु, पृष्ठभूमि, शिक्षा के स्तर और विचार आदि के स्तर पर पति–पत्नी के बीच की भिन्नताओं तथा उनसे उपजी भावनात्मक दूरियों की वास्तविकता को व्यक्त करती हैं। वे पति–पत्नी के सम्बन्धों के बीच एक तीसरे कोण की तरह आने वाली वेश्याओं और प्रेमिकाओं आदि की ही तरह आकर उनके सम्बन्धों में मौजूद असमानताओं को उजागर करती हैं। उन दरारों की ओर ध्यान आकृष्ट करती हैं, जो विवाहितों के बीच पहले से होती हैं। हालाँकि अधिकांश उपन्यासों में पति–पत्नी के सम्बन्धों में 'आउटसाइडर' की हैसियत रखने वाली विधवा को अन्त में निर्वासित (cast-off) कर दिया जाता है और पति–पत्नी के सम्बन्धों की समरसता को पुनः स्थापित कर दिया है, पर इसके बावजूद विधवाओं पर आधारित कथानक भारतीय परिवारों में पति–पत्नी के रिश्तों की सीमाओं व तल्खी को प्रकट करने में सफल होते हैं।[3] इस दौर के उपन्यास यह रेखांकित करते हैं कि स्त्री और पुरुष के लैंगिक गुणों की आवश्यकताओं के अनुरूप विवाह नामक संस्था उन्हें सन्तुष्टिदायक जीवन उपलब्ध करा सकती है पर यह उपन्यास इस बात का रेखांकन करते–करते विवाहित स्त्री–पुरुष के विषम तनावपूर्ण सम्बन्धों को चित्रित कर देते हैं।[4]

'प्रेमाश्रम' में गायत्री विधवा है, पर विधवा होने की उन कठोर पाबन्दियों की शिकार नहीं है जैसा कि टैगोर के उपन्यासों के विधवा चरित्रों को धर्म व परिवार की घुटनभरी क़ैद का शिकार दिखाया जाता है। 'प्रेमाश्रम' में गायत्री के चरित्र की गढ़न्त में प्रेमचन्द ने स्त्रियोचित गुणधर्म को ही नहीं बल्कि पुरुषोचित

विशेषताओं को भी आधार बनाया है। एक सफल कथाकार–उपन्यासकार का यह गुण होता है कि वह स्त्री व पुरुष चरित्रों को उनके पूर्वनिर्धारित लैंगिक गुणों तक सीमित नहीं करता है। वह चरित्रों को लैंगिक गुणात्मकता और पूर्वग्रहों से बाहर निकालता है। इसीलिए कहीं उसके पुरुष चरित्र किसी स्त्री की तरह कमज़ोर व भावुक दिखते हैं और कहीं उसके स्त्री–चरित्र किसी पुरुष की तरह सामाजिकता को पसन्द करने वाले साहसी व धैर्यवान बन जाते हैं। प्रेमचन्द ने गायत्री को गाँव–गाँव भटकने वाली, कारिन्दों और सरकारी कर्मचारियों से जूझने वाली और अपने लगान–सूद की चिन्ता करने वाला दिखाया है। वह किसी पुरुष सामन्त की तरह शक्तिशाली है और किसी स्त्री की तरह सुकोमल। जब वह कठोर निरंकुश सामन्त की तरह दिखती है तो लेखक सम्भवतः यही दिखाना भी चाहता है कि सामन्ती अर्थव्यवस्था एक सुनिश्चित प्रणाली है। इस प्रणाली से बँधकर इसका लाभ उठाने वाले सामन्तों में आत्मिक गुणों का विकास नहीं हो पाता। फिर चाहे वे स्त्री हों या पुरुष। अच्छा या बुरा सामन्त हो सकता है पर अन्ततः सामन्तों का वर्ग जिस बेगार, लगान व सूद की वसूली के तन्त्र का उपासक है, वहाँ मनुष्यता एक दुर्लभ गुण बन जाती है। गायत्री, प्रेमशंकर और रायकमलानन्द सभी सामन्त इस प्रणाली के आलोचक भी हैं और इससे बाहर जाने के लिए व्यग्र दिखते हैं। इसमें भी उपन्यास विधा की सार्थकता है जिसमें यह विधा विभिन्न स्थितियों में फँसे आमजनों की उस व्यवस्था से बाहर आने की बेचैनी व तड़प को दिखाते हैं जिसके भीतर वे जी रहे हैं। वे अपनी नैतिक विफलताओं को स्वीकार करके ही अधिक प्रभावशाली बनते हैं। उपन्यास में गायत्री को जब ज्ञानशंकर के छलकपट का पता चलता है तो वह उसके कपट पर क्रोधित होने के साथ–साथ स्वयं को भी दोषी मानती है और कहती है–'श्रद्धा तुम्हें विश्वास न आयेगा, यह मनुष्य पक्का जादूगर है। इसने मुझे ऐसा मन्त्र मारा कि मैं अपने को बिल्कुल भूल ही गयी। वायुमण्डल में नाना प्रकार के रोगाणु उड़ा करते हैं। उनका विष उन्हीं प्राणियों पर असर करता है जिनमें उनके ग्रहण करने का विकार पहले से ही मौजूद रहता है। मच्छर के डंक से सबको ताप और जूड़ी नहीं आती है। वह बाह्य उत्तेजना केवल भीतर के विचार को उभार देती है। ऐसा न होता तो आज समस्त संसार में एक भी स्वस्थ प्राणी न दिखाई देता। मुझमें यह विकृत पदार्थ था।' इस उपन्यास में प्रेमचन्द ने गायत्री के रूप में एक प्रेमातुर, शक्तिशाली, व्यावहारिक स्त्री का चरित्र खींचा था जो विधवा है पर विधवा होने की दयनीयता की शिकार नहीं है।

वह पितृसत्ता, परम्परा और सामाजिक निषेधों से परे है जो उत्तर भारत में स्त्रियों की तत्कालीन दशा को देखते हुए थोड़ा अविश्वसनीय प्रतीत होता है। वह सभी के सामने राधा का रसिकता और उन्माद के भरा अभिनय भी निस्संकोच करती है और रियासत पर अपना हुकुम चलाती है। पर प्रेमचन्द ने उसकी जीवनलीला का अन्त जिस बिन्दु पर किया है, वहाँ गायत्री अपनी ही सेक्सुअलिटी पर लज्जित व हताश स्त्री बनकर रह जाती है। वह अपनी अवैध व्यभिचारी कामनाओं का दण्ड स्वयं को तथा अपने सम्भावित प्रेमी को देने के लिए व्यग्र है। कुछ तो इस व्यग्रता के पीछे धोखा दिये जाने का अहसास है और कुछ स्वयं को भ्रष्ट करने का क्रोध। वह स्वयं के प्रति भी उतनी ही क्रुद्ध है जितनी ज्ञानशंकर को लेकर। उसका यह आत्मधिक्कार सेक्स और प्रेम के प्रति भारतीय मनोविज्ञान की उपज है। भारतीय समाज में प्रेम और सम्भोग गोपनीय क्रिया है, सभी की दृष्टि से छिपकर किया जाने वाला कर्म है। इसलिए प्रेम व सम्भोग में हिस्सा लेने वाले पात्र अपने इस कर्म के प्रति संशय पालते हैं। रति व सम्भोग में लिप्त होते हुए भी एक–दूसरे से घृणा करते हैं क्योंकि उनके मन में छिपकर किये जाने वाले कार्य के प्रति वितृष्णा भरी होती है। वे हल्का–सा आरोप लगने पर एक–दूसरे को अपने पतन के लिए ज़िम्मेदार मान बैठते हैं। इसी मनोविज्ञान के कारण अधिकांश संसार के अधिकांश मर्द वेश्याओं और प्रेमिकाओं से सम्बन्ध तो रखते हैं पर उनके प्रति वितृष्णा व घृणा से भरे होते हैं। गायत्री व ज्ञानशंकर दोनों एक–दूसरे के प्रति खीज और घृणा से भरे दिखते हैं जिसमें गायत्री की घृणा अधिक प्रखर दिखती है। उसकी जीवनलीला को उपन्यासकार ने जिस प्रकार से अकस्मात समाप्त कर दिया है, वह तत्कालीन विधवा स्त्री की नियति पर दारुण टिप्पणी है। वह आत्महत्या से पूर्व उजली साड़ी पहनने लगती है, नंगे पाँव चलती है तथा रूखा–सूखा भोजन भी करने लगती है। वह ज्ञानशंकर की दुर्नीति व चालाकी से विचलित हो पहाड़ की यात्रा पर जाती है जहाँ उसे एक परमज्ञानी सन्त का पता चलता है जो चित्रकूट में रहते हैं। वह चित्रकूट जाती है तो वह संत और कोई नहीं बल्कि उसके पिता राय कमलानन्द ही होते हैं और वह ग्लानिवश पहाड़ की चोटी से कूदकर आत्महत्या कर लेती है। उसकी मृत्यु का कारुणिक वर्णन प्रेमचन्द ने इन शब्दों में किया है–'उसने उन्मत्त नेत्रों से नीचे की ओर देखा और तब जैसे कोई चोट खाया हुआ पक्षी दोनों डैने फैलाकर वृक्ष से गिरता है, वह दोनों हाथ फैलाये शिखर पर से गिर पड़ी। नीचे एक गहरा कुण्ड था।

उसने उसकी अस्थियों को संसार के निर्दय कटाक्षों से बचाने के लिए अपने अन्तःस्थल के अपार अन्धकार में छिपा लिया।' उपन्यास के कथानक में गायत्री की बहन विद्या भी आत्महत्या करती है और लखनपुर गाँव का किसान मनोहर, जिसने ज़मींदार के कारिन्दे गौंस खाँ को मारा है, वह भी आत्महत्या कर लेता है। यहाँ तक कि मुख्य चरित्र ज्ञानशंकर भी आत्मग्लानि के दबाव में गंगा में कूदकर जान दे देता है। इस रूप में यह उपन्यास आत्महत्याओं की एक सिलसिलेवार उपगाथा का निर्माण करता है। आत्महत्याओं के प्रसंगों के माध्यम से प्रेमचन्द ने उपन्यास के जटिल चरित्रों को रास्ते से हटा दिया है ताकि वह उपन्यास को शानदार सुखान्त की तरफ़ आसानी से मोड़ सकें जिसमें काश्तकारों के सुख–सन्तोष को दिखाया जा सके। यदि ये जटिल चरित्र जीवित रहते तो वह सुखद–सरल जीवन, जिसे उन्होंने मानव अन्तःकरण की उन्नति का परिणाम बताना चाहा है, उसकी सत्यता सन्दिग्ध हो जाती। उपन्यास का अन्त नितान्त आदर्शवादी है जिसमें अधिकांश लोगों का एक–एक कर नाटकीय ढंग से हृदय परिवर्तन होता है। ज़मींदार व्यवस्था को मायाशंकर नामक नया सामन्त यह कहकर ख़ारिज कर देता है कि यह प्रथा वर्तमान समाज–व्यवस्था का कलंक चिह्न है। गाँव के सभी लोगों को लगान व बेगारी के आतंक से मुक्ति प्राप्त हो जाती है। सामान्य सामाजिक प्रश्नों पर प्रेमचन्द ने जिस आदर्शवादी अन्त का सहारा लिया है, दुर्भाग्य से वही आदर्शवाद स्त्री–प्रश्नों पर अत्यन्त उलझा हुआ है। उनका आदर्शवाद सर्वश्रेष्ठ मानव गुणों के विकास के रूप में सभी का कल्याण होता दिखाता है पर स्त्रियों को पछतावे, मृत्यु व बन्धनों को स्वीकारता हुआ दिखाता है। आदर्शवाद का जो लिंगवादी पक्ष व आधार है, वह प्रायः स्त्री–विरोधी चेतना की सीमा को स्पर्श करने लगता है। व्यापक सामाजिक प्रश्नों पर आदर्शवादी चिन्तन किसी नवीन मानवीय मूल्य का सृजन करता है जैसा कि इस उपन्यास में होता है। यह आदर्शवाद ज़मींदार व्यवस्था के अन्याय, लोभ–लालच और अंग्रेज़ी शासन की निर्ममता को समाप्त करने की कल्पना को उत्तेजित करता है। आदर्शवादी ढंग से हुआ मानव हृदय परिवर्तन बहुत सारी क्रूरताओं–पाखण्डों का प्रतिपक्ष तैयार कर देता है, भले ही वह अवैज्ञानिक ढंग से यह मत रखे कि बाहरी सामाजिक परिवर्तन नहीं बल्कि मनुष्य के आचरण में परिवर्तन अधिक महत्त्वपूर्ण होता है। हृदय परिवर्तन का यह फॉर्मूला जीवन के बहुत सारे नैतिक आयामों को उद्भासित करता है और मानवीय अन्तःकरण पर विश्वास करने के लिए प्रेरित कर सकता है। पर स्त्रियों के सन्दर्भ में यही आदर्शवाद बुरी तरह लड़खड़ाकर

परम्परावाद के गड्ढे में गिरता है जिसकी मिसाल है गायत्री के जीवन का दुःखद अन्त। वह ऐन्द्रिक लोभ–वासना को लेकर गहरे अपराध–बोध से भरी दिखती है। अपने सतीत्व की रक्षा न कर पाने के लिए स्वयं को कोसती है। ख़ुद को पतिता व कुलकलंकिनी आदि के रूप में देखने लगती है जिसका अपराध यह है कि वह ज्ञान–वैराग्य के रास्ते पर चलने वाली विधवा की तरह आचरण न कर सकी। इस प्रकार प्रेमचन्द का आदर्शवाद जहाँ किसानों व ज़मींदारों के प्रश्न पर किसी उपयोगी समाधान को पेश करता है, वहीं स्त्रियों पर यही दृष्टिकोण लागू करने के कारण उनकी यौनिकता, जीवन तथा सामाजिक अधिकार की अवमानना कर बैठता है। यह फ्रायड के उस पुराने सिद्धान्त का तर्कहीन ढंग से अनुकरण करता है जिसके अनुसार पुरुष आक्रामक होता है और स्त्री अन्ततः आत्मपीड़न से भरी होती है। इस रूप में उनकी कृति रूढ़िवादी–परम्परावादी धारणाओं की प्रचारक बन जाती है। टैगोर के उपन्यासों की विडम्बना है कि उनमें विधवाएँ अन्ततः अपनी स्वतन्त्रता को भूल केवल सतीत्व रक्षा की चिन्ता में उलझ जाती हैं। सतीत्व का आदर्श स्वीकार कर वे शेष समाज की रक्षा करते हुए प्रतीत होती हैं। वही विडम्बना प्रेमचन्द के उपन्यासों की भी है। किसी विधवा का अपनी दैहिकता व भावनाओं को अपराध की तरह देखना तथा उन्हें आत्मधिक्कार से ग्रस्त दिखाना स्त्री प्रश्नों पर अपनाया गया वह आदर्शवाद है जो वास्तव में स्त्रियों की सांस्कृतिक–सामाजिक हीनता को पुष्ट करता है।

विधवाओं की दशा पर हिन्दी में 'सुशीला विधवा','प्रेमा' तथा 'प्रेमाश्रम' के अतिरिक्त जैनेन्द्र ने भी एक 'परख' नामक महत्त्वपूर्ण उपन्यास लिखा था। इस उपन्यास को उन्होंने दिल्ली में रहकर लिखा था और इसमें दिल्ली के कुछ प्रसंगों का वर्णन भी मिलता है। पर इसके अधिकांश प्रसंग दिल्ली से दूर स्थित किसी गुमनाम गाँव में रहने वाली विधवा के जीवन पर केन्द्रित हैं। स्त्री का अन्तर्मन और बाहरी जीवन इसमें उघड़कर सामने आ जाता है। उपन्यास कट्टो नामक एक विधवा लड़की की जीवनकथा है जिसका विवाह चार वर्ष की आयु में हुआ और पाँचवें वर्ष वह विधवा हो गयी। घर में केवल एक माँ है और वह ख़ूब ज़िन्दादिल लड़की है जो ख़ूब खेल–खिलन्दड़ करना चाहती है। उपन्यास में उसकी आयु चौदह वर्ष दिखाई गयी है। पड़ोस में रहने वाले एक व्यक्ति के पास जाकर पढ़ाई करती है। वही सत्यधन नामक व्यक्ति, जो वकालत पास है पर आदर्शवादी विचारों का है, उसके प्रति आकृष्ट हो जाता है तथा उसके

भविष्य की चिन्ता करने लगता है। पर उसका विवाह दिल्ली में रहने वाले एक परिवार की शिक्षित लड़की गरिमा से तय हो चुका है। वह उधेड़बुन में फँस जाता है और अन्ततः कट्टो का विवाह अपने मित्र बिहारी से करने की योजना बना लेता है। वह स्वयं गरिमा से विवाह करता है और उधर बिहारी अपना विवाह केवल प्रतीकात्मक रूप से विधवा कट्टो से करता है जिसमें यह शर्त होती है कि दोनों कुँवारे की तरह ही अलग–अलग रहेंगे। अन्त में सत्यधन, जो दिल्ली में अपनी पत्नी के पिता के घर में रहता है, वह इस बात से बेहद निराश हो जाता है कि उसके ससुर ने उसे वसीयत में कुछ नहीं दिया। वह घर से निकल जाता है तो कट्टो आकर उसे चालीस हज़ार रु. दे जाती है जो उसने बिहारी से लिया है। इस प्रकार वह उसकी सहायता ही नहीं करती है बल्कि स्वयं को उत्रृण भी करती है। जैनेन्द्र ने इस उपन्यास में कट्टों के वैधव्य को कम बल्कि दो पुरुष चरित्रों सत्यधन व उसके मित्र बिहारी के कट्टों से सम्बन्धों को अधिक रस लेकर चित्रित किया है। इस उपन्यास के कथानक पर टैगोर के उपन्यास 'चोखेर बाली' की गहरी छाया है। कई प्रसंग तो हूबहू मिलते–जुलते हैं। 'परख' उपन्यास में बिहारी नामक पात्र भी वही है जो टैगोर के उपन्यास में है। नाम एक और उनका चरित्र लगभग एक जैसा। उपन्यास का अन्त भी काफ़ी मिलता–जुलता है। 'चोखेर बाली' में बिहारी नामक चरित्र विधवा बिनोदिनी से एक रूहानी रिश्ता रखते हुए ग़रीबों के उपचार के लिए बगीचा बनाता है और मानव–सेवा में अपना जीवन अर्पित करता है। 'परख' में भी बिहारी नामक चरित्र भी कट्टो से एक अशरीरी विवाह सम्बन्ध रखकर इलाक़े के लोगों की शिक्षा व जागृति के लिए जीवन समर्पित कर देता है। इन दो उपन्यासों में मध्य की 'अन्तर्पाठीयता' का अध्ययन करने वाले इन दोनों उपन्यासों के कुछ प्रसंगों की समानता को अवश्य नोट करेंगे। अन्तर यह है कि बिनोदिनी जहाँ काशी जाकर पूरी तरह अपने यौवन व स्त्रीत्व को अस्वीकार कर देती है, वहीं जैनेन्द्र के उपन्यास में कट्टो बिहारी से दूर रहकर लोगों के बीच शिक्षा फैलाने का काम हाथ में लेती है।

विधवा समस्या पर केन्द्रित उपन्यास अपने पाठकों को कथारस प्रदान करने के लिए प्रायः किसी स्त्री के इर्द–गिर्द एकाधिक पुरुषों की रोमांस कथा का प्रयोग करते हैं। घर–रसोई का जीवन, शादी–ब्याह, चिट्ठी–पत्री आदि से जुड़ा जो जीवन होता है, उसको विभिन्न कोणों से उभारा है और उसमें कट्टों का

चरित्र एक साधारण लेकिन संवेदनशील ग्रामीण स्त्री की तरह व्यक्त करने की चेष्टा की है। विधवा स्त्री के रूप में कट्टो की नैतिक–बौद्धिक श्रेष्ठता को प्रकट कर दिया है। पर उपन्यास समाज में विधवा समस्या का कोई सटीक हल नहीं ढूँढ़ सका। जैनेन्द्र ने विधवा की पीड़ाओं को केवल प्रेमाकांक्षा और विवाह के प्रश्न तक सीमित कर दिया है जैसा कि बंगाल से लेकर महाराष्ट्र और हिन्दी के अधिकांश उपन्यासों में होता है। उनकी पीड़ा के व्यापक सामाजिक चित्र रोमांस व प्रेम सम्बन्धी उनकी विकलता में गुम हो जाते हैं। 'परख' में विधवा प्रश्न को लेकर उनकी इस विफलता को यह कहकर अनदेखा किया जा सकता है कि उपन्यासकार का रचनात्मक दायित्व यथार्थ को प्रकट करना है, न कि यथार्थ में निहित समस्याओं का हल बताना। पर यथार्थवाद के प्रति आग्रह लेखक के मन में रहता है, उसके प्रति यान्त्रिक निष्ठा कोई लेखक शायद ही रख पाता है। प्रेमचन्द स्वयं यथार्थ का चित्रण करते हुए यथार्थ की समस्याओं का कोई समाधान प्रस्तुत करने में विश्वास रखते थे। 'गोदान' से पहले के उनके उपन्यास किसी–न–किसी समस्या के किसी समाधान की तलाश करते दिखते हैं। जैनेन्द्र ने भी इस उपन्यास में विधवा समस्या को यथार्थवादी ढंग से दिखाया है और उसका समाधान अपने नज़रिये से प्रस्तुत किया है। वह समाधान यह कि विधवा को किसी कुँवारे पुरुष से विवाह नहीं करना चाहिए बल्कि एक 'प्लेटोनिक' शैली में मौखिक–भावनात्मक सम्बन्ध रखना चाहिए जिसका कोई सामाजिक पक्ष न हो। वह केवल नितान्त आत्मिक व दूरस्थ भावों पर केन्द्रित रहे। इस रूप में वह विधवा की लैंगिक कामनाओं को सही प्रकार से अभिव्यक्त करने के स्थान पर उसका विलिंगीकरण (Desexualization) कर देते हैं। वह पत्नी और प्रेमिका तो है पर वह अपने पति या प्रेमी से कभी सम्पर्क में न आने की शर्त से बँध गयी है। प्रेमचन्द ने जहाँ 'प्रेमा' और 'प्रेमाश्रम' उपन्यास में विधवा चरित्रों की जीवनलीला को हत्या व आत्महत्या के जरिये समाप्त होते दिखाया था, वहीं जैनेन्द्र के 'परख' में नायिका एक आदर्श विधवा की तरह स्वयं को ढाल लेती है। वह यौनक्रियाओं व दैहिक कामनाओं की ऊर्जा से जुड़े लैंगिक सन्धानों के सभी तत्त्व नकारती है और ऑस्ट्रेलियन नारीवादी विचारक जर्मन ग्रेयर के शब्दों में एक अनुकूलित 'बधिया स्त्री' में बदल जाती है। ग्रेयर के अनुसार यह बधिया स्त्री ऐसी स्त्री होती है जो अपने लिंग के प्रति जब चैतन्य हो रही होती है, उसी समय उसकी कामना व उत्सुकता के नये रूपों पर भारी पड़ने वाला जड़ता का पर्याप्त बल आरोपित कर दिया जाता है।[5]

पूर्णा, गायत्री तथा कट्टो के चरित्र में समानता यह है कि तीनों ही सामाजिक पृष्ठभूमि की भिन्नता के बावजूद न केवल विधवाएँ हैं, बल्कि सामाजिक सम्मान–स्वीकृति की चाह तथा आत्मरति व कामोत्ताप सम्बन्धी अनुभवों के कारण स्वयं के साथ गहरा संघर्ष करती हैं। वे ऐसे समाज की स्त्रियाँ हैं जो अपनी सामाजिक संस्कृति की शक्ति से उनकी जैव–वैज्ञानिक तथा भावनात्मक आवश्यकताओं का दमन करना चाहता है। उन्हें अनगिनत टोही सवालों में क़ैद रखता है। यदि वे भाग्यशाली हैं तो उन्हें किसी सत्पुरुष की भावनाओं का सहारा मिलता है और दुर्भाग्यशाली हैं तो किसी व्यभिचारी–लालची का शिकार होना पड़ता है। वे ऐसी विफल स्त्रियाँ हैं जिनके वैधव्य की विडम्बना का तो लेखक चित्रण करता है पर पुराने रोमांसवादी कथानक की तर्ज़ पर उन्हें या तो मरणशील नायिकाओं (प्रेमा व प्रेमाश्रम में) या आत्मपीड़न से भरी आदर्श स्त्री (परख में) की तरह ही दिखा पाता है। उनकी पीड़ा का रेखांकन करने के बाद उनके जीवन का दुःखान्त दिखाया जाता है। उन्हें सहजीवन और सहज जीवन के सुख से वंचित दिखाकर लेखक केवल यथार्थ के प्रति निष्ठा को ही नहीं बल्कि उस वर्चस्वशाली सामाजिक मान्यताओं के प्रति भी अपनी एक अचेतन निष्ठा प्रकट करता है जिसमें स्त्री यौनिकता के प्रति एक जुगुप्सा व घृणा का भाव छिपा रहता है। जर्मन ग्रेयर के शब्दों में–'साहित्य में मरणशील नायिकाओं का रोमांसवादी चलन भी लैंगिक वितृष्णा तथा स्त्री–घृणा का प्रकटन है। स्त्री के मरने की कल्पना करना उसे मारने के बराबर है। मृत्यु की वेदी पर भस्म करके एक आतंकवादी आह्लाद से आनन्द उठाया जा सकता है।'[6] इस प्रकार बांग्ला उपन्यासों की तरह हिन्दी उपन्यास भी विधवाओं के जैविक–सामाजिक अस्तित्व को लेकर चिन्तित हैं और उन्हें सम्मानजनक स्थान दिलाने के लिए औपन्यासिक कथाओं में विभिन्न चेष्टाएँ करते हैं। पर उपन्यासों में विधवाओं का विवाह, उनके प्रेम–प्रसंग व रत्यात्मक चेष्टाएँ सामाजिक मूल्यों के आगे परास्त हो जाती हैं। विधवाओं की प्रायश्चितपूर्ण, दुःख व आत्मपीड़न से भरी छवि से विधवा स्त्रियों को मुक्त कराते–कराते वर्चस्वशाली सामाजिक प्रतिमानों के बीच उपन्यासकार उसी छवि को पुनः सुदृढ़ भी कर देते हैं। स्त्री–पुरुष सम्बन्धों में मौजूद ग़ैर–बराबरी तथा सामाजिक अन्तर्विरोधों की अभिव्यक्ति करते–करते लेखक स्वयं के अन्तर्विरोधों से उपन्यास को मुक्त कम करता है, उनका बन्दी अधिक बना देता है।

सन्दर्भ

1. राजुल सोगानी–द हिन्दू विडो इन इंडियन लिटरेचर, पृ, 104
2. नामवर सिंह–प्रेमचन्द और भारतीय समाज, पृ, 147
3. राजुल सोगानी–द हिंदू विडो इन इंडियन लिटरेचर, पृ, 114
4. वही, पृ, 115
5. जर्मेन ग्रेयर–बधिया स्त्री, पृ, 67
6. वही, पृ, 71

12

टैगोर-गाँधी संवाद : तीखे मतभेदों पर टिकी सच्ची मित्रता

गाँधी ने अपने विचार दो समकालीनों रवीन्द्रनाथ टैगोर तथा बाबा साहब अम्बेडकर के साथ हुए पत्राचारों में अनूठी दृढ़ता तथा गहनता के साथ व्यक्त किये हैं। अपने कुछ लेख भी उन्होंने इन्हीं दो विचारकों की धारणाओं से असहमतियों को सामने लाने के लिए लिखे हैं। इनमें रवीन्द्रनाथ टैगोर जो मूलतः साहित्यकार थे, उनके राजनीतिक–दार्शनिक मतों को जिस सम्मान के साथ गाँधी ने समझा और उस पर अपनी प्रतिक्रियाएँ व्यक्त कीं, वह दर्शाता है कि गाँधी के मन में अपने समकालीनों के साथ एक सद्भावपूर्ण लोकतान्त्रिक सम्बन्ध बनाने की इच्छा कितनी गहरी थी। उनका यह गुण उनके नेतृत्व–कौशल का बुनियादी गुण माना जा सकता है। अपने वक़्त के दो महान जीनियस एक–दूसरे से असहमत होकर ही परस्पर संवाद की सार्थक व उन्नत कला को विकसित करते हैं। गाँधी के तर्कों तथा भाषा में वैचारिक दृढ़ता के साथ ही विरोधियों के प्रति सम्मान की चमक मौजूद रहती है।

टैगोर के साथ उनका तीव्र वाद विवाद 1921 में मुख्य तौर पर असहयोग आन्दोलन की कार्यशैली व विचार को लेकर आरम्भ हुआ और वह 1930 के दशक के मध्य तक विभिन्न विषयों पर जारी रहा। असहयोग आन्दोलन के दर्शन, स्वदेशी, चरखा, सरकारी शिक्षा के बहिष्कार, विज्ञान के उपयोग, अन्धविश्वास और उपवास जैसे विषयों पर टैगोर ने कई बार गाँधी से अपनी मुखर असहमति प्रकट की। गाँधी ने अपने लेखों व पत्रों में उनकी असहमति का न केवल सम्मानपूर्ण भाषा में स्वागत किया बल्कि बेहद विनम्रता से कहा– 'कवि में जो कुछ है, उसका अंश भी मुझमें नहीं है।' गाँधी ने यह भी माना कि दो मित्रों में मतभेद न हों तो उनकी मित्रता कभी गहरी नहीं हो सकती है। उन्हीं के शब्दों में–'मित्रों को मित्र होने के लिए ज़रूरी नहीं कि वे सब तो

क्या अधिकांश बातों में भी परस्पर एकमत हों। हाँ इतना ज़रूर है कि मतभेद में तीव्रता नहीं होनी चाहिए और कटुता तो बिल्कुल नहीं। मैं साभार स्वीकार करता हूँ कि कवि की आलोचना में ऐसी कोई तीव्रता या कटुता नहीं है।' 1926 ई. में एक पत्रकार के सवाल के उत्तर में उन्होंने लिखा था कि बौद्धिक मतभेदों के कारण टैगोर से उनकी मित्रता और भी दृढ़ तथा सच्ची हो गयी है। टैगोर व गाँधी ने जितने लेख एक–दूसरे के ख़िलाफ़ लिखे हैं, उनमें वे परस्पर सम्मान को बचाने के बारे में बहुत सजग हैं। टैगोर यह मानते हैं कि उनमें सोचने की कल्पनाशक्ति बहुत है पर गाँधी की तरह क्रियान्वयन की क्षमता नहीं है जबकि गाँधी मानते हैं कि उनमें टैगोर जैसी महान कवित्वपूर्ण शक्ति की तुलना में साधारण तुकबन्दी करने की भी प्रतिभा नहीं है। दोनों में गहरी समानता यह है कि वे आसपास फैली अपवित्रता व संकटों से घबराकर अपना दायित्व व कार्यक्षेत्र नहीं छोड़ते हैं।

टैगोर ने गाँधी के मतों की आलोचना सबसे पहले उनके असहयोग सम्बन्धी विचारों से आरम्भ की थी। इस लेख में प्रस्तुत उद्धरण व सन्दर्भ इतिहासकार सव्यसाची भट्टाचार्य की पुस्तक 'द महात्मा एंड द पोयट : लेटर्स एंड डिबेट्स बिटवीन गाँधी एंड टैगोर, 1915–1941' से लिए गये हैं। गाँधी के असहयोग सम्बन्धी दर्शन की आलोचना करते हुए उन्होंने अपने सहयोगी सी.एफ. एंड्रूज को लम्बा पत्र लिखा था जिसका प्रकाशन मई 1921 में 'मॉडर्न रिव्यू' में हुआ था। तब तक टैगोर पश्चिम के कई देशों की यात्राएँ कर चुके थे और वह पूरब व पश्चिम के बीच सहयोग व वैचारिक आदान–प्रदान के महत्त्व के बारे में तफ़सील से लिख भी चुके थे। ऐसे में जब भारत में असहयोग आन्दोलन आरम्भ हुआ तो वह उसके राजनीतिक पक्ष को लेकर व्यथित हो गये। बहिष्करण और अलगाव की प्रवृत्ति के ख़िलाफ़ वह पहले से मुखर थे और अब भारत में ऐसा राजनीतिक आन्दोलन विकसित हो रहा था जो अंग्रेज़ों के शासन तथा उनकी कम्पनियों की वस्तुओं के बहिष्कार पर आधारित था। उनकी व्यथा इन शब्दों में दर्ज होती दिखती है–'यह भाग्य की कैसी विडम्बना है कि मैं समुद्र के इस पार पूर्व और पश्चिम की संस्कृतियों के सहयोग का उपदेश दे रहा हूँ और इसी समय दूसरी ओर असहयोग का पाठ पढ़ाया जा रहा है।' एक पारिवारिक विरासत के रूप में टैगोर का जिस ब्रह्मसमाज से सम्बन्ध था, वह उन्नीसवीं सदी के पूर्वार्ध से ही पश्चिमी साहित्य, अंग्रेज़ी भाषा तथा तर्कपद्धति की तरफ़ झुका हुआ था और टैगोर भी पश्चिम के साथ निरन्तर संवाद व सम्पर्क में

रहना पसन्द करते थे। असहयोग आन्दोलन के कारण अगर पश्चिम के साथ किसी प्रकार की दीवार खड़ी होने लगे, तो इससे बुरा उनके लिए कुछ नहीं हो सकता था। इसलिए असहयोग आन्दोलन ने उनकी चेतना को गहरा झटका दिया और अंग्रेज़ी सत्ता का बहिष्कार उन्हें पश्चिम का बहिष्कार प्रतीत होने लगा। तब उन्होंने भारत के विचार को भी यह कहकर परिभाषित करना चाहा कि भारत की परम्परा किसी के साथ अलगाव पैदा करने या उसका बहिष्कार करने की नहीं है। उन्होंने सरकारी स्कूलों के बहिष्कार का यह कहकर विरोध किया था कि इससे अराजकता फैलेगी तथा यह एक नकारात्मक कार्यक्रम है जिससे छात्रों का नुक़सान होगा। ज़ाहिर है कि टैगोर तत्कालीन राजनीतिक आन्दोलन के दार्शनिक पक्ष को समझने का प्रयत्न तो कर रहे थे, पर वह उस आन्दोलन के उपनिवेशवाद विरोधी रुख के महत्त्व के प्रति आश्वस्त न थे।

इसी की प्रतिक्रिया में गाँधी ने भी 'यंग इंडिया' में 1 जून, 1921 को दो लेख लिखे थे जिसमें उन्हें विस्तार से टैगोर को बताना पड़ा कि भारत में अब किस प्रकार देशभक्ति और राष्ट्रीयता जैसे पुराने शब्दों को नयी अर्थगरिमा प्रदान करने का काम चल रहा है और वह असहयोग आन्दोलन से सम्भव हो रहा है। अपने लेख 'अंग्रेज़ी पढ़ाई' में उन्होंने अंग्रेज़ों के द्वारा देशी भाषाओं को कुचले जाने पर खेद जताया और इसी पत्र में अपनी वह प्रसिद्ध पंक्ति लिखी जो आज भी गाँधीवाद को समझने का एक प्रमुख माध्यम है। टैगोर को जवाब देते हुए इस लेख में उन्होंने लिखा था–'मैं चाहता हूँ कि सब देशों की संस्कृतियाँ मेरे घर के चारों तरफ़ निर्बाध रूप से प्रवाहित हो सकें। लेकिन मैं यह कभी नहीं चाहूँगा कि उनके तेज़ झोंके मेरे पैर ही उखाड़ दें।' उन्होंने 'कविवर की चिन्ता' नाम से 'यंग इंडिया' में लिखे दूसरे लेख में उन्हें समझाना चाहा कि असहयोग आन्दोलन का मक़सद भारतवर्ष और यूरोप के बीच किसी प्रकार की दीवार खड़ी करना नहीं है। टैगोर यदि पश्चिम के साहित्य के अध्ययन को अत्यन्त महत्त्वपूर्ण मानते थे तो गाँधी का स्पष्ट रूप से मानना था कि केवल साहित्य की शिक्षा से किसी के चरित्र या मस्तिष्क की पूर्ण उन्नति सम्भव नहीं है। केवल इसी से वह चारित्रिक बल नहीं पैदा हो सकता जिसके अभाव को लेकर टैगोर स्वयं चिन्तित रहते थे। वह किसी तपे–तपाये जननेता की तरह चीज़ों को देख रहे थे और यह समझने की कोशिश कर रहे थे कि केवल शिक्षित शहरी जनता नहीं बल्कि दुर्बल साधारण लोगों को उपनिवेशवाद के ख़िलाफ़ किस प्रकार से जागरूक किया जा सकता है। साहित्य–शिक्षा, स्कूलों और

अंग्रेज़ी ज्ञान के प्रति उनके मन में गहरा अविश्वास दिखता है और वह मानते हैं कि अंग्रेज़ों द्वारा चलाये जा रहे सरकारी स्कूल लोगों को बुजदिल, लाचार बना रहे हैं और उनका काम केवल दुभाषिये और क्लर्क पैदा करना रह गया है। गाँधी मुख्य रूप से टैगोर तथा परोक्ष रूप से पूरे देश को यह सन्देश दे रहे थे कि ग़लत अन्यायपूर्ण चीज़ों के सामने 'नहीं' कहना कितना बड़ा नैतिक दायित्व है। हर बुरे अनैतिक कार्य के सामने भारतीयों द्वारा 'हाँ में हाँ मिलाने की संस्कृति' को गाँधी ने एक नहीं कई बार बुरी तरह लताड़ा था। उन्होंने भारतीय संस्कृति–दर्शन में सत्य को लेकर बड़ी–बड़ी बातें होते तो देखा था पर असत्य को अस्वीकार करने का साहस उन्हें नज़र नहीं आता था। इसलिए उन्होंने सत्य को स्वीकार करने के साथ ही असत्य को अस्वीकार करने के महत्त्व के बारे में लोगों में चेतना पैदा करनी चाही और असहयोग आन्दोलन इसी प्रयास की राजनीतिक अभिव्यक्ति बना। वह बुराई के साथ असहयोग का ज़रिया था। उन्होंने कहा–'हम लोगों ने नहीं कहने की शक्ति बिल्कुल गँवा दी है। सरकार के किसी काम में 'नहीं' कहना पाप और अभक्ति में गिना जाने लगा है।'

बुजदिली और लाचारी के अहसास से घृणा गाँधी के पूरे राजनीतिक दर्शन का अभिन्न हिस्सा रही है और गाँधी के इस साहस का सम्मान टैगोर भी करते थे। गाँधी नौजवानों को प्रेरित कर रहे थे कि वह ऐसी सरकार से सहयोग करना बन्द कर दें जो बुराइयों से भरी हुई है। वह उस भारत की ओर ध्यान खींच रहे थे जो दिन–ब–दिन ग़रीब होता जा रहा था और दुर्बलताओं के कारण उसके पाँवों में रक्त का संचार बन्द हो गया है। गाँधी उस विचार के कायल थे जिसमें असहायता के कारण आत्मविश्वास खो चुके भारत की आत्मा को जागृत किया जा सके। टैगोर जब पूर्व–पश्चिम के बीच वैचारिक–बौद्धिक आदान–प्रदान तथा आपसी सहयोग के सूत्र ढूँढ़ रहे थे उसी समय गाँधी को लगता था कि भारत जैसा देश जो ख़ुद यूरोप के पैरों तले है, वह संसार को क्या दे सकेगा! भारत को सबसे पहले तो ख़ुद अपने पैरों पर खड़े होना होगा और असहयोग आन्दोलन भारत को अपने पैरों पर खड़े करने का ही प्रयास था। 'हिन्द स्वराज' में गाँधी ने भारत की सभ्यता की श्रेष्ठता को रेखांकित करते हुए उसे पश्चिम से भिन्न बताया था। पर अपने राजनीतिक विवेक से यह भी स्पष्ट करते चलते थे कि भारत एक भयावह दुर्दशा से गुज़र रहा है और शक्तिशाली यूरोपीय देशों के सम्मुख खड़ा होना उसके लिए काफ़ी मुश्किल है। उन दिनों प्राचीन हिन्दू धर्मशास्त्रों और हिन्दू परम्पराओं का गौरवगान करने वाले लोग भी थे पर गाँधी

प्राचीनता के गौरवगान को महत्त्व नहीं देते थे। वह मानते थे कि धर्मशास्त्र से जुड़ी पुस्तकों के कितने ही संस्करण निकलते रहते हैं पर यूरोपीय बुद्धिमत्ता के कायल लोग उन्हें ध्यान देने लायक नहीं मानते हैं और उनके आधार पर भारत के सम्मान में वृद्धि नहीं होती है।

टैगोर के साथ स्वदेशी–आन्दोलन तथा विदेशी कपड़ों के त्याग को लेकर भी गाँधी की उनके साथ सार्वजनिक बहसें हुई थीं। टैगोर का मानना था कि विदेशी कपड़ों को जलाने के स्थान पर उन्हें ऐसे लोगों को दान कर देना चाहिए जो ग़रीब–निर्वस्त्र हैं। 1905 ई. में बंगाल विभाजन के समय जो स्वदेशी आन्दोलन छिड़ा था, टैगोर उसके पक्ष में थे। पर बाद में उसके आलोचक बन गये थे। उन्होंने स्वदेशी आन्दोलन के अतिवादों को लेकर ''घरे–बाइरे' (1916) जैसा उपन्यास लिखा था। जिसमें टैगोर के विचारों का वाहक बना उपन्यास–चरित्र निखिलेश स्वदेशी के विचार को जबरन थोपे जाने के ख़िलाफ़ कहता है–'आदमी ख़ुद क्या कपड़े पहने, क्या खाये, किसके साथ बैठे–उठे–यह भी अगर भय के शासन के द्वारा तय किया जायेगा तो इसका अर्थ होगा कि वहाँ आदमी की इच्छा को शुरू से ही अस्वीकार किया जा रहा है। यह मनुष्य को उसके मनुष्य बने रहने के अधिकार से वंचित करना है।' अन्यत्र भी टैगोर ने अपने लेखन में यही विचार व्यक्त किया है कि इस आन्दोलन में उत्तेजना की आग अधिक है, सृजन की शक्ति कम है। वह गाँधी के चरखा व स्वदेशी के विचारों को भी इसलिए नकारते थे क्योंकि उन्हें लगता था कि इसमें कठोर निर्देश जैसा कुछ है जो देश के सभी लोगों से यान्त्रिक अनुपालन की अपेक्षा रखता है। वह आज्ञाकारिता के विरोध को केवल अंग्रेज़ों के विरोध से ही नहीं बल्कि गाँधी के विरोध से भी जोड़कर देख रहे थे। उनका बंगाली अभिजात उच्चवर्गीय रवैया किसी अन्य के आदेश–निर्देश को स्वीकार करने में बाधक था। उन्होंने 'सत्य का आह्वान' नामक लेख में चरखा, खादी व स्वदेशी को अपनाने के गाँधी के आह्वान के बारे में व्यंग्य से लिखा था–'यह फ़क़ीर की मन्त्रशक्ति से सोना बनाने जैसा है। इस प्रकार के प्रलोभन के आगे मनुष्य अपनी सूझबूझ को तिलांजलि दे सकता है और जो ऐसा करने को राजी नहीं है, उन पर क्रोधित हो जाता है।'

ऐसा प्रतीत होता है कि तीव्र स्वदेशी आन्दोलन के दौर में टैगोर को अपनी असहमतियों के कारण काफ़ी निन्दा–आक्रोश का सामना करना पड़ा था। उनके ख़िलाफ़ पत्रों में लेख प्रकाशित होते थे और वह आहत थे। घर में ही सूत

कातने और कपड़ा बुनने की गाँधी की अपील का व्यापक असर था पर टैगोर को लग रहा था कि इसके माध्यम से मनुष्य को सरल विकल्प अपनाने के नाम पर छोटा बनाया जा रहा है। उन्होंने पश्चिम की बड़ी मशीनों तथा भारत में चरखा जैसी छोटी मशीन के नुक़सान को एक तराजू पर तौला। उन्होंने लिखा कि जिस प्रकार यूरोप में बड़ी मशीनों के बल पर मनुष्य को छोटा बनाया जा रहा है उसी प्रकार चरखा भी छोटी मशीन है जिसमें मनुष्य के मन को छोटा बनाने का ख़तरा निहित है। उनका यह भी मानना कि कौन–सा कपड़ा पहनना है, या कौन–सा नहीं यह अर्थशास्त्र का विषय होना चाहिए, पर गाँधी ने अर्थशास्त्र के सवालों को नैतिक उपदेश की दिशा में मोड़ दिया है। यह मानवीय बुद्धि को निष्क्रिय बना देने का उपाय है। उन्होंने 'कल्ट ऑफ़ चरखा' नाम लेख में लिखा–'आपने विदेशी कपड़े जलाने का आदेश हमारे ऊपर लादा है। मैं इसे मानने से इनकार करता हूँ। पहली बात तो यह है कि मैं आँख मूँदकर आदेश पालन की इस भयंकर आदत के ख़िलाफ़ लड़ाई को अपना कर्तव्य मानता हूँ।' उन्होंने अपना पुराना तर्क दोहराया कि कोई देश अब दूसरों से अलगाव का रास्ता पकड़कर विश्वजागृति का अंग नहीं बन सकता है।

टैगोर के इन तर्कों का गाँधी ने जो जवाब दिया, वह गाँधी की भाषाकुशलता, ह्यूमर, तार्किकता आदि का शानदार नमूना हैं। यहाँ गाँधी जैसा अहिंसावादी व्यक्ति बहुत ही विनम्र तरीक़े से विरोधियों के तर्कों के सिर उनके धड़ों से अलग कर देता है। अक्टूबर 1921 में गाँधी ने 'महान प्रहरी' नामक लेख 'यंग इडिया' में लिखा था। उन्होंने टैगोर को हठधर्मिता, बौद्धिक आलस्य, असहिष्णुता, अज्ञान–जड़ता जैसे शत्रुओं के ख़िलाफ़ आगाह करने वाले प्रहरी की संज्ञा प्रदान की। अपने विचारों की तीखी आलोचना के लिए टैगोर को धन्यवाद दिया। उन्होंने स्वयं माना कि उनके उपदेशों को यदि देशवासी बिना समझे–बूझे स्वीकार करेंगे तो उन्हें खुद भी गहरा दुःख होगा। टैगोर के तर्कों की प्रशंसा करने के बाद गाँधी ने चतुराई से कहा कि मैं तो बस कवि से लेकर किंकर तक सभी से यज्ञ के रूप में चरखा चलाने को कहता हूँ। उन्होंने विस्तार से बताया कि देश किस प्रकार से भूख, लाचारी और गुलामी की आग में झुलस रहा है। ऐसे में सभी को, चाहे वह कवि हो, वकील हो, विद्यार्थी हो सभी को युद्धकालीन स्थितियों की तरह सामूहिक प्रयत्न करने होंगे। गाँधी ने ख़ुद को भारत के नगरों के स्थान पर गाँवों की दशा सुधारने के लिए अधिक प्रतिबद्ध साबित करने का प्रयास किया। भारतीय गाँवों में चरखे की ज़रूरत

को उन्होंने भूख व स्वराज दोनों से जुड़ी माँगों को पूरा करने वाली ज़रूरत के रूप में पेश किया। करोड़ों देशवासियों द्वारा बेकार समय का सदुपयोग करने तथा श्रम की गरिमा को स्वीकार करने वाले माध्यम के रूप में उन्होंने चरखे के महत्त्व के बारे में बताया। उन्होंने बड़े साफ़ शब्दों में लिखा–'मैं तो कहता हूँ कि चरखे को खोकर हमने अपना बाँया फेफड़ा ही खो दिया है।' गाँधी का पक्ष ध्यान से पढ़ने पर पता चलता है कि गाँधी का असहयोग, स्वदेशी और चरखे का दर्शन कोई नैतिक–आध्यात्मिक दर्शन नहीं था जो किसी एकान्त में बैठे साधु–महात्मा के प्रवचन का हिस्सा हो। वह जनता की भौतिक आवश्यकताओं के प्रति संवेदनशीलता से विकसित एक राजनीतिक दर्शन था जिससे जनता को ग़रीबी और विदेशी गुलामी से लड़ने का कोई तरीक़ा हासिल हो।

इसीलिए गाँधी ने टैगोर के इस आरोप का भी जवाब दिया कि वह अर्थशास्त्र से जुड़े प्रश्नों को नैतिक उपदेशों की तरफ़ घसीटकर ले जा रहे हैं। गाँधी के ही शब्दों में–'यहाँ मुझे स्वीकार करना चाहिए कि मैं अर्थशास्त्र और नीतिशास्त्र में बहुत ज़्यादा या तनिक भी फ़र्क़ नहीं करता। जो अर्थव्यवस्था व्यक्ति या राष्ट्र की नैतिकता को चोट पहुँचाती है, वह अनैतिक है और इसलिए पापपूर्ण है।' खादी व चरखे को उन्होंने लोगों के रोज़गार व ग़रीबी उन्मूलन के उपायों से जोड़कर दिखाया और टैगोर के उस तर्क को सिरे से नकार दिया जिसमें उन्होंने कहा था कि कपड़े जलाने के स्थान पर उन्हें दान कर देना चाहिए। उन्होंने लिखा–'मैं कविवर से निवेदन करना चाहता हूँ कि मैं उन्हें वही कपड़े जलाने को कहता हूँ जो उन्हीं के हों और सचमुच उन्हीं के हैं भी। कारण, अगर वे उन कपड़ों को ग़रीबों व अधनंगों का मानते तब तो कब का उन ग़रीबों को उन्होंने सिपुर्द कर दिया होता।' टैगोर राष्ट्रवाद की प्रवृत्ति को भी नकारात्मक प्रवृत्ति मानते थे और उसके स्थान पर संस्कृति–सभ्यता के प्रश्नों को अधिक महत्त्व प्रदान करते थे। गाँधी ने टैगोर के विपरीत राष्ट्रवाद को किसी अमूर्त विश्वमानवतावाद की तुलना में हीनतर विचारधारा मानने से इनकार किया। उन्होंने स्पष्ट करना चाहा कि भारत का राष्ट्रवाद कोई विध्वंसक, आक्रामक या नकारात्मक धारणा नहीं है। यह भी कहा कि भारत को किसी अमूर्त मानवता के लिए मर–मिटने के स्थान पर पहले स्वयं के लिए अधिकार अर्जित करने होंगे और स्वयं के लिए जीना सीखना होगा।

गाँधी के मन में टैगोर की चमत्कारी काव्य प्रतिभा के प्रति गहरा सम्मान भाव था जो उनके लेखों में व्यक्त होता है। आकर्षक शब्द मालिका गूँथने की

टैगोर की प्रतिभा को उन्होंने बार–बार सराहा। स्वयं को उनके समक्ष छोटा मानकर उनसे बहस करने में विनम्रता का बार–बार प्रदर्शन किया। पर गाँधी कई बार टैगोर से काव्य–बिम्बों और काव्य–कल्पनाओं के स्तर पर भी संवाद करते थे। उनकी कविसुलभ स्वच्छन्दताओं तथा अतिरंजनाओं से वह केवल प्रभावित दिखने के स्थान पर उनके औचित्य को लेकर अपनी शंकाएँ प्रकट करते थे। उन्हें लगता था कि टैगोर किसी कविसुलभ प्रवृत्ति के कारण भारत के वर्तमान पर ध्यान केन्द्रित करने के स्थान पर उसके किसी सुनहरे भविष्य की कल्पना अधिक करते हैं। उस कल्पना का वह सुन्दर चित्र प्रस्तुत करते हैं। टैगोर के मन में ऐसे पक्षियों की कल्पनाएँ उठती हैं जो उषाकाल में आकाश में ईश्वर का गुणगान करते उड़ते चले जा रहे हैं। जबकि गाँधी उनकी काव्य कल्पना के समक्ष वह चित्र प्रस्तुत करते हैं जिसमें दुर्बल आमजन के रूप में शक्ति के अभाव के कारण पंछी उड़ नहीं सकता। वह प्रातःकाल में आकाश में उड़ नहीं सकता क्योंकि वह रात भर चिन्ता के कारण सो नहीं पाता। वह हर दिन पिछले दिन से अधिक कमज़ोर होता जाता है। गाँधी के स्वरों में कटुता वहाँ अधिक झलकती है जब वह केवल कविता या साहित्यिक कल्पनाओं के आधार पर आमजनों की दुःख–तकलीफ़ दूर करने के टैगोर के दावों को नकारते हैं। 'महान प्रहरी' लेख में उन्होंने कहा कि किसी को कबीर के भजन सुनाकर उसकी भूख नहीं मिटाई जा सकती। उन्हीं के शब्दों में–'करोड़ों भूखे लोग आज एक ही कविता की माँग कर रहे हैं–भूख मिटाने वाली भोजन रूप कविता की। लेकिन वह उन्हें कोई नहीं दे पा रहा है।' साहित्य में गाँधी के प्रभाव को कुछ अवसरवादी गाँधी–समर्थकों तथा पार्टटाइम गाँधीवादियों द्वारा केवल राजनीति तक सीमित अहिंसा–सत्याग्रह या अमूर्त आदर्शवाद के असर के रूप में याद किया जाता है। जबकि गाँधी का सर्वाधिक गहरा प्रभाव साहित्य में नये विषयों का सृजन करने के रूप में था जिसमें आम इंसान की रोज़ीरोटी के सवाल, अभाव, भूख आदि प्रमुखता हासिल कर रहे थे। उन्होंने खुद कविता की तुलना में भूख–ग़रीबी के सवालों को अहमियत प्रदान की। यह लेख लिखने के क़रीब चार साल बाद उन्होंने 'कवि और चरखा' नामक जो लेख लिखा था उसमें किंचित धृष्टता के साथ टैगोर को यह सलाह दी थी कि उन्हें अपनी कविता को अधिक निखारने के लिए कम–से–कम रोज़ आधे घण्टे चरखा कातना चाहिए। इससे उनकी कविता में ग़रीबों के दुःख–दर्द का भी अधिक सशक्त चित्रण हो सकेगा।

चरखा व स्वदेशी वस्तुओं को लेकर हुआ टैगोर–गाँधी संवाद फ़रवरी 1924 में गाँधी की जेल से रिहाई के बाद एक बार फिर आरम्भ हो गया था। टैगोर ने बांग्ला की साहित्यिक पत्रिका 'सबुज पत्र' में 'चरखा' नाम से निबन्ध लिखा था जो बाद में अंग्रेज़ी में 'द कल्ट ऑफ़ चरखा' के नाम से प्रकाशित हुआ था। इस निबन्ध में टैगोर ने एक बार फिर कहा कि चरखा चलाना मकड़ी के द्वारा एक जैसा जाला बुनने की मानसिकता का प्रदर्शन है और यह मानसिक क्षमता को कुन्द करने वाला, एकरसता–एकरूपता लाने वाला, मानव बुद्धि की विविधता को नकारने वाला, भीड़ की मानसिकता पैदा करने वाला कर्म है। इससे सूत तो पैदा हो जाता है पर यह मानव बुद्धि पर परदा डाल देता है। वह चरखे के उपयोग के उतने विरोधी नहीं थे जितना उसे अत्यधिक महत्त्व देने से थे। उन्होंने यह शिकायत भी जताई थी कि महात्मा गाँधी का चमत्कारपूर्ण व्यक्तित्व केवल भारत को सामर्थ्यवान नहीं बना रहा बल्कि वह उसे अभिभूत अधिक कर रहा है। इस कारण गाँधी के कार्यक्षेत्र को चाहकर भी स्वीकार करने के संकोच का खुलकर इज़हार किया था। उन्होंने सूत कातने के माध्यम से आज़ादी मिलने के आश्वासन के ख़िलाफ़ मध्यकाल का उदाहरण दिया जब भारत में देसी सूत की कमी न थी पर भारत को मुग़लों–पठानों की प्रभुसत्ता का सामना करना पड़ा। उन्होंने विश्व–व्यापार तथा विज्ञान से अलगाव को भी भारत के हितों के विरुद्ध माना। गाँधी स्वयं विज्ञान के विरोधी नहीं थे लेकिन उपनिवेशवाद के साथ एक जटिल बौद्धिक संघर्ष के दौरान उन्होंने पश्चिमी ज्ञान–विज्ञान को अस्वीकार कर दिया था। जबकि टैगोर विज्ञान के पक्ष में खड़े थे और उन्होंने चरखे को विज्ञान विरोधी यन्त्र बता दिया। उन्हीं के शब्दों में– 'एक बात निश्चित है कि विज्ञान की उपेक्षा कर केवल हाथों से काम करके हमारे देश में इस सर्वत्र व्याप्त निर्धनता का निराकरण नहीं हो सकता। बुद्धि को ताक पर रखकर केवल हाथों से काम करना, इससे अधिक गर्हित नीच काम और नहीं हो सकता।' टैगोर ने कुछ समय बाद 'स्वराज और चरखा' नामक एक और लेख सितम्बर 1925 में 'मॉडर्न रिव्यू' में लिखा था जिसमें उन्होंने फिर यही बात कही कि केवल सूत और खद्दर के ढेर का चित्र देश के कल्याण का विशाल चित्र नहीं हो सकता। चरखा एक ऐसी मशीन है जो मनुष्य को भी एकाकी और संगी–साथी विहीन बना देता है। चरखे के विकल्प में उन्होंने जनमानस की ऊर्जा को जगाने के लिए सहकारिता पर बल दिया और कहा–'प्राथमिक रूप से मैं यह आवश्यक समझता हूँ कि देश के विभिन्न

भागों में छोटे–छोटे केन्द्र स्थापित किये जायें जहाँ देश को अपने स्वराज प्राप्ति के दायित्व की अभिव्यक्ति मिले अर्थात अपना समग्र कल्याण करना होगा न कि केवल सूत कातकर सन्तोष करना होगा।'

ऐसा लगता है कि टैगोर के इन लेखों ने गाँधी को ख़ासा विचलित कर दिया था। इसके जवाब में उन्होंने 5 नवंबर, 1925 को 'यंग इंडिया' में 'कवि और चरखा' नामक जो लेख लिखा था, उसमें किंचित व्यंग्य के अन्दाज़ में टैगोर को 'सर रवीन्द्रनाथ' कहकर पुकारा था जिसका टैगोर ने बुरा माना था। पर आगे उन्होंने टैगोर को निर्विवाद रूप से विश्व का श्रेष्ठतम कवि माना था और जो लोग टैगोर पर यह आरोप लगा रहे थे कि उनके मन में गाँधी को लेकर ईर्ष्या का भाव है, उन्हें गाँधी ने निराधार शंकाओं वाला प्राणी बताया था। उन्होंने लिखा था–'ईर्ष्या के लिए प्रतिद्वन्द्विता की सम्भावना होनी चाहिए। सो मैं तो जीवन में कभी एक तुकबन्दी भी नहीं कर पाया हूँ।' उन्होंने यह भी लिखा कि टैगोर तथा उनके कार्यक्षेत्र अलग–अलग हैं और दोनों कहीं भी एक–दूसरे के साथ प्रतियोगिता में नहीं हैं। गाँधी की यह शैली थी कि वह अपने विरोधी के सामने अति–नम्र बनने के बाद उसका वैसा ही दृढ़ प्रतिरोध करते थे। यही वह टैगोर के साथ कर रहे थे। वह टैगोर की लम्बी–चौड़ी प्रशंसा करते थे। उनके सामने स्वयं को तुच्छ बताते थे। फिर टैगोर के सारे तर्कों को ध्वस्त करते थे। इस लेख में भी उन्होंने यही किया और लेख के आरम्भिक हिस्से के बाद, जिसमें टैगोर की महानता का परिचय था, उन्होंने कवियों की 'कविसुलभ स्वच्छन्दता' पर ज़ोरदार चोट की। पाठकों से कहा कि कवियों–चित्रकारों की बातों को शब्दशः नहीं लेना चाहिए। चित्रकारों और कवियों को अतिरंजनाओं से काम लेना पड़ता है। उन्होंने टैगोर की इस शंका को निराधार बताया कि चरखा कातने का काम ही केवल एकमात्र काम है जिसके बारे में वह कोई आदेश दे रहे हैं। गाँधी के मुताबिक़ दिन में केवल आधे घण्टे भी चरखा काता जा सकता है ताकि भारतीय समाज यूरोपीय मशीनों के शोषण का सामना कर सके और जिस प्रकार इंग्लैंड से साँस लेने के लिए हवा नहीं मँगा सकता है उसी प्रकार उसे अपने भोजन, वस्त्र आदि की ज़रूरतों को खुद पूरा करना होगा। उन्होंने लिखा–अगर संयोगवश कोई व्यक्ति ऐसे यन्त्र का आविष्कार कर ले जिससे वह हिन्दुस्तान भर की ज़मीन अकेले ही जोत सके और हिन्दुस्तान की सारी कृषि व कृषि उत्पादन उसके हाथ में चला जाये तो लाखों लोग भुखमरी की स्थिति में पहुँच जायेंगे और रोज़गार के अभाव में उजड़ जायेंगे।

गाँधी की इन आर्थिक चिन्ताओं को वर्तमान परिप्रेक्ष्य में समझा जा सकता है जहाँ सचमुच अब नयी आर्थिक योजनाओं के तहत खेती–किसानी से किसानों को ही हटाने की योजना पर काम चल रहा है। किसानों के स्थान पर महँगे यन्त्रों व पूँजी से कृषि को नियन्त्रित करने का प्रयास हो रहा है। गाँधी ने यह भी लिखा कि मानवीय श्रम को हटाकर केवल सब कुछ मशीनों को सौंप देने से व्यापक हानि होती है। उन्होंने टैगोर के इस दावे को तर्कहीन बताया कि चरखा का प्रयोग मृत्यु जैसी एकरसता पैदा करता है। उन्होंने कहा कि मनुष्यों में विविधता के बीच समानता होती है। वे सदियों से खेती जैसे लगभग एकसमान कार्य को करते रहे हैं। चरखे का उद्देश्य लोगों के बीच जो बुनियादी एकता है, उसे मूर्त करना है। गाँधी स्वयं को रामभक्त कहते थे पर उन्होंने कभी देश के दैवीकरण का प्रयास नहीं किया जैसा कि उस समय कुछ उग्र राष्ट्रवादी कर रहे थे। लेकिन इस लेख में उन्होंने चरखे को सीता का प्रतीक बताया जो जापान, मैनचेस्टर, पेरिस जैसे दैत्य दशानन से घिरी हुई है जिसे मुक्ति दिलानी है। स्वयं की तुलना राम से की जो चरखे रूपी सीता को मुक्त दिलाने में जुटा हुआ है। टैगोर की तुलना कृष्ण से कर डाली जो बंसी की तान पर गोपियों को नचाता है। इस प्रकार जनमानस में व्याप्त राम के आदर्श और कृष्ण के उच्छृंखल चरित्र का उपयोग उन्होंने सावधानी से अपने और टैगोर के बीच फ़र्क़ जताने के लिए किया। गाँधी स्वयं को ऐसे जननेता के रूप में देखते थे जो जनता की आवश्यकताओं व रुचियों को समझें, न कि ऐसा व्यक्ति जो अपनी कल्पनाओं तथा नवीनता के प्रति आकृष्ट बुद्धि को जनता पर थोपने लग जाये। इसलिए उनके मन में पुरानी बातों व पुरानी चीज़ों के गौरव को समझने को लेकर किसी प्रकार की शर्मिन्दगी की भावना नहीं थी। उन्होंने लिखा– 'कवि दिन–प्रतिदिन दुनिया के सामने नयी और मोहक चीज़ें रखता है। मैं तो सिर्फ़ पुरानी, बल्कि जीर्ण–शीर्ण वस्तुओं में छिपी हुई सम्भावनाओं को ही दिखा सकता हूँ। नयी–नयी चमत्कृत कर देने वाली चीज़ें पेश करने वाले जादूगर को संसार में बड़ी आसानी से गौरव प्राप्त हो जाता है। किन्तु मुझे तो अपनी जीर्ण–शीर्ण चीज़ों के लिए इस विस्तृत संसार में एक छोटा–सा कोना हासिल करने के लिए भी घोर परिश्रम करना है। इसलिए हम दोनों में कोई स्पर्धा ही नहीं है। लेकिन मैं सम्पूर्ण नम्रता से कह दूँ कि हमारे कार्य एक–दूसरे के पूरक हैं।' गाँधी काफ़ी गम्भीरता से टैगोर की इस आशंका का खण्डन करते दिखते हैं कि चरखे का इस्तेमाल केवल एकांगी प्रक्रिया है और वह मनुष्य को एकाकी बनाती है।

उन्होंने चरखे को व्यापक कार्यक्रमों से जोड़कर दिखाया जिसमें मलेरिया उन्मूलन, सफाई–स्वच्छता, पशुपालन आदि सैकड़ों लाभदायक काम किये जा रहे थे। गाँधी का यह गाँधीवादी दर्शन स्वाधीनतापूर्व की उस राजनीति में उपयोगी था जहाँ भारी मशीनों का इस्तेमाल केवल ब्रिटिश आर्थिक हितों के लिए होता था। सामान्य भारतजन अपनी ग़रीबी के कारण स्वाधीनता या सामाजिक विकास के मामले में किसी प्रकार की पहल करने में अक्षम थे। वे अपने को किसी बड़ी शक्ति का गुलाम मानने के संस्कारों के नीचे दबे हुए थे। लाखों गाँवों में बिखरे इस भारत को सक्रिय बनाने व आत्मविश्वास प्रदान करने में गाँधीवादी दर्शन एक राजनीतिक भूमिका निभा रहा था।

गाँधी–टैगोर के मध्य एक वैचारिक विवाद 15 जनवरी, 1934 में बिहार में आये भीषण भूकम्प के बाद गाँधी की प्रतिक्रिया को लेकर हुआ था। यह भूकम्प इतना भयानक था कि कई शहरों में कोई मकान साबुत न बचा और दस हज़ार से अधिक लोग इसमें मारे गये थे। गाँधी ने तब बिहार का दौरा किया और इस भूकम्प को उच्च जातियों द्वारा छुआछूत की प्रथा के पालन के कारण प्रकृति द्वारा मानव समाज को दैवी दण्ड बताया। टैगोर ने गाँधी की इस टिप्पणी का विरोध किया था जो 'हरिजन' में प्रकाशित हुई थी। इसमें टैगोर ने कहा था कि ब्रह्माण्ड सम्बन्धी घटनाओं, गुरुत्वाकर्षण के नियमों या सृष्टि की तहस–नहस सम्बन्धी घटनाओं को नैतिक सिद्धान्तों से नहीं जोड़ा जा सकता। उन्होंने कहा कि दुर्भाग्य से हमारे देश के अधिकांश लोग इस तरह की अवैज्ञानिक बातों को मान लेते हैं। टैगोर को लगता था कि जो गाँधी लोगों को भय व दुर्बलता से मुक्त कर रहे हैं, वही यदि लोगों के मन में अविवेकपूर्ण बातों को प्रतिष्ठित करेंगे तो समाज को काफ़ी नुक़सान उठाना पड़ेगा। टैगोर जानते थे कि भारत में सनातन धर्म के नाम पर ऐसे अन्धविश्वासों का बोलबाला है जिसमें हर कष्ट, हर समस्या को सनातन धर्म से विचलन का परिणाम बताया जाता है। गाँधी पर भी यह आरोप था कि वह छुआछूत जैसी सनातन प्रथा को मिटाने की बात कहते हैं और इसीलिए देश को भूकम्प जैसी प्राकृतिक आपदा का सामना करना पड़ता है। टैगोर का मत था कि गाँधी ही केवल इस प्राकृतिक आपदा का उपयोग अपने विश्वासों के प्रचार के लिए नहीं कर रहे हैं बल्कि सनातन धर्म में विश्वास करने वाले उनके विरोधी भी इसका उलटा प्रयोग कर रहे हैं, जो घातक है। टैगोर अविवेक और अवैज्ञानिकता के प्रचार से चिन्तित प्रतीत होते हैं और तब नेहरू स्वयं को टैगोर से अधिक सहमत बताते हैं।

गाँधी ने टैगोर के इन मतों का जवाब फ़रवरी 1934 में 'हरिजन' में दिया, वह गाँधी की विचारदृष्टि को कम गाँधी की कूटनीतिक समझ को अधिक प्रकट करता है जिसका इस्तेमाल वह विरोधियों को तर्कों से परास्त करने के लिए करते थे। वह अव्यावहारिक प्रतीत होने वाले नैतिक शब्दाडम्बर के माध्यम से व्यावहारिक लक्ष्य को हासिल करने की चेष्टा करते थे। इस मामले में भी उन्होंने ऐसा ही करने का प्रयास किया। उन दिनों दलित आन्दोलन काफ़ी तीव्र था और गाँधी स्वयं पूना पैक्ट के बाद अस्पृश्यता समाप्त करने के अभियान में जुटे हुए थे। केरल के गुरुवयूर मन्दिर में निम्न जातियों के प्रवेश के आन्दोलन को समर्थन दे चुके थे। वह अब ऐसे आस्तिक हिन्दू थे जो छुआछूत की बुराई का सार्वजनिक रूप से विरोधी था और बिहार के भूकम्प को भी उन्होंने दलितोद्धार कार्यक्रम से जोड़ दिया। टैगोर के विरोध का जवाब देते हुए लिखा–'सूखा, बाढ़, भूकम्प जैसी तथा इसी तरह की आपदाएँ हालाँकि भौतिक कारणों से उत्पन्न प्रतीत होती हैं लेकिन मेरे लिए ये किसी–न–किसी तरह मनुष्य की नैतिकता से जुड़ी हैं। इसलिए मैं अपने सहज ज्ञान से महसूस करता हूँ कि भूकम्प की आपदा छुआछूत के पाप के कारण आयी है।' आगे उन्होंने कहा कि जिस तरह ईश्वर के अस्तित्व को साबित नहीं किया जा सकता है, उसी प्रकार मैं अपने इस सहज विश्वास कि भूकम्प का सम्बन्ध छुआछूत के पाप से है, इसकी सत्यता को साबित नहीं कर सकता हूँ। उन्होंने भूकम्प की घटना से सबक लेकर आत्मशुद्धिकरण व प्रायश्चित करने का सन्देश दिया और कहा कि ईश्वर में विश्वास रखने के कारण वह ब्रह्माण्डीय घटनाओं व मानवीय व्यवहार में सम्बन्ध खोजते हैं और इससे उन्हें ईश्वर के निकट आने में सुविधा होती है। वह भौतिक आपदा का इस्तेमाल नैतिक उत्थान के लिए करने की अपनी नीति को स्पष्ट रूप से जता देते हैं। दिलचस्प यह है कि टैगोर और गाँधी, दोनों ही ईश्वर को बहस में घसीट रहे हैं। जबकि टैगोर का मानना है कि भूकम्प मात्र भौतिक आपदा है और गाँधी का मानना है कि छुआछूत एक मानवकृत बुराई है। दोनों ही अपने–अपने ढंग से समाज को धर्म व अन्धविश्वास से बचाने की कोशिश में जुटे हुए हैं। दोनों ही मानवीय विवेक का आधुनिकीकरण चाह रहे हैं और उसे पुराने विश्वासों से मुक्त करना चाह रहे हैं। परम्पराओं का अन्धानुकरण करने वाले समाज को परम्पराओं से बाहर लाने के बारे में दोनों सजग हैं। टैगोर विज्ञान तथा विवेकवाद के पक्ष में खड़े हैं तथा गाँधी छुआछूत जैसे धार्मिक अन्धविश्वास के विरोध में हैं। टैगोर यह कह रहे हैं कि

ईश्वर का विधि विधान मानवीय व्यवहार आचरण से प्रभावित नहीं होता और ईश्वर कभी भी मानव को सुधारने के लिए ऐसा अत्याचार नहीं करना चाहेगा। गाँधी मान रहे हैं कि जड़ और चेतन में गहरा सम्बन्ध होता है तथा ईश्वर के सर्वव्यापी विधानों को न जानने के कारण ही हम भौतिक आपदाओं को दैवी दण्ड के रूप में नहीं स्वीकार करते हैं। कुल मिलाकर ईश्वर सम्बन्धी विश्वासों का टैगोर व गाँधी दोनों कार्यसाधक इस्तेमाल करते दिखते हैं क्योंकि दोनों ही बीसवीं सदी की उस वैज्ञानिक–राजनीतिक चेतना से प्रभावित हैं जिसमें नास्तिकता से अधिक महत्त्वपूर्ण एक मानवीय तथा विवेकसंगत आस्तिकता है। ऐसी प्रज्ञावान आस्तिकता जो धर्म के अनाचारों–अन्धविश्वासों से बहुत आत्मविश्वास से टकरा जाती है।

चरखा, स्वदेशी, राष्ट्रवाद, विज्ञान तथा भौतिक आपदा सम्बन्धी दृष्टिकोण के अलावा टैगोर ने गाँधी के उपवासों पर भी अपनी विरोधी टिप्पणियों व विचारों को प्रस्तुत किया था पर उनके पीछे गाँधी के जीवन तथा स्वास्थ्य को लेकर चिन्ता अधिक थी। वह मानते थे कि गाँधी पर मानवता के प्रतिनिधित्व का दायित्व है और उन्हें अपना जीवन ख़तरे में नहीं डालना चाहिए। उपवास के नाम पर 'धरती से महान आत्माओं का सफाया' उनके लिए विशेष पीड़ाजनक था। उपवास को उन्होंने निष्क्रिय आत्मबलिदान भी बताया था। टैगोर की उपवास को लेकर की गयी टिप्पणियों के ख़िलाफ़ तब 'हरिजन' के 10 जून 1933 के अंक में छपी सम्पादकीय टिप्पणी में कहा गया था गाँधी ख़ुद को इसलिए भूखा मारने के लिए विवश हैं क्योंकि उनसे शक्तिहीन देश की दशा और अपमान से कुचले गये लाखों लोगों के सिर बर्दाश्त नहीं होते हैं और असली बलिदान से ही बलिदान की सच्चाई को समझा जा सकता है। गाँधी ने कभी टैगोर से कोई सहायता नहीं माँगी। उनकी सलाहों के अतिरिक्त उनसे कभी कुछ नहीं लिया, शान्तिनिकेतन में आतिथ्य के अलावा। पर टैगोर के अनुरोध पर उन्होंने शान्तिनिकेतन की आर्थिक सहायता की थी। उन दोनों के मध्य 1935–36 के पत्रव्यवहार से पता लगता है कि टैगोर काफ़ी परेशान थे और उन्होंने कहा था कि–'अब मैं 75 साल का हो गया हूँ तो इस ज़िम्मेदारी (शान्तिनिकेतन के लिए पैसा एकत्र करने की) का भार मेरे लिए काफ़ी बड़ा बोझ बन गया है।' पत्र से विगलित होकर गाँधी ने कुछ ही महीने के बाद साठ हज़ार रुपये का ड्राफ्ट यह कहते हुए भेजा था कि उन्हें अब धन एकत्र करने के श्रमसाध्य दौरे बन्द कर देने चाहिए।

विभिन्न मुद्दों पर गाँधी लगातार न केवल टैगोर के साथ संवादरत रहे बल्कि उनकी संस्था के हिन्तचिन्तक के रूप में भी सामने आते हैं। टैगोर के साथ उनका पत्रव्यवहार, उनके साथ वाद–विवाद–संवाद तथा तीखी व संजीदा बहसों में गाँधी का जनान्दोलनकारी, जनता से सच्चा प्रेम करने वाला, मानवतावादी तथा सत्य पर अडिग रहने वाला विचारक–रूप उभरता है। वह किसी सुलझे हुए बौद्धिक की तरह पूरे स्वाधीनता आन्दोलन में तर्क़–वितर्क करते हैं और बौद्धिक शक्ति का प्रयोग आत्मा के विकास के लिए करने की बात भी कहते हैं। आत्मा के विकास का सिद्धान्त वास्तव में नैतिकता और सच्ची सामाजिकता के विकास का सिद्धान्त है जिसमें वह मनुष्य के आत्मिक जगत के विकास को आत्मनिर्णय, स्वतन्त्रता तथा सामाजिक विकास से अलग करके नहीं देखते हैं। दूसरी ओर टैगोर हैं जो मनुष्य के अन्तःकरण को जगाने की आकांक्षा व्यक्त करते हैं तथा वह भी यही मानते हैं कि व्यवसाय बुद्धि कभी किसी महान वस्तु की रचना नहीं करती है। वह आधुनिक बुद्धिवाद को नैतिक अन्तःकरण से जोड़ने की आवश्यकता बताते हैं। इस अर्थ में गाँधी तथा टैगोर असहमतियों के बावजूद कई विषयों पर साझे वैचारिक धरातल पर खड़े हैं। इसी को लक्ष्य कर नेहरू ने 'डिस्कवरी ऑफ़ इंडिया' में लिखा था कि टैगोर व गाँधी के व्यक्तित्व व संस्कारों में बहुत फ़र्क़ होते हुए भी दोनों ही एक दूसरे के पूरक थे।

सन्दर्भ ग्रन्थ सूची

1. Alam, Fakrul and Radha Chakraverty (ed.)—The essential Tagore, Vishvabharti, Kolkata, 2011
2. Bandyopadhyay, Debarati- Rabindranath Tagore : A Life of Intimacy with nature, Rupa Publication, Delhi, 2019
3. Bhattacharya, Sabyasachi—Mahatma and Poet : Letters and debates between Gandhi and Tagore 1915-1941 (ed.) National Book Trust, 1997
4. Bhattacharya, Sabyasachi—Rabindranath Tagore—An Interpretation, Penguine Viking, New Delhi, 2011
5. Basu, Dilip—The Last Poem (Rabindranath Tagore—Translators Note), Harper Collins India, Delhi, 2011
6. Chakravarty, Radha—Novelist Tagore, Routledge, New Delhi, 2013
7. Chatterjee, Indira—The Thematic Study of Tagore's Novel, Subhi Publications, Gurugram, 2009
8. Chatterjee, Parth—The Nation and Its Fragments, OUP, Delhi, 1999
9. Damodaran, K.—Indian Thought : A Critical Survey, Asia Publishing House, Delhi, 1967
10. Das, Sisir Kumar and Sukanta Choudhary (Ed.)—Rabindranath Tagore : Selected Writings on Literature and Language, OUP, New Delhi, 2001
11. Dasgupta, Uma—Rabindranath Tagore : A Biography, OUP, Delhi, 2004
12. Dev, Amiya—The idea of Comparative Literature in India, Papyrus, Calcutta, 1984

13. Dutta, Krishna and Andrew Robinson—Rabindranath Tagore : The myriad minded man, Tauris Paperback, London, 2008
14. Ghosh, S.K.—Rabindranath Tagore, Sahitya Akedemi, New Delhi, 1986
15. Guha, Ramchandra—Makers of Modern India, Penguine Books, Gurugram, 2012
16. Hay, Stephan N.—Asian Studies of East and West : Tagore and his critics in Japan, China and India, Harvard University Press, Cambridge, 1970
17. Heimsath, Charles H.—Indian Nationalism and Hindu Social Reform, Princeton University Press, Princeton, 1964
18. Holland, Jack—A Brief History of MISOGYNY : The world's oldest prejudice, Robinson, London, 2006
19. Jain Jasbir—Feminizing Political Discourse, Women and the novel in India 1875-1905, Rawat Publications, Jaipur/New Delhi, 1997
20. Kaviraj, Sudipta—Imaginary History : Narrativizing of the Nation by Bankim Chandra Chattopadhyay, Simla, IIAS, 1988
21. Kriplani, Krishna—Rabindranath Tagore : A Biography, Vishvabharti Publishing Department, Calcutta, 1980
22. Kundu, Rama—Rabindranath Tagore's the Home and the World, Critical Perspectives, Asia Book Club, New Delhi, 2001
23. Lukas, George—The Historical Novel, Penguin books, London, 1969
24. Lukas, George—The Theory of Novel (Translated from German by Anna Bostock), Aakar, Delhi, 2016
25. Lyotard, Jean-Francois—The Postmodern Condition, The University of Minnesota Press, Minneapolis, 2003
26. Majumdar, Bimenbehari—Heroins of Tagore : A Study in the transformation of the Indian Society, 1850-1941, Firma K.L.Mukhopadhaya, Kolkata, 1968
27. Mukherjee, Meenakshi—Realism and Reality : The Novel and Society in India, OUP, New Delhi, 1985
28. Mukherjee, Meenakshi—Early Novels in India (Ed), Sahitya Akedemi, New Delhi, 2002

29. Mukherjee, Sujit- Passage to America : The Reception of Rabindranath Tagore in the United States 1912-41, Bookland, Kolkata, 1964
30. Nandy, Ashish- The Intimate Enemy- Loss and recovery of the self under colonialism, OUP, New Delhi, 1983
31. _______The Illegitimacy of Nationalism : Rabindranath Tagore and the politics of the self, OPU, New Delhi, 1994
32. Nandy, Ashish in conversation with Ramin Jahanbegloo- Talking India, Oxford University Press, New Delhi, 2006
33. Panikkar, K.N.—Culture, Ideology, Hegemony—Intellectual and Social Consciousness in colonial India, Tulika, Delhi, 1995
34. Pathak, Avijit—Indian Modernity : Contradictions, Paradoxes and Possibilities, Gyan Publishers, New Delhi, 1998
35. Raj, G.V.—Tagore : The Novelist, Sterling publishers, Delhi, 1983
36. Ray, Bharti—Early Feminists of Colonial India, Oxford University Press, New Delhi, 2002
37. Sarkar, Tanika—Hindu Wife, Hindu Nation, Community religion and cultural nationalism, Permanent Black, Delhi, 2001

    _________Rebels, Wives Saints-Designing Selves and Nation in Colonial Times, Permanent Black, Ranikhet, 2009
38. Sarkar, Sumit- The Swadeshi Movement in Bengal 1903-08, Permanent Black, Delhi, 2011
39. Sen, Krishna and Dasgupta, Tapti (ed.)—Tagore and Modernity, Dasgupta and Co. Kolkata, 2006
40. Sen, Priyaranjan—Western Influence in Bengali Literature, Saraswati Liberary, Kolkata, 1947
41. Sen, Sukumar—History of Bengali Literature, Sahitya Akedemi, New Delhi, 1960
42. Sen, Ashok—Ishwar Chandra Vidyasagar & His Elusive Milestone, Orient Blackswan, Gurugram, 2018
43. Sharma, R.P.—Women in Hindu Literature, Gyan Publishing House, New Delhi, 1995
44. Singh, KH Kunajo—Humanism and Nationalism in Tagore' Novels, Atlantic Publishers, 2002
45. Sogani, Rajul—The Hindu Widow in India Literature, Oxford University Press, Delhi, 2002

46. Som, Reba and Sergai Srebriany (Edited)—Tagore and Russia, HAR-ANAND Publications, New Delhi, 2016
47. Sinha, Pradip—Nineteenth Century Bengal : Aspects of Social History, Firma K.L. Mukhopadhaya, Kolkata, 1965
48. Tagore, Ravindranath—Three Novellas : Nashtanir, Dui Bon, Malanch (Translated by Sukhendu Ray), OUP, New Delhi, 2010
49. Thompson, E.P.—Alien Homage : Edward Thompson and Rabindranath Tagore, OUP, New Delhi, 1993
50. Vidyasagar, Ishwarchandra—Marriage of Hindu Widows, K.P. Bagachi and Co. Calcutta, 1976.

सन्दर्भ ग्रन्थ सूची (हिन्दी)

1. अमृतराय (अनुवाद एवं सम्पादन)–रवीन्द्रनाथ टैगोर के निबन्ध (अनुवाद), साहित्य अकादेमी, नयी दिल्ली, 1965
2. सुशील त्रिवेदी (सम्पा)–बंकिम रचनावली (सम्पादन), सन्मार्ग प्रकाशन, दिल्ली, 1997
3. इन्द्रनाथ चौधरी (सम्पा)–रवीन्द्रनाथ टैगोर रचनावली, सस्ता साहित्य मण्डल प्रकाशन, इलाहाबाद, 2013
4. गरिमा श्रीवास्तव (सम्पा)–स्त्री दर्पण (भूमिका और प्रस्तुति), अनन्या प्रकाशन, दिल्ली, 2018
5. डॉक्टर धर्मवीर (सम्पा)–सीमन्तनी उपदेश (लेखिका–एक अज्ञात हिन्दू औरत), वाणी प्रकाशन, नयी दिल्ली, 2004
6. मुचुकुन्द दुबे (सम्पादन व अनुवाद)–लालन शाह फ़क़ीर के गीत, साहित्य अकादमी, नयी दिल्ली, 2017
7. आयन वाट–उपन्यास का उदय, हरियाणा साहित्य अकादेमी (अनु–धर्मपाल सरीन), चंडीगढ़, 1974
8. रवीन्द्रनाथ ठाकुर–योगायोग (अनु–इलाचन्द्र जोशी, साहित्य अकादेमी, नयी दिल्ली, 1961
9. रवीन्द्रनाथ ठाकुर–गोरा (अनु–सच्चिदानन्द वात्स्यायन), साहित्य अकादमी, नयी दिल्ली, 1961
10. रवीन्द्रनाथ टैगोर–घर और बाहर, पीएन प्रकाशन, दिल्ली, 1999
11. रवीन्द्रनाथ टैगोर–बहुरानी (सम्पा–ए.आई.राजस्वी), फिंगर प्रिंट, नयी दिल्ली, 2020